GEORGE HARRISON

MÚSICA CULTURA POP CINEMA

PHILIP NORMAN

GEORGE HARRISON

O BEATLE RELUTANTE

Tradução: Henrique Guerra
Revisão técnica: Gilvan Moura

Belas Letras

Publisher
Gustavo Guertler
Coordenador Editorial
Germano Weirich
Supervisora comercial
Jéssica Ribeiro
Gerente de marketing
Jociele Muller
Supervisora de operações logísticas
Daniele Rodrigues
Supervisora de operações financeiras
Jéssica Alves

Edição e preparação
Belas Letras
Tradução
Henrique Guerra
Revisão
Maristela Scheuer Deves
Revisão técnica
Gilvan Moura
Capa e projeto gráfico
Celso Orlandin Jr.

Foto da capa: PA Images / Alamy Stock Photo
Fotos das guardas: Prisma/Otto Werner/Alamy Stock Photo
Photo-fox/Alamy Stock Photo

2024
Todos os direitos desta edição reservados à
Editora Belas Letras Ltda.
Rua Visconde de Mauá, 473/301 – Bairro São Pelegrino
CEP 95010-070 – Caxias do Sul – RS
www.belasletras.com.br

Dados Internacionais de Catalogação na Fonte (CIP)
Biblioteca Pública Municipal Dr. Demetrio Niederauer
Caxias do Sul, RS

N843g Norman, Philip
George Harrison : o Beatle relutante / Philip Norman ; tradutor: Henrique Guerra. - Caxias do Sul, RS: Belas Letras, 2024.
496 p.: il.

Contém fotografias.
ISBN: 978-65-5537-311-0
ISBN: 978-65-5537-310-3

1. Harrison, George, 1943-2001. 2. Biografia.
3. Beatles (Conjunto musical). I. Guerra, Henrique.
II. Título.

24/29 CDU 929Harrison

Catalogação elaborada por Vanessa Pinent, CRB-10/1297

GEORGE HARRISON

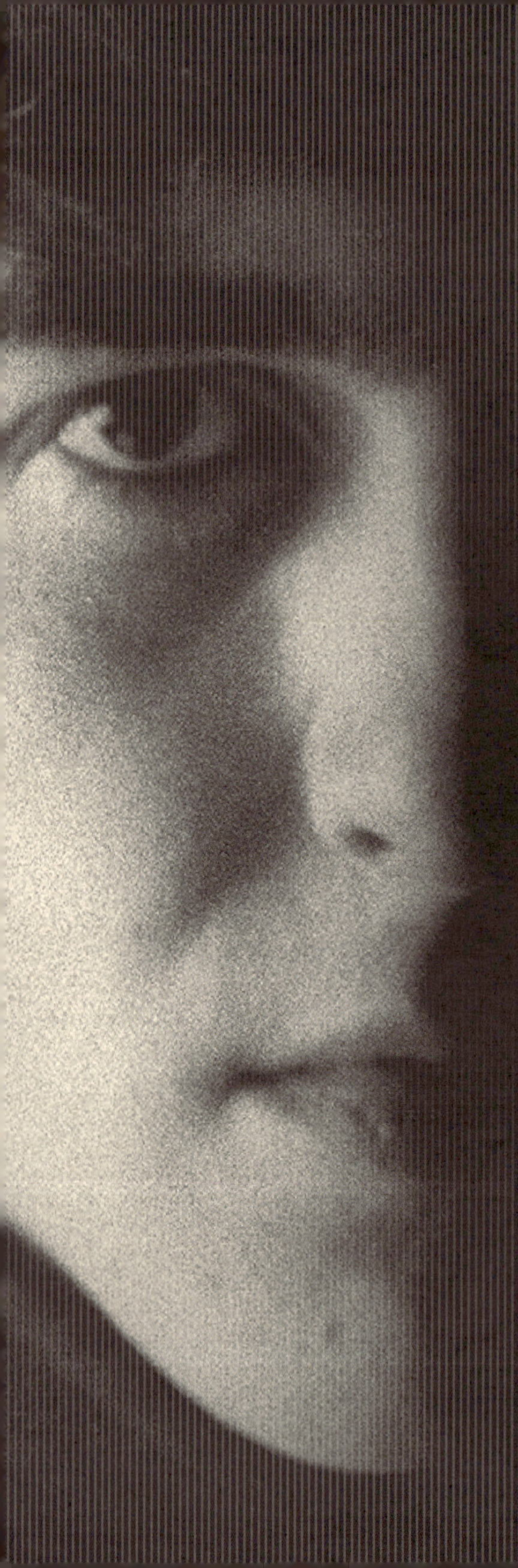

SUMÁRIO

PRÓLOGO

PARTE UM

PARTE DOIS

Parte três

Epílogo

PRÓLOGO
UMA ÚLTIMA E INEXTINGUÍVEL RISADA

Em 29 de novembro de 2001, aos 58 anos, George Harrison morre após uma batalha de quatro anos contra o câncer. As atrocidades do 11 de setembro, ocorridas apenas dois meses antes, dominavam o noticiário com os sombrios relatos que vinham dos destroços ainda fumegantes do World Trade Center de Nova York e da vingativa "Guerra ao Terror" do presidente George W. Bush. Apesar disso, a morte dele sobe instantaneamente ao topo da lista das notícias de televisão e às manchetes das primeiras páginas.

Até mesmo nessas circunstâncias, ninguém reclama de banalização; há muito tempo, os Beatles deixaram de ser apenas uma banda pop e se tornaram quase uma religião mundial. E, por mais soturna que seja a cobertura televisiva e radiofônica, inclui doses generosas de canções que, trinta anos após a separação do grupo, ainda mantêm seu poder de encantar e reconfortar.

De modo inevitável, também evocam lembranças do assassinato de John Lennon em 1980 – embora as duas tragédias sejam muito diferentes entre si. Com a terrível e súbita perda de John, metade da espécie humana pranteou um velho amigo, um tanto rebelde, mas ainda amado. No caso de George, derrotado por um assassino mais silencioso, milhões choram pelo músico, mas poucos conhecem o homem em si. Nunca alguém prezou tanto a privacidade, mesmo pisando em palcos tão impiedosamente públicos.

Nos últimos tempos, ele gostava de se autodenominar "o Beatle da classe econômica", brincadeira com fundo de verdade sobre sua posição secundária, desde o dia em que se uniu a John e Paul McCartney no grupo de skiffle Quarrymen até quase o fim do tempo deles juntos. Mas, à custa de uma insistente perseverança, ele conquistou um lugar na Primeira Classe, compondo canções à altura das melhores de Lennon e McCartney: "While My Guitar Gently Weeps", "Here Comes The Sun", "Something", "My Sweet Lord".

Nunca se considerou mais do que "um guitarrista aceitável", mas na guitarra solo – junto com Eric Clapton, Jimi Hendrix, Keith Richards, Jeff Beck e Jimmy Page – pertence indiscutivelmente ao panteão dos super-heróis das seis cordas dos anos 1960. Nessa turma, era o único a pensar com seriedade; os Beatles, e depois o pop comercial como um todo, deram uma guinada radical após George descobrir a cítara e adotar a religião e a filosofia indianas. Melhor seria o chamarmos de a Grande Minoria dos Beatles.

No início dos anos 1960, em meio à loucura pelos Beatles, ninguém o consideraria um azarão. Nos shows ao vivo, era quase tão adorado quanto Paul, com as feições delicadas, as sobrancelhas salientes e a cabeleira tão espessa e sedosa que mais parecia – como um colega de aula em Liverpool certa vez declarou, com uma pontinha de inveja – "uma porra de um turbante". Mas o rosto delicado podia ser perceptivelmente econômico em sorrisos para os fãs; na verdade, foi o primeiro a plantar o espantoso pensamento de que ser um Beatle talvez não fosse uma felicidade absoluta.

Infinitamente contraditório, o Beatle "Quieto" era na verdade tão afiado verbalmente quanto John nas coletivas de imprensa; aceitou o papel de guitarrista principal, zelosamente debruçado sobre o braço da guitarra enquanto John e Paul competiam pelos holofotes. Fora do palco, entretanto, era o mais temperamental e melindroso dos quatro; criticava o "mundo material", mas compôs a primeira canção pop reclamando do imposto de renda; dedicou anos restaurando amorosamente Friar Park, sua mansão gótica de trinta cômodos, mas a hipotecou num piscar de olhos para financiar *A vida de Brian*, o filme de seus amigos do Monty Python; paradoxalmente, ficou mais tenso e mal-humorado *após* aprender a meditar; e poderia atingir tanto o auge da nobreza, com seu Concerto para Bangladesh, quanto as profundezas da deslealdade, em sua casual sedução da esposa de Ringo.

Seus obituários declararam de forma unânime: sua maior conquista pós-Beatles foi *All Things Must Pass*, o álbum triplo de 1970, composto primordialmente por canções rejeitadas por John e Paul para a banda, ou que ele nem havia submetido, antecipando a indiferença deles. Mescla de suas influências indianas e pop de alta octanagem, "world music" antes desse termo existir, superou em muito as vendas das estreias solo de Paul e John e continua superando: uma última e inextinguível risada.

"My Sweet Lord", a faixa definitiva, tornou-se um hino para qualquer credo, um ano à frente de "Imagine", de John, com um motivo de slide guitar parecido com uma trêmula voz humana, que se tornaria uma assinatura tão pessoal e inimitável quanto os cortantes arpejos do piano de Jerry Lee Lewis e a gaita de boca de Stevie Wonder.

Mas, como frisa Sir Bob Geldof, quase todos os solos ou riffs de George Harrison ficaram gravados em nossos ouvidos para sempre... as pausas tão eloquentes quanto as palavras em sua obra-prima, "Something"... o carrilhão descendente, tão cheio de um otimismo que ele não sentia, em "Here Comes The Sun"... o solo "de trás para a frente" compondo a névoa eufórica de "I'm Only Sleeping", de John... a vibrante e estendida seção final de "A Hard Day's Night"... o reverberar acústico e jazzístico dando um toque de sofisticação ao sucesso entoado por Paul no Cavern, "Till There Was You"... os acordes lânguidos que seguram as rédeas do frenesi em "She Loves You"... as notas graves, ao estilo de Duane Eddy, em "I Saw Her Standing There", que ainda exalam o ar atrevido, fumacento e cheirando a cerveja da Reeperbahn de Hamburgo.

"Ele era um sujeito adorável e muito corajoso – na verdade, um irmão mais novo para mim", afirma Sir Paul McCartney, dizendo a verdade até certo ponto. "Tenho a forte sensação de que nele havia uma alma linda", garante seu guru da cítara e pai substituto, Ravi Shankar. "Encontrou algo mais valioso do que a fama, a fortuna e qualquer coisa", frisa Sir Elton John. "Sua vida foi mágica, e todos que o conhecemos sentimos que compartilhamos um pouco dessa vida", revela Yoko Ono Lennon, talvez exagerando um pouco. "É preciso coragem para ser gentil", realça Brian May, do Queen. "Ele foi uma inspiração."

Olivia, a segunda esposa de George – mulher que permaneceu discreta por 27 anos, até a noite em que salvou a vida dele em 1999 –, divulga um comunicado em nome dela e de Dhani, único filho do casal, então com 23 anos. Os fãs que o pranteavam deveriam ser positivos como ele conseguia ser, destaca Olivia, pois os preceitos hindus por ele defendidos afastam todo e qualquer medo da morte. "Há muito tempo, entregou a vida dele a Deus. George dizia que não há como descobrir Deus na hora da morte... tem que praticar. Aceitou o que acontecia com ele."

Mesmo assim, em todas as culturas e em todas as línguas, o mesmo pensamento enregelante nos vem à cabeça, até para quem nasceu depois – em muitos casos, bem depois – da separação dos Beatles: agora só restam dois deles.

No primeiro aniversário da morte de George, a viúva Olivia e o filho Dhani organizaram um show no Royal Albert Hall de Londres, com o apoio de muitos expoentes do meio musical. Os lucros foram destinados à Material World, fundação de caridade criada por George em 1974 para apoiar diversas causas, financiada por uma participação nos direitos autorais de suas músicas, sobre a qual o público em geral desconhece.

O Albert Hall é um coliseu revestido de veludo escarlate defronte aos Jardins de Kensington, encomendado pela jovem viúva rainha Vitória para homenagear seu adorado príncipe consorte. É o anfiteatro de música clássica mais célebre de Londres, em especial nos Concertos Promenade de verão, ou "Proms", em cuja noite final o público ainda saúda a Grã-Bretanha como uma "Terra de Esperança e Glória" ("Land Of Hope And Glory").

Também permite recitais de rock, geralmente com o mesmo receio com o qual uma viúva rica vitoriana beberia, aos golinhos, uma dose de Jack Daniel's. Mas no Concerto para George essa preocupação inexiste. Nesta noite, o rock está bem-comportado, o ambiente forrado de flores, perfumado com incenso e nada além de amor e respeito.

Não faltam recordações comoventes do show no Madison Square Garden, em Nova York, há 31 anos, em que George convocou amigos superastros para se apresentarem gratuitamente em prol das vítimas da fome, das inundações e do genocídio, no recém-criado país de Bangladesh. Foi a primeira vez que o ramo da música, em geral dominado pela ganância e pelo egocentrismo, promoveu um movimento significativo de consciência social. E o próprio George nunca esteve tão arrasador. Era como se Oriente e Ocidente se fundissem em sua barba estreita e seu elegante terno branco com o símbolo do OM, identificando um meditador avançado – ou seria uma rosa? – na lapela.*

Diversos artistas que tocaram no Concerto para George também tocaram nos Concertos para Bangladesh: Ravi Shankar, que recorreu ao seu devotado aluno de cítara após sua própria família sofrer as agruras no seu país de origem; Ringo Starr, cuja amizade com George sobreviveu mesmo sendo traído por ele; Klaus Voormann, o baixista que se tornou amigo de Harrison, então com 17 anos, na Hamburgo de 1960; Billy Preston, que o acompanhou nas amargas sessões do álbum *Get Back*, dos Beatles, na esperança de que o genial talento de Preston no teclado e seu ar bonachão aliviassem a atmosfera de acrimônia.

As décadas pesam nos ombros desses retornados, exceto para um que ninguém esperava que fosse sobreviver a elas. Estamos falando de Eric Clapton, o melhor amigo de George e seu rival no mais estranho triângulo amoroso do rock, tendo cortejado sua primeira esposa através de uma canção, mas a quem George não só perdoou, como ficaram ainda mais amigos após o incidente.

* O mantra "OM" (símbolo ॐ) é a representação sonora do canto primordial, a sílaba "aum", singelamente entoada durante a meditação. (N. de T.)

Esse Clapton, entretanto, é muito diferente do que tocou em Nova York em 1971, tão dopado pela heroína que George teve que lhe dar uma dose de metadona para subir ao palco, mantendo outro guitarrista solo de prontidão, caso o homem chamado de "Deus" por seus seguidores desmaiasse.

Agora, há tempos afastado do vício e recuperado de 18 anos de alcoolismo, ele é o diretor musical do Concerto para George. A divindade outrora mimada e passiva, incapaz de fazer qualquer coisa por si própria e muito menos por outrem, agora mantém o elenco descomunal em ordem e dentro do cronograma, além de preencher várias lacunas como solista ou acompanhante.

Outros participantes representam marcos na jornada musical mais feliz de George pós-Beatles, como Jeff Lynne e Tom Petty, da superbanda Traveling Wilburys, que nos anos 1980 reacendeu seu entusiasmo por tocar em grupo. Com certeza, George consideraria o melhor símbolo dessas conquistas alguém que se manteve quase o tempo inteiro no palco, vestindo a kurta indiana e tocando o violão rítmico: o filho dele, Dhani – com a mesma e delicada estrutura óssea e cabeleira exuberante do pai, mas também um ar calmo que possivelmente puxou da mãe.

Também marcaram presença amigos eventuais de George, como Gary Brooker, do Procol Harum, e Andy Fairweather Low, ex-Amen Corner, além de vários grupos de apoio dos astros convidados, totalizando nove guitarristas, dois tecladistas e seis bateristas, sem contar o mestre percussionista Ray Cooper, dínamo rosado e careca de óculos redondos escuros, com a força de pelo menos mais três. Seções de cordas orquestrais indianas e ocidentais, um trio de cantoras nos vocais de apoio e dois coros. Parece uma fórmula para o caos, mas, graças ao elevado calibre de todos os envolvidos e aos diligentes ensaios dirigidos pelo novo e curado Clapton, as duas horas e meia transcorrem às mil maravilhas.

Assim como George fez nos Concertos para Bangladesh, o show começa com um reconhecimento substancial de suas influências indianas: uma oração e dedicatória em sânscrito de Ravi Shankar. Em seguida, a filha de Shankar, Anoushka, toca cítara na instrumental "Your Eyes", de autoria do pai dela. Jeff Lynne, o líder da ELO, na cabeça um candidato ao "Chapéu

Mais Irritante de um Rock Star", faz o vocal principal de "The Inner Light", canção de autoria de George. A terceira música, composta especialmente por Ravi Shankar, ganhou o título de "Arpan", "dar"* em sânscrito.

Hoje em dia, o público ocidental está mais bem-informado sobre a música indiana do que na época em que o conjunto de Shankar tocou nos dois Concertos para Bangladesh e foi solenemente aplaudido inclusive após a minuciosa afinação dos instrumentos. E, dessa vez, ele nem precisa solicitar ao público que demonstre respeito e evite fumar.

Do sublime ao super-ridículo, como George nunca se mostrou avesso a fazer, temos um interlúdio cômico com Michael Palin, Eric Idle, Terry Gilliam e Terry Jones, elenco do grupo Monty Python, cujo programa de tevê – George sempre disse – ajudou a manter sua sanidade mental durante a separação dos Beatles e, mais tarde, desencadeou sua involuntária incursão como produtor de cinema.

Palin entoa "Lumberjack Song", acompanhado por um coro da Polícia Montada Real Canadense em crescente dúvida sobre as atividades de lazer do lenhador. Dando uma palhinha como agentes da polícia, Neil Innes – o criador dos Rutles, a paródia dos Beatles que esse ex-Beatle, pelo menos, achava hilária – e um ator na época considerado o maior astro de Hollywood.

Por amor a George, Tom Hanks atravessou o Atlântico para também vestir uma túnica vermelha da Polícia Montada e o chapéu de escoteiro e entoar junto uma canção que daqui a poucos anos corre o risco de ser rotulada de "transfóbica".

O segmento ocidental do show começa com Jeff Lynne, ainda com Aquele Chapéu, cantando "I Want To Tell You", do *Revolver*, primeiro álbum dos Beatles em que George teve a permissão de incluir *três* canções de autoria própria.

---

* No DVD *Concert for George*, Ravi Shankar explica: "Arpan significa dar ou oferecer". (N. de R.T.)

Na ocasião, graças à visionária "Tomorrow Never Knows", de John, a inventividade da canção de George passou despercebida – o ritmo gaguejante de motor falhando, o acorde atonal repetitivo do piano prenunciando as ragas que viriam em breve. E junto com suas reflexões abstratas sobre comunicação, a mensagem pessoal é quase tão surpreendente e misteriosa quanto a de John em "Help!":

"*I feel hung up and I don't know why*" ("Ando bolado e não sei por quê").

O líder do Procol Harum, a voz de "A Whiter Shade of Pale", assume os holofotes: sentado ao piano, Gary Brooker entoa "Old Brown Shoe", com Clapton, Fairweather Low, Albert Lee e outros solistas notáveis tocando animadamente e parecendo alcançar o infinito.

O privilégio de interpretar as canções mais conhecidas de George foi concedido com o cuidado de um comitê do Prêmio Nobel, e há uma certa surpresa quando a primeira, "Here Comes The Sun" (a canção dos Beatles com maior número de streamings), vai para Joe Brown, justamente um dos popsters britânicos do final dos anos 1950 sem demora ofuscados pelo surgimento dos Beatles. Mas não para George, afinal de contas, Brown havia tocado guitarra solo com alguns de seus maiores ídolos do rock'n'roll americano, como Eddie Cochran e Gene Vincent, e compartilhava de sua paixão nada rock'n'roll pelos uqueleles.

Até o fim, George continuou a fazer música, colaborando com Dhani no álbum *Brainwashed*, alusão tipicamente contundente à sua terrível enfermidade, projeto que Dhani teria que terminar sem ele. A última vez que George entrou no estúdio foi para gravar "Horse To The Water", parceria dele com o filho, com apoio instrumental gravado pela Rhythm and Blues Orchestra, de Jools Holland. Em oito semanas, George estaria morto. Fraco demais para segurar a guitarra, ele só participou dos vocais.

Na noite do tributo a George, "Horse To The Water" é cantada por Sam, a entusiástica filha de Joe Brown, com Holland ao piano: a próxima geração, por assim dizer, mostrando que tudo isso não tem a ver só com "Velhinhos Dourados" e seus cabelos teimosamente não grisalhos. Apesar de toda a sua tristeza inerente, é talvez o momento mais empolgante do show, com sua mensagem vagamente gospel subvertida pela efervescência sexy dos metais.

Tom Petty, o outro ex-"Wilbury" de George, interpreta "Taxman", aquele hino de ódio profundo, e depois "I Need You", do álbum *Help!*, o rosto de tubarão e a assustadora cabeleira loira em desacordo com seu humor de adolescente hipersensível ao indagar: "*How was I to know you would upset me?*" ("Como é que eu ia adivinhar que você iria me aborrecer?"), como quem está prestes a puxar um canivete da bota.

Então Billy Preston, em seu teclado, ilumina a escura abóbada de veludo, como esperado, ostentando um suntuoso terno xadrez, em vez de um chique traje preto, e um sorrisão de dentes separados que até mesmo a própria rainha Vitória, em sua mais soturna viuvez, teria achado impossível de não retribuir. A versão dele para "Isn't It a Pity" articula maravilhosamente a tristeza de George pela desumanidade do ser humano, e nenhum dos presentes adivinha o quão dolorosamente o título se aplica ao próprio Preston.

Ao longo dos anos, ele combateu as drogas, o álcool e a homossexualidade que sua rígida educação na igreja o proibiu de reconhecer; foi preso por dirigir bêbado, cometer agressão com arma mortal, abuso sexual infantil e posse de material pornográfico; além de cumprir pena por fraude de seguro após atear fogo à própria casa. Em três anos, ele também terá partido depois de um ano em coma devido a um transplante de rim malsucedido.

À medida que se aproxima o momento culminante – a participação dos ex-Beatles –, a emoção aumenta. Ringo é o primeiro, com "Photograph", coescrita com George, compacto mais vendido de sua carreira solo. Na sequência, Ringo ataca com "Honey Don't", de Carl Perkins, uma das covers do *Beatles For Sale*, que na versão do álbum traz mais um solo memorável, após a deixa de Ringo, em *faux-country*: "*Aw, rock on, George, one time for me*"...

O fato de Sir Paul McCartney ter sido o próximo não surpreendeu ninguém. O trecho do filme em que ele e George se digladiam nas sessões de *Get Back* sintetiza o rompimento dos Beatles, e os dois continuaram brigados até o fim dos anos 1980, mas se reconciliaram bem antes de George adoecer.

Pouca gente, porém, se dá conta do tamanho da reconciliação. Para George, o golpe derradeiro foi não conseguir passar seus últimos dias em Friar Park, por medo da mídia voyeurista acampada fora de seus portões, à espera de sua morte. Foi justamente Paul quem lhe emprestou uma casa em Los Angeles, refúgio que nunca foi descoberto.

Em seus shows, Paul costuma incluir canções em homenagem a John e a George; isso provocou um leve atrito no setlist em geral livre de egoísmos. Originalmente, Eric Clapton seria a escolha natural para "Something", canção de George para a sua musa, a esposa Pattie, quando Clapton já tentava seduzi-la. Paul cantaria "For You Blue", de *Let It Be*, e "All Things Must Pass", mas também fez lobby por "Something", alegando que a tocara inúmeras vezes no palco com um uquelele, presente de George.

A solução diplomática foi o vocal partilhado: Paul começa com "*Something in the way she moves...*" no uquelele, em ritmo ligeiramente galopante, então Clapton entra na guitarra no ritmo mais conhecido. O mesmo acontece com "While My Guitar Gently Weeps": Paul toca a introdução de piano, mais dramática, e Clapton, a guitarra mais plangente, acrescentando os riffs abrasadores que improvisou como supranumerário no Álbum Branco. E Paul ainda ficou com "For You Blue" e "All Things Must Pass", nesta última sem dar nem pista de que antigamente não a curtia muito.

Se George, onde quer que esteja, estiver zombando um pouco disso tudo, Billy Preston certamente restaurará o sorriso do amigo ao interpretar "My Sweet Lord", a qual George alegremente admitirá ser muito superior à sua própria. E vai se divertir à beça ao ver que a saideira é um arranjo em que todos os convidados tocam e cantam "Wah-Wah", composta no fim daquele dia em que saiu das sessões de *Get Back* sem intenção de retornar, embora tenha voltado com relutância na semana seguinte.

Assim, as últimas palavras de George no Concerto para George comemoram o momento em que o Beatle da classe econômica enfim se saturou: "*You made me such a big star, being there at the right time/ And I know how sweet life can be/ If I keep myself free*" ("Vocês me tornaram um astro tão grande, estando lá na hora certa/ E sei como a vida pode ser doce/ Se eu continuar livre").

Mas ainda temos uma palavrinha extra. Em uma coda surpresa, Joe Brown volta com um uquelele tão pequenino que ele tem que dedilhá-lo quase como um violino, embaixo do queixo. Não é um clássico do rock nem uma despedida cósmica, mas "I'll See You In My Dreams", de Isham Jones e Gus Kahn, lançada em 1924: digamos, uma versão cockney, londrina da gema, da fala shakespeariana "*Goodnight, sweet Prince*".

Enquanto o plinc-plonc do uquelele ecoa atrevidamente no espaço construído para grandes orquestras e coros, todos de alguma forma sabem que esse é o momento da noite que o homenageado mais teria curtido.

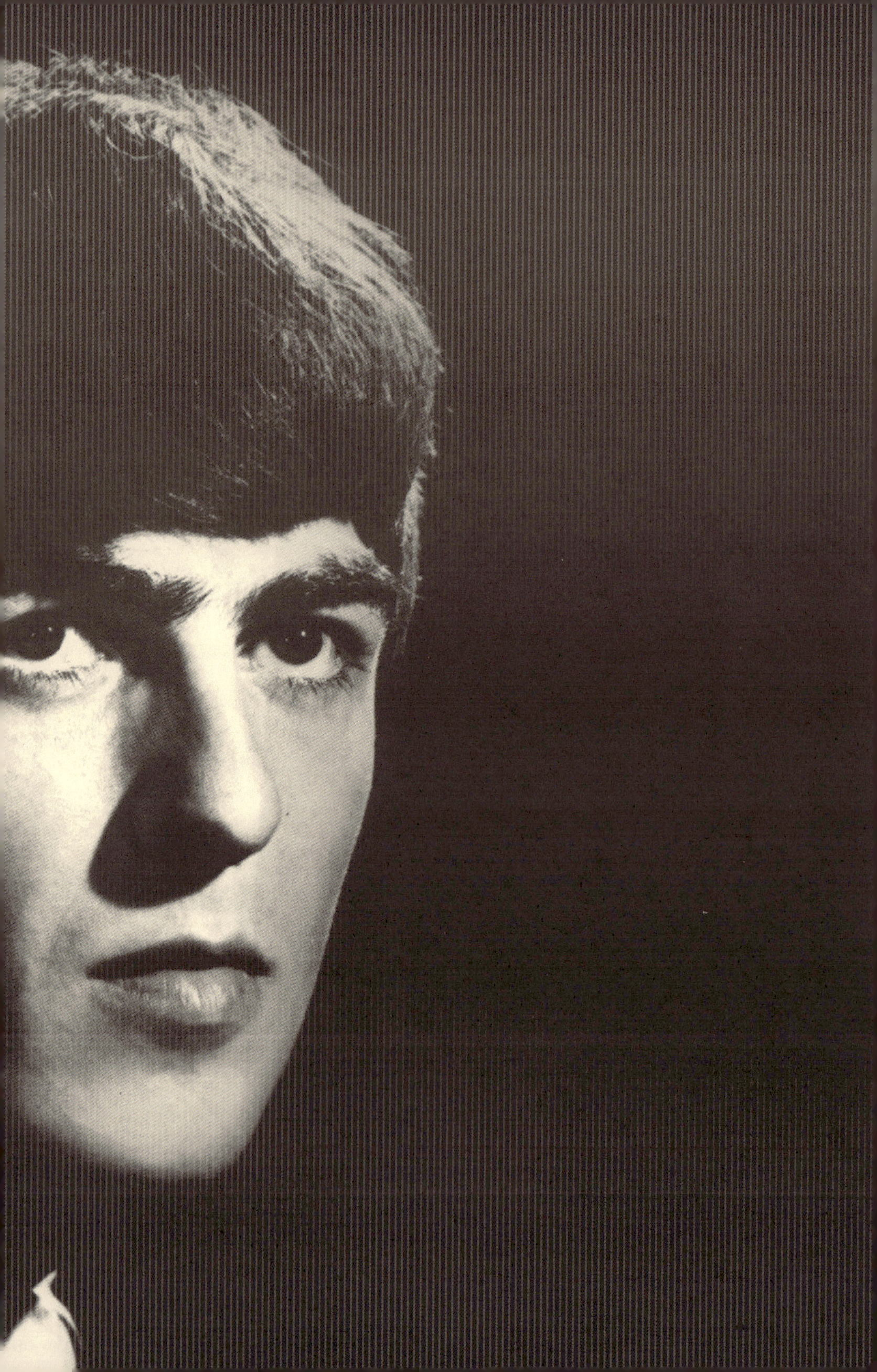

PARTE UM

1

"CUIDA BEM DELE PORQUE ELE VAI SER ESPECIAL"

Há muito tempo, as modestas casas em que John e Paul passaram a infância nos subúrbios de Liverpool juntaram-se a castelos medievais, mansões campestres e monumentos históricos preservados pelo National Trust da Grã-Bretanha para a posteridade – embora sejam mais santuários do que monumentos.

Essa honraria não foi concedida à humilde residência em que George nasceu, em Wavertree, a poucos quilômetros dos lares de Lennon e McCartney. A casa da rua Arnold Grove, número 12, continua sendo uma propriedade privada e, de modo inexplicável, sem sequer uma placa comemorativa. É um monumento sem identificação; um santuário sem um santo com franja à Beatles; apesar disso, multidões de fãs de todo o mundo peregrinam até o local para, ali mesmo na calçada, fazer uma veneração remota.

Os pais de George, Harold e Louise (cujo sobrenome de solteira era French), mudaram-se para 12 Arnold Grove logo após se casarem, em 1931. O aluguel semanal era dez xelins antigos (hoje equivalente a 50 centavos de libra). Meses depois, Louise deu à luz uma filha que também recebeu o nome de Louise, e então dois filhos, Harry e Peter, em 1934 e 1940.

George nasceu em 25 de fevereiro de 1943, no mesmo quarto e na mesma cama que os três irmãos. A Segunda Guerra Mundial só terminaria dois anos depois, mas a Alemanha nazista já começava a sofrer sérios reveses, e a blitz contra as docas e instalações navais de Liverpool, desencadeada em 1940, já cessara havia muito tempo. Não soavam mais as sirenes de ataque aéreo ao anoitecer; não se passavam mais noites de terror no interior dos frágeis abrigos antiaéreos Anderson ou embaixo das mesas.

Aos 11 anos, a irmã Louise o embalou nos braços quando ele tinha apenas oito horas de vida. Ela nunca se esqueceria das palavras maternas: "Cuida bem dele porque ele vai ser especial".

Sem consultar a mãe, o pai registrou o garoto com o nome de George, apenas. "Se é bom o suficiente para o rei [George VI]", declarou Harold, "é bom o suficiente para ele".

De modo irônico para alguém obcecado por privacidade, quem nos deu uma visão mais íntima sobre seus primeiros anos foi o próprio George.

Em 1995, os Beatles fizeram o retorno aguardado havia mais de um quarto de século com *Anthology*, coletânea multimídia que incluía um álbum duplo com sobras de estúdio e raridades, além de um documentário com a participação dos três sobreviventes. O projeto serviu para colocar uma pedra em cima das velhas animosidades.

Simultaneamente, foi lançado um livro em formato grande em que eles contavam a sua própria história em palavras e imagens; no caso de John, o texto é necessariamente compilado de entrevistas e citações anteriores, mas o dos outros foi extraído de monólogos recém-gravados em primeira pessoa. As cenas em que George fala direto para a câmera no documentário (*pieces-to-camera* ou autoplanos) mantêm sua costumeira e cautelosa reserva, com ocasionais alfinetadas, mas suas recordações da infância no livro revelam detalhes surpreendentes e carinhosos.

Começam num cenário que mais parece o finzinho do século XIX do que meados do século XX: a casinha geminada da família Harrison, indistinguível de outras dez mil em Liverpool, com seus dois cômodos abarrotados no térreo e mais dois no piso superior. Você entrava pela rua na sala frontal, a qual, apesar da crítica falta de espaço, era tratada como a "melhor" sala, só usada em ocasiões especiais. "Piso chique de linóleo, sofá, duas poltronas, mas ninguém ficava ali porque era um frio congelante."

A rotina familiar se espremia nos fundos, na cozinha/sala de estar, onde dois adultos e quatro crianças coexistiam num espaço não superior a nove m^2. A única forma de aquecer a casa era acender o carvão na fornalha de ferro. No interior da casa não havia banheiro nem vaso sanitário. Pendurada no lado externo da porta dos fundos, a banheira de estanho, em noites meticulosamente planejadas, era disposta em frente ao fogo e enchida com a água aquecida em panelas e chaleira na chapa do fogão.

O pátio onde se erguia o banheiro externo era quase todo pavimentado, à exceção do estreito canteiro de flores e do bem povoado galinheiro. Um portão, nunca trancado, dava para a viela "de paralelepípedos onde ficava o matadouro de cavalos".

Como muitos homens de Liverpool, Harold Hargreaves Harrison ouviu o chamado do mar: ingressou na White Star Line, empresa que tem como navio mais famoso o *Titanic*, e fez carreira até se tornar comissário de bordo da Primeira Classe. Quando nasceu Harry, o primeiro filho homem, Harold voltou em definitivo à terra firme. Após 18 meses no seguro-desemprego – em pleno auge da Depressão –, voltou ao mercado de trabalho nos ônibus verde-escuros de dois andares de Liverpool, inicialmente como cobrador, depois como motorista.

No restante de sua vida profissional, Harold permaneceu nos ônibus, sem nunca ganhar mais do que £ 7,10s (sete libras e dez xelins) por semana. Porém, George não cresceu com a sensação de ser pobre ou carente; tampouco teve a infância marcada por traumas ou instabilidades na família – ao contrário de todos os seus futuros colegas nos Beatles. Harold e Louise eram felizes no casamento. A irmã e os irmãos mais velhos se davam bem com os pais e entre si e tratavam o caçula com carinho. Com a grande família estendida de Louise, George cresceu em meio a tios, tias e primos. A avó materna, acendedora de lampiões na Primeira Guerra Mundial, morava na mesma rua, numa das esquinas da Albert Grove.

A ficha caiu para George nos anos sombrios do pós-guerra, quando a supostamente vitoriosa Grã-Bretanha permaneceu arrochada pela escassez de alimentos e do racionamento por muito mais tempo que os países do continente que sofreram invasões e ocupações, inclusive a própria Alemanha;

quando homens ainda vestiam sobretudos cáqui do exército na vida civil e mulheres com lenços ou turbantes na cabeça estoicamente faziam filas em frente a açougues e peixarias; quando carros novos eram uma raridade e somente na cor preta ou bege; quando os invernos de alguma forma pareciam mais rigorosos do que eram antes de 1939 e o próprio sol de verão parecia estar sendo "racionado".

O cenário de devastação em Liverpool rivalizava com o de East End em Londres; até mesmo subúrbios estrategicamente insignificantes como Wavertree ficaram esburacados de crateras, locais conhecidos na gíria de Liverpool como *bombies*, muitas vezes com minas de paraquedas ainda não detonadas em meio aos escombros. Muitos *bombies* ainda estavam lá quando George deixou Liverpool para sempre, no beatlemaníaco ano de 1963.

A mãe e o pai dele se materializavam como personagens diametralmente opostos: Harold, calmo e metódico como todos os motoristas de ônibus devem ser; Louise, vivaz e romântica para fazer jus a suas raízes irlandesas, sempre pronta para cair na risada, cantar e fazer festa. O povo de Liverpool bebia muito, e a maioria das mulheres na época preferia gim ou xerez. Mas a bebida predileta de Louise era o Drambuie, um licor dourado, mistura de uísque escocês, mel e ervas que mais parecia a personalidade dela num frasco.

Sua filha xará, chamada de "Lou" para evitar confusão, já era adolescente quando George engatinhava, então, como seria de se esperar, as duas se revezavam para cuidar dele. Mas para Lou, essa tarefa nunca foi árdua. Ela amava colocar uma roupinha no irmãozinho e levá-lo para passear, bem como dar banho nele quando chegava a vez do neném na banheira de estanho defronte ao fogo. Foi Lou quem ensinou o irmão caçula a ir ao galinheiro e pegar os ovos recém-postos embaixo das galinhas, sem assustá-las, e ria do medo que ele sentia do gélido e escuro banheiro no pátio lá fora. A ambição dela era se tornar professora, e ela ensaiou para isso ensinando a George suas primeiras palavras.

Mais tarde, ela comentaria: "Eu me lembro de olhar para ele e pensar: 'Sempre vou estar a seu lado, para o que der e vier.'"

O primeiro despertar estético de George não foi musical, e sim arquitetônico. O interesse estava no sangue familiar: o avô paterno trabalhava no ramo da construção civil e tinha ajudado a erigir vários casarões eduardianos na Princes Road, em Toxteth, na época um enclave dos mais abastados comerciantes de Liverpool. Desde pequenino, George sentia um apreço por "prédios bonitos", que despertavam nele um vago sentimento de aspiração que ele não conseguia expressar direito aos adultos. Ele recordaria:

"Sempre achei que a vida era seguir em frente, crescer e criar oportunidades, fazer as coisas acontecerem. Nunca senti que, só por ser de Liverpool, um dia eu não poderia morar numa grande mansão."

Dobrando a esquina da Arnold Grove ficava o principal ornamento de Wavertree: a torre do Relógio Picton de quatro faces, erigido em 1884 pelo arquiteto/filantropo Sir James Picton, conhecido pela carinhosa alcunha de "Clockie". Com seus floreios góticos e o seu pináculo maravilhosamente supérfluo, poderia ser um recorte da "grande mansão" em seu remoto e inconcebível futuro.

Muitas vezes, ele acompanhava Louise nas compras e via encenações nos ambientes mais improváveis. "Nesses locais de bombardeio, uma multidão assistia a um cara algemado, acorrentado e enfiado em saco tentando se libertar", conta ele em *The Beatles Anthology*. Aquele nebuloso vulto se debatendo talvez simbolizasse a antiga crença de que a cidade, apesar de seu caráter único e sua cultura vibrante, era um lugar do qual as pessoas com um mínimo de talento ou ambição precisavam escapar.

Algo tão essencial era perder o forte sotaque local, que para o restante da Grã-Bretanha sempre soou como a antítese do glamour e do romance. Liverpool é berço de muitos artistas famosos, especialmente humoristas, mas todos eles – inclusive Tommy Handley, o comediante mais popular durante a Segunda Guerra –, antes de fazer sucesso nacional, tiveram que dar o passo fundamental de camuflar as raízes e falar com o mesmo e artificial tom anasalado.

Louise, sendo de família irlandesa, era católica, embora não fosse muito praticante. Harold era "agnóstico", como os britânicos definem as pessoas sem religião, mas não levantou objeções a que seus filhos fossem batizados como católicos, inclusive George. Para começo de conversa, a fé da mãe dele atingia em cheio os seus sentidos: o cheiro do incenso, as velas bruxuleantes e os santos barbudos multicoloridos, não muito distantes do hinduísmo que um dia ele abraçaria com tanto fervor.

Quando menino, porém, raramente George teve que madrugar para ir à missa, fazer confissão ou penitência. Frequentava a paróquia da mãe, a Igreja Santo Antônio de Pádua, principalmente como membro do grupo de escoteiros. A sua primeira escola foi a Anglican Dovedale Road Infants, em Mossley Hill, perto de uma via serpeante e, nessa época, nada extraordinária, a Penny Lane.

O garoto sociável e esportivo – mas sempre propenso a doenças recorrentes e, às vezes, alarmantes – participava com alegria de brincadeiras violentas. Na Dovedale, ele só expressava uma preocupação quando Louise o levava à escola, todas as manhãs, e não tinha nada a ver com as professoras nem com os coleguinhas. Pedia para a mãe não se aproximar do portão da escola, com medo de ela entabular conversa com as "mães intrometidas" de outras crianças e assim ouvir fofocas sobre o filho.

Aos oito anos, passou da escola mista para uma escola só de meninos. O primeiro ano de George ali coincidiu com o último ano de um palhaço hilariante, infrator crônico das regras: John Lennon. Porém, como John era dois anos mais velho, seus caminhos não se cruzaram.

Ficou amigo de Iain Taylor, futuro geógrafo e pesquisador eminente. "Guardo ele na memória como um cara legal", relembra Taylor. "Vinha de um bairro complicado e nunca tentou prevalecer pela força, mas se alguém o ameaçasse, ele sabia se defender."

Castigos físicos na época eram corriqueiros na maioria das escolas britânicas para meninos, uma parte normal da vida cotidiana. O infrator estendia a mão espalmada e recebia até seis golpes de bastão ou régua de madeira. Um dia, o professor Lyons puniu George, mas o atingiu sem querer no pulso, uma parte mais sensível, causando muita dor e um terrível hematoma.

Na época, meninos de nove anos deveriam aceitar o castigo sem reclamar. A princípio, George escondeu do pai o pulso inchado, mas Harold notou e exigiu uma explicação. Um pai qualquer teria deixado o incidente passar – afinal, havia sofrido coisa pior na escola, diria esse pai, sem fazer mal a *ele* –, mas esse não era um pai qualquer. "No outro dia, no meio da aula, alguém bateu na janela", lembra Iain Taylor. "Era o sr. Harrison. Chamou o professor e acertou um soco nele. Na verdade, o professor foi a nocaute."

Os Harrison precisaram esperar muitos anos para serem realocados a um dos conjuntos habitacionais construídos pelas autoridades locais nos arredores de Liverpool, os quais simbolizavam os bons tempos prometidos do pós-guerra. Por fim, em 1950, trocaram de endereço: da 12 Arnold Grove para a 25 Upton Green, em Speke. Era uma moderna casa geminada com três dormitórios, banheiro e vaso sanitário dentro da casa. A partir de agora, a família tinha uma residência maior e uma pessoa a menos morando em casa. Lou, aos 17 anos, foi cursar a faculdade de pedagogia em Newcastle upon Tyne. Ela nunca mais voltaria a morar na casa dos pais.

A nova residência deveria ser um refúgio de luxo e modernidade, comparada à casa da Arnold Grove, com seu banheirinho externo, banheira de estanho e vielas. Só que não tinha nada do espírito comunitário que permitia à gente do bairro antigo e "malvisto" deixar a porta da frente sempre aberta. Carente de lojas e serviços, o bairro tinha como única tábua de salvação o ônibus da linha 86 rumo ao centro de Liverpool – muitas vezes com Harold Harrison ao volante. Isso gerava um senso de isolamento, que se expressava geralmente por meio da embriaguez, da violência doméstica e do comportamento antissocial.

Anos depois, George afirmaria que andar pela avenida dessas casas municipais em Speke era mais arriscado do que perambular nas mais obscuras vielas de Wavertree. No bairro novo, bastava um olhar "enviesado" a um durão local, ou a menor suspeita disso, para correr o risco de levar uma surra. Um dia, um ébrio ruidoso e indefeso cambaleou na calçada e buscou amparo na porta frontal dos Harrison – com o requinte especial de uma varanda envidraçada –, sendo logo expulso pela corpulenta Louise com uma panela de água fria.

Morar em Speke acabou também afastando George da fé em que foi batizado e na qual sua mãe esperava que ele fosse crismado. É que os padres católicos pareciam sempre estar à espreita para solicitar doações para a igreja nova que pretendiam construir na propriedade. Louise e outros vizinhos católicos deixavam um menino de guarda nos horários prováveis de visitação para dar o alarme, mas em geral era inevitável se deparar com a batina preta. Se Harold estivesse em casa, mesmo sem ser católico, doava generosamente cinco xelins, mesmo sabendo que fariam falta.

Aos 11 anos, recorda George em seu depoimento no *Anthology*, concluiu que havia "uma certa hipocrisia" na facilidade com que os católicos mais antissociais do conjunto habitacional eram desculpados pelo seu mau comportamento. "Todo mundo lá tomava um porre, depois ia à igreja, rezava três ave-marias e um pai-nosso e colocava uma nota de cinco na bandeja [de coleta]... Eu achava isso muito estranho." E, por muitos anos, continuou achando estranha qualquer forma de adoração.

Os "Cunard Yanks" têm um lugar especial na história marítima de Liverpool. Esses marinheiros e comissários trabalhavam a bordo dos transatlânticos de luxo que operavam entre a Inglaterra e Nova York. Essa turma extremamente glamorosa trajava roupas americanas, fumava cigarros americanos, usava gírias americanas e trazia novos discos americanos bem antes de chegarem à Grã-Bretanha, ou discos que nunca seriam lançados na Europa.

Harold Harrison era um exemplo típico, embora fosse tripulante dos navios da White Star e não da Cunard: entre os troféus de suas inúmeras travessias transatlânticas, antes do retorno definitivo ao lar nos anos 1930, estavam um gramofone de corda em estojo de madeira e uma pilha de antiquados e grandes discos de cera que Louise nunca se cansava de ouvir.

Por isso, ecos de "Waitin' For a Train", de Jimmie Rodgers (conhecido como o "Brequista Cantor", alusão a seu trabalho na companhia ferroviária como guarda-freios), ou "One Meatball", de Josh White, o pioneiro cantor folk afro-americano, talvez ainda ressoem em 25 Upton Green, embaladas nos acordes de um instrumento que ainda não significava nada para George. O cantor country Slim Whitman, cuja sinistra voz em falsete não impediu o grande sucesso da música-tema da opereta *Rose Marie*, foi o primeiro vocalista/violonista que ele conheceu.

As paradas de música pop britânicas, surgidas em 1952, traziam principalmente grandes astros americanos como Eddie Fisher, Frankie Laine, Nat King Cole e Patti Paige, versões cover de Dickie Valentine ou (da secretamente liverpudliana) Lita Roza, além de canções de filmes de Walt Disney ou shows da Broadway. Sucessos caseiros tendiam a maluquices como "The Railroad Runs Through the Middle of the House", de Alma Cogan, "a moça com o riso na voz", e "You're a Pink Toothbrush", de Max Bygraves.

"Isso tudo se impregnou em mim", admite o mais honesto dos músicos de rock em *The Beatles Anthology*, "e é capaz de aflorar a qualquer momento". Para surpresa dos pais dele, o caçula também curtia George Formby, um superastro dos anos 1930 e da guerra que entoava canções inocentes de duplo sentido como "When I'm Cleaning Windows" e "With My Little Stick of Blackpool Rock" com a estridulante voz de Lancashire, sorrisos entredentes e dedilhados de banjolele, híbrido com corpo de banjo e braço de uquelele.

Em 1954, aos 11 anos, George ganhou uma bolsa de estudos para o Liverpool Institute High School for Boys, na mesma colina onde fica a imponente Catedral Anglicana. Esse nome pomposo – que ganhou o inevitável apelido de "Inny" – decorre de suas origens na década de 1830 como "instituto" de educação para adultos, mais tarde dividido em dois, formando a escola e o Liverpool College of Art.

Mesmo sendo parte do sistema estatal, o Inny mostrava igual requinte de escolas públicas como Eton ou Harrow: uniforme de blazers pretos e verdes, gravatas e chapéus; "mestres" em vez de professores, sempre em trajes acadêmicos, com licença para administrar, em público, castigos com a palmatória.

Por trás daqueles pesados portões de ferro forjado, os interiores praticamente não tinham sido modificados desde os tempos vitorianos, apenas os postes com lampiões a gás ornamentados já não eram mais acesos nas tardes de inverno. Uma ideologia em prol dos serviços públicos refletiu-se no seu rol de ex-alunos ilustres na política, ciência e academia e no seu lema latino *Non nobis solum sed toti mundo nati*: "Nascemos não só para nós mesmos, mas para o mundo inteiro". E George – que ajudaria a emprestar um novo significado àquelas palavras – detestou o lugar desde o início.

Iain Taylor, também egresso da Dovedale, foi colocado na turma anterior à dele e logo percebeu uma mudança para pior. "Sempre teve uma personalidade despreocupada, mas agora andava quieto e ressentido."

O fato de ter ganhado a bolsa mostrava sua inteligência e perspicácia, e com sua memória excelente não tinha problema para ser aprovado nos exames. Mas não suportava qualquer forma de autoridade ou cerceamento. Quase por uma questão de princípios, tirava notas medíocres em todas as matérias, exceto Artes. Mesmo na época do *The Beatles Anthology*, com muitos outros velhos ressentimentos já amainados, os comentários dele sobre o Inny continuavam mordazes. "A escuridão começou aí", revela. [imita ordens do professor] "'Venha cá, levante-se, cale a boca, sente-se...' A pior época de minha vida."

As aulas de música não ofereciam atrativos; os alunos só aprendiam a tocar dois instrumentos: violino e flauta doce. Quando achava inútil rituais ou rotinas escolares, George se esforçava para evitá-los. Rejeitava mentalmente o catolicismo da mãe, mas o utilizava como desculpa para evadir do culto matinal, que incluía hinos e orações anglicanas.

Logo no primeiro dia letivo, fez amizade com Arthur Kelly, garotinho de Edge Hill que se sentou perto dele na sala de aula. Os dois sentiram o choque de sair de escolas informais para essa que mais parecia um quartel, com a disciplina simbolizada nos uniformes pretos e verdes.

Arthur se tornou parceiro de George em sua inércia no Inny. "A gente nunca dava bola para o dever de casa. Todas as manhãs, procurávamos o caxias da turma e copiávamos o dele, modificando só o suficiente para o professor não notar. O mais estranho era ver nossos boletins escolares, que apesar do alto padrão de nosso dever de casa, refletiam as péssimas notas nas provas."

A arquitetura era o único tópico que despertava seu interesse. O trabalho "Evolução do rendilhado na Inglaterra Antiga" certamente arrancou elogios do professor pelas ilustrações que o pupilo fez de três tipos de janelas góticas: a janela lanceta, o rendilhado de placa e o rendilhado geométrico. Quando foi morar numa casa repleta de janelas assim, sabia identificar cada uma delas.

A rebeldia nele nunca foi escancarada, mas sempre era visto de boas com gazeteiros e vagabundos na ala isolada do playground, o "Cantinho dos Fumantes". Não tinha a idade mínima para ser um fumante dentro da lei, mas logo começou a fumar cigarros sem filtro, dia após dia, um cigarro após o outro, a ponto de a nicotina manchar seus dedos de um amarelo brilhante. "Andou fumando de novo, Harrison", foi o comentário sarcástico de um professor, certo dia, após o recreio. "Seus dedos mais parecem faróis Belisha", referindo-se aos faróis para pedestres e suas inconfundíveis lâmpadas amarelas.

George tinha 12 anos quando o rock'n'roll chegou dos EUA, em 1955. No país de origem, esse ritmo escandaloso era reconhecido como parte da cultura nacional, fusão de R&B negro e música country branca. Na sisuda e sonolenta Grã-Bretanha do pós-guerra, parecia algo horripilante, surgido de uma hora para outra.

O filme americano *Sementes de violência* (*Blackboard Jungle*) entrou em cartaz em Londres e em várias cidades do interior simultaneamente, atraindo em massa um público jovem disposto a arrebentar as salas de cinema. O tema era a delinquência juvenil numa escola de Ensino Médio, em pleno centro da cidade, mas o caos vinha da trilha sonora: logo nos créditos de abertura, tocava a canção "Rock Around the Clock", de Bill Haley and the Comets.

A loucura infectou primeiro adolescentes um pouco mais velhos que George, mas à medida que "Rock Around the Clock" foi galgando a parada pop britânica e o número de cinemas depredados aumentava, George ficou curioso o suficiente a ponto de investir seu dinheiro num compacto. Pediu ao irmão mais velho, Harry, que comprasse para ele, mas o disquinho havia esgotado na loja. Pensando que qualquer grupo americano serviria, Harry então comprou para o irmão um single gospel dos Deep River Boys.

O fanatismo por Bill Haley amainou quando o artista foi à Grã-Bretanha e todo mundo viu quem ele era: um amável gordinho de 30 anos com um topete em forma de ponto de interrogação, como se ele mesmo colocasse em dúvida sua capacidade de liderar um levante juvenil. Após usar e abusar de variações da palavra "rock" em todos os títulos possíveis, inclusive transformando o hino escocês "Comin' Through the Rye" em "Rockin' Through the Rye", Haley começou a despencar nas paradas. À primeira vista, o rock'n'roll não passava de mais uma febre de curta duração dos Estados Unidos, como coqueteleiras, cortes à escovinha e a dancinha Black Bottom.

Barbara Kelly, irmã de Arthur, era noiva do "Ruivo", oficial da Marinha Mercante Americana que trazia para toda a família Kelly muitos presentes de sua terra natal, onde não havia racionamento. "Uma vez, o Ruivo trouxe uma caixa de discos para mim e para o George", lembra Kelly. "Feitos de vinil, os discos tinham um novo formato, um pouco menor. Ao saber que não tínhamos um toca-discos compatível, ele generosamente foi à cidade e comprou um para nós. Entre os discos havia uns de Elvis Presley. A gente comentou: 'Que nome bobinho... não pode ser o nome verdadeiro.'"

Mas era. Comparado à Fanta laranja de Bill Haley and the Comets, os novos sons pareciam gim contrabandeado aos ouvidos da recém-inflamada juventude britânica.

"Heartbreak Hotel", de Presley, lançado em janeiro de 1956, era a voz do rock'n'roll – imaturamente viril, temperamental, atrevido e angustiado –, cujo instrumento principal migrou do plangente saxofone para a cortante guitarra elétrica. Ao mesmo tempo, do outro lado do Atlântico chegavam relatos de shows de Presley em que sua desinibida linguagem corporal – muito natural para vocalistas negros de R&B, mas chocante nesse vocalista branco – provocava nas moças extremos de histeria de dimensões muito além do que se viu nas fãs alucinadas de Frank Sinatra na década de 1940.

A BBC (British Broadcasting Corporation), que detinha o monopólio da rádio nacional, baniu Presley e, com ele, todo o rock'n'roll, esse corruptor da inocência juvenil. Por unanimidade, o ritmo foi condenado por jornais, políticos, professores, clero e praticamente todas as pessoas com mais de 25 anos, as letras desprezadas como absurdas e obscenas. Um dos principais focos das críticas era o violão que Presley brandia, mas raramente dedilhava. Com base nisso, concluiu-se que ele não sabia tocar, então deveria ser um charlatão junto com todo o resto.

Até meados da década de 1950, a maioria dos jovens britânicos passava direto da infância à meia-idade, vestindo os mesmos ternos cinzentos e os mesmos casacos de tweed sem graça que os pais. Agora, o primeiro visual especificamente "juvenil" chegou com os Teddy Boys, cujo nome vinha do toque eduardiano de seus casacões com gola de veludo e gravatas com cadarço. Na verdade, tinham surgido um pouco antes do rock'n'roll, mas este os reivindicou e, com o apoio das menos elegantes Teddy Girls, estiveram na vanguarda dos sucessos cinematográficos que se tornaram sua marca registrada.

Os alunos do Inny com 13 anos, como George e Arthur Kelly, não tinham meios para adquirir a autêntica "indumentária Ted", a qual, indisponível em lojas normais de moda masculina, precisava ser feita sob medida, a poder de dinheiro. Mas bem que tentaram dar um toque de rebeldia ao uniforme escolar, desafiando o rigoroso código de vestimenta aplicado pelo diretor, J. R. Edwards, apelidado de "o Baz" (abreviação de bastardo) ou "Atarracado". "Invertíamos a gravata escolar, mostrando a parte fina em vez da grossa", conta Kelly. "E personalizávamos os blazers, arrancando os emblemas dos bolsos do peito para que parecessem casacos normais. Ao chegar perto da escola, era só prender de novo com alfinetes."

Num mundo em que a masculinidade se definia pelo corte de cabelo militar, curtinho atrás e nos lados, as características mais ultrajantes dos Ted eram os topetes caindo e as costeletas compridas, conhecidas em Liverpool como *bugger-grippers* ou *sidies*. Para completar o visual deplorável, em vez das calças largas usadas por homens e meninos desde a década de 1920, preferiam calças de estilo eduardiano.

A cabeleira espessa e sedosa de George – "uma porra de um turbante", como descreveu o invejoso Arthur – era facilmente esculpida num cocar magnífico, penteado para trás das orelhas, formando um RP (rabo de pato). Mas até mesmo os tolerantes pais de George compartilhavam da repulsa dos adultos às *drainies* (calças cano de esgoto). A solução dele foi sub-repticiamente estreitar a calça do uniforme escolar na máquina de costura da mãe, transformando-a numa gloriosa calça que afunilava nos tornozelos.

Até que uma bela manhã, recorda Kelly, ir à escola deixou de ser a penitência habitual para George. Pela primeira vez desde que entraram no instituto, ele estava realmente animado e explicou por que: "Tem um lance chamado skiffle e temos que conseguir o disco *Rock Island Line*".

Com origens na Grande Depressão americana da década de 1930, o skiffle mostrava que o impulso de fazer música superava a pobreza e as agruras, soprando as melodias em jarros ou mirlitões e, para dar o ritmo, raspando a superfície de tábuas de lavar roupa com dedos envoltos em dedais. Mas consistia numa variante essencialmente britânica, inspirada em todos os gêneros de música americana – blues, folk, jazz e gospel –, surgida junto com o rock'n'roll, como um peixe-piloto que nada ao lado de um tubarão.

Seu praticante mais notável – e única estrela duradoura – foi Lonnie Donegan, tocador de banjo de jazz que, em 1956, gravou "Rock Island Line", de Huddie (Lead Belly) Ledbetter, acompanhado por um "grupo de skiffle" com a simplicidade daqueles improvisadores da era da Depressão. O título remetia a uma ferrovia de Chicago em um local escarpado, mas a palavra "rock" foi suficiente para levar a canção ao topo das paradas britânicas. Pintou até no Top 10 dos EUA, inédito exemplo de músicos britânicos exportando música americana à América, fato que só se repetiria alguns anos após o início da próxima década.

O skiffle exerceu um efeito galvânico em garotos como George, jovens demais para captar a experiência completa de Haley e Presley. Com sua ancestralidade múltipla, oferecia aos adolescentes britânicos tudo o que há de mais romântico nos EUA – trens de carga, gangues, Nova Orleans –, com uma batida frenética tão inebriante quanto a do rock'n'roll, mas livre de tumultos e vandalismo. A conexão do skiffle com o jazz e o folk tranquilizou a BBC, que alegremente lhe concedeu espaço na programação.

Além do mais, qualquer um poderia formar um grupo de skiffle como o de Lonnie Donegan. Era só pegar emprestada a tábua de lavar da mãe e fazer um "contrabaixo" rudimentar, juntando um caixote de madeira, um cabo de vassoura e um pedaço de barbante. País afora, centenas de grupos se formaram, com nomes que soavam rudes, como Wreckers, Nomads ou

Cherokees. Os empertigados jovens britânicos, que outrora prefeririam ter cometido haraquiri a cantar em público, descobriram o efeito viciante de tocar num palco e receber o néctar dos aplausos.

Na maioria das bandas de skiffle, o violão era o único instrumento musical de verdade, eterno companheiro dos cantores de blues, folk e country, agora investido de um inédito glamour. O cancioneiro do skiffle era quase inteiramente baseado em três acordes simples de blues de 12 compassos, dedilhados com um só dedo por minutos a fio. E, graças a Elvis Presley, as meninas passaram a ter uma atração magnética pelos violões. A pressa em comprá-los criou uma escassez temporária. Agora, além de carne e açúcar, faltavam também violões no mercado nacional.

Com a saúde sempre frágil, George foi internado no hospital infantil Alder Hey, com nefrite, infecção renal potencialmente perigosa. De cama por seis semanas, à base de uma dieta insossa e sem proteína animal, rica em espinafre, George resolveu que também precisava de um violão. Em sua carreira naval, Harold Harrison aprendeu a tocar violão e teve um, há tempos sumido, junto com qualquer habilidade que ele já tivera. Sensato como sempre, ficou contentíssimo quando George retomou onde ele havia parado e Louise, como sempre, achou impossível dizer "não" ao caçula.

Na verdade, havia uma boa oferta de violões de segunda mão em Liverpool, trazidos e depois abandonados por marinheiros como Harold. Um desses violões estava à venda por Raymond Hughes, um rapaz que George conhecia da Escola Dovedale. De fabricação holandesa, o pequenino Egmond de estilo espanhol tinha cordas feitas de aço em vez de tripa; na verdade, quando foi lançado era o mais barato de todos os modelos da Egmond. Mas era um *violão*. Raymond pediu £ 3,10s (três libras e dez xelins), dinheiro suficiente para pagar as despesas domésticas por uma semana, mas Louise não titubeou e deu a George o valor necessário.

A relação com essa primeira manifestação do amor da vida dele não começou com o pé direito. Atrás do Egmond, na junção do corpo com o braço, havia um grande parafuso. O curioso George não resistiu e desparafusou. O violão se partiu em dois! Constrangido, escondeu os pedaços no armário, até o irmão dele, Peter, os encontrar e aparafusar de novo.

Com o Egmond inteiro outra vez em mãos, George, como o pessoal diz em Liverpool, ficou "perdidinho". Uma foto de família da época mostra George brandindo a esguia silhueta do violão, aspirante mirim a Elvis com as cortinas floridas da sala ao fundo, no rostinho sério um olhar próximo do êxtase.

Arthur Kelly também ganhou dos pais um violão, bem mais caro que o de George. Harold pediu para o amigo Len Houghton, músico semiprofissional que tocava em bailes, dar umas aulas aos garotos. "A gente costumava ir à salinha que ele alugava em cima do pub The Cat, na rua Wavertree", relembra Kelly. "Ele não entendia nada sobre o nosso tipo de música, mas ensinou os acordes básicos, como Dó, Ré e Sol Maior com Sétima."

Para complementar as aulas de Len Houghton, os dois pupilos estudaram um manual de violão sedutoramente intitulado *Play in a Day*. O autor, Bert Weedon, na época supostamente era o único na Grã-Bretanha apto a tocar guitarra elétrica, instrumento tão desconhecido que foi banido dos programas de tevê pelo risco de incêndio. Weedon tocou em quase todos os primeiros discos de rock'n'roll britânicos, tentando esquecer suas raízes orquestrais e jazzísticas e soar jovem e rústico.

A fotografia dele na capa de *Play in a Day* mostrava-o já beirando a meia-idade, em um terno sóbrio, cabelo crespo à moda antiga e sorrisinho insinuante. Mas o seu livro vendia como água, e George e todos os outros grandes guitarristas britânicos dos anos 1960 reconhecem a sua dívida com o "velho e adorável Bert".

Após decorarem as sete músicas da parada de sucessos do skiffle, George e Arthur decidiram que estavam prontos para criar uma banda própria. Em vez de procurar outros membros, o que talvez não tivesse produzido resultado algum, George convenceu o irmão dele, Peter, a tocar o "baixo de caixa de chá", função que exigia habilidade musical zero.

Os autodenominados Rebels fizeram seu primeiro – e único – show no British Legion Club, de Speke, onde Harold às vezes ia tomar um drinque e combinou com os proprietários. Kelly recorda:

"Naquela noite havia apenas uma dúzia de gatos-pingados, todos com mais de 60 anos. George e eu nos revezamos nos vocais e Peter ficou dedilhando a corda única do seu baixo até o dedo ficar vermelho. Tocamos 'Last Train to San Fernando', de Johnny Duncan, 'Freight Train', de Chas McDevitt, e 'It Takes a Worried Man', dos Vipers… e a tradicional folk de Liverpool, 'Maggie May'. O pessoal até que aplaudiu por educação. No fim das contas, o secretário do clube veio e nos disse: 'Lamento, não podemos pagar nada a vocês, pessoal, mas podem tomar duas pints cada um no bar'."

A primeira namorada de George, Iris Caldwell, de Wavertree, tinha apenas 12 anos comparados aos 14 de George quando começaram a namorar, e os encontros não poderiam ter sido mais inocentes. "Caminhávamos pela Lily Lane, que era como uma rua dos amantes, trocávamos beijos e carícias", recorda ela. "George beijava bem para caramba. Ainda sinto o frio na barriga."

Embora pequenina e de aparência frágil, Iris era vigorosa e eloquente como só uma garota de Liverpool consegue ser, com uma futura carreira a seu modo tão assombrosa quanto a de George. Mais tarde – após namorar outro garoto do Liverpool Institute que ainda não entrou nesta história –, ela fugiu de casa, entrou para um circo e se tornou trapezista.

A mãe dela, Vi, mulher afável e jovial, nos moldes de Louise Harrison, abria as portas para os amigos dos filhos na aconchegante casa dos Caldwell, em Broad Green Road. Em parte, George achava a situação atraente porque o irmão de Iris, Alan, liderava um popular grupo de skiffle chamado Ravin' Texans nos intervalos de treinamento de um clube de atletismo local, o Pembroke Harriers. "George queria entrar no grupo de Alan, mas o meu irmão o achava um pouco jovem."

Ela cita como principais qualidades dele a doçura, a timidez e a polidez, mas o tato não era uma de suas virtudes – e nunca seria. Embora Iris se sentisse adulta, com um namorado de 14 anos, as festas de aniversário, organizadas pela mãe, ainda eram muito voltadas à infância, com guloseimas como balas de goma e brincadeiras como Shop, uma variante da "salada de frutas". Funcionava assim: os meninos saíam da sala, e cada menina escolhia o nome de uma fruta. Os garotos iam voltando, um por um, e tinham que escolher uma entre duas delas para o ritual do beijo.

Numa rodada, George recebeu a opção de "Uva" ou "Morango", mas nenhuma das personificações o atraiu. "Estou sem fome", respondeu, indo longe demais, até mesmo para as línguas afiadas de Liverpool. "Fiquei sem falar com ele por ter magoado as minhas amigas", recorda Iris.

Além de ser um pouco jovem, outro obstáculo para ingressar no Ravin' Texans ou qualquer outra banda séria de skiffle era seu decrépito violãozinho Egmond. Andava procurando, sem muita esperança, algo maior e melhor.

Tentou inclusive construir um modelo acústico na aula de carpintaria do Inny, recortando cuidadosamente os buracos e envernizando o corpo para dar um acabamento "sunburst", com efeito de "queimadura solar". Mas na primeira vez que esticou as cordas com as cravelhas, "o violão se despedaçou".

Naquela época, restrições de comércio exterior impediam que instrumentos americanos fossem vendidos na Grã-Bretanha. Assim, as marcas mais desejadas vinham da Alemanha Ocidental, principalmente da Höfner, com sede em Bubenreuth, na Baviera. A Höfner também fabricava violinos, violoncelos e contrabaixos; seus violões e guitarras também eram feitos de madeira reluzente, com nomes pomposos que soavam americanos, como Congress, Senator e President. Para meninos britânicos loucos por violões e guitarras, folhear o catálogo da Höfner era uma experiência quase erótica. Páginas e mais páginas de formas curvilíneas, com a promessa de "acabamento loiro ou moreno" e "toques calorosos".

George e Tony Bramwell se conheciam desde os sete anos de idade; cresceram brincando juntos em vários *bombies* na região de Speke. Bramwell ainda estampava no pescoço a cicatriz de uma flecha disparada por George durante uma brincadeira de Robin Hood – um gostinho antecipado de seu futuro como um dos principais colaboradores dos Beatles.

Na adolescência, o interesse dele por George se justificava porque o amigo tinha uma mãe generosa: comprou para ele não uma, mas duas guitarras Höfner, uma Senator e uma Club 40, primeira tentativa de fazer um corpo sólido ao estilo americano. "Ele sempre vinha à nossa casa em Hunts Cross para tocá-las", lembra Bramwell. "Eu empaquei e não conseguia tocar direito, mas ele parecia cada vez melhor."

De modo algum George era o melhor guitarrista da escola. Essa distinção cabia a Colin Manley, um mocinho da turma um ano acima, que tocava com os dedos, ao estilo do virtuoso Chet Atkins, mestre da country music.

George não era um virtuoso como Colin Manley, mas, com ouvidos musicais aguçados, após algumas audições, era capaz de reproduzir os riffs e solos dos mais recentes sucessos do skiffle. E o instrumento de seis cordas despertou nele o aluno que o Inny nunca despertou, nem despertaria. Desenhos de violões e guitarras de todos os tamanhos e formatos ondulados forravam as margens de seus cadernos escolares. A atenção negada por ele à geometria ou à álgebra era dedicada, página após página, a formatos de acordes, os quadradinhos entrelaçados com pontos representando os dedos.

A essa altura, o skiffle começou a se transformar em algo mais do que meros dedilhados. Lonnie Donegan trocou a camisa xadrez por uma gravata preta e reforçou sua banda de apoio com Denny Wright, que, com sua eletrizante guitarra de jazz e seu marcante *scat-singing* (modo de interpretação vocal com sílabas improvisadas) alçou as baladas esfarrapadas da era da Depressão a voos líricos. Mais tarde, Wright migrou aos Bluegrass Boys, de Johnny Duncan, que no verão de 1957 emplacou o sucesso "Last Train to San Fernando", trazendo um solo de Wright no compasso da rumba.

"No dia em que tocamos 'Last Train to San Fernando' no Speke British Legion Club, George tentou tocar o solo sem sucesso", lembra Arthur Kelly. "Semanas depois, porém, ele já tinha aprendido a tocar."

Não causou surpresa a ninguém o fato de Harold e Louise Harrison terem comprado uma guitarra nova para seu adorado filho caçula, apesar do fraco aproveitamento escolar. E põe guitarra nisso! Uma Höfner, a marca dos sonhos de George, não uma simples Congress ou Senator, mas uma President, que podia ser tocada acústica ou eletricamente, com indentação (*cutaway*) única, marcadores de trastes incrustados e uma guarnição de botões e interruptores de visual impressionante. Custava £ 30, o equivalente a £ 500 de hoje.

Foi comprada na Hessy's, loja especializada no centro de Liverpool, aparentemente não afetada pela escassez de guitarras. O próprio subgerente, Jim

Gretty, era um talentoso músico das antigas que tocava country & western nos clubes da cidade. Cada vez que vendia uma guitarra, o corpulento e bonachão Gretty dava aulas gratuitas na loja depois do expediente, com uma turminha de até uma dúzia de alunos. Anos depois, Jim recordaria: "George era um aluno incansável. Mas eu o ensinava a ser Hank Williams quando ele preferia ser Chet Atkins".

Preferia ser autodidata, com método próprio: ouvia o mesmo disco sem parar e duplicava o que ouvia por tentativa e erro, com uma concentração e paciência jamais conferidas aos trabalhos escolares. Às vezes, Louise ficava acordada com ele até altas horas da madrugada, tomando cuidado para não o distrair, mas o incentivando com o olhar, enquanto os dedos do filho tateavam a President entre os marcadores de trastes incrustados, até acertar a nota e fazer com que ela soasse verdadeira.

2

"ELE FICAVA TÃO EM SEGUNDO PLANO QUE MAIS PARECIA O HOMEM INVISÍVEL"

No Inny, na turma mais velha que a de George, estudava um rapazola bem-comportado, íntegro, de olhos castanhos profundos, modos agradáveis e suave sotaque Scouse: Paul McCartney. Ele também morava nos conjuntos habitacionais de Speke, onde sua mãe, Mary, trabalhava como parteira domiciliar. Assim, todas as manhãs, ele e George viajavam rumo ao centro de Liverpool a bordo de um ônibus da linha 86 (muitas vezes, dirigido por Harold Harrison e, nesse caso, viajavam de graça). Na escola, essa diferença de idade de um ano os impedia de socializar, mas nesses percursos de quase uma hora falavam de igual para igual.

O interesse mútuo pela música criou entre eles um vínculo imediato, George com aquela guitarra de implausível magnificência para alguém tão franzino e tímido. Nem de longe Paul tinha algo tão glamoroso. Em seu recente aniversário de 13 anos, o pai dele, Jim, ex-líder de um grupo amador que animava bailes, presenteou-o com um trompete. Paul se dedicou com afinco – como costumava fazer em todas as suas tarefas –, mas foi sentindo cada vez mais que preferia dedilhar a soprar.

Outra coisa que os dois tinham em comum era a profunda aversão ao uniforme obrigatório do Inny, que agora parecia ainda mais tedioso e restritivo, com o glorioso domínio dos Teddy Boys e sua onipresente revolução no modo de vestir. Mas enquanto Paul só desafiava o código de vestimenta de maneira sutil, George elaborou um modelo "Ted" para o uniforme, usando as sobras de seus irmãos mais velhos. Os detalhes podem ser encontrados em sua entrevista para o livro *The Beatles Anthology* na década de 1990.

"Tingi de preto um casaco esporte com estampa xadrez para usar como blazer escolar. A tintura não pegou direito e dava para notar um pouco do xadrez. Também comprei uma camisa maneira na Lime Street. Branca com pregas na frente e bordados pretos nos cantos das pregas... Também tingi de preto uma calça azul-clara modelo 'cano de esgoto', com dobras nas barras... e eu tinha os sapatos de camurça preta do meu irmão. Um traje muito audacioso, e todos os dias eu tinha a impressão de que corria o risco de ser preso."

Isso deixou Paul muitíssimo impressionado – tarefa nada fácil – e, com o passar do tempo, os dois meninos do Inny, além de unidos pela escola, foram descobrindo cada vez mais pontos em comum. Conversavam sobre suas mães, as duas de origem irlandesa, que batizaram os filhos como católicos, mas nunca os obrigavam a ir à missa ou fazer a confissão. Falavam sobre a vida na fronteira selvagem dos conjuntos habitacionais de Speke: a profissão de Mary McCartney como parteira e enfermeira bem-conceituada poupava a família do pior – mas ainda não qualificava a família para ter um sanitário dentro de casa.

Sobretudo, trocavam ideias sobre rock'n'roll, ainda um estilo musical fora da lei, alvo de ataques e desdém pelo mundo adulto, sem cessar. O assunto preferido era "Elvis", com todo seu glamour e mistério, mas também aqueles que tiveram a coragem de segui-lo: Little Richard, cujo grito efervescente de Banshee fazia estremecer os caixilhos das janelas, Jerry Lee Lewis, que havia acrescentado um explosivo piano à equação, e Gene Vincent, que, com sua voz rouca e seu grupo de apoio, os Blue Caps, emplacou um sucesso de um absurdo sublime: "Be-Bop-a-Lula".

No comecinho de 1956, a família McCartney saiu de Speke e foi morar na 20 Forthlin Road, em Allerton. De novo, moravam em um conjunto municipal, mas menos isolado e mais bem localizado, a dois quilômetros do arborizado e próspero subúrbio de Woolton. Paul e George já não faziam juntos a longa viagem matinal de ônibus, mas fora da escola seguiram cultivando a amizade.

A essa altura, Paul já havia conseguido se libertar de seu trompete, porque desejava cantar, algo impossível com aquela "corneta", a menos que você fosse Louis "Satchmo" Armstrong. Com a permissão do pai, levou o trompete de volta à loja e conseguiu trocar por um violão Zenith. Por ser canhoto, o braço do violão apontava para o lado oposto ao dos destros; na época, isso era uma estranheza, mas no futuro se tornou marca de genialidade.

Aos 14 anos, em outubro de 1956, Paul viu a mãe morrer de câncer de mama com apenas 47 anos. Na época, os garotos britânicos não podiam mostrar suas emoções, e esse moço muito menos, nem existia nada parecido com o aparato moderno de aconselhamento e terapia do luto. Para o jovem Paul, a única terapia disponível usava traje reluzente e tocava guitarra elétrica, e as únicas palavras que lhe reconfortavam de verdade eram "Be-Bop-a-Lula". Portanto, andar na companhia de George se tornou uma parte essencial da cura.

No verão de 1957, ele praticamente já dominava o Zenith, assim como trompete, piano e bateria, instrumentos aprendidos anteriormente. Era comum fazer sessões de treinamento com George, mesmo sem meta específica. Suas habilidades vocais, que iam da pureza de um corista à rouquidão de Little Richard, o tornavam um trunfo a qualquer grupo de skiffle, mas até agora ele não havia mexido uma palha para entrar em grupo algum, nem mesmo no que estava bem debaixo de seu nariz. Afinal de contas, dois colegas de sua turma no Inny, Len Garry e Ivan Vaughan, se revezavam no papel de baixistas na banda de Woolton chamada Quarrymen. Ivan, amigo de Paul, conhecia o líder dos Quarrymen, John Lennon. Além disso, eram vizinhos "de quintal", ou seja, os fundos da casa de uma família eram contíguos ao da outra.

Querendo despertar o interesse de Paul pelos Quarrymen, Ivan se ofereceu para apresentá-lo a esse "grande camarada", e ele consentiu. A oportunidade ideal surgiria em 6 de julho, quando os Quarrymen iam tocar na quermesse de verão, no terreno da igreja paroquial de Woolton, a St. Peter's.

A descoberta mútua de Lennon e McCartney, nesse ambiente pastoral de tendas de bolos caseiros, urnas de chás sibilantes e jogos de argolas, já foi contada e recontada tantas vezes que dificilmente será necessário recapitular a primeira visão que Paul teve de John com seus Quarrymen no palquinho ao ar livre, de camisa xadrez e mudando a letra a seu bel-prazer na canção "Come Go With Me", dos Del Vikings, tampouco o momento um tanto embaraçoso em que foram apresentados, no salão adjacente à igreja. Para quebrar o gelo, Paul cantou "Twenty Flight Rock", de Eddie Cochran, dedilhando o violão para destros com uma habilidade impressionante para quem tocava com o braço do violão invertido.

Almas gêmeas das mais improváveis, um com seu charme respeitoso, o outro, aspirante a Teddy Boy, cuja perspicácia escabrosa ocultava profundezas de raiva e insegurança que, no futuro, nem a adoração do mundo inteiro conseguiria amainar.

O rock'n'roll e o amor por tocar violão já uniram muitos personagens díspares, mas entre os dois sem demora brotou um vínculo extra. Logo após esse primeiro encontro, um admitiu ao outro que "tentava compor canções". Como bem sabiam, compor letra e música era coisa de gente velha, como Cole Porter e Irving Berlin, sentados junto a pianos de cauda entre os arranha-céus de Nova York. Não era algo apropriado a estudantes com seus caderninhos na absoluta obscuridade de Liverpool. Mesmo assim, decidiram persistir, agora juntos na empreitada.

O recrutamento de Paul teve um efeito imediato nos Quarrymen, em essência nada mais que um grupo de amigos de John em busca de boas risadas e umas cervejinhas. E agora, graças à sorridente presença do novo componente, passaram a sofrer exigências de se vestirem da mesma forma, chegarem pontualmente aos shows e agirem com mais profissionalismo.

Na elástica formação com até oito membros, Paul logo identificou os que estavam ali só por serem amigos de John, certos de que nunca seriam descartados. Mas, no segundo semestre de 1957, a numerosa formação começou a se contrair por conta própria: vários membros foram entrando na faculdade ou iniciaram estágios como aprendizes. O próprio John concluiu os estudos na Quarry Bank High School – colégio de primeira linha como o Inny, onde John ganhou fama de rebelde – e se matriculou no Liverpool College of Art. Manteve a banda na ativa e com o mesmo nome.

John começou a migrar do skiffle ao rock'n'roll, como já havia feito ao adaptar uma canção doo-wop nova-iorquina nos festejos da igreja de Woolton. O passo seguinte foi Paul o convencer da necessidade de um guitarrista solo, alguém como Scotty Moore no trio de apoio a Presley, ou Cliff Gallup nos Blue Caps de Gene Vincent. "John e eu tocávamos guitarra direitinho", lembra o atual Sir Paul, "mas não conseguíamos fazer um solo decente. Então falei: 'Olha só, eu conheço um cara assim, assim...' "

Na realidade, inserir George na formação dos Quarrymen foi uma operação difícil, que exigiu o uso pleno de todas as habilidades diplomáticas de Paul, já bem desenvolvidas. Em primeiro lugar, envolveu a dispensa do terceiro guitarrista rítmico do grupo, o simpático Eric Griffiths, um dos fundadores dos Quarrymen e não desprovido de qualidades.

Em segundo lugar, o elemento complicador: aos 14 anos, o franzino George era dois anos e meio mais novo do que John. Para alguém que já cursava o Liverpool College of Art, isso assumia ainda mais importância. E atrás de sua volumosa Höfner President, George mais parecia uma criança do que um adolescente.

Aos poucos, Paul começou a trazê-lo à órbita dos Quarrymen, para que John fosse se acostumando com a presença dele, com resultados pouco encorajadores até então. Após notar em vários shows sucessivos aquele semblante sério, de cabeleira opulenta, John indagou, irritado: "Quem é aquele pirralho maldito que está sempre ao nosso redor?"

O baterista dos Quarrymen, Colin Hanton, explica que o pessoal escolheu a dedo a hora de apresentar George a John, a fim de George mostrar sua melhor faceta. O irmão de Iris Caldwell, Alan, ajudado por Vi, sua elétrica mãe, fundou um clube de skiffle, o Morgue (Necrotério), confirmando as tendências macabras da iconografia do skiffle. O "porão-necrotério" ficava numa grande casa vitoriana em Oakhill Park. O local servia principalmente como veículo para o grupo de Alan, os Ravin' Texans, mas

George teve a chance de fazer um solo ocasional em troca de ajudar Iris com os casacos.

O teste que o levaria à fama e à frustração em escalas igualmente imponderáveis não é lembrado em detalhes tão vívidos quanto o encontro de Lennon com McCartney. Reza a história oficial dos Beatles que ele conquistou John ao tocar "Raunchy", faixa instrumental composta e gravada por Bill Justis, arranjador da Sun Records, em Memphis (onde Elvis foi descoberto), e lançado na inocente Grã-Bretanha, que nem imaginava o real significado de "raunchy" (sexy).

Na verdade, "Raunchy" nada mais é que um singelo riff de cinco notas que o próprio John, ou qualquer principiante, facilmente poderia ter elaborado. O mais provável é que George tenha tocado algo mais ambicioso. Porém, mais provável ainda é que John tenha considerado que o acréscimo mais vantajoso seria a Höfner President daquele pirralho.

Assim, num piscar de olhos, Eric Griffiths se viu fora da banda – mas de forma alguma foi o último a sofrer esse choque súbito –, e George adotou o traje de palco dos Quarrymen, que a banda passou a usar após o ingresso de Paul: camisas brancas de caubói com ombreiras pretas. A estreia de George na guitarra solo foi com um amplificador emprestado, em pleno New Clubmoor Hall Conservative Club, em Norris Green, em 10 de janeiro de 1958, um mês antes de completar quinze anos.

Logo o efeito do "pirralho maldito" ficou aparente. Três shows depois, os Quarrymen subiram ao palco do clube Cavern, na Mathew Street, perto das docas, tradicional reduto do jazz e um dos maiores inimigos do rock'n'roll. Pouco antes de Paul entrar na banda, os Quarrymen já tinham tocado ali, ocasião na qual John havia cantado "Don't Be Cruel", de Elvis, recebendo um severo puxão de orelha da gerência, mandando parar com aquilo.

Desde então, o Cavern parecia ter afrouxado a sua política contrária ao rock – embora ainda estivesse longe do que se tornaria, em parte graças àquele "pirralho maldito". Situado sob uma distribuidora de frutas e legumes, o clube consistia em três túneis de tijolos à vista e teto baixo; o palco improvisado ficava no túnel do meio, e o público se sentava em cadeirinhas de madeira que pareciam ser de um jardim de infância.

Quando tocavam bandas de jazz, o que era normal, ninguém se erguia dos assentos.

Naquela noite, lembra Colin Hanton, os Quarrymen tocaram burocraticamente algumas faixas de skiffle, mas deram tudo de si em "Be-Bop-a-Lula", "Twenty Flight Rock", "All Shook Up", de Elvis, e "Whole Lotta Shakin' Goin' On", de Jerry Lee Lewis. Para a consternação deles, ao longo do show, o público começou a ir embora, aparentando nojo. As fileiras de cadeiras infantis ficaram quase vazias.

Só quando pisaram fora do palco, o desânimo estampado nos rostos, inclusive no de John, é que descobriram o que realmente estava rolando: a plateia não tinha debandado, apenas migrara aos dois túneis laterais, fora da linha de visão deles, para dançar.

Hanton conta: "Achávamos que tínhamos feito o pior show de nossas vidas. Mas tinha sido o melhor de todos".

Nos anos 1950, na Grã-Bretanha, a distinção entre as classes e o esnobismo eram fatores poderosos e onipresentes. Em Liverpool, isso se exacerbava com velhos esnobismos marítimos; não existia abismo social maior do que entre o capitão e o timoneiro, ou entre o comissário-chefe e um simples comissário de bordo. Diziam as más línguas, relanceando o olhar à monolítica sede corporativa da Cunard, em Pier Head: atrás de cada uma daquelas janelinhas, alguém estava se sentindo superior a outra pessoa.

Sentimento não compartilhado pela classe trabalhadora da cidade, que primava por sua política de esquerda e seu consequente igualitarismo feroz.

Era a esse lugar que George pertencia. Ao longo de todo o Ensino Fundamental, e mesmo em meio ao elitismo desavergonhado do Inny, ele nunca teve motivos para se mostrar inseguro em relação a isso. A primeira vez que se sentiu discriminado em razão de onde morava e como falava foi ao conhecer John Lennon.

Com certa surpresa, ficou sabendo que o Teddy Boy imprudente e por vezes fora da lei morava na Menlove Avenue, no bairro de Woolton, enclave arborizado dos profissionais liberais de Liverpool, na espaçosa casa geminada chamada "Mendips". A casa tinha falsa decoração de Tudor; "salinha matinal", como nas peças teatrais de Noël Coward; e na cozinha havia uma fileira de sinos para chamar os criados que ali trabalhavam desde tempos imemoriais.

Logo após o fim da guerra, o pai de John, comissário de bordo naval, sumiu da vida do filho. Julia, a mãe de John, tinha uma irmã mais velha, Mary, que todos chamavam de Mimi, e entregou o filho para que ela o criasse em "Mendips". Admirável em muitos aspectos, Mimi era, no entanto, uma esnobe da classe média baixa, sempre o tipo mais feroz de esnobe. Após enviuvar, quando John tinha 14 anos, Mimi se dedicou a protegê-lo de influências indesejáveis, ou seja, do proletariado de Liverpool propenso a bebedeiras e lutas, com sotaque singularmente tosco e enervante.

Para Mimi, tocar rock'n'roll abriu a porta dessas forças da barbárie para John. Com todo empenho, ela tomava providências para fechá-la. "Tudo bem tocar violão", ponderou ela, com uma lógica esmagadora, "mas você nunca ganhará a vida com isso."

Ela se recusou peremptoriamente a deixar os Quarrymen ensaiarem em sua casa impecável, expulsando-os para a varanda envidraçada na frente da casa, onde ninguém os escutaria. Nesses momentos desafiadores, ela encarava com desconfiança até mesmo os bons modos de Paul, acusando-o de ser um "encantador de serpentes". Contudo, embora habitasse em Allerton, bairro da classe trabalhadora, Paul foi aprovado no raio X social de Mimi porque a mãe dele era enfermeira (assim como a própria Mimi), e essa função contava como classe média honorária.

Por sua vez, George era um catálogo ambulante dos piores pesadelos de Mimi. Não só tinha o abominável sotaque Scouse em força máxima e se vestia como um Teddy Boy, mas também morava em Speke, bairro equiparado por Mimi ao sétimo círculo infernal de Dante. "Ela não gostava nada de mim, era muito rigorosa", recordaria ele na década de 1990, sem qualquer sinal de estar brincando, mesmo após tanto tempo. "Ela dizia 'Que garoto é esse... tem uma aparência horrível', e John respondia apenas: 'Calaboca, Mary.'"

Como John confessaria, para ele o sotaque de George não era o problema, mas sim o rostinho de bebê e as orelhas de abano que acompanhavam o guarda-roupa ultrajante. "No começo, eu não queria conhecê-lo [isto é, socialmente]. Ele era novinho demais. Um dia, ele passou em Mendips para me convidar para ir ao cinema, mas fingi que estava muito ocupado."

Bem diferente foi a recepção da mãe de John, Julia, que morava pertinho da irmã mais velha. Após entregar John a Mimi, Julia arranjou um namorado com quem teve duas filhas, mas continuou sendo uma presença constante na vida de John, espécie de antídoto ao autoritarismo de Mimi. Descontraída, vivaz e louca por música, mais parecia uma irmã mais velha – e levada – do que a mãe de John. Com sua família tão estável e convencional, George deve ter achado bizarra a situação toda, ainda mais porque John tratava a mãe e a tia pelos nomes de batismo. Mas na casa de Julia não havia comentários sarcásticos sobre seu sotaque nem referências depreciativas a Speke.

Julia tocava banjo e ensinou a John os acordes de quatro cordas que ele seguiu usando no violão que ela comprou para ele – até que o tal "pirralho maldito" cresceu consideravelmente em sua estima ao lhe ensinar o dedilhado de seis cordas. Ela amava abrir a casa para os ensaios dos Quarrymen, até os deixava tocar em pé dentro da banheira, porque os sons ecoavam como se o banheiro fosse um amplificador.

Ensaiar na Forthlin Road, na casa de Paul, nunca foi problema. O pai viúvo tinha sido o líder da Jim Mac Jazz Band, popular localmente, e ainda tocava piano de improviso em reuniões de família, ocasiões em que sonhava ser acompanhado por Paul no trompete. Jim não entendia o novo estilo musical, mas se alegrava por escutar qualquer tipo de música sob seu teto. E os Quarrymen gostavam também de fazer a jornada até Upton Green, onde Louise Harrison era sempre acolhedora.

A atitude de Louise em relação a John contrastava com a de Jim McCartney, que, em geral tolerante e meigo, alertou Paul: "Esse moço vai acabar criando problemas para você, meu filho". Ela não se chocava com nada que John falasse e, no fundo, sentia por ele uma centelha de cumplicidade travessa. Servia doses de uísque para ele e dizia que ela e John "não passavam de um par de palhaços".

A tia de John, Mimi, torcia para que a transformação dele em estudante de artes colocasse um fim nessa maluquice de rock'n'roll. Isso só não aconteceu porque entre o College of Art, na Hope Street, e o Inny, na Mount Street, havia uma porta de ligação, último vestígio de terem sido um só estabelecimento educacional. Na mitologia do rock'n'roll, equivalia à porta do Jardim Secreto ou de Nárnia.

Todos os dias, John levava o violão à faculdade. Na hora do almoço, Paul e George removiam todos os emblemas incriminatórios de seus uniformes escolares, ultrapassavam a porta despercebidamente e iam degustar peixe com batatas fritas na cantina, e depois ensaiavam em alguma sala de aula vazia.

Nesses encontros ilícitos, George ficava constrangido. Sem idade para ser universitário, poderia chamar atenção e entregar o jogo, e isso inquietava John. E, apesar da liberdade de filar um cigarrinho e da abundância de "gatinhas", as moças com quem travou conhecimento tocavam em seu ponto fraco, recentemente exposto: sua classe social. Na época, o rock'n'roll era considerado música exclusivamente operária, e as moças mais bonitas compartilhavam a preferência estudantil pelo intelectualmente superior jazz.

Na faculdade de artes, John começou um namoro firme com a meiga Cynthia Powell, de Hoylake, em Cheshire Wirral, a elegante cidade-satélite de Liverpool. Pediu a opinião de seus companheiros sobre "Cyn" – de fato, uma escolha surpreendente para seu estilo –, e os amigos expressaram a aprovação necessária, exceto George, que sem rodeios apontou os "dentes de cavalo" que a moça tinha.

Dois amigos de John na faculdade de artes não consideravam a juventude de George um problema. Nem o rock'n'roll. O primeiro era Stuart Sutcliffe, pintor talentoso e precoce, figura de culto que lembrava um pouco James Dean (e tendo pela frente uma morte prematura igualmente trágica), que despertou o interesse de John pelo seu curso de Arte e Design como nenhum outro tutor havia sido capaz.

O segundo, Bill Harry, um baixinho de cabelos cacheados, sem dúvida compartilhava as origens com George. Criado na extrema pobreza da Parliament Street, nas docas, intimidado por rapazes maiores e tiranizado por padres católicos, deu a volta por cima ganhando uma bolsa de estudos para a faculdade de artes, estudando profundamente a cultura americana e se tornando um escritor prolífico, que publicava em jornais, revistas ou fanzines próprios.

"Paul sempre foi o mais bom-papo, mas com George não acontecia praticamente nada", recorda Harry. "Ele ficava tão em segundo plano que mais parecia o Homem Invisível."

Com seu jeitinho insidioso, porém, George se misturou na vida social da faculdade e mal sentia a estranheza de sua classe e origem. Comparecia a festinhas estudantis que varavam as madrugadas; todo mundo já trazia a garrafa e um ovo para o café da manhã. Nesses momentos de curtição, afloravam nele um charme, uma inocência, que compensavam plenamente seu deboche ocasional.

Cynthia, a namorada de John, ao ouvir falar do comentário de George sobre os seus supostos "dentes de cavalo", não sabia se ria ou se chorava. Mas ela o perdoou quando ele se sentou ao lado dela, o rostinho de um menino de 11 anos, e comentou, com ar sonhador: "Como eu gostaria de ter uma garota legal como você".

Quase se tornou um estudante quando a faculdade promoveu o "Panto Day", um desfile com fantasias e carros alegóricos pelo centro de Liverpool com o objetivo de arrecadar verbas para ações de caridade. George acompanhou o contingente de John, sacudindo uma latinha de coleta; mais tarde, John abria as latas e descaradamente repartia o seu conteúdo.

Pelo menos uma condenação do rock'n'roll – a de que Elvis Presley e sua turma eram vigaristas que só brandiam violões e guitarras, sem saber como tocá-los – agora poderia ser totalmente refutada, embora seus críticos impiedosos não o reconhecessem.

Durante sua turnê britânica, Eddie Cochran fez um show no Empire Theatre de Liverpool e, com sua Gretsch vermelho-cereja, mostrou elevada capacidade técnica. Na plateia, George assistia, abismado. Carl Perkins, principal atração da Sun Records desde a saída de Elvis – e o primeiro a gravar "Blue Suede Shoes", canção de sua própria lavra –, mostrou no filme *Disc Jockey Jamboree* que também não merecia as calúnias. E até mesmo Tommy Steele, a "resposta" britânica a Elvis, concebido única e exclusivamente para levar as mocinhas ao delírio, às vezes era flagrado dedilhando complexos acordes em sua grande Höfner branca.

A acusação se tornava ainda mais absurda no caso de Buddy Holly, o texano de 21 anos que fazia solos com maestria na guitarra elétrica, além de ser o vocalista principal dos Crickets, com sua voz misteriosa e envolvente. Em setembro de 1957, o trio lançou "That'll Be the Day", com fascinante introdução de Holly, reprisada no solo: uma sequência de notas agudas que praticamente incendiou o sangue dos guitarristas aprendizes Grã-Bretanha afora.

De fato, Holly era um *buddy* ("amigão") dos skifflers que tentavam fazer rock'n'roll (não só os futuros Beatles, mas os futuros Rolling Stones, o futuro The Who e futuros todos-que-seriam-alguém no beat boom dos anos 1960), pois as canções dele, embora 100% originais e cada vez mais emocionantes, eram construídas a partir de acordes simples que eles já conheciam.

Entregou aos Quarrymen um repertório prontinho, e, de poucos em poucos meses, acrescentava um título extra, que exigia um pouquinho mais de habilidade, como que para alçá-los a um novo patamar. E, como "That'll Be the Day", muitas eram compostas total ou parcialmente por ele. Mostrou a John e Paul que para compor não é preciso ter uma distante sofisticação e um nome como Cole Porter; eles também tinham o direito de arriscar.

E até o visual de Holly, nas poucas fotos que chegaram à imprensa britânica, trazia conforto e incentivo a seus jovens discípulos britânicos. Ali não havia uma divindade como Elvis fazendo beicinho, mas um varapau de semblante afável, sempre de óculos, visual antes ligado ao estigma dos nerds escolares. O míope John odiava tanto usar óculos que preferia não enxergar direito a passar a vergonha de ser "quatro olhos". Agora ele poderia usar óculos para enxergar o mundo e, de quebra, ficar parecido com o seu ídolo provocador de suspiros.

George estudou Buddy Holly and the Crickets como nunca estudou uma matéria na escola. A fim de pagar aos pais o dinheiro investido na guitarra, conseguiu emprego na Casa de Carnes E. R. Hughes, fazendo entregas aos sábados, para a grande agonia social de Mimi, a tia de John.

O percurso dele incluía a casa de seu amigo de infância, Tony Bramwell, em Hunts Cross, que tinha o primeiro álbum dos Crickets, *The Chirping Crickets*. A grande bicicleta de ferro das entregas do açougue Hughes ficava ali na frente um tempão, com os bifes e as costelinhas do fim de semana esquentando no cesto dianteiro, enquanto Bramwell tocava animada e repetidamente para George as 12 faixas mágicas não só de rock'n'roll original, mas também covers de country e R&B.

No começo de março de 1958, Holly foi à Grã-Bretanha com os Crickets naquela que seria sua única visita, tocando em teatros e cinemas país afora – desafiando o paradigma de que só coffee bars eram os locais dedicados ao rock'n'roll –, e chegou ao Philharmonic Hall de Liverpool no dia 20. Sem ingresso, George ficou morrendo de inveja porque seu amigo Tony Bramwell tinha vencido um concurso no jornal para assistir ao show e depois ser apresentado a Holly.

Ele próprio teve de se contentar com a fugaz participação dos Crickets na tevê, todos de smoking, no programa de variedades *Sunday Night at the London Palladium*. Na telinha tremeluzente, em preto e branco, Holly apareceu tocando uma guitarra de dois "chifres", apoiada em seu flanco, que mais parecia uma nave espacial com alça. Foi a primeira Fender Stratocaster a atravessar o Oceano Atlântico.

Uma melhoria para os Quarrymen que Paul recomendou especialmente a John foi gravar suas performances para escutar como soavam e também circular a fita entre os possíveis *promoters*, em vez de serem obrigados a sempre fazer um teste ao vivo. Outros grupos tinham gravadores de rolo, mas em 1958 ainda eram muito caros e fora de suas possibilidades.

Foi aí que Johnny Byrneum, um colega guitarrista do Porão-Necrotério, contou a George sobre um estúdio em Liverpool onde a galera podia entrar e gravar suas vozes, como Elvis Presley fez na Sun Records naquele dia que revolucionou o mundo em 1954. Compartilhava até o mesmo sobrenome do sortudo que descobriu Elvis: Phillips Recording Service. Uma sessão com os Quarrymen foi marcada com o proprietário, Percy Phillips, com a tarifa de 17 xelins e seis *pence* (uns 75 centavos de hoje) a ser rachada entre eles.

A essa altura, a formação se limitava a John, Paul, George, Colin Hanton e um pianista ocasional chamado John Lowe. Gravariam duas canções, uma delas já definida como "That'll Be the Day", dos Crickets. Muitos outros grupos fizeram cover dela, mas pouca gente ou ninguém tentou imitar o genial riff solo de Buddy Holly. "George prometeu que ia aprender", lembra seu colega de escola Arthur Kelly. "E em dois dias aprendeu mesmo."

A experiência de gravar um disco se revelou longe de ser revolucionária como a de Presley. Situado na casa de seu proprietário, o Phillips Recording Service ficava na 38 Kensington, uma das muitas vias de Liverpool com nomes londrinos. Humilde casa geminada cuja vitrine saliente mostrava uma seleção de produtos elétricos à venda, tinha sobre a porta frontal uma enorme placa, OFICINA PARA CARREGAR BATERIA, estabelecida há 25 anos, e uma vitrine adjacente oferecia EMPRÉSTIMOS DE £ 5 A £ 500 SEM FIADOR.

Não se esperava que Percy Phillips – que, nas palavras de Colin Hanton, "tinha a idade para ser pai deles" – mostrasse qualquer afinidade com o rock'n'roll, mas ele tratou os Quarrymen com toda a polidez, embora sua preocupação mais urgente fosse receber o pagamento pelo horário marcado. Como fazia a sua clientela habitual de cantores de ópera amadores e crianças recitando peças festivas, os amigos gravaram com microfone único no meio daquela que outrora devia ter sido a sala de jantar da família Phillips.

Com áudio disponível no YouTube, a sessão parece vir do mesmo passado remoto de algum baile de *music hall* vitoriano capturado em cilindros de cera. Primeiro, "That'll Be the Day" com a voz bastante ácida de John e o solo de George imitando o de Holly à perfeição, compartilhando o punhado de watts do pequeno amplificador Elpico de Paul. Em seguida, o pastiche country "In Spite of All the Danger", composto por Paul antes de conhecer John. George se destaca, não só com os riffs marcantes, mas também no contraponto à harmonia vocal que não desafina, mas quase.

Percy Phillips não incluiu a edição em seus honorários. Minutos depois, entregou-lhes um disquinho de goma-laca com os títulos das canções escritos à mão na etiqueta amarela "Kensington". Graças aos riffs de George, "In Spite of All the Danger" foi creditado a "McCartney-Harrison", sua primeira – e última – experiência de ser o parceiro musical de Paul na banda.

A placa que acabou substituindo a da OFICINA PARA CARREGAR BATERIAS na 38 Kensington indica a data da gravação como 14 de julho de 1958, mas Colin Hanton tem certeza de que ocorreu no dia 12. Em suma, John entoa no lado A de modo casual os versos de Buddy Holly "*That'll be the day/ When I die*" ("Esse vai ser o dia/ De minha morte") e no lado B faz o coro em "*All the danger*" ("Todo o perigo"). E, apenas três dias depois, a mãe dele, Julia, acabou sendo atropelada e morta por um motorista em alta velocidade, a poucos metros do portão frontal da casa de tia Mimi.

Os cinco Quarrymen combinaram um rodízio em que cada um ia ficar uma semana com o disco de Percy Phillips. O pianista John Lowe ficou uma semana com o disco e não cumpriu o combinado. Ninguém mais reivindicou sua vez. Logo depois, Lowe se afastou do grupo e permaneceu em posse do disco.

Por 23 anos, o disco ficaria esquecido no sótão da casa dele até ressurgir com a fama de ser, disparado, o disco mais valioso do mundo.

3

"TOCAR SÓ UNS ACORDES ERA MELHOR DO QUE NÃO TOCAR NADA"

George ainda era muito mais próximo de Paul do que de John, em especial durante as férias escolares que os dois curtiam ao mesmo tempo, quando a diferença de idade se neutralizava.

Num desses interlúdios no verão do Hemisfério Norte, os dois amigos pegaram carona rumo à terra estranha conhecida como "Down South", cada um com sua mochilinha, a mais simples das barracas e um fogareiro, no qual aqueciam comida enlatada na chama bruxuleante. "Comprávamos espaguete à bolonhesa ou à milanesa da Smedley", detalha George na entrevista do livro *Anthology*. "Vinham em latinhas listradas, o à milanesa de listras vermelhas, o à bolonhesa, de listras azul-escuras."

Chegaram a Paignton, em Devon, que George já conhecia das férias em família, e quase congelaram por dormirem na brisa da praia. Depois, retornaram por Gales do Sul para visitar um primo de Paul que trabalhava na equipe de entretenimento do acampamento de férias Butlin's, na impronunciável Pwllheli.

Um caminhão parou para eles, mas não tinha assento para caroneiros; George se sentou na tampa da caixa de câmbio e Paul na bateria exposta. Não tinham ido muito longe quando Paul deu um grito. A bateria fechou circuito com os zíperes metálicos dos bolsos traseiros da calça jeans, resultando em duas doloridas queimaduras em forma de zíper, uma em cada nádega.

Eis que o Butlin's em Pwllheli estava protegido contra os não campistas por cercas de arame farpado, "como se fosse o Stalag 17", recordou George mais tarde. Por isso, inverteram todos os filmes sobre campos de concentração já vistos. Em vez de fuga, *invasão*.

Seguiram rumo a Chepstow, tão sem grana e tão fustigados pelo clima que pediram à polícia se poderiam dormir na prisão, sem sucesso. Passaram a noite na arquibancada de madeira do campo de futebol da cidade.

Em Harlech, cidadezinha litorânea, entabularam conversa com John Brierley, um menino local, que descolou uma permissão para que armassem a barraquinha "chinfrim" deles nos fundos do bangalô da família. Na primeira noite, choveu torrencialmente. No dia seguinte, a mãe de Brierley, com pena dos viajantes, os convidou para ficar na casa.

No quarto de hóspedes, a dupla se preparava para dormir, quando duas aranhas enormes subiram pela parede. Os visitantes, sem pestanejar, enrolaram um jornal e as esmagaram. Na manhã seguinte, a anfitriã perguntou a eles: "Conheceram o Jimmy e a Jemima?". Obviamente os aracnídeos assassinados eram bichinhos de estimação da família.

Passaram a semana inteira na casa dos Brierley, dividindo uma cama de casal – na época, algo normal entre colegas de escola – e comendo três generosas refeições por dia. Tocaram de improviso com o grupo de skiffle de John Brierley, os Vikings, no pub local, e Paul sentou ao piano da família e ensaiou o solo de notas graves de "Think It Over", de Buddy Holly.

Do começo ao fim, não sabiam que eram hóspedes de uma pousada, e a família Brierley foi gentil demais para tocar no assunto.

Em 1959, os contestadores do rock'n'roll – radialistas, pais, clérigos, professores e "músicos" – felicitavam-se por sua presciência: o rock implodiu ou, para ser mais exato, se autoimplodiu.

Elvis não existia mais; pelo menos, não como a encarnação de sexo puro sobre sapatos com sola de borracha. Em uma jogada cínica de seu empresário, ele foi convocado para o Exército dos EUA, com a ideia de reposicioná-lo no mercado como garoto americano respeitoso, zeloso, cantor de baladinhas. Para realçar esse ponto de vista, os cinejornais o mostraram recebendo o primeiro corte militar. Sansão domesticado, despojado de seus cabelos tingidos de preto.

Os outros grandes nomes do rock'n'roll dos EUA mostravam semelhante incapacidade de permanecer à tona. Little Richard renunciou à sua gritaria exacerbada para se tornar um pastor, cantando apenas gospel. A carreira de Jerry Lee Lewis evaporou quando veio a público o fato de ser bígamo e casado com a prima de 13 anos. Em 3 de fevereiro de 1959, Buddy Holly morreu num desastre de avião, junto com seus colegas artistas de turnê, Ritchie Valens e J. P. "The Big Bopper" Richardson: "The Day the Music Died", como o cantor folk canadense Don McLean definiria mais tarde, em uma homenagem que não sofreu acusações de exagero.

Agravando os ritos fúnebres, uma convulsão abalava as rádios de música: o escândalo da *payola*, propina com a qual as gravadoras subornavam os DJs para tocarem seus discos. Uma parcela de sua penitência pública foi erradicar de seus catálogos qualquer coisa parecida com o sórdido rock'n'roll sujo e colocar em seu lugar uma raça de jovens cantores românticos tão cortantes quanto cotonetes e de preferência com o nome de Bobby.

Na Grã-Bretanha, o único rosto aceitável da música era Cliff Richard, um "Elvis de cano curto", cuja "Move It", de 1958, tinha sido a primeira canção de rock'n'roll genuíno criada localmente, mas que rapidinho deu uma guinada para seguir os sábios conselhos da indústria e entrou no mercado de baladas, cabarés e trilhas sonoras. O rock foi domesticado para se tornar uma música beat menos ameaçadora, e Richard, ao menos, tinha em sua banda de apoio os Shadows, com um guitarrista solo de óculos, ao estilo Buddy Holly, brandindo a invejada Fender Stratocaster vermelha: Hank B. Marvin.

Mas, no geral, os "cotonetes cantantes", agora tão populares, diminuíram a importância do violão e da guitarra. E, na esperança de aprender algo novo, George tentava garimpar sons em que a guitarra solo preponderava; por exemplo, o lendário menino-prodígio James Burton, guitarrista de country cujos sofisticados breques iluminavam os singles pop de Ricky Nelson, salvando-os da insipidez, e Duane Eddy, com sua guitarra "vibrante" (*twangy*), que enfatizava as cordas graves e mais parecia um canzarrão latindo. Até Bert Weedon (do sucesso *Play In a Day*) merecia atenção pelo boom das cordas graves na polida versão de "Guitar Boogie Shuffle", de Arthur Smith.

George sentia uma atração especial por Carl Perkins, compositor da imortal "Blue Suede Shoes", embora já parecesse um pouco maduro para seu meio, o queixo proeminente, as entradas no cabelo e os floreios estranhamente suaves de sua pequenina guitarra. As suas novas canções, como "Glad All Over", "Matchbox" e "Honey Don't", eram bem diferentes do efervescente som habitual da Sun Records, mais divertidas do que provocativas, repletas de imagens excêntricas, vide o verso "*Well, I'm sitting here wondering will a matchbox hold my clothes*" ("Bem, aqui estou sentado imaginando se minhas roupas vão caber numa caixa de fósforos").

A construção, de uma simplicidade sedutora, muitas vezes trazia acordes obscuros, fora da curva, com sexta ou nona, que John e Paul nunca tinham encontrado antes, mas que George captava quase de imediato.

Em outros lugares, o rock'n'roll pode ter se diluído, mas em Liverpool fincou pé nas docas e armazéns, nas ruas de paralelepípedos, nos monumentos imperiais, nos palácios de instituições bancárias, nos elegantes terraços georgianos, nas imponentes igrejas de arenito, nos persistentes sítios das *bombies* e nos épicos pubs vitorianos, e logo se misturaria com as próprias águas barrentas do rio Mersey.

Só por diversão, dezenas de grupos que antes tocavam skiffle foram se metamorfoseando em bandas semiprofissionais de rock'n'roll, sem deixar vestígios de sua velha simplicidade caseira. Quase todos se espelhavam em Cliff Richard and the Shadows, com seus terninhos reluzentes, camisas com babados e gravatas-borboleta. Os nomes celebravam os EUA que a maioria deles só tinha visto nos filmes – Karl Terry and the Cruisers, Johnny Sandon and the Searchers, Kingsize Taylor and the Dominoes –, com exotismos ocasionais, como Cass and the Cassanovas, Faron and his Flamingoes ou Remo Four, este com Colin Manley, o estelar guitarrista do Inny.

Para eles, o nome disso ainda era "rock'n'roll", embora o repertório dessas bandas extrapolasse as limitações do legado de Little Richard e Jerry Lee Lewis, abarcando o country, o blues e o R&B, em geral trazidos à Inglaterra na mala de algum Cunard Yank. E no lugar das dancinhas discretas dos Shadows pulsava uma exuberância liverpudliana, não raro abastecida em um ou vários daqueles épicos pubs vitorianos.

Em termos de carisma nos palcos, ninguém superava Alan Caldwell (irmão de Iris, a paixão antiga de George), rebatizado Rory Storm, e agora acompanhado não pelos Ravin' Texans e sim pelos Hurricanes. Loiro e portentoso, Rory fazia proezas atléticas que lhe davam uma vantagem inigualável; nos shows, escalava muros, saltava do trampolim numa das piscinas públicas que também recebiam eventos musicais, em trajes sumários (cueca de lamê dourado), dava uma tripla cambalhota no ar antes de mergulhar e vir à tona para a audaciosa finaleira, "Whole Lotta Shakin' Goin' On".

Junto com a nova identidade de Rory surgiram outras duas. Vi, a adorável mãe dele, passou a chamar a casa da família de "Stormsville". E Ritchie Starkey, o baterista dos Hurricanes, rapaz de semblante tristonho oriundo de Dingle, um bairro barra-pesada, apaixonado por anéis chamativos e filmes de faroeste, adotou doravante o cognome de Ringo Starr.

Menos importante nessa multidão de grupinhos embelezados e uniformizados, persistia o quarteto ainda conhecido como Quarrymen, composto por John, Paul, George e o baterista Colin Hanton, último sobrevivente da formação original de John. Grupos com mais estrutura e fama transportavam as baterias para os shows de carro, mas os Quarrymen tinham que levar o kit de Hanton de ônibus, no compartimento de bagagem, embaixo da escada.

Hanton aparentava ser mais jovem do que George, tanto que portava a certidão de nascimento para mostrar que tinha idade suficiente para beber nos bares. Mas só ele, entre os Quarrymen, já trabalhava com carteira assinada, com todo o ar sério de meia-idade envolvido nisso. Sentia-se excluído dos ensaios que os outros faziam na faculdade de artes e se ressentia de Paul – que tocava bateria com extrema competência, o mesmo valendo para o violão e o piano – por continuamente apontar defeitos em suas performances.

O ápice ocorreu quando Harold Harrison agendou um show dos Quarrymen, sábado à noite, no clube social dos motoristas e cobradores de ônibus, em Finch Lane, do qual era presidente do comitê de entretenimento e onde Louise dava aulas de dança de salão. Harold também convidou o gerente de um cinema local para marcar presença e talvez agendar novas datas para o grupo.

O show foi dividido em duas partes. Na primeira, tudo transcorreu às mil maravilhas, mas no intervalo a sentença mortal foi proferida: "Rapazes, tem uma pint de cerveja para cada um no bar". Uma cerveja puxa a outra, e o segundo set foi uma bagunça incoerente. Os pais de George se sentiram publicamente humilhados. No trajeto de ônibus para casa, recriminações não faltaram. Colin Hanton preferiu desembarcar com sua bateria uma parada antes e nunca mais voltou.

Um baterista, embora mediano como Hanton, era a marca de qualquer autêntica banda de rock'n'roll, e substituí-lo parecia impossível. Nenhum outro "que valesse uma cenoura", no ditado de Liverpool, ia querer se juntar a um aluno da faculdade de artes e dois cursando o Ensino Médio, tampouco uma formação de apenas três guitarristas despertaria a atenção de algum promotor de eventos digno de nota. John e Paul tentavam despistar quando essa inevitável questão de sua não percussividade era abordada, declarando com animada insolência: "O ritmo está nas guitarras".

Outra grande desvantagem era o nome da banda: "Quarrymen" soava entalhado em pedra, numa época em que toda banda que se prezasse se chamava "fulano de tal & os isso e aquilo". Arriscaram várias opções nas raras vezes em que um show era iminente. Uma delas era o amálgama de seus nomes de batismo, Japage 3, logo descartado quando lhes disseram que parecia nome de detergente. Outra noite, quando usavam diferentes camisas de cores vivas, eles se autodenominaram Rainbows.

Apesar do fiasco do clube social dos motoristas de ônibus, a família de George fazia o possível para incentivar o trio ainda sem nome fixo. Quando Harry, o irmão mais velho de George, se casou, avisaram George que ele poderia trazer John e Paul à recepção para, nas palavras de Harry, "fazer os convidados de cobaias". Um clique famoso mostra os três em plena performance: John bizarramente elegante de casaco e colete; Paul nem tão fotogênico como de costume; e George, embora já com 16 anos, parecendo ainda pequenino atrás de seu Höfner President.

A outra diversão veio de uma convidada, uma senhorinha que era "uma verdadeira pianista de pub", nas palavras de Harry. "Ela estava tocando quando John derramou a caneca [de cerveja] na cabeça dela e disse: 'Eu te consagro, David'. O mais surpreendente é que ela só abriu um sorriso e saiu para se secar. Em Liverpool, a pergunta que todo mundo faz sobre cada casamento é 'Quantas brigas teve?'. No meu, a única quase briga foi por causa de John."

A essa altura, George já sentia um pouco da frustração de Colin Hanton com a pasmaceira em que John, Paul e ele próprio pareciam estar permanentemente abandonados; e um pouco da mesma sensação de ser excluído, também, já que os outros dois passavam horas e mais horas juntos na casa de Paul, compondo letra e música de novas canções.

Em seu trabalho de meio período fazendo entregas para a casa de carnes Hughes, George fez amizade com um dos funcionários fixos do açougue, um rapazinho chamado Ray Skinner, baterista do Les Stewart Quartet, que se apresentava principalmente no tranquilo subúrbio de West Derby. Um belo sábado, George reclamou dos Quarrymen, e Skinner mencionou que o Stewart Quartet estava precisando de mais um guitarrista. Sem se afastar formalmente de John e Paul, George fez o teste para tocar com Les Stewart, que, como John, era dois anos mais velho que George, mas não dava sinais de considerá-lo um "pirralho maldito".

O show residente do Stewart Quartet era no Pillar Club, que só abria às noites dominicais, no porão de Lowlands, imponente mansão vitoriana na Hayman's Green. Stewart era a principal atração dessas noites. Além da guitarra, tocava banjo e bandolim, e fazia todos os vocais no repertório centrado em blues. Em segundo plano, George fazia guitarra rítmica com um terceiro guitarrista, Ken Brown. Mas tocar só uns acordes era melhor do que não tocar nada.

A cinquenta metros dali, em outra propriedade vitoriana da rua Green, moravam os adolescentes Peter e Rory com a mãe deles, Mona Best, elétrica dama anglo-indiana recém-separada de Johnny Best, empresário e promotor do ramo do boxe em Liverpool. As compridas férias escolares de verão se aproximavam e, para manter os meninos entretidos, ela decidiu abrir um "coffee club" para eles e a galera de amigos no vasto porão, ao mesmo estilo do Morgue inaugurado por Vi Caldwell.

A sra. Best o batizou de Casbah e pediu a ajuda dos prováveis futuros frequentadores para decorá-lo como um exótico mercado oriental. Ruth Morrison, namorada de George na época, estava nesse grupo. Assim como o Porão-Necrotério, o novo local teria música ao vivo. Por indicação de George, o Les Stewart Quartet foi contratado para a inauguração do Casbah, em 29 de agosto.

A próxima apresentação de George com o quarteto aconteceria no clube West Derby British Legion, em 22 de agosto. Naquele dia, ele voltava de outra jornada de carona com Paul, incluindo uma visitinha à família Brierley, em Harlech. Resultado: chegou a Liverpool tarde demais para o show daquela noite. O guitarrista Ken Brown também não apareceu. Irritados, Les Stewart e o baterista Ray Skinner desistiram de inaugurar o Casbah.

George não queria decepcionar a temível Mona Best, mas notou que metade de um quarteto não seria lá uma grande atração de estreia. Por isso, convocou Paul e John para se juntarem a ele e a Brown no outro fim de semana. Já que nenhum nome novo havia trazido sorte, voltaram ao surrado, mas reconfortante, nome original.

Para Bill Harry, colega de John na faculdade de artes – e, mais tarde, autoridade suprema em tudo que veio depois –, não restam dúvidas sobre a importância desse momento.

"Os Quarrymen tinham se separado, John e Paul estavam compondo canções, estava tudo acabado", explica Harry. "Então George os remodelou para tocarem no Casbah... e foi aí que os Beatles realmente começaram."

4

"A PARTIR DAÍ, NUNCA MAIS PENSEI EM TRABALHAR DAS NOVE ÀS CINCO"

Naquele ano, George passou seus últimos dias no Inny como um condenado que termina de cumprir a sentença. Seu amigo e companheiro de trapaças, Arthur Kelly, tinha sido expulso por colar na prova, deixando-o como uma figura isolada no uniforme escolar que agora só podia ser reconhecido com a ajuda de uma lupa.

"É como se houvesse um acordo tácito entre ele e o corpo docente, em que um deixava o outro em paz e vice-versa", conta Iain Taylor, selecionado para a turma um nível acima quando ambos chegaram da Dovedale Primary. "A imagem que lembro é ele sentado no fundão, cabisbaixo, totalmente alheio ao que ocorria à sua volta."

Tão reservado ele era em relação à sua vida extraclasse que nem mesmo o cordial Taylor sabia o que ele gostava de fazer nas horas vagas. "Cada semestre os alunos traziam seus hobbies à escola. Numa dessas vezes avistei George sentado no pátio, tocando violão, com uma galera ao redor dele. Foi a primeira vez que fiquei sabendo do interesse dele por música."

Nessa época, apenas 3% dos alunos que concluíam o Ensino Médio cursavam uma faculdade, e o fim acadêmico para os outros 97% era o exame do Certificado Geral de Educação de Nível Básico (O-Level, de *Ordinary Level*), que indicava o tipo de emprego normal que eles poderiam almejar. No Inny, esse exame foi precedido por simulados de nível básico, e era preciso ser aprovado em três disciplinas para fazer o teste real.

George só foi aprovado em Artes, graças principalmente a Stan Reid, seu professor camarada. Em Língua Inglesa, que envolvia gramática e interpretação textual, só ganhou 0,02, e ele presume ter sido porque escreveu certo o próprio nome no cabeçalho.

Concordou em repetir o ano com a próxima safra de candidatos ao Nível Básico, antes de tentar de novo. Mas era humilhante ter colegas mais novos, e ver os mesmos tópicos pela segunda vez se tornou ainda mais paralisantemente monótono. "Uma hora depois", recordaria ele, "pulei o muro [da escola] para ir ao cinema e nunca mais voltei".

O relatório do diretor – crucial para entrar no mercado de trabalho – foi um documento amplamente condenatório, levando em consideração as múltiplas ofensas à indumentária e concluindo: "Ele nunca participou das atividades escolares". Envergonhado, George não mostrou o papel à família e o queimou em segredo.

Como a maioria dos rapazes britânicos que saíam da escola no finzinho dos anos 1950, ele temia os dois anos de serviço militar obrigatório, muito provavelmente no exército numeroso que o país ainda mantinha, 14 anos após a Segunda Guerra Mundial. A maioria dos alistados aceitava o inevitável, mas a ideia de ser soldado repugnava George, que enfiou na cabeça que ia dar um jeito de se livrar dessa. Felizmente, em 1959, o recrutamento teve como ponto de corte os nascidos antes de outubro de 1939, e até John escapou.

Harold Harrison sempre incutiu nos filhos o valor de ter "uma profissão", não um mero ofício de motorista de ônibus. Harry e Peter seguiram os conselhos do pai: o primeiro virou mecânico; o segundo, especialista em solda e chapeação. O maior desejo de Harold era que George se tornasse eletricista e os três abrissem uma oficina própria. O último presente de Natal que ele ganhou do pai tinha sido um estojo de ferramentas variadas, o primeiro passo rumo à empresa "Irmãos Harrison Motores – Produtos e Serviços".

George não mostrou qualquer interesse pelas ferramentas, e Harold, escondendo a decepção, providenciou para ele o exame admissional na Liverpool Corporation – na qual ele próprio tinha sido um funcionário exemplar desde meados dos anos 1930 – de olho em algum cargo burocrático no departamento de iluminação pública ou de saneamento público. Para agradar o pai, dessa vez ele realmente tentou, mas não se saiu melhor do que nos simulados de nível básico.

A opção que restava era o mutirão da Agência do Trabalhador, iniciativa governamental em que, via de regra, eram oferecidas vagas de emprego das mais deprimentes. Mas teve uma surpresa: a primeira vaga oferecida a ele foi como estagiário de vitrinista na Blacklers, uma das três maiores lojas de departamentos do centro de Liverpool. O que ele conhecia do trabalho de vitrinista lhe parecia bem tranquilo, até mesmo prestigioso: ficar ali, só de meias, ajeitando utensílios domésticos ou pondo vestidos em manequins femininos nus, ignorando solenemente os olhares dos transeuntes.

Porém, quando chegou ao Blacklers para a entrevista, a vaga de vitrinista já havia sido preenchida, mas ainda havia uma vaga aberta para aprendiz de eletricista. Então George cedeu àquilo que – ele nem sabia ainda – se chamava karma. "O inverno se aproximava e seria bom ficar numa loja espaçosa e aconchegante", recorda ele. "E pelo menos não era escola."

O Casbah Club, no subsolo do velho casarão de Mona Best, na Hayman's Green, nunca seria um mero refúgio de férias aos filhos dela, Pete e Rory. Na estreia, 300 adolescentes locais fizeram fila para entrar; as semanas seguintes, com o *teaser* no jornal local, trouxeram tanta gente que a sra. Best foi obrigada a contratar um porteiro. E o renascimento que George planejou aos Quarrymen no Casbah se transformou naturalmente em um show residente.

A banda se firmou como a principal atração do Casbah todos os sábados à noite, rivalizada somente pela primeira máquina de café expresso instalada num clube de Liverpool. A sra. Best pagava £ 3 pelos quatro, John, Paul, George e Ken Brown, o colega de George como desertor do Les Stewart Quartet.

George sempre pensou no Casbah como "nosso clube", pois eles ajudaram a decorar o ambiente antes da inauguração; John pintou figuras e hieróglifos semelhantes aos dos astecas no forro de um teto, e Paul fez listras de arco-íris em outro. Meio século mais tarde, essas e outras recordações da presença deles atrairiam ao porão, ao longo do ano inteiro, um fluxo de peregrinos dispostos a pagar para conhecer o local, listado com o Grau II do Patrimônio Inglês e merecedor de uma das placas azuis que ninguém se lembrou de colocar na casa onde George nasceu.

Na época em que saiu da escola, seu outrora amado Höfner President começou a ficar meio antiquado e ele o trocou por uma Club 40 semissólida, em um escambo simples com Ray Ennis, dos Bluegenes, mais tarde Swinging Blue Jeans. John também tinha comprado uma Club 40, com a relutante ajuda financeira da tia Mimi, mas nem ele nem George ainda podiam se dar ao luxo de ter um amplificador.

"Foi aí que entrou Ken Brown", lembra Arthur Kelly, que todas as semanas aparecia para incentivar George. "Os dois plugavam as guitarras no amplificador do Ken e, em troca, ele podia cantar uma música por noite."

Tudo transcorreu bem até o oitavo sábado, quando Brown pegou um forte resfriado. Ele havia se tornado o xodó da sra. Best, e ela decretou que ele não precisava tocar naquela noite, mas no final pagou a ele o equivalente a 15 xelins (uns 75 centavos de hoje), a sua parte dos honorários dos Quarrymen. Furiosos, na mesma hora John, Paul e George avisaram que não tocariam mais no Casbah.

Seja lá como for, tinham aspirações maiores do que ser a cereja do bolo de West Derby. Na época, antes de os programas de talentos da televisão fabricarem centenas de estrelas, o único farol de esperança de qualquer artista amador era se tornar uma "Discovery" de Carroll Levis. Um canadense vaselina, Levis percorria o país com seu programa *Star Search*, oferecendo um primeiro facho dos holofotes não só a cantores e músicos, mas também a malabaristas, contorcionistas e tocadores de serras musicais.

Em 1957, os Quarrymen já haviam competido em um *Star Search*, no palco sagrado do Liverpool Empire, pouco antes de Paul se juntar a eles: sem vencer e nem mesmo serem pré-selecionados, mas recebendo um elogio do próprio "sr. Starmaker" Levis. Em novembro de 1959, o programa voltou à cidade. John, Paul e George se inscreveram com a alcunha Johnny and the Moondogs – "Moondog" era o apelido do disc jockey americano Alan Freed,* suposto inventor do termo "rock'n'roll" (segundo ele próprio).

Mesmo sem ter um baterista – como o Quarrymen tinha dois anos antes –, chegaram à final, no teatro Hippodrome em Ardwick, Manchester. Naquela noite, até "o ritmo das guitarras" soou precário, afinal de contas, John, por um mistério, apareceu sem sua nova Club 40. A solução prática foi tocar "Think It Over", de Buddy Holly, enfileirados com John no meio, apoiando uma das mãos no ombro de Paul e a outra no ombro de George, os braços de suas guitarras, uma para destro e a outra para canhoto, se projetando em direções opostas, como um par de asas.

Os vencedores foram escolhidos numa grande final em que os aplausos de cada competidor foram medidos num mostrador gigante, o Aplausômetro. No Hippodrome, isso só foi acontecer tarde da noite; sem grana para pernoitar em um hotel, Johnny e os Moondogs tiveram que sair e pegar o último trem de volta a Liverpool, antes de saber o resultado. A única vantagem, recorda Sir Paul McCartney, foi a de que "alguém no line-up teve sua guitarra surrupiada por John".

Afora isso, foi como se o Ícaro das guitarras tivesse mergulhado de asas abertas a um nível ainda mais baixo do que antes do programa de Levis. Retornar ao Casbah não era uma opção: desde sua arrogante saída, outros grupos se revezavam em seu antigo espaço exclusivo, um deles com Ken Brown e o primogênito de Mona Best, Pete, na bateria.

Restava só outra fonte de shows ao grupo: a faculdade de artes, onde ainda contavam com amigos e apoiadores leais como Bill Harry e Stuart Sutcliffe. Os dois faziam parte do comitê de entretenimento do Art College e sempre os contratavam para animar os bailes estudantis, apesar do lobby dos amantes do jazz. Após darem com os burros n'água no *Star Search*, o nome "Johnny and the Moondogs" foi posto de lado, substituído apenas pelo não oficial "The College Band". Pareciam tanto ser parte da faculdade que

* Alan "Moondog" Freed (1921-1965) teve que parar de usar esse cognome ao ser condenado pela ação movida em 1954 pelo "verdadeiro" Moondog, o excêntrico músico norte-americano Louis Thomas Hardin (1916-1999). Com Arturo Toscanini testemunhando a seu favor, Hardin ganhou a causa. (N. de T.)

Sutcliffe e Harry persuadiram o Comitê de Entretenimento a comprar um amplificador para uso deles, desde que ficasse no local.

Essas semanas praticamente sem shows reacenderam a divisão de classes no trio. John passeava com os amigos da faculdade de artes e Paul estudava para fazer o exame de Nível Avançado no Inny, enquanto George já era um trabalhador, "batendo ponto" todos os dias na loja de departamentos Blacklers.

Por tradição, os aprendizes começam com os trabalhos mais braçais e, para ele, aprender os mistérios da eletricidade muitas vezes envolvia subir na escada para limpar lâmpadas fluorescentes com balde d'água e esponja. Além disso, o jovem de 16 anos, sempre ligado em moda e avesso a uniformes, passava oito horas por dia vestindo um discreto macacão cinzento.

Longe de ser péssima, a experiência permitia a camaradagem entre os vários aprendizes da loja, bem-vinda mudança se comparada ao difícil relacionamento de George com os colegas da banda. Fez bons amigos, como Peter Cottenden, justamente aquele que roubou dele o cargo de vitrinista. "De vez em quando, sabotávamos os elevadores para matar tempo no poço do elevador", George lembraria. "Aprendi a jogar dardos... e a beber 14 pints de cerveja e três doses de rum com groselhas... tudo em uma sessão."

A Blacklers era celebrada pela magnificência de sua gruta de Natal, aonde George e todos os outros futuros Beatles tinham sido levados quando crianças para conhecer o Papai Noel e montar o enorme cavalo de balanço conhecido como "Blackie" (nada a ver com a cor preta; é só uma abreviatura do nome da loja).

George passou aquele Natal na Blacklers como membro da equipe de manutenção da gruta e, de alguma forma, fez todas as luzes entrarem em curto-circuito. O labirinto de neve de algodão e lâmpadas de fadas mergulhou no breu... Papai Noel interrompeu seu "Ho ho ho!"... A fila para andar no Blackie parou de andar... Crianças decepcionadas e pais indignados fizeram um tumulto... O pior de seus futuros pesadelos como Beatle dificilmente pode ser comparado àquele momento.

Salvar os Quarrymen da extinção ainda não tinha feito de George um parceiro igualitário em termos criativos, pois John e Paul ainda passavam horas juntos criando canções para as quais, de forma inusitada, cada um contribuía com letra e música. Nesse período, Paul escreveu a um jornalista local um artigo que nunca foi publicado, informando que acumulavam "mais de 50 canções", citando entre elas "Looking Glass", "Thinking of Linking", "Winston's Walk" e "The One After 909".

Apesar da amizade de Paul com George, o crédito McCartney-Harrison por "In Spite of All the Danger" foi fogo de palha. Como o disco gravado no estúdio de Percy Phillips, sumiu de suas vidas.

A convivência que dava a essa amizade sua feição de intimidade também foi usurpada. Como funcionário da Blacklers, o tempo livre de George era limitado, enquanto John e Paul ainda curtiam as prolongadas férias universitárias e escolares. Assim, nas férias primaveris de 1960, foram John e Paul que pegaram carona até Caversham, Berkshire, onde a prima de Paul, Bett Robbins, e o marido dela, Mike, gerenciavam o pub Fox and Hounds. Passaram uma semana lá, dividindo um quarto sem aranhas residentes, ajudando no balcão e tocando para os clientes sob o nome Nerk Twins, criado especialmente para a ocasião.

Até mesmo Paul deixou de estar no primeiro plano das atenções de John. No lugar dele, entrou Stu Sutcliffe, não só um pintor brilhante, mas um onívoro intelectual que despertou os sentidos entorpecidos de John para a arte em todas as suas formas, da literatura até a filosofia. Agora os dois moravam num grande apartamento dividido com colegas do sexo masculino e feminino. O ensaio da "college band" muitas vezes se transformava em um dos tutoriais informais de Stu sobre qualquer coisa, desde Van Gogh e Benvenuto Cellini até Jack Kerouac, James Joyce, Kierkegaard ou Sartre. George, avesso a aprender por meio de livros, ganhou mais um motivo para se sentir excluído.

A busca por um baterista parecia um caso perdido. Decidiram então que o único meio de fortalecer o ritmo de suas guitarras era o acréscimo de um dos novos baixos elétricos. "George me perguntou se eu poderia conseguir um baixo e entrar na banda", lembra Arthur Kelly. "Indaguei: 'Quanto custa um?' 'Sessenta mangos', respondeu ele. Na época, eu ganhava quatro libras e dez xelins por semana na Cunard, então perdi a minha chance."

John encasquetou na ideia de Stu Sutcliffe ser o baixista do grupo, ignorando todas as objeções, principalmente as do próprio Stu, de que ele não tinha a menor ideia de como tocar o instrumento. Stu vendeu um de seus quadros pela admirável quantia de £ 65, e justamente na mesma semana apareceu na Hessy's um baixo Höfner President. John o convenceu a comprá-lo, embora, pequeno e esbelto como ele era, o instrumento tenha lhe parecido tão pesado quanto a guitarra President pareceu a George aos 14 anos.

Todo esse processo foi muito diferente da luta de George para ingressar nos Quarrymen dois anos antes, mas ele não nutria ressentimentos em relação a Stu. Em silêncio, até se divertiu com o fato de que, para os dois, uma Höfner President havia sido o verdadeiro bilhete de entrada. Mais tarde, ele racionalizou: "Ter um baixista que não sabia tocar era melhor do que não ter baixista".

Stu assumiu também o papel de empresário, ou seja, o encarregado de agendar shows fora do recinto da faculdade de artes. A longa indecisão sobre o nome, portanto, precisava ser resolvida. E isso aconteceu numa sessão de *brainstorming* entre ele e John.

O ponto de partida foram os Crickets (Grilos) de Buddy Holly, o protótipo do grupo de rock; seguindo esse tema de insetos, a escolha óbvia foi "The Beetles" (Os Besouros), que John, incapaz de resistir a um trocadilho, escreveu com um "ea", como na música beat – a essa altura, o termo genérico para rock'n'roll diluído – ou na literatura beat, de Jack Kerouac, ou ainda beatnik. Um trocadilho puxa o outro, o nome também soava "os Beatals", de "beat all", ou seja, vencer toda a concorrência.

O nome foi apresentado como fato consumado a Paul e George, que o aceitaram sem delongas. Mas em todos os demais, especialmente nos membros das outras bandas, provocou as mesmas risadinhas incrédulas. Sem levar em conta o segundo "a", como pensaram nesse nome, "beetles", quando na realidade essa opção foi justamente uma das aventadas por Buddy Holly antes de "crickets"?

Brian Cassar, o carismático vocalista do Cass and the Cassanovas, afirmou que era loucura deles se afastarem da fórmula já testada e comprovada de "fulano de tal & os isso e aquilo" com uma persona igualmente distinta. O melhor seria adotar o primeiro nome do líder e dar um toque de *A ilha do tesouro* e se tornar algo como Long John and The Silver Men.

John se recusou terminantemente a se comparar com o vilão perneta do clássico marítimo de Robert Louis Stevenson, mas Silver foi aproveitado antes de Beatles, imprimindo um ar de joias de escaravelho, como nas histórias de mistério de Sax Rohmer ou E. Phillips Oppenheim.

Fator revelador da dinâmica entre os quatro é que, em todo esse rastejar de besouros rumo ao nome que acabaria por consumir a existência de George, ele nunca parece ter expressado sua opinião sobre o assunto.

Até então, na Grã-Bretanha, ser empresário de uma banda pop quase não existia como negócio, muito menos como profissão. Com o fim do rock'n'roll sendo esperado a qualquer momento, que sentido faria isso? Mas, no limiar da década de 1960, empresários de todos os calibres – ok, nenhum deles de um calibre tão grande – perceberam que o rock não iria desaparecer como previsto e que poderia movimentar muita grana ainda.

Esses empresários pioneiros eram exclusivamente do sexo masculino, alguns deles um pouquinho mais velhos que seus protegidos, tão ignorantes quanto indiferentes à música em si, e em geral com ligações meramente tênues com o show business. O exemplar mais visível dessa raça em Liverpool era Allan Williams, corpulento galês de barba negra, gerente de um pequeno bar-cafeteria, o Jacaranda, na Slater Street.

Como "the Jac" ficava aberto até altas horas e tolerava uma certa arruaça, se tornou um lugar de encontro de bandas como Rory Storm and the Hurricanes e Cass and the Cassanovas após sua série de shows noturnos. Portanto, Williams dificilmente não perceberia o potencial superior dessa commodity comparada a café e sanduíches de geleia.

Na época, o único empresário pop de renome nacional era Larry Parnes, ex-dono de uma loja de roupas que descobriu o "Primeiro Roqueiro da Grã-Bretanha", Tommy Steele, cantando num bar-cafeteria do Soho. Parnes criou um "estábulo" de jovens artistas e camuflou a singeleza dessa turma com nomes artísticos concebidos para apertar todos os botões da psique feminina adolescente – bem como a de homens secretamente gays como ele: Billy Fury, Marty Wilde, Vince Eager, Duffy Power, Dickie Pride.

Também criou uma rentável atividade paralela fazendo turnês de roqueiros americanos, eclipsados pelos cotonetes cantantes em sua terra natal, mas que na Grã-Bretanha continuavam com um séquito fanático. Em março de 1960, levou ao Liverpool Empire dois grandes nomes, Eddie Cochran e Gene Vincent, em seis noites consecutivas que mesmo assim não atenderam à demanda de ingressos.

Como sempre, o próprio Parnes marcou presença, para fiscalizar a venda de ingressos. Allan Williams aproveitou a deixa e negociou uma promoção conjunta para trazer Cochran e Vincent novamente em 3 de maio, para tocar no ginásio de boxe de Liverpool, após o fim da atual turnê dos dois.

Em 17 de abril, quando os dois americanos voltavam a Londres de um show em Bath, o táxi que os transportava derrapou e se chocou contra um poste de concreto. Eddie Cochran sofreu ferimentos mortais. Gene Vincent fraturou a clavícula – pouca coisa para quem, em outro acidente, quase teve a perna esquerda amputada e, por isso, usava uma cinta metálica de proteção –, mas foi considerado apto para o show no ginásio. Para compensar a ausência de Cochran, Allan Williams teve que preencher a programação com bandinhas locais, sua clientela no Jacaranda.

Assim, o que deveria ter sido um show de nostalgia do rock'n'roll tornou-se a primeira manifestação de um som específico de "Liverpool" ou "Mersey", com bandas como Rory Storm and the Hurricanes (Ringo Starr na bateria), Cass and the Cassanovas, Bob Evans and the Five Shillings e a antiga Gerry Marsden Skiffle Group, recém-rebatizada como Gerry and the Pacemakers.

No entanto, a banda destinada, em seu formato final, a catapultar Liverpool e a região de Mersey rumo à Lua era só parte da vasta multidão que circundava o ringue de boxe, que funcionou como palco. "Não tínhamos cacife suficiente para tocar porque ainda nos faltava um baterista", George recordaria. "Também não sei como é que faríamos para nos apresentar, porque os Hurricanes tinham ternos e passinhos de dança."

Allan Williams conhecia os Silver Beatles apenas como a "gangue de vagabundos" que assombrava o Jacaranda, fazendo quatro cafés durarem quatro horas. Para ele, o único talento da banda era a pintura de Stu Sutcliffe. Mas Williams se firmava como um importante *promoter* de shows ligado ao grande Larry Parnes, e John o incitou a "fazer algo por nós".

Logo de cara, Williams preencheu o vazio que os atormentava por três anos a fio, seja qual fosse o nome da banda: descolou um baterista para eles.

De dia, Tommy Moore trabalhava pilotando uma empilhadeira na fábrica de garrafas em Garston. Aos 28 anos, era praticamente um aposentado por tempo de serviço comparado a seus colegas de banda adolescentes. Mesmo assim, era capaz de sustentar um ritmo de rock eficaz em seu kit de dimensões espetaculares, embora o bumbo às vezes se soltasse do suporte e saísse rolando.

Não demorou para que a diversidade e a qualidade das bandas de Liverpool reunidas por Williams para o show no ginásio de boxe lhe trouxessem novos e bons negócios com Larry Parnes. O econômico Parnes viu nelas uma alternativa ao envio de caros músicos de apoio de Londres com seus vocalistas em turnês nortistas. Uma semana depois, pediu para Williams organizar um teste em massa para escolher possíveis bandas de acompanhamento para Billy Fury, o principal garanhão de seu estábulo.

Fury também era liverpudliano, nascido Ronald Wycherley e membro da tripulação de um rebocador do rio Mersey, quando foi descoberto e rebatizado por Parnes e, numa síndrome já muito conhecida, apagou todos os vestígios de sua origem. Para um ídolo pop, ter nascido em Liverpool era uma falta de glamour incontornável. Originalmente mera cópia de Elvis, mostrou uma profundidade inesperada ao compor suas próprias canções; não apenas uma ou outra, como alguns outros vocalistas britânicos, mas a íntegra do álbum *The Sound of Fury*.

O teste provocou grande entusiasmo no meio musical da cidade, pois Fury estaria presente pessoalmente com seu empresário. E já que agora, com

Tommy Moore, os Silver Beatles tinham muito mais ritmo do que em suas guitarras, Allan Williams permitiu que participassem.

Em 10 de maio, as audições tiveram lugar no Wyvern, o decadente clube de trabalhadores na Seel Street que Williams planejava transformar na boate de luxo Blue Angel. Foi ali que os Silver Beatles enfrentaram a concorrência esmagadora de bandas com nomes mais sensatos: Rory Storm and the... Cass and the... Gerry and the... etc. etc.

As chances contra esses titãs eram quase nulas, mas a emoção de estar perto de Billy Fury compensava isso. Em todos os sentidos, ele personificava a antítese de seu nome: tímido moço do bairro Dingle que dava menos bola às garotas que desmaiavam por ele do que à tartaruguinha de estimação. Na época, ele já mostrava os sintomas do problema cardíaco que o mataria aos 41 anos.

O teste, George recordaria, "foi meio confuso". O baterista novo, Tommy Moore, combinou de encontrá-los no Wyvern após reunir umas peças perdidas de seu kit, mas estava chegando a vez deles no teste e nem sinal do baterista. Williams providenciou com Cass o empréstimo de seu baterista dos Cassanovas, Johnny Hutchinson, sujeito com fama de agressivo e durão, que despertava medo até em John.

Clicada pelo fotógrafo de Liverpool Cheniston Roland, a célebre apresentação mostra os Silver Beatles em camisas escuras de manga curta, jeans combinando e sapatos italianos baratos em dois tons, ao que parece perdendo sua grande chance. John e Paul saltitam como dois Elvis moleques, num esforço por demais óbvio de chamar a atenção de Larry Parnes. Dolorosamente constrangido com sua falta de experiência, Stu Sutcliffe toca seu desajeitado baixo President de costas para a seleta plateia. O baterista substituto, "Johnny Hutch", faz o mínimo necessário na bateria, claramente morrendo de tédio. O único plenamente envolvido em fazer música é George, com tanta dedicação e ternura estampadas no semblante que parece ter medo de derramá-las.

Como previsível, a honra de servir como banda de apoio a Billy Fury foi para Cass and the Cassanovas, mas, apesar do caos no teste, os Silver Beatles ainda ganharam um prêmio de consolação. Larry Parnes precisava também de músicos para acompanhar Johnny Gentle, um garanhão menos importante de seu estábulo, prestes a fazer uma turnê pela Escócia. Alan William sabia qual era a única banda com agenda livre nas datas relevantes.

Para John, Paul e Stu, os riscos não eram tantos; cada um poderia facilmente "abandonar" a escola ou a faculdade por uma semana sem prejuízos duradouros. Mas para George a situação na Blacklers ficou difícil. Não tinha ainda direito a tirar férias e a licença para se ausentar foi sumariamente recusada. Embarcar na turnê equivalia a abrir mão do estágio de aprendiz e sacrificar a segurança vitalícia de uma profissão futura.

Antes de tomar essa decisão, pediu conselhos a Harry, o seu irmão mais velho, a quem sempre recorria, tanto quanto ao pai. Esperava um sermão desanimador, mas dos lábios de Harry brotou: "Bem que você poderia tentar... a gente nunca sabe o que pode acontecer".

Nas palavras de George: "Então, larguei o emprego e entrei na banda em tempo integral. E, a partir daí, nunca mais pensei em trabalhar das nove às cinco."

5

"PARECÍAMOS ÓRFÃOS"

Aquela turnê escocesa foi como um balde d'água fria nas ilusões de George sobre pegar a estrada com uma banda – se bem que no futuro ele enfrentaria estradas bem mais sinuosas.

Anunciada como "The Beat and Ballad Show", envolveu sete noites consecutivas em cidadezinhas litorâneas no sombrio nordeste da Escócia e também nas Highlands. Cada um receberia o total de £ 18, e os cinco tinham que pagar do próprio bolso as passagens de trem de ida e volta de Liverpool.

Na condição de protegidos de Larry Parnes, tinham a sensação de que, por mais temporários que fossem, deveriam adotar nomes artísticos exóticos, do tipo que adornavam o "estábulo" de Parnes. Paul trocou McCartney por Ramon, buscando um toque latino e sensual; Stu virou Stuart de Staël, em homenagem a Nicolas de Staël, o pintor abstrato russo; e George se transformou em Carl Harrison, homenagem a Carl Perkins. Os únicos dissidentes foram John, ainda constrangido por sua breve metamorfose em Long John Silver, o personagem de *A ilha do tesouro*, e seu novo, mas experiente baterista, Tommy Moore, que parecia acima dessa necessidade de glamour.

Com tempo curto de ensaios, só conheceram o astro e vocalista Johnny Gentle meia hora antes de subirem ao palco, em Alloa, Clackmannanshire. Nada mais, nada menos que outro liverpudliano disfarçado, nascido John Askew. Trabalhava como carpinteiro de navio até ser descoberto por Larry

Parnes e receber o nome novo, alternativa menos frenética se comparado a "Fury", "Wilde", "Eager" e companhia.

O show deles naquela noite no salão municipal da vizinha March Hill teve mais pontos baixos do que altos. O copromotor escocês de Parnes, um suinocultor chamado Duncan (vulgo "Drunken") Mackinnon, quis embarcá-los no primeiro trem de volta à estação da Lime Street. Mas Gentle curtiu o som deles e convenceu Mackinnon de que, com a prática, a coisa ia melhorar.

Os shows seguintes foram, em sua maioria, em auditórios municipais ou salões de baile – na verdade, com um padrão um pouco melhor do que os de Liverpool, com os quais estavam acostumados. Em cada cidade, Gentle liderava o line-up que incluía bandinhas locais. As longas viagens entre uma cidadezinha e outra foram a bordo de uma única e pequena van, dirigida por Gerry Scott, assistente de Mackinnon.

Gentle, sendo o astro principal, dormia em hotéis. Os outros dividiam quartos em pensões espartanas, comendo em "lanchonetes" baratas ou se contentando em comprar peixe com batatas fritas para viagem. No fim das contas, poucos adolescentes escoceses tiveram a consciência de ter assistido a Paul Ramon, Stuart de Staël ou Carl Harrison, muito menos aos Silver Beatles. Isso porque a imprensa e os cartazes ao longo do caminho anunciavam apenas "Johnny Gentle and His Group".

O astro de 24 anos provou ser um típico nortista, cuja preparação intensiva (no sentido equino do termo) por Larry Parnes não o tornou nem um pouco presunçoso. Apesar de seu ambiente pop suave, ele entrou para a história do rock'n'roll após dividir o palco com Eddie Cochran e Gene Vincent no malfadado show em Bristol que antecedeu o acidente de carro. Mais tarde, os dois pediram uma carona a Londres, mas como todos os assentos do carro já estavam prometidos, acabaram pegando o fatídico táxi.*

Portanto, His Group se dedicou a burilar o repertório de Gentle, que incluía baladas de Ricky Nelson, Elvis Presley e Buddy Holly. Por sua vez, Gentle fez o que pôde para repaginar o escasso guarda-roupa da banda de

* O tour de Johnny Gentle com os Beatles, também chamado de "The Beat Ballad Show Tour", aconteceu de 20 a 28 de maio de 1960, portanto, mais de um mês após a morte de Eddie Cochran. (N. de T.)

apoio. "Vieram sem roupas de palco", lembra ele. "George tinha uma camisa preta e eu também, mas não usei. Então cedi a minha para eles e fizemos uma vaquinha para comprar outra, e assim os três músicos da linha da frente teriam roupas combinando."

George tocou uma guitarra novinha em folha para a qual sua mãe havia feito um crediário: a Futurama de corpo sólido, com o mesmo formato de chifres duplos e captadores triplos da Fender Strat. Mas, como ele se lembra, a turnê não ficou à altura da guitarra.

"Tocávamos em salões pequenos e quase vazios, até os pubs esvaziarem, quando cerca de cinco Teds escoceses entravam e ficavam nos olhando. Era triste porque parecíamos órfãos. Nós ali, de sapatos esburacados e calças amarrotadas, e Johnny Gentle em um terno elegante. Lembro-me de tentar tocar... 'Teddy Bear', de Elvis, e ficou uma droga."

Talvez isso seja um pouco de exagero. Afinal, a única fotografia conhecida dos Silver Beatles em ação na turnê mostra Gentle e, ao seu lado, George Harrison com sua novíssima Futurama, em toda a sua glória de dois chifres e três captadores, e a frente do palco repleta de jovens e resplandecentes rostos femininos.

Em geral, ao final de cada show, Gentle acabava cercado pelas moças de rostos esplendorosos, mas algumas delas cercavam "Paul Ramon". Uma noite, porém, quando a banda saiu do salão pela porta dos fundos, um grupo de cinco garotas assediou George com tanto fervor que rasgaram sua camisa preta. Ele não se empolgou nem um pouco, apenas lamentou o prejuízo com a preciosa camisa.

Gentle até podia ser o vocalista, mas John continuava sendo o líder – chefão – da banda. Os longos interlúdios de tédio e desconforto faziam aflorar nele o sarcasmo e um senso de humor que não conhecia freios. O novo recruta, Tommy Moore, era o alvo favorito de suas brincadeiras. Uma noite, Moore estava ferrado no sono. John abriu furtivamente a porta do quarto dele, laçou a cabeceira da cama com a toalha e, de milímetro em milímetro, arrastou a cama até o corredor.

Moore sofreu pouco em comparação com Stu Sutcliffe, a quem John quase idolatrava como herói na faculdade de artes, mas agora perseguia e atormentava impiedosamente por sua inépcia no baixo. Paul e George iam na onda, zoando Stu não só por pisar na bola no show, mas pela baixa estatura e a palidez de cera. No banco traseiro da van, os três se escarrapachavam deliberadamente para que Stu ficasse sem lugar e fosse obrigado a sentar no aro metálico, em cima da roda. "Éramos impossíveis", admitiria John. "Falávamos pra ele que ele não podia se sentar nem comer com a gente. A gente o mandava embora, e ele ia."

Na estrada entre Inverness e Fraserburgh, a turnê chegou muito perto de replicar a tragédia de Eddie Cochran/ Gene Vincent. De ressaca, o motorista da van, Gerry Scott, passou o volante a Johnny Gentle. Pertinho de Banff, num trevo confuso, Gentle pegou a direção errada, sem ver o carro que se aproximava. Batida frontal. Com o impacto, John, que estava dormindo, foi arremessado para a frente da van. O estojo de uma guitarra voou e atingiu Tommy Moore na boca, afrouxando dois dentes incisivos.

Por sorte, a polícia não se envolveu, mas Moore precisou ser levado ao hospital mais próximo devido à concussão. Mesmo assim, em hipótese alguma ele poderia desfalcar a banda no show daquela noite, no Dalrymple Hall, em Fraserburgh. Ele recebia atendimento no setor de emergência quando John chegou com o promotor de eventos e praticamente o arrastou ao palco, onde, com uma bandagem ao redor da cabeça, o baterista tentou controlar seu bumbo bambo.

Uma estudante de Fraserburgh chamada Margaret Caul teve um motivo especial para se lembrar da visita deles. No dia seguinte ao acidente, Margaret e uma amiga se depararam com jovens de ar tristonho, vagando entre as dunas da espaçosa praia local. O grupinho de liverpudlianos se aproximou, e um deles, que se identificou como John, indagou se havia uma lanchonete por perto porque todos estavam morrendo de fome.

As meninas pediram para não saírem dali, correram à casa de Margaret e voltaram com um piquenique de pãezinhos frescos com geleia. Margaret, notando o rasgo na camisa de George, inclusive trouxe agulha e linha para remendá-la.

Aos trancos e barrancos, a turnê prosseguiu, com o baterista à base de analgésicos e o baixista que só dava para o gasto, desdenhado pelos companheiros de banda, tentando levar música beat e baladas a locais onde a galera preferia dançar a polca. Num salão, o *promoter*, Bert, o Padeiro, como ele era conhecido na cidade por sua profissão principal, interrompeu o show após algumas canções e anunciou uma competição de dança. Noutro, descobriram que tinham sido expulsos do palco para dar lugar a um tradicional grupo de *céilidh* e tiveram que se contentar em tocar numa salinha do andar superior.

Após cinco das sete datas combinadas, terminou a grana para as despesas que Larry Parnes havia adiantado, sem perspectivas de que a coisa melhorasse. Na cidade de Forres, em Morayshire, perto do local onde Macbeth, de Shakespeare, se encontrou com as Três Bruxas, tiveram que escapulir do Royal Station Hotel sem pagar a conta que passava das £ 9.

Em Liverpool ninguém ficou sabendo dessas barbaridades, e o simples fato de terem participado de uma turnê de Larry Parnes elevou incalculavelmente o prestígio de uma banda que antes "não valia uma cenoura". Poucos dias após o retorno, foram tocar num baile e no pôster se lia "The Fabulous Silver Beetles", e ninguém tirou sarro deles por isso.

Na verdade, eles tinham se saído melhor do que os vencedores do teste, Cass and the Cassanovas, que não obtiveram as tão sonhadas fama e fortuna durante a turnê com Billy Fury. Mas Johnny Gentle acabou se apaixonando pelo "His Group" e rogou a Larry Parnes que os contratasse permanentemente. Contudo, Parnes, já assoberbado com os cantores solo – como Dickie Pride, o chamado "Sheik of Shake", beberrão, drogado e ladrão de carros –, preferiu não se arriscar ao multiplicar por cinco esses problemas.

Seja como for, eles já tinham um empresário-agente, embora Allan Williams sempre considerasse o cargo mais um fardo do que um privilégio. Williams começou a agendar datas para eles com o mesmo e flexível acordo que ele tinha com Rory Storm and the Hurricanes e Derry and the Seniors, gerenciando paralelamente os empreendimentos que considerava mais sérios, como o café Jacaranda e a boate Blue Angel.

A influência de Williams como empresário permitiu à banda um upgrade instantâneo em termos de locais para shows: de salões paroquiais a clubes sociais, passando por salões de baile – embora em Liverpool o conceito de "baile" parecesse ser outro. Por exemplo, o Grosvenor, na outra margem do rio Mersey, em Wallasey, com seus ares de clube de debutantes de Mayfair, era famoso pela violência, especialmente entre os Teddy Boys locais e da vizinha Birkenhead.

Em 1955, revolucionaram a indumentária, mas agora tinham se tornado ultraconservadores: nada ofendia mais a sensibilidade estética de um Ted – especialmente após tomar dez *pints* de cerveja amarga Tetley's – do que o novo estilo mod, de influência italiana, tão amado por George. Cada vez que ele ia tocar em Grosvenor com um casaco de botões altos, botas *winklepicker* e gravata de listras horizontais e ponta quadrada, tinha a sensação de estar colocando a vida em risco.

Williams também deu à banda uma espécie de residência na casa de shows embaixo do Jacaranda, tocando – de graça – às segundas-feiras, quando a atração habitual, uma *steel band* do Caribe, com seus tambores de aço, tirava uma noite de folga. A fluidez do nome permaneceu – às vezes Silver Beetles, ou Silver Beatles, ou encurtado para Silver Beats, ou retrocedido para Beatals – e o seu termômetro cultural oscilava de um extremo ao outro, desde enfrentar os Teds no Grosvenor até a cultura de vanguarda.

Essa última cruzou o caminho deles em junho de 1960, quando o célebre jovem poeta Royston Ellis foi a Liverpool participar de um festival de artes na universidade. Aos 19 anos, Ellis era um poeta beat no sentido literal, o primeiro a declamar versos de elevada cultura ao som de rock'n'roll ao vivo de baixa cultura, ou melhor, sem cultura alguma. Além de John Betjeman, ele era o único poeta britânico que aparecia com frequência no horário nobre da televisão, onde lia seu trabalho apoiado, entre outros, pelos Shadows de Cliff Richard e pelo futuro guitarrista do Led Zeppelin, Jimmy Page.

Após o evento na Universidade de Liverpool, Ellis, que não fazia questão alguma de esconder o fato de ser gay, gravitou até o Jacaranda, onde conversou com "um rapaz charmoso", ninguém menos que Stuart Sutcliffe. Stu apresentou Ellis a John, e os dois se deram tão bem que o poeta foi convidado para ficar no apartamento deles em Gambier Terrace.

Durante a estadia, Ellis ensinou a seus novos amigos um método barato de varar a noite acordado, estratagema que se mostraria útil mais cedo do que imaginavam. Inaladores nasais comuns, vendidos sem receita médica em todas as farmácias, traziam uma gaze embebida em benzedrina. Era só quebrar o tubo de plástico e mastigar a gaze para espantar o sono até o amanhecer.

Ellis também deu seus pitacos sobre o incessante debate sobre Silver Beetles, Silver Beatles, Silver Beats ou Beatals. Do alto de sua autoridade como poeta publicado e televisionado, decretou que deveriam ser apenas Beatles, com duplo sentido entre a música beat e a poesia beat, e isso pôs um ponto final na questão.

Antes de ir embora, Ellis fez um recital de poesia no Jacaranda, com John, Paul, George, Stu e Tommy Moore tocando a música de fundo. Fizeram tanto sucesso que ele os incentivou a irem a Londres para acompanhá-lo no circuito de poesia de vanguarda. Caso tivessem feito isso, com certeza George não teria ido com eles.

Fixaram o nome Beatles, mas logo voltaram a ficar *beatless*, ou seja, sem a batida da percussão. A turnê escocesa deixou Tommy Moore se sentindo mais detonado do que sua bateria. Ele decidiu voltar à sua ocupação bem mais lucrativa de pilotar a empilhadeira na fábrica de garrafas Garston. Os outros foram lá e perseguiram a empilhadeira no pátio da fábrica, implorando para ele voltar atrás em sua decisão, mas não teve jeito. Assim, Moore se tornou a única pessoa da história que pediu para sair dos Beatles.

Temporariamente a lacuna foi preenchida por Norman Chapman, moldureiro de profissão e, nas horas vagas, talentoso percussionista que eles tinham escutado treinando sozinho num prédio comercial defronte ao Jacaranda. Chapman se mostrou disposto a se tornar um Beatle e se adaptou bem, mas após três shows acabou sendo um dos últimos convocados ao Serviço Militar Obrigatório.

Era improvável que a sorte lhes sorrisse de novo, portanto ficou decidido que Paul assumiria a função de baterista – na qual sempre fora ao menos tão bom quanto os oficiais –, usando as várias sobras dos kits deixadas para trás. A estreia dele nas baquetas aconteceu em ambientes que, assim como a dica de Royston Ellis para varar a noite acordado, soaram estranhamente proféticos.

Há um tempinho, Allan Williams havia expandido seu império de entretenimento com uma casa de striptease, na Kimberley Street, de nome pomposo: New Cabaret Artists Club. Como em outros lugares, ali os Beatles eram o carro-chefe de Williams: após tocarem música incidental recentemente para a declamação de Ellis, agora faziam algo parecido no show da stripper Janice.

Deram o seu melhor para embalar o desnudamento de Janice perante o reduzido público de onanistas disfarçados. Com uma pertinência não intencional, George tocou "Ramrod", a faixa instrumental que ele tinha acabado de aprender, de autoria de Duane Eddy. Por sua vez, Paul deu o braço a torcer em sua queda por ritmos latinos e arriscou "The Gipsy Fire Dance". Pelo visto, Janice gostou: após tirar a última peça de roupa, virou-se para eles e mostrou as partes íntimas.

"Não passávamos de uns pirralhos", recorda Sir Paul McCartney. "Nunca tínhamos visto nada parecido e ficamos vermelhos. Cinco pirralhos de rosto afogueado..." Mas ainda não tinham visto nada.

6

"MINHA PRIMEIRA VEZ FOI EM HAMBURGO... COM JOHN, PAUL E PETE BEST ASSISTINDO"

A primeira temporada dos Beatles em Hamburgo, entre agosto e novembro de 1960, é o episódio mais romantizado na carreira da banda. Irresistível aquela visão juvenil de menestréis atrevidos em trajes de couro preto rachado, fazendo explodir rock'n'roll na veia em casas de striptease e shows de sexo... amadores estabanados se transformando em profissionais calejados... o aprendizado no submundo sem o qual a banda jamais teria alçado voos maiores.

Sob um prisma do século XXI e preocupações com a saúde, a segurança e a proteção dos trabalhadores, é algo mais parecido com tráfico de pessoas – com guitarras.

A afinidade de Hamburgo com Liverpool é histórica: duas cidades situadas no extremo noroeste de seus respectivos países, ambas com portos marítimos apinhados de navios uma da outra, como vizinhos que entram sem ter que bater. Com uma diferença: Hamburgo tinha uma rua das luzes vermelhas, a Reeperbahn, nome que até os mais obscenos marinheiros falavam com admiração.

Grande parte dos frequentadores da Reeperbahn provinha das bases militares na Alemanha Ocidental, americanas e britânicas, prontas para enfrentar o iminente ataque nuclear do Leste comunista. A clientela, composta principalmente por jovens, tinha como principal diversão – além de se embriagar e fazer sexo – assistir a shows de rock'n'roll. Portanto, os comerciantes de pornografia de Hamburgo começaram a importar grupos musicais de sua alma gêmea mercantil e, por um tempo, o único exportador foi Allan Williams.

No comecinho de 1960, Williams assinou contrato para fornecer uma das bandas que ele – digamos assim – agenciava junto a Bruno Koschmider, dono de uma boate em plena Reeperbahn. Enviou Derry and the Seniors, considerado o show ao vivo mais dinâmico de Liverpool, com o vocalista afro-caribenho Derry Wilkie.

Fizeram tanto sucesso no clube Kaiserkeller de Koschmider que ele encomendou outra banda em estilo exatamente igual. A primeira escolha de Williams, Rory Storm and the Hurricanes, já estava contratada para uma temporada no acampamento de férias Butlin's. O segundo grupo da lista, Gerry and the Pacemakers, recusou categoricamente. Já em desespero, ele recorreu aos Beatles. Quando a notícia chegou a Derry and the Seniors, em Hamburgo, o saxofonista Howie Casey escreveu a Williams e protestou: aquele "grupo de vadios" causaria sérios constrangimentos a eles.

Mas os Beatles não poderiam aceitar a missão sem um baterista, nem Paul teria como continuar na função, já que Koschmider desejava um quinteto como os Seniors. John chegou a pensar em convidar Royston Ellis para ser o quinto membro, espécie de "poeta/ mestre de cerimônias", como se o público de Hamburgo fosse uma atenta plateia estudantil.

Dessa vez, a busca não foi longa e desanimadora. O candidato ideal se materializou no Casbah Club de Mona Best, em West Derby, onde um ano antes George tinha salvado os Quarrymen da desintegração.

A residência deles no Casbah despertou o interesse de Pete, o bem-apessoado filho da sra. Best, por rock'n'roll. Pete formou os Blackjacks, com ele próprio na bateria, para preencher a lacuna deixada com a petulante evasão dos Quarrymen. E agora John, Paul e George voltaram atrás de um baterista, justo quando a amada mãe de Pete havia comprado para ele uma suntuosa bateria nova, com detalhes em madrepérola azul, na loja de departamentos Blacklers.

Assim, é possível afirmar que George e seus antigos mestres aprendizes foram corresponsáveis por Pete Best se tornar um Beatle – experiência que tornaria Pete os olhos mais tristes do rock.

Allan Williams traficou o novo quinteto à Alemanha Ocidental por transporte rodoviário, sem autorização para trabalho ou qualquer tipo de documentação oficial além dos passaportes. Se fossem abordados, orientou Williams, bastava fingir serem estudantes em férias. Para agravar a ilegalidade, faltavam ainda sete meses para George completar 18 anos, idade mínima para entrar nos clubes de Hamburgo onde eles iriam tocar. Entre as cinco vítimas de tráfico, ele era o único que ainda era virgem, e os outros não perdiam oportunidade de tirar sarro dele por isso.

O bairro St. Pauli e sua via principal, Reeperbahn, causaram um profundo espanto nesses rapazes acostumados à escuridão e ao silêncio da noite de Liverpool. Sem cessar, letreiros de neon multicoloridos brilhavam e piscavam com dizeres voluptuosos – Bar Monika, Mambo Schankey, Gretel & Alphons, Roxy Bar –, tornando o entretenimento ofertado ainda mais intraduzivelmente sedutor. Um lugar sem distinção entre dia e noite que, para sempre, viraria o relógio biológico dos Beatles de pernas para o ar.

O novo empregador deles, Bruno Koschmider, se revelou uma figura minúscula, com idade indeterminada, rosto de marionete entalhado em madeira, penteado feminino esfuziante, claudicação supostamente adquirida no front de batalha na Wehrmacht de Hitler. Mas, se Koschmider parecia ter saído diretamente de um conto de fadas dos irmãos Grimm, seu clube, o Kaiserkeller, era espetacular, um celeiro subterrâneo decorado com temas náuticos, cabines em forma de barcos a remo, coletes salva-vidas, bitáculas de latão e cordame ornamental.

Na última hora, ficaram sabendo que não tocariam ali, no coração da Reeperbahn, mas no Indra, o decadente clube de striptease, estabelecimento de Koschmider na Grosse Freiheit ("Grande Liberdade"), rua transversal bem menos movimentada. A missão deles era atrair multidões ao Indra, como Derry and the Seniors fizeram no Kaiserkeller.

O pior estava por vir: Koschmider mostrou os alojamentos que, segundo o contrato, deveria fornecer. Virando a esquina, na Paul Roosen Strasse, ficava o Bambi, cinema especializado em filmes pornográficos, faroestes e velhos filmes de gângsteres de Hollywood, do qual ele era dono. O quarto dos Beatles ficava atrás da tela; lúgubre ambiente de concreto, com dois gloriosos armários para artigos de limpeza, camas dobráveis e lâmpadas expostas no teto: exatamente o tipo de buraco infernal denunciado hoje em dia com frequência, lotado de imigrantes ilegais desesperados.

As únicas instalações sanitárias eram os banheiros do cinema. Mais tarde, George afirmaria que se adaptou melhor que os outros, "porque eu estava acostumado a morar numa casa sem banheiro".

Em Liverpool, em todas as suas várias encarnações, a banda nunca tinha permanecido no palco por mais de vinte minutos. No Indra Club, descobriram que, de segundas a sextas, precisariam tocar quatro horas e meia, em sets de uma hora e meia, com intervalos de apenas trinta minutos. Sábados e domingos, o tempo aumentava para seis horas.

Ao contrário do Kaiserkeller, o Indra não tinha pista de dança; a reduzida clientela, sentada às mesas, assistia a espetáculos como o da stripper Conchita. Na noite de estreia dos Beatles, todos de jaquetas lilases, modelitos do vizinho de Paul, ficou claro que precisariam fazer algo mais do que apenas ficar ali parados.

Bruno Koschmider e Allan Williams atuavam como mestres de cerimônias, mais para aquecer os artistas do que a plateia. "*Mach schau!*", gritava Koschmider à moda germânica, peremptória, batendo palmas. "Vamos lá, pessoal, façam um show!", traduzia Williams.

Em Liverpool, "fazer um show" de alguém significa zombar ou caçoar de alguém. Como seria de esperar, foi nesse sentido que John interpretou: fez uma paródia da apresentação de Gene Vincent no ginásio de boxe de Liverpool, dias após o acidente fatal de Eddie Cochran. Entrou no palco cambaleando e rolando, imitando cruelmente a perna esquerda com aparelho ortopédico. Uma noite, John subiu ao palco sem calças e, no meio de uma canção, baixou a a cueca e mostrou o traseiro à plateia; não apenas em um "flash", mas em visão ampliada. Felizmente, sem sonhar que estava sendo caçoado, o público adorou.

Para preencher os desafiadores sets de noventa minutos, lembrou George, eles precisavam de "milhões de músicas", muito além do rock'n'roll, abarcando country, folk, blues e até mesmo canções de musicais da Broadway e sucessos pop do momento. Cada uma seria estendida até vinte minutos com uns quatro intervalos instrumentais, seja dele ou de Paul no piano da casa. "What'd I Say", de Ray Charles, poderia ser espichada como um pedaço de chiclete por quase uma hora.

Uma escolha certa sempre era o prolífico Chuck Berry e suas elegias à vida escolar americana, que não soavam nem um pouco estranhas vindas de um homem de seus trinta e poucos anos, olhar suspeito, bigode taco de golfe, com os riffs de guitarra mais sedutores desde Buddy Holly. Logo George seria capaz de reproduzir todos eles, até mesmo os "solos de dedos entrelaçados", que pareciam o duelo entre dois músicos, como em "Johnny B. Goode".

Nas poucas horas de ressaca entre os shows, tentavam dormir um pouco em suas camas surradas no Bambi Kino ou lavavam a roupa nos banheiros que dividiam com o fluxo constante de cinéfilos. Até mesmo o meticuloso George desistiu da luta para se manter limpo: "Eu não tomava banho. O banheiro tinha uma pia... mas há um limite para o quanto você consegue se lavar nela. Escovávamos os dentes e fazíamos a barba. Lembro que uma vez fui nos chuveiros públicos, mas ficavam longe demais".

As tensões internas da banda, já presentes na época, foram ampliadas pelo estresse de estar em um país estranho onde se esfalfavam de tanto trabalhar. A liderança de John permaneceu incontestada, mas Paul sempre foi seu zeloso escudeiro; convencido de que algum caçador de talentos poderia descobri-los a qualquer momento, pedia esforço máximo, por mais tarde que fosse ou por menor que fosse o público. E o baixo de Stu Sutcliffe, embora competente, claramente jamais agradaria Paul.

E eis que Pete Best já não era mais considerado o golpe de sorte da última hora, o dono dos brilhantes tambores azuis sem os quais eles nem estariam ali. Com sua personalidade cordial e um bom-humor inabalável, Pete aguentava firme as horas de trabalho e as condições no Bambi Kino. Porém, algo nele parecia inadequado. Tempos depois, dir-se-ia que o problema era seu jeito de tocar, mas ele entregava uma batida de rock potente, perfeitamente adequada a um clube barulhento e um fundo sólido para a guitarra solo de George. Pouco tempo antes, George havia escrito a uma pessoa em Liverpool que "Pete está tocando bem a bateria".

Mais revelador é o fato de ele ser o mais bonito da banda – o cabelo bem aparado e a expressão taciturna lhe conferindo um ar do ídolo das matinês hollywoodianas Jeff Chandler. O único que tinha uma stripper como namorada, passava a maior parte de seu pouco tempo livre com ela, em vez de compartilhar aventuras e desventuras com os colegas de banda. A palavra alemã que o definia era "*reserviert*" (reservado), e isso já começava a se tornar a sua ruína.

A história mais famosa da Reeperbahn, contada e recontada em pubs nas docas de Liverpool, era a de mulheres sendo penetradas por jegues com arruelas limitadoras em volta do pênis. Embora essa nova definição de "trabalho de jegue" tenha se revelado um mito, outras coisas impressionavam um jovem de 17 anos cuja experiência erótica se limitava a revistas britânicas de "tetas", como a *Razzle*, que vinha com todos os mamilos apagados.

Em algumas casas noturnas, George se deparava com homens e mulheres de todas as raças e cores fazendo sexo em duplas, trios ou quartetos, em todas as possíveis e improváveis configurações; em outras, ele observava mulheres nuas se digladiando num poço de lama, aplaudidas por executivos pançudos amarrados num avental comunitário para proteger os ternos dos respingos. No Bar Monika ou no Roxy Bar, se deparou com homens trans tão bonitos e elegantes quanto modelos parisienses; virando a esquina, na Herbertstrasse, vitrines exibiam trabalhadoras do sexo como mercadorias vivas, com o preço na etiqueta.

O sexo era a principal recreação e também o negócio da Reeperbahn. Para sua população feminina, saturada com anos de marujos bêbados e furtivos homens de negócios, um jovem e relativamente inexperiente roqueiro de Liverpool constituía a mais apetitosa das novidades. À medida que os Beatles conquistavam seguidores no Indra Club, eles começaram a ser alvo de investidas de mulheres, tanto das freguesas quanto das colegas de trabalho.

Isso era feito de forma aberta, antecipando em uma década a Libertação das Mulheres. Se uma delas quisesse tirar uma lasquinha de um garoto liverpudliano, bastava assistir à banda tocando e apontar o escolhido, assim como um cliente de restaurante seleciona uma lagosta viva. Se ela estivesse na lateral do palco, logo estendia a mão para acariciar a perna do felizardo. Muitas dispensavam até mesmo essas pequenas formalidades, indo direto para seus rústicos aposentos no Bambi Kino e aguardando numa ou outra cama até a chegada de seu prato principal.

Foi ali que George enfim perdeu a virgindade, e a total falta de privacidade transformou o momento em uma iniciação formal. "Minha primeira vez foi em Hamburgo, com Paul, John e Pete Best assistindo", recordaria ele. "Estávamos em beliches. Na real, o pessoal não enxergou nada, porque eu estava embaixo das cobertas, mas depois que eu terminei, todo mundo aplaudiu e comemorou. Ao menos ficaram em silêncio enquanto eu estava fazendo."

A tarefa dos Beatles de agitar o Indra Club teve muito sucesso. Acima do clube morava uma idosa que havia perdido o marido na Segunda Guerra Mundial. Ela vivia reclamando do barulho para Bruno Koschmider. Com receio de uma batida policial, ele fechou o estabelecimento apenas sete semanas após o início da temporada e os transferiu a seu Kaiserkeller, como apoio a Derry and the Seniors, local onde, desde o começo, eles gostariam de estar. O contrato original de três meses foi estendido até 31 de dezembro, mas sem melhoras em suas condições de vida.

No Kaiserkeller, a carga horária era ainda mais pesada: cinco horas e meia por noite com só três intervalos de meia hora. A freguesia, composta principalmente por marinheiros de uma área portuária tão extensa quanto a de Liverpool, promovia frequentes explosões de violência que, de longe, superavam qualquer coisa já vista no Grosvenor Ballroom de Wallasey.

Para contê-las, Koschmider contratou uma equipe de garçons recrutados principalmente em academias locais de boxe e fisiculturismo, famosos pela rapidez implacável com que reprimiam toda e qualquer perturbação. Clientes muito rebeldes não eram atirados na rua, e sim conduzidos à sala do chefe, onde Koschmider os espancava com uma perna velha de cadeira, de madeira maciça, que ele escondia nas calças.

Ali os músicos não se tornavam alvos genuínos de ataque, como em Liverpool, mas ainda assim enfrentavam os perigos das brigas generalizadas a seus pés. Além de canivetes, soqueiras e cassetetes, um acessório muito popular entre os garçons da Reeperbahn e os causadores de tumultos era a pistola de bombas de gás lacrimogêneo, disponíveis no balcão de uma loja próxima. Algumas canções do repertório dos Beatles contribuíam decisivamente para trazer à tona esses armamentos específicos, como "Hully-Gully", dos Olympics, que pretendia ser uma dancinha sincronizada para promover a união. "No fim das contas", lembraria George, "tivemos que parar de tocá-la por causa do gás".

Outra coisa que não ocorria em Liverpool: nos shows em Hamburgo, recebiam bebidas de clientes em sinal de incentivo; tanto que, ao final do show, muitas garrafas e copos vazios adornavam a frente do palco. Na maioria das vezes, era cerveja, mas de vez em quando alguém das cabines laterais em forma de barco a remo – tradicionalmente reservadas aos principais gângsteres, bandidos e comerciantes de pornografia de St. Pauli – oferecia uma bandeja de Schnapps ou meio garrafão do irresistível champanhe nacional, e ai deles se não tomassem até a última gota.

John, no embalo dessa efervescência espontânea, fazia brincadeiras de gosto duvidoso, com risco de ser linchado numa cidade que sofreu bombardeios piores que os de Liverpool durante a guerra. Em meio a passinhos de ganso, insultava a já belicosa multidão de "nazistas malditos" e prendia um pente escuro sobre o lábio superior para imitar o bigodinho de Hitler. Se os alemães entendiam, ninguém sabe; o fato é que achavam hilário.

Os astros principais de Liverpool no Kaiserkeller, Derry and the Seniors, revisaram sua opinião sobre os Beatles. Já não os consideravam mais um "grupo de vadios" que só traria descrédito a eles e sua cidade natal. Mas a parceria não ia durar muito. Eles também tinham sido enviados à Alemanha Ocidental sem visto para trabalhar como músicos; em caso de fiscalização, Allan Williams os aconselhou a dizer que eram encanadores que trouxeram seus instrumentos para tocar nas horas vagas, entre um trabalho e outro.

Em outubro de 1960, enfim acabaram descobertos e tiveram que deixar o país. Apesar de vários meses como queridinhos da Reeperbahn, não tinham dinheiro guardado e, nos últimos dias em Hamburgo, sofreram agruras, até o Consulado Britânico ser persuadido a pagar suas passagens aéreas de volta.

Para substituí-los, Williams enviou Rory Storm and the Hurricanes, recém-saídos de sua temporada no acampamento de férias Butlin's, em Skegness. Ao chegarem, descobriram que deveriam ocupar os antigos aposentos de Derry and the Seniors, acima do Kaiserkeller, dormindo em camas com bandeiras esfarrapadas em vez de cobertores. Recusaram e preferiram um quarto para cinco no Seamen's Mission, hotelzinho gerenciado por britânicos nas docas, um luxo na comparação.

Amigo de longa data dos Beatles, Rory também era o irmão de Iris Caldwell, a primeira namoradinha de George. Embora ele e seus "Hurikan Von Liverpool" os superassem nos cartazes do Kaiserkeller, agora havia pouca diferença na habilidade musical das duas bandas, a não ser o pendor atlético de Rory para dançar em cima de pianos e fazer escaladas.

Nessa época, entretanto, só conheciam superficialmente o baterista dos Hurricanes, com aquele visual tristonho e barbudo. Em Liverpool, Ringo Starr os intimidava pelo ar adulto – embora fosse apenas quatro meses mais velho do que John – e extremamente sofisticado: usava anéis grossos nos dedos que mais pareciam a soqueira de um garçom de Reeperbahn, fumava cigarros da marca Lark importados dos EUA e dirigia um magnífico Ford Zephyr.

Agora descobriram o quanto ele curtia o som deles, muito mais do que imaginavam. Enquanto concluíam uma longa noitada no Kaiserkeller, ele vinha, pegava uma mesa sozinho e, mais cedo ou mais tarde, fazia um pedido para George tocar a instrumental "Three-30 Blues", de Duane Eddy. "Parecia adulto", recordaria George, "com a mecha grisalha no cabelo, meia sobrancelha grisalha e o narigão".

O encontro de Rory Storm com os Beatles no Kaiserkeller foi uma combinação incendiária. As bandas competiam entre si no palco, até mesmo ultrapassando os limites de sua já puxada rotina de trabalho, certa vez tocando em alternância por espantosas doze horas com mínimos intervalos.

Eles também disputavam as atenções de Bruno Koschmider, mais ou menos como os prisioneiros de guerra britânicos fizeram com seus guardas no Castelo Colditz – um lugar com acomodações muito melhores do que o Bambi Kino.

Os Beatles conheciam cada palmo do palco do Kaiserkeller após tantas horas em cima dele. Sabiam que algumas tábuas estavam meio podres e os alicerces em estado igualmente deteriorado. Isso motivou uma competição noturna entre os Hurricanes e os Beatles para ver quem seria o primeiro a abrir um buraco no palco. Rory ganhou essa. Durante "Whole Lotta Shakin' Goin' On", pulou em cima do piano, e as frágeis tábuas cederam. Rory afundou no periclitante assoalho, ainda montado no piano como um peão de rodeio sobre um cavalo selvagem.

Ringo, ao longo dessas semanas, começou a sair cada vez mais com os Beatles, em vez de com a própria banda. Cresceu no Dingle, o bairro mais pobre de Liverpool e, por conta de uma doença prolongada na infância, quase não teve educação formal. Mas era naturalmente perspicaz e articulado, além de fazer tiradas desconcertantes com uma cara de pau que rivalizava até com a de John. Seu sotaque de Liverpool era bem mais forte e profundo que o de George, mas ninguém jamais o criticou por isso, nem o criticaria.

Parecia natural que ele substituísse Pete Best em suas frequentes ausências, e ainda mais natural que seu estilo de tocar bateria caísse como uma luva para os Beatles. "Quando formávamos um quarteto com Ringo, era bom demais", recordaria George.

Também conviveram com Lu Walters, vulgo Wally, o baixista dos Hurricanes que tinha ambições de escapar da estranha sombra de Rory e se tornar vocalista. Wally contou que tinha ouvido falar de um estúdio, o Akustik, que ficava na principal estação ferroviária de Hamburgo, e ele mal podia esperar para gravar uma demo lá. Recrutou os Beatles como acompanhantes, Allan Williams concordou em pagar a taxa mínima e, como

Pete Best de novo não estava por perto, naturalmente pediram para Ringo ocupar o lugar de Pete.

Foi assim que – numa cabine apertada, fragilmente isolada dos ruídos dos trens e dos anúncios da estação, acompanhando um vocalista temporário em um set de canções clássicas como "Summertime" e "Fever", depois creditados no disquinho da Akustik como "The Beatles mit Wally" – os quatro gravaram juntos pela primeira vez.

Hamburgo tinha algo que Liverpool não tinha: a honra de ser um centro de comunicação social e editorial, com inúmeras escolas de arte, design e fotografia de primeira categoria e um corpo estudantil dos mais respeitados na Europa do pós-guerra.

Autodenominados "existencialistas", em homenagem à escola literária francesa liderada por Jean-Paul Sartre e Albert Camus, pregavam a supremacia da vontade individual sobre as regras e convenções da sociedade. Essa ideia exercia uma atração especial sobre os jovens alemães após o terrível conformismo em massa da era nazista, e encontrou expressão num estilo radical que muitas vezes confundia a linha entre masculino e feminino. Ainda mais radical, uma parte essencial da roupa de um "exi" era o couro preto que outrora simbolizava a Gestapo e as SS de Hitler: em pequena escala, um modo de exorcizar tanta brutalidade e tirania.

Mas, como respeitáveis membros da classe média, sempre evitaram a Reeperbahn, até uma noite outonal de 1960. Um de seus principais expoentes, o estudante de design Klaus Voormann, teve uma desavença com a namorada e foi para lá sozinho para provar um pouco daquela rebeldia suja. O primeiro bar que visitou foi o Kaiserkeller, onde, naquela noite, como em todas, os Beatles faziam seu trabalho.

Voormann nunca se esqueceu da primeira vez que os viu e ouviu. "Foi como ouvir todas as grandes canções do rock'n'roll que já existiram, entoadas pelos maiores cantores. Pareciam camaleões. John virava Gene Vincent e depois Chuck Berry. Paul fazia Elvis, depois Fats Domino, depois

Carl Perkins. E no entremeio os dois discutiam: 'Quero fazer Be-Bop-a-Lula'. 'Mas eu não quero'."

Esses dois líderes magnéticos não conseguiram atrair por completo a atenção de Voormann.

"George era o catalisador. Ele imprimia uma certa calma entre esses dois grandes personagens. Você o percebia porque ele *não estava* se exibindo. Quando tocava um solo, não dizia 'Olhem para mim'; fazia parte orgânica da música. Fora do palco, ele era um garoto petulante e vigoroso, mas tranquilo, bem-humorado e sempre com os pés fincados no chão. Algo nele nos dizia que cresceu amado, em um bom lar, com bons pais."

A namorada que brigou com Voormann aquela noite era Astrid Kirchherr, 22 anos, fotógrafa talentosa que trabalhava como assistente do grande fotojornalista Reinhart Wolf. Ela própria era um tema perfeito para as câmeras, linda à sua maneira que ainda ninguém chamava de "andrógina", a palidez insidiosa e o cabelo loiro bem curtinho realçavam o guarda-roupa todo preto que logo pareceria um luto iminente.

Ao saber da aventura de Voormann na repulsiva Reeperbahn, a primeira reação de Astrid foi de nojo. Somente depois de muita relutância ela concordou em ir junto com ele e ver os Beatles com os próprios olhos. Com ela também foi amor à primeira vista, mas não apenas força de expressão. Ela se apaixonou *de verdade*, não pelo desleixado John, nem pelo adorável Paul, mas pelo menos seguro de si: Stu Sutcliffe.

A princípio, ela camuflou os seus sentimentos por trás de um interesse profissional pela banda, fazendo uma sessão fotográfica que se tornaria histórica no Dom, o parque das feiras de Hamburgo. Posaram com os seus instrumentos empoleirados em locomotivas e em pé, taciturnamente em torno de calíopes silenciosos, ela disfarçando para que sua lente não focasse apenas Stu, com seu visual de James Dean e seu pesadão baixo Höfner President.

Horrorizada ao descobrir as condições em que viviam, ela os levou à confortável casa da mãe dela, no bairro de Altona, para que tomassem um banho há muito esperado, e serviu-lhes comida inglesa após tantos meses à base de chucrute com salsicha.

Criou um vínculo instantâneo com George, que ela descreveu como "um bebê cabeludo com orelhas de abano. Foi muito gentil comigo quando lhes dei sanduíches de presunto. Ele disse que não sabia que tínhamos *sarnies* de presunto na Alemanha".

A visita incluiu uma espiada no quarto/estúdio de Astrid, decorado em preto com ramos de árvore prateados no forro. "Acredito que George tenha me achado meio doida. Quem fazia todas as perguntas era Paul... Quem pintou este quadro?... Quem escreveu aquele livro? George era igualmente curioso, só que mais na dele."

Aonde Astrid e Klaus iam, o séquito de existencialistas obedientemente os seguia. Logo os Beatles tocavam com uma turminha na frente do palco, de rostos pálidos e solenes, todos em trajes de couro preto. "A gente só podia considerar esse pessoal de Liverpool criaturas fantásticas. Porque eram abertos, amigáveis e tinham um humor rápido, rapidíssimo", conta Voormann. "Tínhamos noção do quanto éramos empertigados, o quanto achávamos difícil nos soltar. Para eles, isso não era problema, conversavam sobre qualquer coisa, tiravam sarro de si mesmos, o tempo inteiro. E tivemos que aprender isso. Aprender a rir de nossos próprios problemas."

John e Paul recebiam a maior parte da atenção deles, mas um grupinho, liderado pelo amigo e colega fotógrafo de Astrid, Jürgen Vollmer, apreciava a habilidade musical de George e se recusava a deixá-lo ser eclipsado. "Criamos um fã-clube para ele", diz Vollmer. "A gente gritava: 'Queremos George.'"

A adoração de Astrid por Stu causou nele um efeito transformador. O tímido e encabulado artista, desde que começou a dedilhar o baixo para agradar a John, praticamente abandonou seu verdadeiro talento. Agora, a companhia noturna de estudantes de arte e design o estimulava a começar a pintar de novo, inspirado pelo movimento, o frenesi e as cores da Reeperbahn.

Por insistência da mãe de Astrid, ele abandonou o tétrico alojamento dos Beatles atrás do Bambi Kino e se transferiu à casa das Kirchherr, onde o sótão foi convertido em estúdio para ele. No finzinho de novembro de 1960, só um mês após se conhecerem, ele e Astrid anunciaram o noivado.

George também tinha arranjado uma namorada alemã, para contrabalançar os casos de uma noite só que o Kaiserkeller proporcionava tão liberalmente. Aos 17 anos, Monika Pricken se tornou uma das primeiras fãs dos Beatles no Indra Club; desde então, ela e George começaram a namorar, nos breves interlúdios entre um set e outro, sempre com uma castidade que na época ele deve ter achado tranquilizadora. "Ele era incrivelmente engraçado e aberto", lembraria ela, "mas a nossa amizade era totalmente platônica".

A família de Monika, dona de uma conhecida loja de relógios no centro de Hamburgo, só acreditou na história do namoro dela com um músico da Reeperbahn quando ela levou todos os Beatles para comer na casa da família. No final, eles agradeceram educadamente aos pais dela, "com mesuras e apertos de mão", e John, que havia levado o violão, improvisou e cantou num misto de inglês com alemão arrevesado.

Buscavam uma maneira de escapar das garras de Bruno Koschmider e, com a proximidade do Natal, conseguiram. Perto do Kaiserkeller, um clube rival, o Top Ten, estava prestes a ser inaugurado no local onde havia um circo coberto em que amazonas nuas montavam a pelo. O dono, Peter Eckhorn, era um novo tipo de empreendedor do ramo de espetáculos do bairro St. Pauli: jovem, entusiasmado e autêntico fã de rock'n'roll, não um relutante empresário, só interessado em explorar.

Sem perder tempo, Eckhorn convidou as estrelas principais de Koschmider para serem a melhor atração do Top Ten Club. A carga horária seria praticamente a mesma que no Kaiserkeller, mas ao menos seriam tratados como seres humanos, morando no andar superior do clube, em um apartamento com banheiro de verdade.

Durante mais de três meses, ninguém parece ter se incomodado com o fato de George, com apenas 17 anos, ser jovem demais para estar no Kaiserkeller após as dez da noite e estar ali para tocar guitarra. Todas as noites, na hora do toque de recolher, num súbito rompante de moralidade, chegava o *Ausweiskontrolle*, o esquadrão de proteção à juventude. As ofuscantes luzes do teto se acendiam, passaportes e identidades eram inspecionados e todos os jovens ilegais eram escoltados para fora do prédio.

Só agora George foi descoberto, mas não pelo *Ausweiskontrolle*, mas por uma denúncia feita à polícia, provavelmente de Bruno Koschmider, em vingança pela deserção dos Beatles. Quando a banda se transferia ao Top Ten, George recebeu a ordem de abandonar o país imediatamente.

Stu e Astrid o levaram à estação de trem, ainda em estado de choque, com a guitarra, o novo amplificador Gibson e a malinha transbordando com diversas caixas e sacos de papelão. Monika Pricken também marcou presença, com a amiga Helga, "para lhe dar um saquinho de sanduíches e frutas para a viagem", lembraria ela, "e acenar para ele com olhos rasos de lágrimas".

O regresso de George para casa levou 24 horas. Primeiro o trem até Hook of Holland, em seguida a balsa através do Mar do Norte até Harwich, depois outro trem até a estação da Liverpool Street, em Londres, com dinheiro contado para o táxi que atravessou a cidade até a estação de Euston e o trem para Liverpool.

De volta a Speke, ficou imaginando os Beatles tocando no Top Ten Club sem ele, provavelmente para sempre. Nem sonhava que seu encontro com as autoridades da Alemanha Ocidental teria desdobramentos ainda mais drásticos.

Quando Paul e Pete Best recolhiam os últimos pertences do Bambi Kino, eles se despediram de seus alojamentos precários com o gesto nada inapropriado de atear fogo a uma camisinha. Bruno Koschmider retaliou mandando prendê-los por tentativa de incêndio criminoso. Passaram a noite numa cela da polícia antes de serem deportados à Grã-Bretanha via aérea. Nesse meio-tempo, Stu Sutcliffe foi morar definitivamente na casa de Astrid, enquanto John, sem banda para contar a história, retornou para casa de trem, numa jornada tão penosa e desalentadora quanto a de George.

Após chegar em casa, George cumpriu uma missão que indicava sua proximidade com Stu Sutcliffe. Mesmo a guerra já sendo coisa do passado, um rapaz britânico querer se casar com uma moça alemã era uma demonstração de coragem, em especial em se tratando de alguém oriundo de uma Liverpool destroçada pelos bombardeios. Stu escreveu aos pais dele sobre seu noivado com Astrid e pediu a George que avaliasse a reação deles.

"Seu pai me pareceu estar de boas com a ideia", escreveu George a Stu, "mas sua mãe aparentou certa 'decepção' com você (até onde consegui entender)".

George mostra claramente ter superado o pesadelo a bordo de trens e barcos e três meses de fadiga acumulada. Volta a ensaiar com a sua Futurama, pronto para o que der e vier. Avisa Stu que pretende adquirir uma câmara de eco para seu amplificador ("a £ 34 ou £ 6 de entrada"). E cita os últimos discos comprados: "Singin' To My Baby", de Eddie [Cochran], "Man of Mystery", "Lucille", "Only The Lonely", "Like Strangers" (o novo dos Everly Brothers), "Perfidia" (o novo dos Ventures) e a instrumental "Chariots".

"Agora estou aprendendo tudo que cai em minhas mãos."

7

"A PRIMEIRA BANDA DE ROCK'N'DOLE"

George só foi se reencontrar com John e Paul alguns dias após seus respectivos e infames retornos. E, em vez de ensaiar, só ficaram ali sentados, reclamando sobre o quão pouco havia adiantado passar três meses e meio de perrengue em Hamburgo.

Num mundo sem redes sociais e telefones celulares, não havia outra forma de manter Liverpool informada de suas façanhas, exceto por meio de ocasionais cartões-postais enviados para casa, rabiscados no sombrio lusco-fusco do Bambi Kino. A situação quase criminosa deles ao saírem de lá não foi estampada em uma única matéria de jornal, nada que pudesse lhes ter conferido um toque de glamour. E, aos olhos dos promotores musicais de Merseyside, eles tinham voltado ao fim da fila.

Regressaram tão duros e esfaimados que a pressão dos pais redobrou: deviam esquecer, de uma vez por todas, essa besteira de rock'n'roll. Muito apropriadamente ao período natalino, Mimi, a tia de John, desferiu um ataque recriminatório ao chamar Hamburgo de "Humbug", palavra que significa "fraude, disparate", com a qual Ebenezer Scrooge se refere ao Natal no clássico conto *A Christmas Carol*, de Dickens. Até mesmo Jim McCartney insistiu para que o filho encontrasse "um emprego de verdade". Paul se tornou estagiário na Speedy Prompt Delivery Company, fazendo entregas nas docas, como auxiliar do motorista de caminhão.

O único que escapou dessa inquisição foi George: seus pais e irmãos permaneceram tão solidários e incentivadores como sempre. Mas Harold e Louise, quando foram à Blacklers fazer as compras natalinas e visitar a gruta do Papai Noel – este ano mais espetacular do que nunca –, certamente soltaram suspiros ao pensar que o filho havia desperdiçado o estágio como aprendiz de eletricista e "um emprego para a vida inteira".

Para aumentar a melancolia geral, a carreira de Allan Williams como Mister Rock'n'Roll de Liverpool se reduziu a cinzas. Seu mais recente empreendimento era um clube de música ao mesmo estilo "atrair e explorar" da Reeperbahn. Teria o nome de Top Ten, igual ao clube em que os Beatles iam tocar antes de serem expulsos de Hamburgo, e Alan lhes prometeu espaço como banda residente.

Mas nunca sequer colocaram os pés no lugar. Em 1º de dezembro, seis dias após a inauguração, um incêndio misterioso consumiu o prédio, quando não havia ninguém no local. Levando em conta o talento de Williams para ofender as pessoas, as suspeitas foram de incêndio criminoso.

Sobrou uma única alternativa para agendar shows: o Casbah Club de Mona Best. A sensação de andar em círculos só aumentava, mas a elétrica sra. Best transformou o show da "banda de Pete" (era assim que agora ela os encarava) em uma noite de gala, com cartazes de boas-vindas para "Os FABULOSOS BEATLES".

Com Stu Sutcliffe ainda em Hamburgo, estavam sem baixista, então Pete convidou Chas Newby, ex-colega de escola e guitarrista em sua banda anterior, os Blackjacks. Após a deportação de George, Pete já havia abordado Newby para substituí-lo – exatamente como George receava que alguém fizesse. Mas, na época, Newby nem cogitou interromper seus estudos de Química e Engenharia Química no St. Helens College. De qualquer modo, em meio às acusações de imigração ilegal e tentativa de incêndio criminoso, os Beatles se fragmentavam. Como a faculdade agora estava em recesso escolar, Newby topou trocar de instrumento e se tornou, provisoriamente, o primeiro baixista canhoto da banda.

Newby conhecia John, Paul e George desde os tempos dos Quarrymen e ficou surpreso com a evolução deles, em especial a de George. "No primeiro período que tocaram no Casbah, ele era só um guitarrista mediano, pouco acima do nível dos outros dois. Agora ele era o melhor que eu já tinha visto."

Parece que Newby lhes trouxe sorte. Um dia, no café Jacaranda, puxaram papo com um cara mais velho, com bochechas rosadas de duende e aura de professor pedante. Até George lhe deu plena atenção.

Bob Wooler trabalhava meio período como MC e DJ em bailes na grande Liverpool, combinando uma voz potente – espécie de Alan "Moondog" Freed de Merseyside – com conhecimentos musicais enciclopédicos. Pouco tempo antes, havia saído brevemente de seu emprego fixo como funcionário da British Railways para presidir o malfadado Top Ten Club de Allan Williams.

Solidário, Wooler ouviu as reclamações sobre falta de trabalho, pegou o telefone e conseguiu agendar uma data para os Beatles tocarem num baile em que ele seria o apresentador, em 27 de dezembro, no salão municipal de Litherland, prédio sombrio no norte da cidade. Receberiam £ 6 para rachar entre eles.

Entre os que viajaram a Litherland em meio à nevasca noturna, na ressaca pós-natalina, estava Tony Bramwell, amigo de infância de George, que nunca perdia oportunidade de assistir a shows em qualquer lugar. "Fui de ônibus, o número 81, o que o pai de George costumava dirigir, embora não fosse ele naquela noite", recorda Bramwell. "No deque superior, a caminho do show, George estava com a guitarra dele no estojo. Perguntei: me deixa carregar a sua guitarra? Daí eu consigo entrar de graça."

O íntimo grupo de fãs dos Beatles também incluía Rory, o irmão caçula de Pete Best, e o amigo dele, Neil Aspinall, contador estagiário da companhia de seguros Prudential que alugava um quarto na casa dos Best. Embora na turma um ano mais velha, Aspinall foi contemporâneo de George no Inny, e muitas vezes se encontravam no recreio, de igual para igual, no ambiente insalubre do Cantinho dos Fumantes.

As 1.500 pessoas que lotavam o salão estavam ali para dançar o moderno "shake" ou o antiquado "jive", ao som de três bandas renomadas: The Deltones, The Delrenas e The Searchers. Bob Wooler incluiu de última hora "The Beatles – direto de Hamburgo". Assim, foram considerados um grupo alemão que nem sabia o quanto o nome deles soava absurdo aos ouvidos britânicos.

Quando as cortinas do palco se abriram, houve uma surpresa palpável e – por um brevíssimo instante – decepção. Ali não estava a esperada linha de frente imitando os Shadows, de Cliff Richard, fazendo sofisticadas dancinhas de dois passos sincronizados que, até então, era o cúmulo da performance *cool*. Ali estavam vultos desafiadoramente assimétricos, todos vestidos de preto como seus amigos existencialistas de Hamburgo, mas sem nada do asseio ou da elegância habitual da cor preta, lançando-se em "Long Tall Sally" de Little Richard com o espírito de *mach schau* que neles já tinha se tornado uma segunda natureza.

Conforme a história oficial dos Beatles, o público atordoado criou espontaneamente o primeiro surto da Beatlemania. Conforme o baixista temporário, Chas Newby, a resposta foi menos extrema, mas não menos extraordinária. "Todo mundo simplesmente parou de dançar para os assistir. Foi a primeira vez que eu vi uma plateia fazer algo parecido. Alguns seguranças até pensaram que só podia estar acontecendo uma briga e saíram procurando por ela."

Mais tarde, surgiu outro "fato inédito" nos anais das bandas de Liverpool: o promotor Brian Kelly agendou shows dos Beatles para um futuro distante e colocou um guarda na porta para evitar que algum rival fizesse uma proposta melhor.

Naquela noite, eles granjearam dois seguidores destinados a serem importantes futuros aliados de George. O primeiro era Tony Bramwell. Ele carregaria a guitarra de George em tantos shows só para entrar de graça que os outros por fim disseram que ele também poderia levar a guitarra deles.

O segundo era Neil Aspinall, o inquilino da família Best. Com sua van, agora poupava George de ir aos shows a bordo do ônibus do pai. Aspinall tinha uma van surrada, com dois bancos rústicos de madeira na parte de trás. Ao preço módico de uma ou duas libras, ficava contente em levar a banda aonde fosse necessário. Após ajudá-los a descarregar os equipamentos, voltava à casa dos Best e estudava contabilidade até a hora de buscá-los.

Em janeiro de 1961, o período de Chas Newby como Beatle encerrou, quando Stu Sutcliffe enfim retornou de Hamburgo. Apesar do sentimento antigermânico por parte da mãe, sobre o qual George o havia alertado, Stu estava determinado a se casar com Astrid Kirchherr e morar em Liverpool. Ele tinha uma vaga praticamente garantida no Art College Teacher Diploma, o curso de formação de professores de artes. Nesse meio-tempo, sem querer decepcionar John, voltou a dedilhar o trambolho de seu baixo elétrico.

Os Beatles enfrentavam um problema que os Quarrymen nunca tiveram para se apresentar no clube Cavern. Mesmo após John ter dado uma palhinha de Elvis em 1957, o Cavern permanecia dedicado ao jazz tradicional, enclave dos acústicos anos 1950 que recuava e tapava os ouvidos contra o barulho elétrico emitido por todos os outros inferninhos musicais da cidade.

Com o tempo, entretanto, o proprietário, o ex-contador Ray McFall, reconheceu o declínio no público de jazz e buscou uma fonte de rendimento alternativa. Foi assim que deixou o rock'n'roll entrar no Cavern, inicialmente em doses homeopáticas, como colheradas de um remédio nauseante. As bandas que tiveram esse privilégio eram obrigadas a usar terninhos no palco. Calças jeans eram proibidas para clientes e artistas.

Quando tocaram lá no tempo dos Quarrymen, John e George aprenderam que essa postura esnobe do Cavern contrariava suas instalações: um porãozinho de tijolos à vista, com pé-direito baixo, três vãos em arco, medindo não mais que 15 x 9 metros ao todo. Sem aquecimento (ao menos do tipo mecânico), nem ar-condicionado, nem limite de lotação, nem exaustores, nem alarmes de fumaça, tampouco sistema de sprinklers ou saídas de emergência.

Nem mesmo rede de esgoto: os sanitários desaguavam numa fossa que exalava um odor onipresente. Além dos dejetos, outros cheiros se impregnavam na roupa dos frequentadores: desinfetante, mofo, excrementos de ratos, queijos armazenados no depósito do andar superior, restos de vegetais podres do Mercado das Frutas no outro lado da rua... A vários metros de distância, era possível identificar alguém recém-chegado do Cavern.

Desde a volta dos Beatles de Hamburgo, Mona Best insistia para McFall dar uma chance a eles no Cavern. Após o triunfo dos Beatles no Litherland

Town Hall, Bob Wooler – mais tarde efetivado como apresentador e DJ do Cavern – deu também o seu sincero aval. Cauteloso, McFall ainda não estava pronto para ceder aos Beatles o palco do Cavern em shows noturnos, preferindo bandas tradicionais, como os Jazzmen, de Kenny Ball, ou os Clyde Valley Stompers.

A Mathew Street, rua de paralelepípedos com armazéns vitorianos em que o clube se localizava, ficava muito perto (apenas um minuto a pé) de vias movimentadas como a North John Street e a Whitechapel. Todos os dias úteis, na hora do almoço, jovens funcionários de gabinetes e lojas se aglomeravam na área, olhando as vitrines das lojas ou comendo sanduíches nos degraus dos monumentos vitorianos, sem ter o que fazer para matar o tempo até regressarem ao trabalho. A grande sacada de McFall foi oferecer música ao vivo na hora do almoço no Cavern.

Com uma certa relutância, os Beatles ouviram a oferta para tocar nesse horário aparentemente pouco gratificante do dia por um cachê coletivo de £ 5 por apresentação. E a princípio seriam obrigados a recusar. Em seus esforços para acalmar o pai, Paul obteve um emprego como enrolador de bobinas na Massey & Coggins, onde logo mostrou potencial para ser promovido e já ganhava o promissor salário (para a época) de £ 7 por semana. Escapulir por três horas no meio do dia seria impossível.

Só havia uma maneira para John "desenrolar" Paul de seu emprego na Massey & Coggins: dar um ultimato cruel. "Seu pai ou eu". Assim, um talento incomensurável escapou de ser triturado por um emprego administrativo nas docas de Liverpool.

As instalações do Cavern para os artistas não eram melhores do que as de seus clientes. O palco, no fundo do arco central, se erguia a apenas 60 cm de altura, com iluminação rústica (ripa de madeira com lâmpadas comuns de 60 watts logo acima de suas cabeças). As poucas tomadas elétricas apresentavam risco constante por conta da água condensada que escorria pelas paredes. Atrás do palco, um único camarim comunitário com área de afinação, de onde Bob Wooler, o "Mister Big Beat", apresentava os vários artistas no sistema de som e entre um show e outro deixava rolar os discos de sua grande coleção pessoal.

Quando o Cavern lotava, como quase sempre acontecia, o calor era sufocante. Os ex-frequentadores do clube lembram com carinho como, ao descerem da rua os dezoito degraus, o calor os asfixiava como uma jiboia. Desmaios entre as meninas eram algo normal e, às vezes, até os rapazes desmaiavam. No meio da muvuca geral, a única maneira de levar as pessoas desmaiadas ao ar fresco era passá-las como feixes sobre as cabeças da plateia.

A maioria desses primeiros ouvintes dos Beatles na hora do almoço comparecia só por curiosidade, pois ainda circulavam boatos sobre a "banda alemã" no salão municipal de Litherland. "Foi um choque descobrir que eram de Liverpool como nós", lembra Debbie Greenberg, frequentadora do Cavern quando era uma estudante de 15 anos. "Ficamos encantadas com tanta energia. Diferente de outras bandas, emendavam uma canção na outra sem parar. E usavam jeans, coisa que nunca foi permitida no Cavern. Uma das coisas que mais me deixou impressionada era o quanto George aparentava ser novinho e meio perdido, com McCartney e Lennon sempre falantes e John fazendo caretas."

Os Beatles se tornaram apenas mais uma entre as muitas bandas que tocavam em rodízio nas sessões de almoço, e algumas quase rivalizavam com eles em popularidade, como Gerry and the Pacemakers (na época, "marcapasso" significava uma corrida de longa distância em vez de um coração enguiçado), com seu irrepreensível líder Gerry Marsden.

Com uma diferença: a maioria desses rivais tinham empregos das nove às cinco e raramente podiam tocar ao meio-dia. Sem essa desvantagem, os Beatles estavam sempre disponíveis para preencher lacunas repentinas na programação do Cavern. Bob Wooler não perdia o trocadilho e os apelidou de "primeira banda de *rock'n'dole* do mundo" – *dole* é uma espécie de seguro-desemprego.

O repertório do Cavern passou a incluir canções originais do caderninho escolar de John e Paul. Até agora consistiam basicamente em baladinhas do tipo "Like Dreamers Do", de Paul, mas o público exigia os clássicos mais conhecidos do rock'n'roll. Mesmo sendo uma banda em grande parte de "covers", o fato é que eles sempre conseguiam inovar e se manter imprevisíveis.

Na discoteca de Wooler, garimparam faixas de R&B americano muito atrevidas para as rádios britânicas, como "Money", de Barrett Strong, e

"Hippy Hippy Shake", de Chan Romero. Graças aos poderes de imitação de John e Paul e à capacidade de George para decifrar acordes e riffs, conseguiam replicar qualquer faixa, desde "Slow Down", de Larry Williams, até "Glad All Over", de Carl Perkins; desde "New Orleans", a vigorosa canção de chamada e resposta de Gary U. S. Bonds, até "If You Gotta Make a Fool of Somebody", de James Ray, com seu estranho riff de gaita de blues em compasso de valsa.

"A gente nunca sabia o que vinha depois", lembra-se Debbie Greenberg. "De 'Long Tall Sally' enveredavam em algo que agradaria minha mãe e meu pai, tipo 'Besame Mucho' ou 'Red Sails in the Sunset'."

Em um fato ousado em meio àquela cultura "supermacho", começaram também a entoar canções de grupos femininos negros americanos, como "Please Mister Postman", das Marvelettes, ou "Boys", das Shirelles, mantendo a letra com o ponto de vista feminino. Faziam covers de sucessos pop atuais, às vezes inclusive dos "cotonetes cantantes" que ainda dominavam as paradas. Em geral, assumia o vocal principal a acidez de John, a doçura de Paul ou a mescla agridoce dos dois, mas quando George entoava "Take Good Care of My Baby", de Bobby Vee, a plateia se fascinava com seu particular charme anasalado.

Todas as grandes bandas de Liverpool tinham fanáticas seguidoras, mas desde o início os Beatles pareciam um movimento plenamente formado. Em todos os shows da banda, as fileiras de cadeirinhas infantis no arco central ficavam repletas de penteados em forma de colmeia, saias balão e olhos com delineador preto. Esse tipo de fã muito liverpudliana apreciava, mas não reverenciava – e nem pensava em dar gritinhos ainda. As devotas de cada Beatle se agrupavam na frente de seus respectivos e imutáveis lugares no palco. Muitas chegavam com cabelos recém-lavados, cujos rolos só eram retirados momentos antes de seu queridinho entrar.

Frieda Kelly, assídua frequentadora das sessões do almoço, aos 16 anos era datilógrafa num escritório do centro financeiro. "Eu sempre vinha para o segundo show, da uma e quinze às duas e quinze", recorda ela. "No primeiro, quase sempre um deles chegava atrasado... geralmente George."

O local preferencial de Frieda era junto à parede esquerda, perto de onde George sempre ficava, com vista parcial do camarim atrás do palco. "Eu ficava uma hora em pé, mas passava rápido como cinco minutos." Em meio ao calor tropical e ao fedor multivariado, a fumaça de cigarro deixava o ar azul brilhante. "Todos os Beatles fumavam no palco", lembra Frieda. "George sempre trazia um cigarro extra atrás da orelha ou enfiado na cabeça da guitarra."

O show mesclava comédia e música. Falavam em sotaque alemão, francês ou mexicano, imitando o Ligeirinho, John dava rédeas soltas a seu repertório de caretas dementes e mãos retorcidas que, na época, parecia não ofender ninguém. O palco de 60 cm de altura não era uma barreira: ao longo de toda a apresentação, conversavam com amigos e inimigos na plateia, aceitando ou repelindo pedidos de músicas.

Era bem normal um plugue ou tomada estragar e os amplificadores morrerem. Daí, John e Paul faziam um stand-up ao estilo do *Goon Show* ou da dupla Morecambe e Wise, senão entoavam o jingle televisivo dos pãezinhos Sunblest, enquanto George reunia todos os conhecimentos elétricos obtidos como aprendiz e tentava solucionar o problema.

Em suas respectivas casas, nenhum deles havia mencionado o Cavern, mas o número de camisas encharcadas e com cheiro estranho deixadas para lavar incitou Jim McCartney, a tia Mimi e Louise Harrison a fazerem suas próprias e independentes investigações.

Quando Jim passou lá, vindo de seu local de trabalho próximo, o Liverpool Cotton Exchange, não conseguiu nem passar pela multidão que cercava Paul.

Outro dia, tia Mimi e Louise casualmente apareceram na mesma hora, bem no meio do show dos Beatles. Imediatamente, Louise começou a dançar com a mesma animação de uma fã adolescente. "Não são maravilhosos?", gritou ela acima do barulho.

"Ainda bem que alguém pensa isso", desdenhou Mimi.

Bob Wooler calcularia que, entre 1961 e 1963, quando deixaram Liverpool – já não mais como uma banda de rock'n'dole –, os Beatles tinham feito 292 shows no Cavern.

"Não éramos grande coisa naquela época", recordaria George, após se tornarem a banda mais famosa do mundo, com uma pontinha de saudades desse anonimato. "Era pura diversão."

Em dezembro do ano anterior, a porta da Reeperbahn não havia se fechado para os Beatles em definitivo. O contrato deles com o Top Ten Club ficou em suspenso. Bastava encontrarem uma forma de contornar a proibição de um ano imposta a Paul e Pete Best por supostamente tentarem atear fogo ao cinema Bambi de Bruno Koschmider ao incendiar um preservativo.

Paul escreveu ao Ministério das Relações Exteriores da Alemanha Ocidental. Com toda a lábia e diplomacia, alegou que Koschmider exagerou ao descrever uma brincadeira tola, mas inofensiva. Allan Williams enviou ofícios semelhantes ao consulado do país em Liverpool, o mesmo acontecendo com o jovem proprietário do Top Ten, Peter Eckhorn. A proibição foi suspensa com a promessa de que Paul e Pete manteriam bom comportamento, e na condição de Eckhorn reembolsar o custo de seus voos de volta para casa quando eles foram deportados.

Para George, o problema com as autoridades terminou ao completar 18 anos, em fevereiro. Agora, segundo a lei, poderia tocar na Reeperbahn a qualquer hora da noite. Assim, a banda negociou direto com Eckhorn e fechou um contrato de 13 semanas, começando em 1º de abril.

Eis que a situação de Stu Sutcliffe sofreu nova reviravolta. Contente em se afastar do rock'n'roll, prestes a iniciar o curso para se tornar Professor de Artes no Liverpool College of Art, mesmo com seu brilhante histórico na faculdade, teve sua vaga – antes praticamente garantida – recusada pelo painel de entrevistadores. Nenhuma explicação oficial foi dada, mas parece que recebeu a culpa pelo sumiço do amplificador que ele mesmo havia persuadido a faculdade a comprar aos Quarrymen quando costumavam tocar lá. Assim, para grande decepção e frustração de Stu, ele continuava empacado na função de baixista dos Beatles.

Além de serem a atração principal do Top Ten, também seriam a banda de apoio do vocalista/guitarrista Tony Sheridan, primeiro britânico a alcançar o estrelato na Reeperbahn. Anthony Esmond Sheridan McGinnity interrompeu prematuramente a carreira promissora nos primórdios do rock'n'roll britânico: fugiu ao exterior para escapar de dívidas de compras parceladas e processos por falsificação. Foi uma das inspirações para George tocando a Gretsch no show do grande Eddie Cochran, a mesma guitarra que George havia cobiçado a distância no show de Cochran no Liverpool Empire.

Em essência, Sheridan era um guitarrista rítmico, mas com um estilo ímpar de inserir acordes raros nas sequências de rock padrão. "Para mim, era sempre melhor tocar um E7 [Mi maior com sétima] do que um E [Mi maior]", recordou mais tarde. "[Eu achava que] George era o Beatle mais interessante, pois me fazia lembrar de mim mesmo naquela idade. Vivia questionando: 'Como é que você faz isso? De onde vem esse acorde engraçado?', exatamente como eu indagava a Eddie Cochran. Vez ou outra, na música dos Beatles, a gente escuta um desses acordes que George aprendeu em St. Pauli. Pegue o início de 'Come Together'... aquele acorde é *meu*, cara."

No Top Ten, a diversão superava muito a do Kaiserkeller. Às terças-feiras, havia a noite de calouros. Os Beatles descansavam de *mach schau* para curtir o espetáculo de clientes bêbados tentando imitá-los. "Conheciam os fonemas, mas não entendiam as palavras", relembra George. "Em especial, algo como 'Tutti Frutti'. Nessa época ainda tocávamos discos mais recentes, como 'Shakin' All Over', de Johnny Kidd and the Pirates, mas a galera confundiu com 'send him to Hanover', o equivalente alemão a mandar alguém a Coventry."

Os beliches no alojamento acima do clube estavam longe de ser luxuosos. A diferença é que os banheiros do clube tinham uma atendente, Rosa, senhorinha que, além de manter o local com sabonete e toalhas limpas, distribuía drops de benzedrina em um enorme pote de doces. Ex-campeão de boxe na categoria peso-pena, Horst Fascher, o chefe da segurança de Peter Eckhorn, que certa vez matou acidentalmente um marinheiro numa briga de rua, era o responsável por evitar quaisquer represálias de Bruno Koschmider.

Nessa temporada, descobriram uma substância nova para mantê-los animados nas madrugadas insanas de neon, usada por marujos e outros trabalhadores. O Preludin, comprimido de emagrecimento com alto teor de anfetaminas, acelerava a taxa metabólica do corpo, mas também deixava a boca seca e aumentava a sede por cerveja. Misturados com álcool, criavam a efervescência de uma dúzia de pastilhas de Sonrisal. "Ficávamos espumando pela boca lá no palco", contaria George. "Pisando forte e espumejando. Eu me lembro de ficar deitado na cama [mais tarde], suando e pensando: 'Por que não consigo dormir?'"

Suas lembranças de John chapado com essa mistura de "prellies" com cerveja soam quase como as de uma criança com pai abusivo. "Ele chegava de madrugada reclamando e eu ali deitado, fingindo dormir, torcendo para ele não me notar."

Por sua vez, John recordaria de George como um personagem bem menos tímido. "A gente não tinha tempo para comer, então comíamos no palco. Uma vez, George tacou um prato de comida em cima de mim... Briguinha por motivo besta... basicamente porque estávamos cansados, irritadiços e com sobrecarga de trabalho. Falei que ia quebrar a cara dele... mas ficou nisso. E uma vez joguei meu prato de comida em George. A única violência entre nós foi essa." Como se verificou, não ficou só nisso.

Mas mesmo esse outro – e mais agressivo – George fez questão de evitar o episódio mais obscuro de todas as temporadas dos Beatles na Reeperbahn. Os cinco gastavam o salário semanal, equivalente a cerca de £ 20, em bebidas. A falta de grana era crônica, por isso John propôs que deveriam "limpar" um marinheiro, afastando-o do Kaiserkeller com a promessa de um bar melhor na esquina para então agredi-lo e roubar sua carteira.

Pete Best, o único durão genuíno da banda, foi persuadido a deixar sua namorada stripper pela primeira vez e participar do serviço, mas nem George nem Paul quiseram ter nada a ver com isso. Só que John e Pete deram com os burros n'água. A vítima escolhida por eles, menos bêbada do que aparentava, sacou uma pistola de gás lacrimogêneo e pôs os dois supostos assaltantes em fuga imediata.

Os existencialistas migraram em bloco do Kaiserkeller ao Top Ten, com a abelha rainha, Astrid Kirchherr, "eufórica" com a volta de Stu ("made up", na gíria de Liverpool que ela já havia incorporado).

Naquela época, muitos jovens remodelavam as namoradas para se adequarem às suas fantasias, mas com Astrid e Stu aconteceu o contrário: a bela loira com ar de menino transformou o delicado escocês numa imagem espelhada de si mesma. Antes de se dedicar à fotografia, ela estudou design de moda. Fez para ele um casaco e uma calça de couro preto e Stu ficou com o visual igual ao dela, namorados que mais pareciam irmãos siameses.

John, Paul e George adoraram o look, traje perfeito para uma Reeperbahn que não dormia. O tipo de roupa que podiam usar no palco e fora dele, uma roupa que absorvia suor, respingos de cerveja e outras manchas sem deixar vestígios e não precisavam tirar nem para dormir. Mandaram fazer trajes semelhantes, um pouco mais simples, em um alfaiate local. Como acessório, adotaram botas de caubói com detalhes em alto-relevo e boinas cor-de-rosa em homenagem aos Blue Caps de Gene Vincent. A famosa foto deles enfileirados como caubóis urbanos em um terraço anônimo é a primeira que mostra George em igualdade com os outros dois, em vez de só um pirralho acompanhante.

Não se apressaram tanto para copiar a próxima criação de Astrid para Stu: o casaco de botões altos, sem lapela e gola redonda, inspirado na recente coleção parisiense de Pierre Cardin. É que, aos olhos dos jovens liverpudlianos, aquilo se parecia com a parte superior do conjunto de jaqueta e saia de tweed que as idosas adoravam usar. "Pegou emprestado o conjuntinho da mamãe de novo, Stu?", caçoavam John e Paul, sem suspeitar que em breve também embarcariam na modinha das golas rulês.

A maioria dos existencialistas homens usava o cabelo em cunha na testa e supercomprido nas laterais, corte conhecido em toda a Europa como "estilo francês". Quando Klaus Voormann namorava Astrid, ela cortava assim a juba leonina dele, principalmente para esconder as orelhas de abano. Stu insistiu para que Astrid fizesse o mesmo por ele, então uma noite ela desfez o cocar Teddy Boy do namorado e o transformou num colbaque com a franja caindo nos olhos.

John e Paul ainda não estavam prontos para sacrificar o estilo presenteado por Elvis, estilo cuidado com amor e defendido com unhas e dentes. Apenas o "docinho George", como Astrid o tratava, teve coragem de seguir Stu e entregar as madeixas à tesoura dela.

A renovada personalidade de Stu ajudou a restaurar a autoconfiança e o impulso criativo que Liverpool havia esmagado: começou a frequentar aulas de desenho na grande – e maravilhosamente equipada – faculdade de artes de Hamburgo. Por acaso do destino, um de seus tutores foi Eduardo Paolozzi, escultor italiano com sangue escocês e obra elogiada por ninguém menos que Giacometti e Braque. Paolozzi ficou tão impressionado com o talento de Stu que o colocou numa turma escolhida a dedo e inclusive lhe garantiu uma bolsa de estudos concedida pelo conselho municipal de Hamburgo.

E o inevitável aconteceu: o crescente envolvimento de Stu nas aulas de Paolozzi afetou seu compromisso com os Beatles; ele começou a tocar com desleixo e muitas vezes chegava atrasado nos ensaios ou nem aparecia. Essa postura indignava o eficientíssimo Paul, mas John relevava tudo pelo toque vanguardista que o cabelo e o traje de couro inovadores trouxeram à banda. E que ninguém ousasse falar uma palavra contra ele.

A atmosfera da temporada no Top Ten era civilizada o suficiente para que John e Paul convidassem as namoradas, Cynthia Powell e Dot Rhone, para uma visitinha em Hamburgo. Paul e Dot ficaram numa casa flutuante no rio Elba, usada como refúgio por vários músicos, incluindo Tony Sheridan; Cynthia se hospedou na casa de Astrid, mas por várias noites compartilhou heroicamente o beliche de John no Top Ten. George ocupava a cama inferior do mesmo beliche, então sempre escutava o casal fazendo amor, assim como John teve que ouvi-lo perdendo a virgindade no Bambi Kino.

Nessa visita das namoradas, que durou uma semana, o ressentimento de Paul por Stu transbordou. Uma noite, quando tocavam com Tony Sheridan, Paul fez uma piadinha sarcástica sobre Astrid. Stu, em geral inofensivo e moderado, partiu para cima de Paul. A agressão física não causou mágoa duradoura entre os dois, mas alertou Stu sobre o quão insustentável havia se tornado a presença dele nos Beatles. Pouco depois, ele saiu da banda, mas continuou dedicado aos interesses deles e amigo de todos, quase tanto de George quanto de John.

Na discussão sobre quem seria o novo baixista no lugar de Stu, George se posicionou com firmeza rara: não deveriam recrutar um quinto Beatle. Como nem ele nem John queriam assumir o baixo, por eliminação, a tarefa coube a Paul. Stu emprestou a Paul o Höfner President enquanto ele não encontrava um baixo próprio. A situação perdurou até o dia em que Paul adquiriu o seu baixo Höfner em formato de violino, espécie de Stradivarius alemão com pescoço de girafa, o baixo que se tornaria sua marca registrada.

A banda decidiu não pagar a Allan Williams sua comissão habitual pelo trabalho de agenciamento, já que eles próprios haviam negociado a temporada no Top Ten. Um modo mesquinho de tratar um homem que, à sua maneira caótica, fez mais do que qualquer outro para catapultá-los à posição em que estavam. Mas as censuras e ameaças de Williams de colocá-los na lista de proscritos de Liverpool não os preocupavam: afinal de contas, o horizonte acenava com um novo salto na carreira.

Graças aos shows dele com e sem os Beatles, recentemente Tony Sheridan havia assinado um contrato com a gravadora alemã Polydor. O produtor escalado seria Bert Kaempfert, líder de orquestra e compositor de renome internacional. No ano anterior, "Wonderland By Night", faixa instrumental composta por Bert, havia alcançado o número um na parada de singles dos EUA. Sheridan pediu aos Beatles que espelhassem seu papel no Top Ten e atuassem como banda de apoio em sua primeira sessão de gravação na Polydor.

Isso ocorreu em 22 e 23 de junho de 1961, mas infelizmente as gravações não ocorreram em um estúdio adequado, e sim no salão nobre de uma escola infantil de Hamburgo, com equipamentos trazidos em um caminhão. Os Beatles também não foram creditados com o nome verdadeiro, pois Bert Kaempfert considerou a sonoridade muito semelhante a *Peedles*, gíria alemã para os pintos dos garotinhos. Por isso, foram rebatizados de Beat Brothers.

Apesar de sua experiência, Kaempfert tinha pouca ideia de como produzir rock'n'roll e pensava que só um material bem simples em língua inglesa seria compreendido pelos compradores de discos da Alemanha Ocidental. Duas das cinco faixas que tocaram com Tony Sheridan – e nas quais o produtor claramente tinha maior fé – foram as cantigas típicas de um porão de cerveja, "When the Saints Go Marching In" e "My Bonnie Lies Over The Ocean", configuradas com o mesmo anônimo – e estimulante – ritmo da Reeperbahn.

Mas aquele talento bruto e fervilhante não passou despercebido sob o nariz do compositor de "Wonderland By Night". No finzinho da sessão, Kaempfert permitiu que os Beatles gravassem dois números como eles próprios: o clássico do jazz "Ain't She Sweet", com John no vocal principal, e a instrumental "Beatle Bop", agora rebatizada de "Cry For a Shadow", alfinetada à banda de apoio de Cliff Richard, por quem ninguém mais tinha motivos para chorar.

"Cry For a Shadow" veio com crédito conjunto a George e John, mas não havia dúvidas sobre a autoria do riff da guitarra solo, plangente de um jeito brincalhão, prenunciando a ternura de "My Sweet Lord", uma década depois. Apesar do caderno repleto de canções de Lennon-McCartney, a primeira faixa original gravada pelos Beatles foi de George.

A segunda volta ao lar – vindos de Hamburgo, dessa vez não à força – foi bem diferente da primeira. Durante a ausência deles, Bill Harry, colega de John na faculdade de Artes, lançou a revista quinzenal *Mersey Beat* para fazer a cobertura de um cenário musical que Harry – com exatidão – equiparou ao da "Nova Orleans na virada do século". Descobriram que já tinham sido estampados na manchete da edição de 20 de julho, pelo acordo de um ano no qual colocariam seus nomes como músicos de apoio de Bert Kaempfert sendo inflado para "BEATLES ASSINAM CONTRATO DE GRAVAÇÃO". Embora Harry conscienciosamente acompanhasse a carreira de dezenas de outras bandas de Liverpool, não restavam dúvidas sobre sua primordial lealdade. Os Beatles eram figurinhas carimbadas nas edições do *Mersey Beat*, ora com eles ganhando um elogio do DJ Bob Wooler, ora com John escrevendo um artigo maluco sobre as "duvidosas origens" da banda, ora com uma coluna de John parodiando pequenos anúncios publicitários.

Todos os quatro, agora vestidos em couro preto do pescoço aos tornozelos, se tornaram os reis incontestáveis do Cavern. Na hora do almoço e à noite, as filas de seguidores se esparramavam por toda a Mathew Street: uma extensa fila de penteados em forma de colmeia, zumbindo de excitação – mas ainda sem os gritinhos.

"Ficamos impressionadas com a mudança neles, George principalmente", conta Debbie Greenberg. "Era como se tivesse ido a Hamburgo menino e voltado um rapaz. E ainda era o único com o corte que se tornaria o corte de cabelo dos Beatles. Nunca tínhamos visto algo parecido, mas aceitamos. A música era o mais importante."

De repente, tudo o que tinham construído ao longo do ano anterior pareceu ir por água abaixo no infecto vaso sanitário do Cavern. Em 31 de outubro, John fez 21 anos e ganhou de presente uma bolada de 100 libras, hoje equivalente a 2 mil libras. Decidiu investir a grana numa viagem à Espanha com Paul, os dois pegando carona. Sem avisar George ou Pete, a dupla pegou a estrada, apesar de várias datas de shows agendadas.

Chegando à França, concordaram em deixar a Espanha e as caronas de lado: pegaram o trem com destino a Paris, onde um amigo deles, o existencialista Jürgen Vollmer, estudava fotografia. Passaram uma semana com Jürgen na Margem Esquerda, torrando a grana do aniversário de John. Jürgen usava o cabelo ao estilo francês que Astrid havia dado a Stu e George, coisa que ali na França parecia menos escandalosa, então os dois pediram para que ele cortasse o deles igual. Sem remorso, deram adeus para suas testas.

O sumiço da dupla foi a mais marcante exclusão de George até aquele momento e, dessa vez, ele não engoliu. Embora, como sempre, não tenha mostrado sinais externos de decepção ou mágoa, deixou claro que começaria a procurar vaga em outra banda.

A notícia chegou aos ouvidos de Stu Sutcliffe, em Hamburgo, de forma ligeiramente distorcida. "Ontem à noite fiquei sabendo que John e Paul foram tocar juntos em Paris", contou ele a Astrid. "Em outras palavras, [os Beatles] se separaram. Para mim é uma loucura, não consigo acreditar."

Analisando em retrospectiva, a entrada de Brian Epstein em cena não poderia ter ocorrido em um momento melhor.

8

"O MAIOR BARATO DE TODOS OS TEMPOS"

No lotado calendário de datas comemorativas dos Beatles, nenhuma é mais sagrada do que sábado, 28 de outubro de 1961. Nesse dia, um adolescente chegou ao balcão do setor de discos gerenciado por Brian Epstein na loja de produtos elétricos de sua família e perguntou se eles tinham "My Bonnie", de Tony Sheridan and the Beatles.

Na verdade, a primeira escolha de Bert Kaempfert para o single era a canção "Why?", do próprio Sheridan, com "Cry For a Shadow" no lado B, mas na última hora decidiu que era muito aventureira para o mercado doméstico. Por um triz, George não foi o primeiro Beatle a ter uma composição original lançada comercialmente.

Brian já conhecia os Beatles desde o lançamento do jornal *Mersey Beat*, de Bill Harry, em julho anterior. Desde o início, ajudou a distribuir o *Mersey Beat* em seu departamento, notando a cobertura preferencial que Harry dava aos Beatles e como a pilha de cópias do jornal sempre desaparecia num piscar de olhos. De uns tempos para cá, ele inclusive tinha passado a escrever uma coluna no jornal, com resenhas dos últimos lançamentos. Muitas vezes os textos de Brian apareciam inclusive nos mesmos números que divulgavam elogiosamente a carreira dos Beatles.

O fato de o single ter saído no selo alemão Polydor não representou um obstáculo: a política de Brian era encomendar qualquer disco solicitado, caso não tivessem em estoque. Mas o nome da banda que acompanhava Sheridan aparecia como Beat Brothers. Assim, Brian supôs que seriam alemães. Foi então que o freguês habitual da loja, o roadie não oficial de George, Tony Bramwell, esclareceu o assunto.

A primeira reação de Brian foi apenas a de um varejista zeloso que se orgulhava de oferecer "a Melhor Seleção de Discos do Norte do País". Se Liverpool tinha uma banda que realmente gravava discos, claramente seria um bom negócio estabelecer contato com eles. Só então ficou sabendo, por intermédio de Bill Harry, que a loja NEMS de sua família, na esquina da Whitechapel com a Mathew Street, ficava a menos de um quilômetro de distância do Cavern, onde essa banda costumava tocar duas vezes por dia.

Diversos livros, documentários televisivos e artigos sobre Brian Epstein abordaram amplamente o seu dilema como homem gay vulnerável numa era de homofobia selvagem – vulnerabilidade que só aumentou ao se tornar empresário dos Beatles –, culminando com sua morte misteriosa e solitária. Praticamente se esqueceram de mencionar o brilho que ele trouxe a uma função para a qual ainda não existia um livro de regras.

Aos 27 anos, o elegante vendedor de discos, com seus cabelos encaracolados e sorrisinho enigmático, era motivo de angústia e perplexidade por sua altamente respeitável família judaica. Frequentou oito escolas particulares caras sem obter uma qualificação sequer, teve uma passagem problemática no exército como soldado e nutriu ambições preocupantes de trabalhar no teatro ou na alta-costura, até que, com relutância, entrou no negócio da família e descobriu o talento para vender discos e para fazer promoções e representações musicais.

Sua ágil eficiência nos negócios durante o dia contrastava com a rotina gay que só podia viver à noite, em secreta vergonha. Afinal de contas, na Grã-Bretanha de 1961, a homossexualidade, mesmo entre partes consentidas e de modo privado, era ilegal, passível de prisão, encarada com especial aversão nas conservadoras cidades nortistas, como Liverpool. No caso de Brian, um pecado que nunca poderia ser revelado aos seus pais ortodoxos.

A primeira visita exploratória ao Cavern, em companhia de seu assistente pessoal, Alistair Taylor, ocorreu em 9 de novembro, quando os Beatles já se recuperavam dos incidentes ligados ao 21º aniversário de John. A música, o couro preto, o calor e o cheiro forte o atingiram em cheio: quatro motivos para Brian desanimar.

Bob Wooler anunciou a presença dele no sistema de som e depois o apresentou aos Beatles no bagunçado camarim atrás do palco. A única citação que sobreviveu desse encontro é a petulante pergunta de George: "A que devemos a honra de receber o sr. Epstein aqui?".

Até mesmo o mais diplomático dos quatro fez questão de não se intimidar pelo "sr. Epstein". A primeira reunião para discutir um possível contrato como empresário foi marcada na loja NEMS, após o horário de fechamento. John, George e Pete Best apareceram na hora marcada, trazendo consigo o DJ Bob Wooler, mas não Paul: minutos depois, receberam uma mensagem telefônica informando que ele ainda estava em casa, "tomando banho".

"Vai chegar muito atrasado", disse Brian, irritado com essa atitude casual, assim, logo de cara.

"Mas bem limpinho", tentou descontrair George, porém sem muito sucesso.

A irritação do sr. Epstein só se dissipou com a presença dos quatro. Tudo transcorreu com uma simplicidade surpreendente. Paul perguntou se deveriam mudar o estilo musical de alguma forma e recebeu garantias de que não. "Tá legal, Brian", disse John, "seja o nosso empresário". Um pouco antes, George não havia perdido a oportunidade de fazer um gracejo. Mas agora concordou inquestionavelmente com os outros.

Os pais de Brian se horrorizaram com o envolvimento dele com um grupo pop imundo, mas se consolaram com a ideia de que logo se cansaria daquilo, como no passado já havia se cansado de ser ator ou de desenhar modelitos. O pai dele permitiu que ele criasse uma empresa de gestão chamada NEMS Enterprises, em parceria com o irmão caçula, Clive, desde que não se afastasse do varejo de discos por mais que dois dias e meio por semana.

Como todos os Beatles – exceto John – tinham menos de 21 anos, os pais dos outros tiveram que dar seu aval na assinatura do contrato. Jim McCartney, Harold e Louise Harrison e até mesmo a combativa Mimi, a tia de John, extremamente impressionados com o status social, o sotaque bem-educado e a óbvia riqueza de Brian, não colocaram dificuldades em seu caminho.

Também não criaram problemas as duas pessoas que poderiam legitimamente alegar terem sido empresários dos Beatles, em momentos distintos, ao longo dos três anos anteriores. Allan Williams, embora ainda furioso com o não pagamento da comissão do clube Top Ten, cedeu-os voluntariamente a Brian sem qualquer compensação financeira, mas não sem antes aconselhar: "Brian, os Beatles não são flor que se cheire" (ganhando assim a aura imortal de ser "O homem que abriu mão dos Beatles").

Brian esperava uma resistência mais ferrenha de Mona Best, a dona do Casbah, clube que os salvou da extinção em 1959, praticamente se tornando a única fonte de renda e incentivo naqueles meses de vacas magras. Mas a sra. Best também recuou em prol dos benefícios que, ela acreditava, agora seriam concedidos a Pete.

Com digna humildade, Brian embarcou em sua nova carreira, reconhecendo o quanto precisava da ajuda de pessoas mais próximas dos Beatles, em quem eles já confiavam. Portanto, nomeou como primeiros funcionários da NEMS Enterprises a pequena comitiva que se formou em torno deles após o show no salão municipal de Litherland. Neil Aspinall desistiu da carreira de contador para se tornar motorista em tempo integral; Tony Bramwell trocou o futuro promissor como desenhista na Ford Motor Company para ser oficializado como roadie e carregador de guitarras; Frieda Kelly, a principal fã do Cavern, virou secretária de Brian e, em pouco tempo, organizadora do fã-clube.

Também reconhecia sua inexperiência no cenário musical de Liverpool e que enfrentaria preconceitos por usar ternos sob medida e falar com "sotaque da BBC" ao negociar com os promotores de bailes, principais empregadores dos Beatles afora o Cavern. Por isso, recorreu ao auxílio de Joe Flannery, moço alto, de fala mansa, outro gay necessariamente camuflado de Liverpool, com quem, anos antes, tivera seu único relacionamento estável.

Atualmente, o próprio Flannery atuava como empresário de um grupo de rock local, Lee Curtis and the All Stars, liderado por seu irmão mais novo. Ainda profundamente apaixonado por Brian, ele concordou em se tornar um parceiro silencioso na hora de agendar as datas dos Beatles.

Logo apelidado de "Flo Jannery" por John, acabou se tornando mais um tiozão do que um consultor de bastidores. É ele quem conta:

"Após o último show da noite, eles vinham à minha casa na Gardner Road. Eu preparava torradinhas com feijão ou com queijo para eles. Depois eles dormiam ali mesmo na minha sala. Observei que até mesmo nisso reinava uma hierarquia: John sempre ficava no sofá, Paul juntava as duas poltronas. George não sentia tanto sono quanto os outros, então eu o levava para passear em meu carro e dava aulas de direção. Ele me contou que estava preocupado com o fato de Brian ser da alta sociedade. E se um dia fosse almoçar ou jantar, será que Brian não ia se decepcionar se ele não soubesse qual garfo pegar primeiro?"

Brian passou a gerenciar os Beatles com a mesma eficiência burocrática e talento visual com que administrava seu departamento de discos. Mesmo se fosse com o mais baixo dos cachês, antes do show recebiam instruções minuciosas, datilografadas em papel timbrado, com os dados do *promoter*, local e horários de início e término. Chegando ao salão municipal da remota Cheshire, encontravam o recinto forrado de cartazes, projetados pessoalmente por Brian, hiperbólicos e ao mesmo tempo de bom gosto.

Com frequência, observou Frieda Kelly, era como tentar controlar cachorrinhos que se recusavam a aprender o lugar certo de fazer as necessidades. "Um dia, Ray McFall me telefonou do Cavern e avisou que apenas três Beatles tinham aparecido. Gerry Marsden foi cantar com eles e subiu em um caixote de laranjas, para não ter que regular o microfone para a altura dele."

Naquela cidade homofóbica, naturalmente corriam boatos à boca nem tão pequena, pelas costas de Brian, de que todo esse tempo e dinheiro que ele investia nesses quatro jovens tinha mais a ver com o fato de eles serem atraentes do que com seu potencial como músicos.

As fofocas estavam certas até certo ponto, como Joe Flannery sabia. Com sua queda por escolhas fatalmente equivocadas, Brian tinha um crush por John – ou melhor, o durão que aquele mocinho de Woolton de classe média fingia ser. E embora não houvesse heterossexualidade mais beligerante que a de John, ele deu corda a Brian, seja para obter mais vantagens para a banda, seja por capetice pura.

Paul também deixava Brian perturbado, mas de uma forma invertida: ele se sentia culpado por *não* gostar de alguém tão incrivelmente bonito. Por um breve período, ficou obcecado por Pete Best, a ponto de – como Pete alegaria mais tarde – arriscar uma investida direta ao baterista.

Ao que parece, apenas George não fez parte dessa complexa equação sexual, e se soubesse não teria se importado nem um pouco com essa forma de exclusão. Só uma vez circularam boatos sobre ele, conforme Tony Bramwell relatou em suas divertidas memórias, *Magical Mystery Tours: My Life with the Beatles*. George foi convidado a passar o dia sozinho com Brian, na casa da família Epstein, em Queens Drive, Childwall.

"Todo mundo ficou falando entre sorrisinhos: 'Hum, George ficou lá o dia inteiro, o que será que ficaram fazendo?'", narra Bramwell. "George sempre aparentou ser quieto e tranquilo, mas tinha um gênio forte. [...] Rosnou que ele e Brian só tinham conversado e não quis mais tocar no assunto."

É fácil nos esquecermos: Brian era apenas seis anos mais velho do que John, mas, em 1961, ter 27 anos era praticamente como estar na meia-idade. A postura dele em relação aos Beatles era mais paternal do que empresarial. Tornaram-se coletivamente substitutos para os filhos que na época um gay não poderia esperar. Sendo assim, ele poderia amá-los, de modo seguro, sem culpas.

Embora o termo já fosse um tanto inadequado, ele sempre se referia a eles apenas como "os meninos".

E a maneira de Brian provar o seu valor a seus meninos, mesmo antes de assinar o contrato com eles, era obter um contrato com uma gravadora. Essa questão, a princípio, parecia simples, graças à importância da NEMS no varejo de discos no Noroeste.

Dos logotipos expostos em seu setor, escolheu a Decca, a maior e mais conhecida gravadora britânica, cujo amplo catálogo incluía grandes nomes pop como Tommy Steele, Bill Haley and the Comets, Buddy Holly, Little Richard, os Everly Brothers e Duane Eddy, além de eternos clássicos como Louis Armstrong, Bing Crosby, Sammy Davis Jr., Billie Holiday e a Glenn Miller Orchestra.

Levando em conta a incisiva recomendação de seu setor comercial, a Decca concordou em conferir os Beatles, enviando o jovem produtor Mike Smith aos confins de Merseyside para assisti-los ao vivo no Cavern. O relatório de Smith foi positivo, e um teste formal foi agendado nos estúdios da Decca, em Londres, em 1º de janeiro de 1962.

Para cumprir o horário marcado, às 10h, foi preciso viajar no dia anterior, sob a gélida nevasca. Mesmo devotado aos meninos, Brian preferiu evitar a van sem aquecimento de Neil Aspinall: viajou separado, num compartimento de trem na Primeira Classe.

Era a primeira vez que Neil ia a Londres dirigindo. Ao longo do caminho, se perdeu várias vezes. A jornada de cinco horas durou mais de dez. Só tarde da noite chegaram ao hotelzinho em King's Cross, com as festas do Ano-Novo na capital já bem avançadas.

Brian foi passar a noite com a tia dele, em Hampstead, então só se encontraria com eles na manhã seguinte. Começaram o Ano-Novo que revolucionaria suas vidas perambulando pelas ruas tumultuadas do West End, tiritando de frio em seus frágeis sobretudos em busca de uma refeição que pudessem pagar. Uma imagem ficou marcada nas lembranças de George: a de ter visto, pela primeira vez na vida, botas com elástico nas laterais e saltos cubanos – as futuras "botas dos Beatles" – na vitrine da Anello & Davide, loja especializada em sapatos de balé.

A certa altura, dois homens os abordaram oferecendo a eles um "baseado" se os deixassem "fumar" junto na traseira da van de Neil. Os liverpudlianos vazaram.

Na manhã seguinte, chegaram com Brian nos estúdios da Decca, em West Hampstead, mas a recepção não foi nada promissora. Em primeiro lugar, o produtor Mike Smith se atrasou e veio com olhos de ressaca; em seguida, rejeitou os amplificadores da banda e os obrigou a usar os do próprio estúdio.

Começaram com o pé esquerdo, mas em seguida gravaram 15 faixas que demonstraram toda a sua versatilidade, de R&B ao pop, passando pelo country jazz e vaudeville, até melodias de espetáculos da Broadway – e, numa ousada iniciativa, três originais de Lennon-McCartney. George teve uma boa participação como vocalista principal em "Crying, Waiting, Hoping", de

Buddy Holly, "Take Good Care of My Baby" e uma versão cômica de "The Sheik of Araby", esquete de 1921 inspirado em Rudolf Valentino.

E o problema foi justamente este: eram versáteis até demais. Os produtores de discos pop queriam um "grupo beat", com simples clangores e dedilhados; em vez de terem um cantor líder, eram polifônicos, em vez de carrancudos, eram divertidos. Era como se o jovem Picasso se candidatasse a um emprego de letrista de cartazes.

A Decca então rejeitou os Beatles, porque teriam soado "muito parecidos com os Shadows" – única coisa que *não* soaram, já que "Cry For a Shadow" não foi incluída – e porque, conforme vaticinaram com ar muito sério, "grupos com guitarras estão em vias de extinção".

Brian fez das tripas coração para apelar do veredicto, mas a perspectiva de ofender o varejista mais importante do Noroeste não amaciou os corações do pessoal da Decca. A sua frase derradeira, recebida entre sorrisos constrangidos, foi que um dia os seus meninos seriam "maiores do que Elvis".

Ele havia prometido não interferir na música deles, mas estava dentro de suas prerrogativas suavizar a imagem de roqueiros anárquicos que obviamente contribuiu para o "não" da Decca. A maneira como os convenceu foi paradoxal: levou-os a um show dos Shadows no Liverpool Empire. A única fórmula possível para o sucesso: sorrisos polidos e enfáticas reverências sincronizadas.

Uma enquete recente entre os leitores do *Mersey Beat* havia elegido os Beatles (numa votação vergonhosamente fraudada) a principal banda de Liverpool, nos trajes de couro preto que praticamente não tiraram nos seis meses anteriores. Agora Brian disse que o couro seria substituído por quatro terninhos iguais, com camisas e gravatas combinando, ao estilo Shadows.

John resistiu bravamente ao que considerou "vender a alma". "A briga foi intensa. Brian e Paul de um lado, eu e George do outro", recordaria ele. "Para mostrar minha pequena rebeldia, eu afrouxava a gravata e desabotoava o botão de cima da camisa, mas Paul se aproximava de mim e corrigia. Eu tentava fazer a cabeça de George para se rebelar comigo. Eu dizia: 'Olha só, a gente não precisa desses malditos ternos. Vamos jogá-los pela janela.'"

Como aponta Tony Bramwell, os ternos em questão não eram "ordinários e chamativos como o que as outras bandas usavam no palco", mas feitos sob medida, em "tweed cinzento de acabamento escovado", ao custo de £ 40 cada, equivalente a £ 1.500 hoje. E o Beatle com menos probabilidade de jogar essa aquisição pela janela seria George.

Aos 19 anos, agora ninguém mais o chamava de "pirralho maldito" em se tratando de moças, muito menos o seu colega de banda conhecido na cidade como "Romeu menino".

Paul namorava Iris, a primeira namorada de George e dinâmica irmã caçula de Rory Storm, que mais tarde se tornou trapezista (ou "aerialista", como ela preferia) e dançarina. Mas George sempre nutriu esperanças de retomar o namoro de infância. "Quando Paul e eu tínhamos uma briguinha", lembra Iris, "George vinha rápido como um raio".

Então Paul marcou um encontro com uma linda loirinha, a cabeleireira Bernardette Farrell, assídua frequentadora da sessão de almoço no Cavern, sempre com a melhor amiga, Joan Griffiths. As duas se sentavam logo abaixo do microfone compartilhado por Paul e George. "Um deles sempre fazia ritmo com a ponta do pé e o outro com o calcanhar; não me lembro de quem fazia o quê."

Bernardette e Paul foram ao cinema, onde ela tentou, sem sucesso, colocar os óculos para ver a tela sem que ele percebesse. Em seguida, Paul a levou para conhecer "Stormsville", a casa que a mãe de Rory, Vi, rebatizou em homenagem ao filho, onde seus colegas músicos eram bem-vindos a qualquer hora.

"George estava lá. Quando Paul foi à cozinha fazer alguma coisa, ele começou a conversar comigo", recorda Bernardette. "Mais tarde, quando todos saímos, tinha nevado, e o solo estava superescorregadio. De repente, George veio por trás de mim e me ergueu nos braços. Foi um tombo e tanto, nós dois caímos de costas. Paul ficou nos olhando como se fôssemos duas crianças. No dia seguinte, George deixou um bilhete na porta da minha casa com seu número de telefone, pedindo que eu ligasse para ele."

Bernardette descreve o relacionamento deles como "apenas um pouco mais do que platônico, mas nada muito sério. Difícil combinar um encontro como manda o figurino, porque em geral ele tocava em algum lugar à noite. Andava muito orgulhoso de seu primeiro carro, um Ford Anglia azul, recém-comprado. Um dia desses, encontrei em um velho diário a anotação que fiz quando ele me deu uma carona do Cavern até o meu ponto de ônibus. Ainda me lembro da placa do carro, 395 MPF.

"A gente ia bastante ao cinema, programa que eu curtia porque a minha mãe foi a primeira mulher a ser gerente de cinema em Liverpool. E também a outros clubes, tipo Odd Spot e Blue Angel. Ele gostava dos artistas mais antiquados do Cabaret Club, como Tessie O'Shea, mulher corpulenta que cantava e tocava uquelele. Mas sempre ficava muito constrangido se alguém o reconhecia; mesmo se fosse no cinema, ele baixava a cabeça e chispava dali."

Anos mais tarde, Brian descreveria seus esforços para atrair o interesse de outra gravadora nacional pelos Beatles como um trabalho digno de Hércules: como, mês após mês, ele viajava a Londres para mostrar a fita do teste que havia comprado da Decca; como os sabe-tudo e arrogantes executivos da metrópole ridicularizavam a ideia de um grupo de Liverpool se tornar "maior do que Elvis" e o aconselhavam a se limitar a vender discos; como sempre era recebido no desembarque do trem, na estação da Lime Street, por quatro rostos esperançosos e era obrigado a desapontá-los mais uma vez.

A maioria das pessoas teria desistido ao sofrer tanta rejeição e tanto menosprezo. Mas, três semanas após a recusa formal da Decca, Brian foi recebido por George Martin, o chefe da pequena gravadora Parlophone, da organização EMI.

Aos 36 anos, porte cavalheiresco e sotaque refinado, Martin não fazia o estilo pop e remetia mais à música clássica. Mesclava também o talento de um músico com formação tradicional com a de produtor de álbuns de comédia, muitas vezes com público ao vivo.

Embora intrigado com muitas das canções selecionadas na fita da Decca (em especial, "Your Feet's Too Big",* de Fats Waller), Martin reconheceu

* Apesar de não haver nenhum registro histórico, até esse momento, da gravação dessa música na audição de primeiro de janeiro de 1962 no estúdio da Decca, o produtor George Martin mencionou ter ouvido essa gravação apresentada a ele por Brian Epstein. (N. de R.T.)

que poderia haver "alguma coisa" ali e concordou em fazer um teste com os Beatles, mas sem definir uma data.

A chegada de Brian não havia cortado o vínculo deles com Hamburgo – na verdade, a atividade mais lucrativa da banda no momento. Em 13 de abril de 1962, inaugurariam a nova e suprema atração de St. Pauli, o Star-Club. Brian anunciou a viagem como "turnê europeia". Além disso, para deixar impressionados os leitores do *Mersey Beat*, a viagem seria de avião, o primeiro voo de George.

De modo deveras apropriado, no último minuto, ele contraiu rubéola – segundo Bernardette Farrell, pegou dela – e só partiu junto com Brian, um dia depois dos outros três. Esperando a chamada para embarque no Aeroporto Ringway de Manchester, eles se encontraram com Millie, a mãe de Stu Sutcliffe. Ela contou que o filho dela havia morrido de hemorragia cerebral. Estava a caminho de Hamburgo para identificar o corpo.

A catástrofe seria sempre atribuída aos últimos dias de Stu como Beatle relutante em Liverpool. Um ano antes, na saída de um show no Lathom Hall, local infame por sua violência, foi cercado por uma gangue de Teddy Boys e – conforme relatou mais tarde à mãe dele – derrubado no chão e agredido a pontapés na cabeça. A surra só foi interrompida quando John chegou em seu socorro, enfrentando os Teds com tanta ferocidade que até quebrou um dos mindinhos. Desde esse incidente, Stu começou a sofrer desmaios e fortes dores de cabeça, supostamente devido aos chutes que sofrera, mas se recusou a atender aos pedidos de Astrid para procurar ajuda médica. Quando fez isso, já era tarde demais.

Porém, anos depois, Pete Best e Neil Aspinall, testemunhas do ataque no Lathom Hall, afirmariam que a agressão não tinha sido tão grave e que o pior machucado foi a fratura no mindinho de John.

John e Stu eram amigos de verdade, mas George também tinha com ele uma amizade sincera e duradoura. No último Natal, na que seria a última visita de Stu a Liverpool, os dois passaram um tempo na casa de George, momento entre eles do qual, pela primeira vez, John e Paul não participaram. "Houve algo muito afetuoso em seu retorno", lembrou George, "e, em retrospectiva, acredito que ele estava concluindo alguma coisa".

Mais tarde, a noiva de Stu, Astrid Kirchherr, diria que as duas pessoas mais bondosas com ela nesse momento mais sombrio da vida dela tinham sido John e George. John pediu para ver o estúdio no sótão da casa da família dela, onde Stu vinha pintando telas incríveis quase até o fim. George também foi, e a fotógrafa Astrid não resistiu e registrou o momento.

"John ficou ali, sentado na cadeira, emocionado por estar no mesmo quarto onde seu amigo esteve pintando. Quase caiu no choro", recordou ela. "George começou a ficar apreensivo, então pedi: 'Só fica ali, atrás dele'. John estava desmoronando ali, e você olha para a foto e percebe no olhar de George esse sentimento de proteção em relação a John."

O Star-Club, a mais ampla e mais luxuosa sala de música em St. Pauli, tinha capacidade para 2.000 pessoas, poltronas reclináveis, como as dos cinemas, e bares que pareciam se estender até o infinito, cercados por uma selva de lâmpadas tubulares contemporâneas. A música quase nunca parava: os Beatles revezavam com Tony Sheridan, o pianista Roy Young, o "Little Richard britânico", e Tex Roburg and the Playboys.

O novo empregador deles, Manfred Weissleder, era o maior gestor de clubes de strip-tease da Reeperbahn e seu habitante mais temido. Loiro e corpulento, espécie de vilão de James Bond antes de seu tempo, Weissleder mantinha suas boates estranhamente imunes a esquemas de extorsão e outros problemas operacionais que afetavam outros estabelecimentos. Corria o boato de que ele tinha ligações perigosas com a máfia de Hamburgo. Por sua vez, ele identificava os músicos que estavam sob sua proteção e na folha de pagamento com pequenos distintivos em forma de estrela na lapela. Se um assaltante ou valentão oportunista se deparasse com a estrelinha, debandava apressadamente.

Os Beatles também contavam com a proteção adicional de Horst Fascher, agora gerente do clube, o mesmo que já conheciam atuando como chefe da segurança nos clubes Kaiserkeller e Top Ten – e que havia pago a Brian uma propina substancial para que desistissem da temporada como banda residente no Top Ten de Peter Eckhorn.

Essa segurança extra foi necessária porque John, como forma de reagir à morte de Stu Sutcliffe – e sem Brian por perto para impor seus novos códigos de comportamento – mostrava na Reeperbahn um comportamento cada vez mais insano. E não só no palco, durante o *mach schau*, cantando com o assento de madeira do sanitário em volta do pescoço, mas no mundo bem menos tolerante lá fora.

Um dia, ao amanhecer, faziam seu tradicional passeio pós-show no mercado de peixe e carnes de Hamburgo, quando ele convenceu os outros a comprar um leitão vivo para esconder na cama de um colega músico. A multidão indignada os acusou de crueldade contra os animais, a polícia foi acionada, e todos acabaram detidos até Weissleder enviar Horst Fascher para liberá-los à base de suborno.

O Star-Club ficava na Grosse Freiheit, e os Beatles se hospedaram num apartamento próximo, que logo reduziram a uma esqualidez que fazia o Bambi Kino de Bruno Koschmider parecer um hotel cinco estrelas. Um dia, George chegou bêbado e regurgitou no chão, ao lado da cama dele, e o vômito simplesmente ficou ali, decorado com palitinhos de fósforo e batizado de "O troço". Os visitantes nauseados indagavam o que era aquilo, e John respondia: "O nosso ouriço de estimação".

Domingo de manhã, quase sempre, uma festa pós-show começava no apartamento bem na hora em que os moradores mais religiosos da Freiheit rumavam à missa na St. Joseph's Church, a igreja do bairro. Com um único banheirinho para um bando de festeiros, era comum os rapazes aliviarem a bexiga na sacada, mirando na rua lá embaixo. De acordo com Horst Fascher, o relato sobre John ter feito chover deliberadamente em cima de um grupo de freiras a caminho da igreja não é rigorosamente verdadeiro. "Ele fez isso com pessoas que não usavam hábitos, mesmo assim eram pessoas muito devotas. Se a polícia tivesse descoberto, com certeza seria preso ou deportado."

No Star-Club, Fascher inovou alternando bandas de Liverpool com estrelas pioneiras do rock'n'roll americano dos anos 1950 em eclipse nos EUA. O primeiro artista cuja estadia coincidiu com a deles foi Gene Vincent, maior ídolo da banda depois de Elvis e Buddy Holly.

Vincent ainda não havia completado 30 anos, mas aparentava estar envelhecido prematuramente. Tudo por conta do choque de se tornar uma celebridade, do rápido declínio e dos ferimentos físicos que havia enfrentado na vida. Mas ainda cantava "Be-Bop-a-Lula" com o mesmo ceceio sedutor que havia paralisado Paul e George na época do Inny, embora hoje fossem necessárias três garrafinhas de uísque Johnnie Walker antes de subir ao palco.

Visto de perto, o herói deles se revelou quase um psicopata que sempre portava uma arma carregada ("De que adianta portar se não estiver carregada?", raciocinava o cantor de "Be-Bop-a-Lula") e curtia mostrar as técnicas de combate desarmado que aprendeu na Marinha dos EUA, em especial aplicando pontos de pressão para fazer as pessoas perderem temporariamente a consciência.

Um dia, Vincent obrigou George a acompanhá-lo de táxi até o apartamento onde ele estava hospedado, entregou-lhe a arma com um peremptório "Segura isto aqui", começou a bater na porta da frente e – ainda na voz de "Be-Bop-a-Lula" – gritou: "Henri! Henri, seu maldito!".

"Ele achava que o gerente de turnês estava transando com a namorada dele", lembrou George. Pensei comigo: 'Estou fora'. Devolvi a arma a ele e dei no pé."

Enquanto isso, de novo em Londres, Brian enfim conseguiu marcar uma data para o teste dos Beatles com George Martin na Parlophone. De modo típico, enviou a eles um telegrama cujo teor jogava toda a ansiedade para cima de Martin, sem mencionar que seria apenas um teste:

PARABÉNS MENINOS EMI SOLICITA SESSÃO DE GRAVAÇÃO
POR FAVOR ENSAIEM MATERIAL NOVO

Enfim, Martin e os Beatles se encontraram no dia 6 de junho de 1962, nos estúdios da EMI, na Abbey Road, zona norte de Londres. Para o grupo, a reunião começou de forma intimidante, já que os estúdios de gravação britânicos naquela época mais pareciam laboratórios com seu silêncio à prova de som e técnicos de jaleco branco. Em especial na EMI, que cultivava a mesma e solene atmosfera da BBC, uma extrema formalidade permeava todas as sessões de estúdio; até mesmo os bateristas de jazz precisavam usar terno e gravata.

À exceção de uma pequena elite, os artistas não faziam contribuições criativas; seguiam as instruções e já se sentiam afortunados apenas por estarem lá. O produtor, popularmente chamado de gerente de Artistas e Repertório, ou A&R (invariavelmente do sexo masculino), não só escolhia o material a ser gravado e os músicos de apoio, como também decidia qual take tinha ficado melhor e os detalhes de edição e mixagem. Era Deus no céu e o produtor na Terra.

Alto, bonito, com sotaque lapidado em cristal, Martin aparentemente tinha pouco em comum com quatro nortistas pés-rapados, embora a diferença de classes entre eles fosse bem menor do que aparentava ser. Na verdade, o produtor vinha de uma família modesta do norte de Londres, mas, como muitos outros jovens de sua geração, adquiriu uma postura aristocrata durante o serviço militar em tempos de guerra. Para dar o acabamento, estudou oboé na Guildhall School of Music e trabalhou um período na Biblioteca de Música da BBC.

Começaram o dia com a velha rotina firmemente estabelecida: Martin delegou a gravação do teste dos Beatles a dois assistentes e só passou mais tarde para bater o martelo.

A partir daí, o gelo foi se quebrando, e o encanto dos Beatles foi se transformando em respeito genuíno. Ficaram impressionados com o fato de Martin ter produzido álbuns dos Goons, o insano grupo humorístico que gloriosamente marcou a adolescência deles nas rádios, bem antes do rock'n'roll. Abrindo uma exceção, Martin os convidou para ir à sala de controle e ouvir a gravação. Aproveitou para deixá-los à vontade e perguntar se não tinham gostado de algo. Nisso, George prontamente disparou, com a língua sempre afiada: "Bem, para começo de conversa, não curti sua gravata".

A frase, desde então retratada como a típica tirada liverpudliana para descontrair, na verdade foi uma grosseria gratuita, no pior momento possível. Muitos produtores à moda antiga e vaidosos teriam se ofendido e talvez até abandonado a sessão para nunca mais trabalhar com eles. Felizmente para o futuro da cultura ocidental, George Martin caiu na risada.

Naquele dia, Martin foi preparado para usar sua onipotência ao máximo. A Parlophone já havia feito algum sucesso com artistas pop, como Adam Faith, Matt Monro e Temperance Seven, mas dificilmente se comparava ao selo Columbia da EMI, no qual Cliff Richard and the Shadows empilhavam hits sem esforço. A primeira ideia que lhe veio à mente foi a de que os Beatles poderiam se tornar o seu próprio "Cliff and the Shads", com Paul como vocalista principal.

Porém, ele os avaliou com a exigência de um músico treinado e como gerente de A&R, reconhecendo instantaneamente o potencial harmônico daquelas três vozes juntas. Na mesma linha, foi o primeiro a realmente prestar atenção às composições de John e Paul.

Mas não deixou de exercer uma de suas prerrogativas como produtor. Sem papas na língua, puxou Brian para um lado e avisou que Pete Best não era um baterista com qualidade suficiente para gravar. No primeiro single dos Beatles, seja lá qual fosse, usariam um baterista profissional de estúdio.

Não solicitou a dispensa de Pete, embora isso também estivesse em sua alçada. Em shows ao vivo, Pete poderia continuar tocando com eles, situação em que ninguém jamais apontou falhas em seu estilo de tocar. Mas os outros aproveitaram essa solução simples para um problema que enfrentavam desde a primeira vez em Hamburgo; o rostinho bonito de Pete não se encaixava, e o rosto sem graça de Ringo Starr combinava perfeitamente.

Para grande parte dos seguidores dos Beatles em Liverpool, Pete era o Beatle mais popular. Dispensá-lo, em especial nesse momento, causaria veementes protestos. Mais tarde, George admitiu ter sido "um dos grandes responsáveis por incitar as coisas [contra Pete]", tendo inclusive ido visitar a mãe de Ringo para convencê-la da transferência.

Nada foi dito a Pete ao longo daquele verão. Brian preparou conscientemente o caminho para a fama: promoveu shows de astros pop de renome nacional e internacional, em Merseyside e arredores, com os Beatles tocando na segunda posição do line-up, passando a ideia de já estarem nos calcanhares dos astros principais. Entre eles, o londrino Joe Brown, cantor de "A Picture of You", hit que na época se tornou a "cover" favorita de George. "Ele também curtia as canções de Joe ao estilo *music-hall*", conta Klaus Voormann. "Do tipo 'I'm 'Enery the Eighth I Am.'"

Esses shows expandidos apresentavam uma desvantagem. Os Beatles eram cercados por uma multidão após o evento, e George precisava organizar uma fuga se não quisesse sair com os outros na van de Neil Aspinall.

"Quando os Beatles tocaram no Southport Floral Hall, ele me enviou um ingresso e me avisou para entrar em contato com sua mãe lá", recorda Bernardette Farrell [sobrenome de solteira]. "Tony Bramwell nos esperava ao volante do Ford Anglia, e a mãe dele e eu entramos no carro. O plano era Tony passar pela entrada dos fundos, onde os fãs aguardavam, então George sairia correndo e embarcaria no veículo. O tumulto foi tanto que, na hora de entrar no carro, George apertou o braço na porta."

Na edição de 23 de agosto, o *Mersey Beat* anunciou que Pete Best havia saído dos Beatles por meio de um acordo mútuo e "amigável", sendo substituído por Ringo. A essa altura, era sabido e consabido que Pete havia sido sumariamente dispensado: acovardados, seus colegas de banda pelos últimos dois anos não tinham coragem de dar a notícia pessoalmente. Delegaram a missão a Brian, que por sua vez colocou a culpa em George Martin. Para deixar Pete ainda mais humilhado, o artigo informava que os Beatles gravariam seu primeiro single pela Parlophone no dia 4 de setembro.

Ringo estreou com eles no Cavern em meio a protestos na Mathew Street contra a saída de Pete. Para piorar, uma equipe de filmagem da Granada Television, de Manchester, estava presente e realizou a única filmagem que restou deles no palco do Cavern.

O gravador de som da tevê Granada também captou involuntariamente gritos de "Pete Best é demais – Ringo jamais!", que George respondeu com um comentário sarcástico ao microfone. Na saída do palco, um tal de Bruno, fã de Pete com base em West Derby, reagiu desferindo uma cabeçada no rosto de George, resultando num espetacular olho roxo.

Por mais interessado que George Martin estivesse pelas canções originais de John e Paul, ainda não achava uma delas forte o suficiente para ser lançada como single de estreia, por uma banda desconhecida, no altamente competitivo mercado pré-natalino. Assim, ao tradicional estilo de um gerente de A&R, chamou o compositor "profissional" Mitch Murray, que trouxe a alegre baladinha "How Do You Do It?", originalmente concebida para se tornar um sucesso na voz do mais bem-sucedido cantor da Parlophone, Adam Faith.

O início da sessão de 4 de setembro, no Studio 2 da Abbey Road, foi complicado. Os Beatles odiavam "How Do You Do It?", cujo tom de Poliana, alegavam eles, os tornaria motivo de chacota em Liverpool. Diante da insistência de Martin, gravaram a demo com o mesmo espírito de industriários de Merseyside em plena "operação padrão", com George fazendo um solo de guitarra pouco inspirado.

Martin não era o tipo de produtor que cede a pressões. Mas, nesse processo, uma canção de Lennon e McCartney, gravada por eles no dia do teste, acabou sendo aprimorada o suficiente para merecer sua reconsideração. Tratava-se de "Love Me Do", composta por volta de 1959 e assinada por Paul. O principal acréscimo foi o riff e o solo da gaita de boca tocada por John, ao estilo do grande sucesso recente de Bruce Channel, "Hey Baby".

Assim, a guitarra solo de George foi preterida, com Paul e John alternando-se nos vocais principais, ou seja, George só aparece no primeiro single com um inaudível dedilhado. Mas o que importava era que o single de "Love Me Do" seria lançado em 5 de outubro, com a bem mais sutil "PS I Love You", também de Paul, no lado B.

O interesse da EMI pelo single foi ínfimo. Quando os superiores de Martin souberam que a Parlophone ia gravar um grupo chamado Beatles, presumiram que seria outro de seus discos de comédia. E alguns continuaram achando isso após escutarem o ritmo "começa e para" e o coro suavemente arrastado de "Love Me Do".

Até mesmo em Liverpool reinavam dúvidas sobre as perspectivas de vendas. Afinal, muitos dos seguidores dos Beatles no Cavern prometiam boicotar o produto. "Não queríamos que o single fizesse sucesso", recorda Debbie Greenberg, "porque se fizesse, sabíamos que os perderíamos".

Tony Barrow, recém-nomeado assessor de imprensa da NEMS Enterprises, recebeu o encargo de preparar um pequeno currículo em formato de questionário para cada Beatle, como os que artistas consagrados faziam na *New Musical Express* e na *Melody Maker*. Sob o título "Maior influência musical", George respondeu "Carl Perkins"; em "Não curte", ele respondeu "olhos roxos" (referindo-se ao olho roxo que ganhou nos protestos de apoio a Pete Best) e em "Ambição", "me aposentar com muita grana, obrigado".

O lançamento publicitário organizado por Brian superou, e muito, a estrutura normal da EMI. Uma semana após o lançamento do single, ele promoveu um evento com Little Richard e uma maratona de bandas locais. O show aconteceu no New Brighton Tower Ballroom e teve os Beatles como segundo nome mais importante no line-up, só atrás do mais ruidoso ídolo do rock'n'roll. A mensagem era claríssima: os meninos dele estavam a um passo de se tornarem lendários.

A BBC não estimulava a música pop. Assim, a Rádio Luxemburgo se firmou como a plataforma crucial de lançamento para novos singles de rock. O horário exato da estreia foi anunciado com antecedência: "21h51". George escutou a primeira transmissão de "Love Me Do" na casa da família, em Speke, com Harold, Louise e os irmãos torcendo por ele como sempre.

Ouvir na rádio a gravação, embora com poucos vestígios da participação dele, foi algo memorável, relembra George. "Eu tremi da cabeça aos pés. O maior barato de todos os tempos."

PARTE DOIS

9

"SEMPRE FUI MUITO CRUEL COM O GEORGE"

Antes de 1963, membros individuais de grupos beat britânicos eram primordialmente desconhecidos. Apenas os Shadows, os mais domesticados, tinham personalidades distintas: Hank B. Marvin, o guitarrista solo de óculos; Jet Harris, o taciturno baixista loiro; Bruce Welch, o imperturbável guitarrista base; e Tony Meehan, o baterista juvenil. Mas, quando indagados a identificar a formação dos Tornados, dos Ramrods, dos Johnny Kidd's Pirates ou dos Fabulous Flee-Rekkers, a maioria dos fãs não tinha a menor ideia.

Por isso, os Beatles permaneciam um mero substantivo coletivo no semestre após o lançamento de "Love Me Do". Apesar de todos os esforços de Brian para firmar o single nas paradas, apenas recentemente havia conseguido um lugarzinho no Top 20, na 17ª posição. As resenhas focavam principalmente no nome absurdo da banda, e houve pouco tempo para fazer publicidade antes de regressarem a Hamburgo para a sua última temporada no Star-Club.

Ao lançarem o segundo single, "Please Please Me", em 11 de janeiro de 1963, a Grã-Bretanha inteira estava coberta pela nevasca – o inverno mais rigoroso em décadas. O clima ampliou a audiência em rede nacional do programa *Thank Your Lucky Stars*, no qual os Beatles tocaram, catapultando automaticamente a nova canção ao topo das paradas. Porém, os holofotes permaneceram focados neles como entidade chocante em todos os sentidos possíveis, desde as bizarras franjas nas testas até os ternos de colarinho redondo, dos sorrisos largos em vez das carrancas – padrão das estrelas pop – até o esquisito baixo em formato de violino e com o braço apontando para o outro lado.

Mesmo em seu breve período de notoriedade, no mês seguinte não tiveram seus nomes citados na imprensa. Durante a turnê com Helen Shapiro, a cantora adolescente, foram expulsos de um clube de golfe em Carlisle por vestirem jaquetas de couro pretas, que os britânicos mais velhos ainda equiparavam às tropas de choque nazistas.

Só em abril, quando "From Me To You", o terceiro single da banda, alcançou o número um, é que os nomes John Lennon e Paul McCartney começaram a espocar na imprensa, em geral para mencionar o surpreendente fato de que, como seus dois singles antecessores – e outros hits lançados na época por artistas ostensivamente rivais –, a canção era de autoria da dupla. Vocalistas individuais, também de Liverpool, como Billy Fury, Johnny Gentle e Russ Hamilton, já tinham composto canções antes, mas nunca membros da mesma banda e nunca de modo tão prolífico.

Os sobrenomes dessa dupla de compositores transmitiam um ar de novidade, por serem claramente autênticos em um ramo cheio de pseudônimos bobos e, ao mesmo tempo, passarem uma certa classe indefinível. No outro extremo, Ringo Starr, mesmo soando como um flagrante pastiche do Velho Oeste (misto de Ringo Kid com Belle Starr), ou talvez por isso mesmo, cativava o público de modo instantâneo.

Mas e quanto a George Harrison? Naqueles tempos, muito antes de voltar à moda com os filhos da realeza, George era um nome antiquado, de um tiozinho que usava suspensórios para segurar a calça e que à beira-mar usava um lenço atado em vez de chapéu de sol. O tipo de nome que um empresário pop tradicionalmente modificava para algo mais dramático, como o próprio George havia feito certa vez, mudando para Carl.

Com seu primeiro álbum – na época chamado de LP, "long-player" –, os Beatles alcançaram o topo da parada da *Record Retailer*, posição onde permaneceriam por trinta semanas. Nessa época, os LPs eram apenas uma forma de lucrar mais em cima de um single de sucesso, nesse caso, "Please

Please Me", relançando a canção em meio a um medley de faixas sem brilho que poucos compradores ouviam mais de uma vez. Esse LP em específico se beneficiou da experiência de George Martin como produtor de discos de shows ao vivo: em uma sessão única de treze horas, ele replicou a apresentação dos Beatles no palco do Cavern, com as covers ainda superando em número as canções originais de Lennon-McCartney.

As únicas participações de George no vocal principal foram em "Chains", de Gerry Goffin e Carole King, gravada originalmente por um grupo feminino, as Cookies, e "Do You Want to Know a Secret?", de Lennon e McCartney, sinal codificado de que, como grande parte de Liverpool, sabiam de tudo sobre o segredo que Brian tanto se esforçava para esconder. Como John explicaria: "A música tinha só três notas e [George] não era o melhor vocalista da banda". Ele soa quase dolorosamente tímido e não esconde o forte sotaque de Liverpool ("*You'll never know how much I reelly cu-ur...*"), mas a versão dele tem mais charme, e um falsete mais firme, do que a regravação de Billy J. Kramer.

Nesse momento, Martin detinha o controle absoluto sobre o material que os Beatles gravavam. Com a atenção sisuda de um professor, inclusive usando uma gravata das antigas, ele ouvia John e Paul tocarem a mais recente composição deles acompanhados de violões e, quase sempre, mudava o andamento ou invertia as estrofes e o refrão...

No estúdio, os dois exigiam 95% do tempo do produtor. A certa altura, com interesse cada vez menor, Martin pedia para ouvir o solo que George havia trabalhado em sua novíssima guitarra, igualzinha à Gretsch "Country Gentleman" preta usada por Carl Perkins. Se não gostasse, sentava-se ao piano e de improviso oferecia uma alternativa obrigatória. Anos mais tarde, com grande remorso, ele admitiria: "Sempre fui muito cruel com o George".

Nessa época do single de "Please Please Me", Brian encontrou um editor para a produção prodigiosa de Lennon e McCartney, o ex-cantor e animador de bailes Dick James, mais conhecido por entoar a música-tema de *Robin Hood*, série infantil de TV dos anos 1950. Com admirável tino comercial, James criou a Northern Songs para cuidar apenas das composições deles, na qual ele e os dois teriam partes (praticamente) iguais.

Como George havia sido coautor com cada um deles no passado ("In Spite of All the Danger", com Paul; "Cry for a Shadow", com John), os dois debateram a possibilidade de também transformá-lo em compositor da Northern Songs e acrescentar o nome dele em um crédito conjunto.

Sir Paul McCartney recordaria: "Lembro-me de passar com John em frente à igreja de Woolton e martelar a pergunta: 'Sem querer ser mesquinho demais com George, vamos compor nós três [juntos] ou não seria melhor simplificar as coisas?'. Decidimos que manteríamos nós dois, apenas".

Nos primeiros sete meses desse ano em que começou a Beatlemania, houve pouca mania e muito trabalho árduo. No início de 1963, os Beatles ainda estavam radicados em Liverpool, mas a reputação deles crescia rápido em termos nacionais. Após uma sessão de almoço no Cavern, eles se amontoavam na van de Neil Aspinall e rumavam a algum teatro ou salão de baile no extremo oposto do país, muitas vezes em troca de um mísero cachê de £ 30, pois Brian insistia em honrar os acordos que havia feito antes de conquistarem as paradas.

Também fizeram repetidas viagens a Londres para apresentações ao vivo em programas de rádio da BBC transmitidos nacionalmente, como *Saturday Club* e *Easy Beat* (na época não havia rádios locais na Grã-Bretanha), ainda mostrando seu vasto repertório de covers, bem maior que o número de composições de John e Paul.

Até mesmo nesse período, o público ainda não prestava atenção nas personalidades individuais, porque, em geral, as entrevistas eram feitas em conjunto, como uma equipe de comediantes tão interdependente quanto Irmãos Marx de Merseyside, colocando em evidência o sotaque desprezado na Grã-Bretanha ao longo de muitas gerações e o transformando na mais encantadora das novidades. John, da classe média, que aprendeu a abrandar o sotaque, agora precisava "enfatizá-lo", para a triste perplexidade de sua tia Mimi.

E a aparência deles intrigava os repórteres ainda mais que a própria música. Será que achavam difícil ter uma imagem pública assim tão diferente?

"A nossa imagem é apenas nós mesmos, como a gente era", insistia George de modo não muito exato. "A gente não tentava criar uma imagem; só permanecíamos como realmente éramos."

De vez em quando, vinha à tona um detalhe curioso sobre o cotidiano interno dos Beatles. Por exemplo, George revelou que Brian pagava o salário individual de cada um em um envelope marrom (entregue por seu amigo de infância Tony Bramwell), como se fossem operários fabris ou vendedores de loja. "É uma sensação boa quando vem o novo antes de você ter gastado o último."

Quando precisavam pernoitar em um hotel, era em pousadas baratas, em quarto duplo e geralmente em completo anonimato. E nesse caso George mostrava um cuidado e uma consideração elogiáveis. Ficava sempre no mesmo quarto com Ringo: ele se sentia o maior responsável por trazer o novo baterista para a banda e queria que ele se sentisse seguro em relação à sua plena autonomia.

O rigoroso inverno ártico perdurou até o final de março. Muitas vezes, a banda enfrentava péssimas condições em suas viagens para fazer shows. Uma noite, a nevasca estilhaçou o para-brisa da van de Neil Aspinall. A neve começou a entrar horizontalmente no veículo, e os quatro só evitaram a hipotermia entornando uma garrafa de uísque e depois se deitando empilhados como pinguins, revezando-se para ser o mais de baixo e mais aquecido da pilha.

Prevalecia um extraordinário bom humor; o único atrito de que Ringo se lembraria teve a ver com o impasse entre Paul e George sobre quem seria o motorista. "Tínhamos parado em algum lugar para fazer um lanche. Quando saímos, Paul estava com as chaves [da van], mas George estava ao volante. A coisa perdurou por uma hora e meia: 'Tenho as chaves...' 'Bem, *eu* estou atrás do volante...' Ninguém queria ceder."

Além das paradas de sucesso, o sinal mais evidente da constante ascensão da banda eram as turnês conjuntas em que, via de regra, as estrelas americanas importadas eram o prato principal, e os artistas britânicos, as entradas descartáveis. Os Beatles emendaram duas turnês desse tipo, a primeira com Tommy Roe e Chris Montez, a segunda com Roy Orbison. Nas duas turnês, apareciam como coadjuvantes, bem antes do artista principal, mas, com o decorrer da turnê, por exigência do público, se tornaram a maior atração no line-up.

Orbison era um ídolo dos Beatles com seus hinos suboperísticos sobre perda e solidão. Em especial, George se sentia mal pelo fato de os Beatles aparecerem com hierarquia superior. Mais tarde se lembraria de ter ficado nos bastidores, observando aquele vulto solitário, de óculos escuros fúnebres, saturando o auditório com melancolia multioitavada sem mexer um músculo sequer. "Ele nem se mexia. Parecia feito de mármore."

No entanto, os Beatles ainda eram apenas a atração principal em um portfólio do *Mersey Beat* que transformou Brian Epstein no empresário pop de maior sucesso que a Grã-Bretanha já conheceu. Brian assinou com Gerry and the Pacemakers e também os entregou a George Martin, que lhes repassou a canção "How Do You Do It?", rejeitada pelos Beatles, e que acabou se tornando o primeiro número um da banda, o primeiro de três consecutivos, diga-se de passagem, coisa que nem os próprios Beatles conseguiram. Sob a tutela de Martin, outros artistas teriam sucesso semelhante: Billy J. Kramer and the Dakotas e a ex-funcionária da chapelaria do Cavern, Priscilla White, rebatizada de Cilla Black. Mas infelizmente o mesmo não aconteceu a um artista por muito tempo considerado o mais carismático de todos, Rory Storm.

Para os Beatles, manter o sucesso no mercado pop de 1963 envolvia observar convenções tão restritivas quanto seus terninhos de gola redonda. Um fato dado como certo era que, se um astro pop masculino aparecesse com esposa, ou até mesmo namorada fixa, arriscava perder fãs, que, esmagadoramente, pertenciam ao sexo feminino, com resultados catastróficos para a carreira. Aceitaram essa imposição sabendo que isso seria uma bomba-relógio – ou melhor, uma barriga-relógio! No verão anterior, John, ao saber que sua namorada da faculdade de Artes, Cynthia Powell, havia engravidado, incontinenti se casou com ela. Brian fez de tudo para abafar essa informação – por um tempo, inclusive de Ringo.

George continuava a namorar Bernardette Farrell, mas só em Liverpool e de um modo "apenas um pouco mais do que platônico", sem chamar muita atenção, como ela descreve. Quando ele trocou o seu Ford Anglia por um

Jaguar Mark 2 – modelo em geral associado a corretores de apostas na meia--idade –, convidou Bernardette para dar uma volta, levando também a irmã dela com o namoradinho. Ela recorda: "E ele trouxe junto para nos mostrar o Disco de Prata que ganhou por 'Please Please Me'. Minha mãe o fez cair na risada perguntando se ele poderia colocá-lo no toca-discos."

Pouco tempo depois, ele reapareceu repentinamente em Liverpool por um motivo que poucos souberam, mas que ele confidenciou a Bernardette. Algumas noites antes, durante uma transmissão ao vivo do Royal Albert Hall, Paul havia conhecido a atriz Jane Asher, de 17 anos. Entre as mudanças imediatas na vida privada de Paul, ele não precisaria mais do carro em Londres. Pediu a George que o levasse de volta ao Norte. Esse era o tipo de camaradagem que eles costumavam ter.

Em abril, os Beatles tiraram as primeiras férias no exterior da carreira deles. Paul, George e Ringo viajaram a Tenerife, onde a mãe do amigo alemão Klaus Voormann tinha uma casa. Com o filho prestes a nascer, John foi à Espanha sozinho com Brian, desencadeando boatos de um caso gay ao qual nenhum dos companheiros de banda deu o mínimo crédito. Nunca mais um deles seria capaz de sair e voltar do país assim, sem um único gritinho e nenhuma explosão de flashes.

Na época, Liverpool sofria uma invasão de executivos das gravadoras londrinas, as mesmas gravadoras que, um semestre antes, haviam zombado de Brian e do "Mersey Sound", agora desesperadas por assinar com uma banda ainda livre. Puxando a frente, Dick Rowe, do selo Decca, que descartou os Beatles e assinou com o grupo Brian Poole and the Tremeloes, do norte de Londres, que teve vida curta.

Uma noite, no Philharmonic Hall de Liverpool, Rowe atuou como jurado num concurso de bandas de Cheshire e Lancashire, junto com George, recém-chegado de Tenerife. De modo surpreendente, George não mostrou mágoa pelo fato de Rowe ter rejeitado os Beatles, afirmando que o teste no primeiro dia de 1962 tinha sido tão ruim que ele mesmo teria provavelmente feito igual.

Em uma atitude magnânima, forneceu ao executivo da Decca sua dica pessoal sobre o próximo grande sucesso do pop. Não seria em Merseyside, entretanto, e sim nos fundos de um pub em Richmond, sudoeste de Londres, onde ele e os outros Beatles recentemente tinham se maravilhado com uma banda de R&B, os Rolling Stones.

Assim, graças a George, "O Homem que Recusou os Beatles" ao apagar das luzes se redimiu como "O Homem que Contratou os Stones", e John, Paul, Ringo e o próprio George logo teriam de enfrentar seus maiores rivais.

Tudo começou em agosto de 1963, tão subitamente como se um gigantesco interruptor tivesse sido acionado, transformando prazer em obsessão, excitação em frenesi, aplausos em caos.

Gritinhos de moças e meninas, muito além de qualquer gritinho evocado por Frank Sinatra na década de 1940 ou por Elvis Presley na década de 1950; algo fora de qualquer escala registrada em termos de êxtase ou excitação. Uivo sinistro, ululante, sem vida, quase desumanizado, que não cessava por nada nesse mundo, nem para tomar fôlego e, no fim das contas, aparentemente com pouca relação com as quatro figurinhas que o tinham provocado.

O gatilho foi o quarto single dos Beatles, "She Loves You" – nessa época, John e Paul acreditavam que na letra deveria haver um pronome pessoal, como "você" ou "mim", para a canção se tornar um hit –, a qual, com seu "Yeah Yeah Yeah!" no refrão, acabou triplicando o tema mais recorrente da música pop. Mas essa eles nem precisavam cantar; era só balançar os cabelos, fechar os olhos e entoar o "Uuu!" em falsete para alçar o Uivo a novos patamares. A princípio, os Beatles achavam hilários os exageros dessa reação monstruosa; até George parecia gostar, abrindo um sorriso, balançando a exuberante cabeleira e cantando "Uuu!" tão apaixonadamente quanto os outros.

Nada evoca melhor a inocência dos anos 1960 do que as multidões no lado externo dos auditórios à espera dos Beatles; cenas em preto e branco que mostram um público exclusivamente feminino, controlado por policiais tolerantes e não militarizados, a única violência sendo um ocasional capacete vitoriano oblíquo.

Essas jovens e pré-adolescentes consideravam esses veteranos da Reeperbahn de Hamburgo brinquedos fofinhos que você apertava na barriga e eles cantavam "Uuu!". Sucumbiram à sua própria infantilização e até a enfeitaram, como quando George, numa divertida coletiva, afirmou gostar das balas de goma Jelly Babies.

Literalmente o tiro saiu pela culatra: depois disso, em todos os shows ao vivo dos Beatles, o palco recebia uma chuva de Jelly Babies. Embora macias, com textura de gelatina polvilhada com açúcar, tornavam-se mísseis desagradáveis, especialmente em saraivadas. "Por que você mesma não as comeu?", respondeu ele com tristeza a Lynn Smith, de 15 anos, que escreveu uma carta a George contando, orgulhosa, o seu recente ataque jellykazi. "Além de ser perigoso: uma vez fui atingido no olho por uma bala mais dura e não teve graça alguma."

O Uivo e seus criadores se tornaram a bola da vez, com psicólogos e estudiosos do comportamento se apressando para encontrar explicações. "É um modo de se libertar das restrições da infância e entrar na onda", opinou um deles com o tom condescendente que todos adotavam. "Ao gritar em uníssono com milhares de outras meninas, ela sente que está vivendo a vida ao máximo com gente de sua faixa etária... É uma preparação inconsciente para a maternidade. Os gritinhos frenéticos servem de ensaio para aquele momento. Até as Jelly Babies são simbólicas."

Esses fãs hardcore dos Beatles – todos, na verdade – não só tocavam seus discos, viam suas fotos em revistas adolescentes como *Mirabelle* e *Fabulous* e uivavam nos shows da banda; esses fãs, meninos e meninas, os imitavam, adotando cortes de cabelo dos Beatles e gola rulê que combinavam particularmente com George; camisas de colarinho alto, botas com elástico nas laterais e veludo cotelê, então bem mais chique que o veludo simples. Falavam como eles, num inglês de léxico liverpudliano: "fab" para fabuloso, "gear" para "bacana", "ciggies" para os cigarros muitas vezes dependurados especialmente na boca de George, e "Crimble" para o Natal.

Consumiam produtos deles em todas as formas concebíveis, em mercadorias temáticas, mercado que a música pop só começava a explorar: guitarras de plástico dos Beatles, baterias em miniatura dos Beatles, porta-discos dos Beatles, pingentes dos Beatles, distintivos dos Beatles, cintos dos Beatles, broches dos Beatles, lencinhos dos Beatles, quebra-cabeças dos Beatles, bolsinhas a tiracolo dos Beatles, bandejinhas dos Beatles, colchas dos Beatles, espreguiçadeiras dos Beatles, aventais de cozinha dos Beatles, lápis dos Beatles, chicletes dos Beatles e até bolos dos Beatles em forma de guitarra.

Isso tudo significou o fim da privacidade e da paz para suas famílias, já que os fãs logo descobriram seus endereços residenciais em Liverpool e os inundaram com cartas e presentes de fãs, ligando para os telefones listados publicamente dezenas de vezes por dia e se reunindo em massa do lado de fora ao menor boato de que um deles estava em casa. Resignados, o pai de Paul, Jim, e a mãe de Ringo, Elsie Gleave, aceitaram essa situação, mas a tia de John, Mimi, passou a lidar com aquilo como uma nova forma de martírio. Para os pais de George, porém, foi uma alegria.

Harold e Louise Harrison ainda moravam em Speke, mas, um ano antes, haviam se mudado da casa na Upton Green para outra melhor, na Mackets Lane, no conjunto habitacional recém-construído para trabalhadores da fábrica da Ford Motors. George foi o último dos filhos a sair de casa, embora nessa época ficasse em turnês por longos períodos. A casa se distinguia das outras pelo carro estacionado na entrada da garagem: o Jaguar Mark 2 de George.

Agora, a rotina de trabalho de Harold era dirigir um ônibus escolar. Essa rotina mais leve lhe permitia voltar para casa mais cedo, mas o dia a dia de Louise não ficou menos corrido com esse crescente status de "mãe dos Beatles". Ela continuou trabalhando, como nos anos anteriores, numa gráfica chamada Bemrose, em Aintree, fazendo o percurso de 14 quilômetros de bicicleta. Nem mesmo as recentes nevascas a impediam de pedalar todas as manhãs. Uma vez, porém, teve 15 minutos de salário descontados na folha por ter chegado atrasada.

Em todos os momentos, ela sempre sabia onde George estava, e muitas vezes ia sozinha assistir aos shows dos Beatles, indo a lugares tão distantes quanto a Irlanda. Durante as férias do filho em Tenerife, Louise redecorou a cozinha com papel de parede dos Beatles, com guitarras e pessoas dançando, ao mesmo tempo em que mandou forrar o quarto dele todo de preto, conforme as instruções de George, para ficar igualzinho ao de Astrid em Hamburgo. Na parede no topo da escada, ela pendurou uma ampliação fotográfica do filho em tamanho real, em toda a sua glória, de terno e botas dos Beatles, para que todos os visitantes vissem.

Um dia, quando George estava em casa, os Harrison inclusive abriram as portas da casa a um fotógrafo, para tirar fotos de Harold no café da manhã – com sua silhueta magnificamente fora de moda, pulôver enfiado na calça envolta por um espesso cinto de couro. Serviu flocos de milho para o caçula e recebeu dois carteiros de quepe e uniforme com a correspondência diária dos fãs em quatro grandes cestos de vime. Com disposição, Louise e Harold começam a respondê-las numa espécie de gruta, forrada de ursos de pelúcia gigantes e cartazes "Nós amamos George".

Se a carta fosse particularmente espirituosa, Louise enviava uma lembrancinha com a resposta, como um pedacinho do forro de uma das jaquetas de George. Muitas faziam a mesma pergunta: depois de George, quem era o Beatle favorito dela? John, respondia ela, "porque ele dança tango comigo na cozinha e me faz rir".

Uma pergunta foi se tornando cada vez mais incômoda para George, feita com mais frequência por Bill Harry, o editor do *Mersey Beat*: por que não compunha canções originais como John e Paul?

Na verdade, era normal se sentir inibido diante da vasta produção que os dois criavam em quartos de hotel, ou no fundo do ônibus nas turnês. Cada canção raramente demorava mais do que alguns minutos para tomar forma. Paul, em especial, sempre teve o dom de pegar no ar ideias para canções; George se lembraria de, na época em que ainda eram os Quarrymen, terem avistado um anúncio de móveis para jovens casais "thinking of linking" e Paul na mesma hora aproveitou a deixa e criou uma canção com esse título.

Mas embora fosse capaz de compor canções próprias – vide "Cry for a Shadow" –, ele sentia que lhe faltava aquela mesma facilidade com as palavras. Por isso, refutou a sugestão insistente de Bill Harry para tentar compor músicas em parceria com Ringo.

Em agosto de 1963, os Beatles faziam uma turnê pelos resorts à beira-mar do litoral sul com Billy J. Kramer and the Dakotas e a mais nova contratação de Brian, Tommy Quickly. Durante uma temporada de cinco noites no cinema Gaumont, em Bournemouth, George se queixou – de modo nem um pouco surpreendente – de fadiga crônica. Um médico veio examiná-lo, receitou um tônico e repouso no hotel.

Sozinho no quarto, sentiu-se deprimido pelo assunto da composição e recorreu a uma das poucas pessoas com quem costumava se abrir. Numa extensa carta a Astrid Kirchherr em Hamburgo, frisou que "em breve, John e Paul ficarão ricos, ao receberem o merecido pagamento pela composição de todas essas canções". E contou a ideia de ele próprio obter rendimentos extras, publicando junto com ela um livro ilustrado com as fotografias de Astrid, porque "não creio que você queira me ver pobre e faminto".

Confessou que o tônico que lhe haviam receitado parecia um "Preludin líquido" e acrescentou, talvez com excesso de informação: "e as minhas bolas também andam doloridas e dependuradas quando estou no palco".

No fim das contas, motivado pelo tédio e como proteção contra o fracasso, arriscou fazer "um exercício" de composição de letra e música. O título servia como resposta deveras irritadiça a todos aqueles que o pressionavam para fazer isso: "Don't Bother Me".

No segundo semestre de 1963, Brian transferiu a organização da NEMS para Londres, levando junto a nata de sua equipe de Liverpool – e a banda que era seu ativo principal. Essa mudança, na verdade, acabou sendo muito benéfica para os Beatles, pois ficaram mais perto dos estúdios da EMI e mais longe de fãs intrometidos.

John se mudou com a esposa "secreta", Cynthia, e o filhinho, Julian, para um apartamento em Emperor's Gate, Kensington, enquanto os outros inicialmente dividiram um apê na Green Street, Mayfair. Contudo, Paul logo se tornou um hóspede permanente da família de Jane Asher, na Wimpole Street, Marylebone; esconderijo que, ao contrário dos outros, nunca foi descoberto.

A partir daí, George e Ringo fixaram residência em um apartamento no segundo andar de Whaddon House, moderno prédio em William Mews,

Knightsbridge, onde o próprio Brian morava no último andar. Até essa altura mimados por mães amorosas, os dois não tinham habilidades domésticas – outra razão pela qual o altamente domesticado Paul tinha abandonado o barco. Menos mal que o casal do andar inferior, Harry e Carol Fitzgerald, fornecia à dupla refeições frequentes. Além disso, Brian estava lá em cima, pronto para atender às suas menores necessidades.

Nesse ponto tiveram dois colegas de apartamento, aspirantes a estrelas pop que, por enquanto, sobreviviam com pequenos papéis na televisão infantil. Com origens no East End, Mark Feld mais tarde renasceria como Marc Bolan; o outro, Gregory Phillips, não mudaria de nome, mera nota de rodapé na história do pop.

A "segunda casa" de George e Ringo se tornou o exclusivo clube Saddle Room, na vizinha Park Lane, gerenciada por Helene Cordet, famosa atriz de TV que, corria o boato, tinha entre os vários amantes o marido da rainha, príncipe Philip. Quando membros VIP que moravam nas vizinhanças exageravam na bebida, recebiam uma caroninha para casa numa carruagem aberta, puxada por cavalos. Nesse estado, muitas vezes, os garotos do bairro Speke e do bairro Dingle retornavam à Whaddon House ao amanhecer, como libertinos eduardianos atravessando o Hyde Park.

Um vizinho deles na Green Street, o DJ Tony Hall, costumava atuar como cicerone de estrelas americanas, guiando os visitantes em Londres. Numa das festinhas de Hall, George conheceu Phil Spector, primeiro produtor musical mais famoso que seus artistas, e também a última descoberta de Spector, as Ronettes, trio vocal feminino que bombava nas paradas com "Be My Baby", competindo com "She Loves You".

George se sentiu atraído não pela vocalista principal, Veronica "Ronnie" Bennett, com sua voz de sereia, mas sim por Estelle, a irmã mais velha, considerada a "calminha" do grupo, assim como ele nos Beatles.

Estelle recorda: "Sempre nos encontrávamos nas festas e sempre os nossos olhares se entrecruzavam, não importa quanta gente estivesse na sala. Fomos descobrindo que curtíamos as mesmas coisas, dar longas caminhadas com roupas confortáveis, andar com as pessoas que gostavam de nós pelo que éramos, não porque estávamos no show business. Acho que eu me sentia mais feliz quando conversava com o George. Algo nele me levava a me abrir e a revelar tudo o que estava em minha mente. Acho que ele também se sentia assim, porque me ligava tarde da noite e ficávamos horas batendo papo ao telefone".

Segundo ela, os dois eram "inseparáveis" até que, no início de 1964, houve uma drástica mudança na vida dele.

A essa altura, somente um estrato da sociedade britânica não distinguia John de George e Ringo de Paul – ou melhor, nem se importava em fazer isso. A postura dos jornais da Fleet Street em relação à música jovem ainda era aquela formada na era do rock'n'roll: aquilo não passava de um tremendo barulho, com intérpretes vigaristas desleixados com longevidade de moscas-das-frutas. E não agiram diferente com os quatro novatos de Liverpool, com sua nomenclatura ridícula, cabeleiras inimagináveis e jaquetas de couro pretas fascistas em pleno fevereiro.

Agora a banda estava na posição rara de ter à disposição muita notícia e pouco entretenimento. As manchetes estampavam a fase final do escândalo Profumo: um ministro do governo dividia uma amante com um espião russo e, ofensa imperdoável, mentiu sobre o assunto na Câmara dos Comuns.

A demissão do primeiro-ministro Harold Macmillan se precipitou, junto a violentas lutas internas no partido Conservador sobre o seu sucessor. Além disso, o país sofria a primeira escassez de batata em um século, praticamente sustando o comércio de peixe com batatas fritas. E, no maior roubo da história britânica, um comboio postal do correio foi roubado em 2 milhões de libras.

Sem exceção, os editores de notícias da Fleet Street procuravam desesperadamente algum tópico de alívio que, *in excelsis*, se personalizou nesses mesmos usuários de couro preto.

Em 13 de outubro, os Beatles foram a atração principal do programa *Sunday Night at the London Palladium*, da ATV, onde, cinco anos antes, George vislumbrou pela única vez Buddy Holly and the Crickets. O *Daily Express*, poderoso jornal de viés direitista, dedicou sua página principal aos "1.000 fãs aos gritos" que supostamente cercaram o Palladium, embora na verdade tenha sido uma ocasião rara em que só uns gatos-pingados marcaram presença.

Depois, no dia 5 de novembro, no show *Royal Variety Performance*, na presença da rainha Elizabeth, a Rainha Mãe, John cativou esse público de alto nível pedindo ao povão das galerias que batesse palmas enquanto a plateia baixa "chacoalhava as joias". Pelo menos não cumpriu a ameaça de inserir um "fuck" na frase.

Na manhã seguinte, o *Daily Mirror*, que vendia seis milhões de cópias, publicou um editorial, em parte elogio arrogante, em parte certificado de saúde. Enfim deu um nome ao Uivo:

> *BEATLEMANIA*
> *YEAH! YEAH! YEAH!*
>
> *Você tem que ser mesmo uma pessoa muito careta e quadrada para não adorar os doidos, ruidosos, felizes e bem-apessoados Beatles.*
>
> *Se eles não levarem sua tristeza embora – meu irmão, você é uma causa perdida. Se não bater o pé ao escutá-los – minha irmã, você não deve estar viva...*
>
> *Como é revigorante ver esses jovens e estridentes Beatles em plena Royal Variety Performance pegar a plateia de meia-idade pelo cangote e a contagiar como se fosse composta por adolescentes...*
>
> *Os Beatles são irados [sic]. Usam um corte de cabelo tipo esfregão – mas LAVADO, superlimpo. Como o seu show inovador...*

Daí em diante, os jornais que antes não tinham uma só palavra boa a dizer sobre a música pop agora não tinham uma só palavra ruim a dizer sobre os Beatles.

Soavam o exemplo perfeito daquilo que o comentarista Malcolm Muggeridge descreveu como "a morte lenta e segura das elites", tônico para a nação inteira após a vulgaridade de Profumo e o mofo de Macmillan. Textos sobre a banda começaram a surgir diariamente, às vezes, vários por edição; a nova façanha nas paradas, o estranho e uivante show, o humor com timing perfeito.

As reportagens não veiculavam esse pecado original britânico, a inveja. Em vez disso, um voyeurismo benigno em relação à crescente riqueza dos membros, carros e trajes novos etc. Por exemplo, a coleção de camisas de Ringo agora somava 37 itens. Um artigo inteirinho abordava o fato de George nunca ter provado abacate, até recentemente, e a opinião concreta e bem-humorada dele sobre o tópico: "Já comi caviar e gostei, mas ainda prefiro sanduíche de ovo".

Bastava qualquer parlamentar em busca de holofotes ou um clérigo pontífice pronunciar a palavra mágica com B, de preferência acrescentando um "iê-iê-iê", para obter cobertura instantânea. Todas as personalidades públicas, desde o Arcebispo de Canterbury até o herói de guerra Visconde Montgomery de Alamein, eram consultadas a respeito, e ai de quem não se pronunciasse de forma positiva.

Tradicionalmente, os iconoclastas jornais britânicos construíam celebridades só para derrubá-las, mas por enquanto era do interesse deles só encher a bola dos Beatles, cada vez mais. Com certa facilidade, qualquer repórter poderia ter investigado o "show inovador" da banda na Reeperbahn de Hamburgo, mas qual editor teria publicado algo negativo sobre eles?

Da mesma forma, os entrevistadores que tinham acesso praticamente gratuito a eles sabiam que deveriam dourar a pílula e não contar, por exemplo, o dia em que John, enraivecido por uma referência cáustica de Bob Wooler à sua "lua de mel" espanhola com Brian, deu uma surra no DJ do Cavern, em plena festa de 21 anos de Paul. Como ocorria no setor de imprensa da Casa Branca em relação às aventuras sexuais do presidente John F. Kennedy, havia um pacto tácito para suprimir verdades capazes de gerar desilusões.

With The Beatles, o segundo LP, lançado em novembro, teve vendas antecipadas de meio milhão de cópias, entrando automaticamente em primeiro lugar nas paradas, superando *Please Please Me* – em última análise, conferindo-lhes um total de 51 semanas no topo das paradas de álbuns e, curiosamente, devido ao sistema de contagem, inclusive alcançando o número 11 na parada de singles.

Na capa de *Please Please Me*, uma simples fotografia colorida, quatro jovens sorridentes e difíceis de distinguir olhavam da sacada para baixo, na sede da EMI em Manchester Square. Em *With The Beatles*, o fotógrafo de moda Robert Freeman usou apenas os rostos deles em fundo preto liso, meio sombreado, com gola rulê e semblantes sérios, mais parecidos com estudantes de arte ou moradores da Margem Esquerda parisiense. Destoando da precedência normal, o rosto de George flutuou ao lado do rosto de John, exatamente como Astrid Kirchherr o havia fotografado, com ar preocupado, querendo proteger John após a morte de Stu Sutcliffe.

Com isso, o elepê se tornou o álbum, não mais uma mixórdia, mas uma vitrine e, cada vez mais, um objeto de arte; a música pop transbordou de seu gueto operário, infiltrando-se nas escolas de ensino fundamental, nas salas comunais universitárias e até na enciclopédia heráldica Burke's Peerage. A partir daí, todas as idades e classes estariam com os Beatles.

A lista de canções trazia várias de Lennon-McCartney, em um salto gigantesco, de "It Won't Be Long" e "All My Loving", alternadas com uma ou outra versão cover do R&B americano e dos primeiros tempos da Motown, canções que muita gente não conhecia, como "Please Mister Postman", das Marvelettes, e "You Really Got a Hold on Me", dos Miracles.

George fez o vocal principal em duas covers, o clássico dele em Hamburgo, "Roll Over Beethoven", e "Devil in Her Heart", dos Donays; sem falar em seu "exercício" de composição, "Don't Bother Me". Pela primeira vez, os críticos observaram e elogiaram os solos dele: o surpreendente dedilhado country ao estilo de Chet Atkins, em "All My Loving"; o ágil trabalho acústico que caiu como luva na cover de Peggy Lee, "Till There Was You", cantada por Paul.

Pena que "Don't Bother Me", apesar de construída com base em acordes interessantes, parecia subproduzida (George Martin sendo novamente "muito cruel"?) e sem os floreios dos backing vocals de John e Paul. E a surpresa extra: como é que um Beatle triplamente abençoado podia soar tão rabugento? ("*So go away, leave me alone, don't bother me...*"; "então vá embora, me deixe em paz, não me incomode...")

Mesmo assim, gerou uma versão cover, embora não em nível muito elevado, nem em termos do artista, nem da gravadora. O colega de apartamento de George, Gregory Phillips, gravou a faixa no selo Pye com um refrão feminino que imprimiu bom humor à canção. De Liverpool veio a banda de acompanhamento, que ainda não havia alcançado (e nem alcançaria plenamente) a fama: Remo Four, cujo guitarrista solo, Colin Manley, era aquele mesmo que no tempo do Inny parecia tocar bem melhor do que George.

A canção lhe rendeu os primeiros royalties de composição, embora muito longe do patamar de John e Paul. Quando topou com Bill Harry de novo, agradeceu por incentivá-lo a compor "Don't Bother Me", que lhe permitiu embolsar um cheque de "mais de mil libras".

Em 27 de dezembro, um texto no *The Times* – jornal que até então ignorava a música pop –, chamado "What Songs the Beatles Sang...", apontava John e Paul como "os mais esplêndidos compositores britânicos do ano" e destacava qualidades que nem os próprios Beatles tinham percebido: as "tendências pandiatônicas dos grupos de notas", em "This Boy", os "melismas com vogais alteradas" em "She Loves You"; a "cadência eólica" no finzinho de "Not a Second Time", que era "igualzinha à da 'Canção da Terra' de Mahler".

Por um tempo, Brian ficou com medo pelo fato de George estar recebendo bem menos atenção da mídia do que John ou Paul. Porém, nem mesmo seu cérebro engenhoso vislumbrou uma solução. Assim, concordou prontamente quando o *Daily Express*, o jornal da Fleet Street que mais apoiava a banda, propôs publicar uma coluna semanal assinada por George, começando na visita deles a Paris, às vésperas do Ano-Novo.

O *ghostwriter* seria o nortista Derek Taylor, crítico de teatro do *Daily Express*, praticamente um colega de Merseyside, com raízes em Hoylake, Cheshire. Taylor fez resenhas muito elogiosas sobre os shows dos Beatles bem antes de a banda se tornar uma unanimidade nacional.

A estreia de Taylor foi uma coluna sem a contribuição de George, na qual seu idiossincrático modo de pensar – e de se expressar – quase o fez perder a missão. Improvisou uma conversa entre George e Harold Harrison, na qual o pai disse ao filho: "Continue tocando a guitarra que eu continuo dirigindo os grandes negócios verdes".

Taylor recordou: "O George me interpelou: 'O que vêm a ser esses grandes negócios verdes?'. Respondi: 'Bem, os ônibus... Os ônibus de Liverpool'. George emendou: 'Eu não sabia que eles eram chamados de grandes negócios verdes'. E eu disse: 'Bem, nem eu. Acabei de inventar'. E é assim que as coisas funcionam nos jornais. Passei no teste ao reconhecer que tinha inventado 'grandes negócios verdes'. George comentou: 'Vou ajudá-lo na coluna... vamos fazer isso juntos'."

Ser um Beatle podia ser divertido. O quarteto participou da edição especial de Natal do programa *Juke Box Jury* da BBC-TV, e, de modo travesso, misturaram as placas com os nomes na frente deles. Entre os novos singles a serem analisados estava "Hippy Hippy Shake", dos Swinging Blue Jeans, antes conhecidos em Liverpool como Blue Genes, cujo líder, Ray Ennis, trocou sua guitarra Club 40 pela Höfner President de George.

George elogiou a canção, comentando que era fã de Chan Romero, o cantor americano de R&B que compôs e gravou a música pela primeira vez aos 17 anos, em 1959. Súbito, parecia legal saber dessas coisas.

Mas nem tudo era só diversão, como ter que apertar a mão dos primeiros 1.000 fãs que compraram ingresso para a convenção do Fã-Clube dos Beatles (Região Sul), no salão de baile Palais, de Wimbledon. Primeiro, fizeram um show, não no palco do salão, mas na plataforma de madeira, especialmente construída atrás duma gaiola de aço. A multidão se comprimiu contra a gaiola com tanta força que John afirmou que "logo passariam por ali em fatias".

"No meio do show, George disse: 'Não vou fazer isso', juntou as coisas, foi até a porta do palco e tentou pegar um táxi", lembrou Neil Aspinall. "Corri atrás dele e perguntei: 'O que você está fazendo? Não pode sair, temos que terminar'. Daí John apareceu com a guitarra e falou: 'Bem, se ele vai embora, também vou'. Mas terminaram o show e apertaram a mão de todos os fãs... na verdade, umas 10.000 vezes, porque [os fãs] sempre voltavam ao fim da fila."

Para George, a escola costumava parecer uma jaula, com o uniforme, as regras e as ordens intermináveis que precisavam ser obedecidas. Mesmo com o Uivo, as cartas dos fãs, o Jaguar, os abacates, os passeios de carruagem ao amanhecer e as pilhas de camisas novas, ser um Beatle era assim tão diferente?

10

"APRENDI A PENSAR COMO UMA ESPIÃ, SEM DEIXAR VESTÍGIOS"

Antes de os Beatles conquistarem os EUA, George foi o único a estar lá. E antes de tocarem uma nota em solo americano, ele já havia tocado muitas com uma banda diferente.

Tudo por conta da irmã Louise, que aos 11 anos cuidou do neném George. Mais tarde, já ensaiando para ser professora, ensinou ao irmão caçula fundamentos do alfabeto e da aritmética, na humilde casinha da família na Upton Green. Após dois anos de Pedagogia na Newcastle upon Tyne, ela decidiu abandonar o curso – e as convenções. Antes de o irmão mais novo crescer, Lou – loira, linda e com a mesma estrutura óssea facial – seria a Harrison com a vida mais agitada.

Arriscou-se no jornalismo, sendo aprovada no rigoroso processo de seleção para um estágio na BBC, apesar de não ter diploma universitário nem o sotaque de classe média que se esperavam dos candidatos. Mas, em contraste com o apoio incondicional que depois concederam a George, os pais se opuseram com firmeza ao que consideravam uma piora desastrosa em relação à docência. Com menos de 21 anos e ainda submissa à autoridade deles, ela foi obrigada a desistir da BBC: arranjou um emprego como auxiliar de dentista.

Brocas de outro tipo entraram em sua vida quando ela se apaixonou por Gordon Caldwell, engenheiro de minas doze anos mais velho, casado, três filhos com a mulher atual e outros dois de relacionamentos anteriores. Caldwell queria se casar com ela, mas a convenceu de que a única maneira de forçar a esposa a se divorciar era os dois escapulirem.

Lou consentiu e os dois fugiram para Gloucestershire, no distante West Country, deixando Louise e Harold sem pistas sobre o seu paradeiro. Só foi entrar em contato de novo com os pais após completar 21 anos. Logo a perdoaram e, em 1954, marcaram presença no casamento dela com Caldwell, em Cheltenham.

A partir daí, ela acompanhou Caldwell em suas andanças como engenheiro de minas: Inverness, na Escócia; Ontário, no Canadá, onde trabalhou numa empresa de mineração de ouro; La Oroya, no Peru, cidade 3.600 metros acima do nível do mar; de volta ao Canadá, agora em Vancouver; e, por fim, Benton, cidadezinha no Estado de Illinois.

A mãe lhe enviava cartas semanais que a mantinham informada sobre cada fase da ascensão de George com os Beatles. Quando Louise lhe enviou um single de "Love Me Do", Lou escreveu a Brian Epstein, oferecendo-se como voluntária para ser a "embaixadora" da banda nos EUA, país que, na época, eles ainda nem pensavam em ver com os próprios olhos.

Como a jornalista que um dia sonhou ser, ela passou a remeter a Brian relatórios detalhados sobre as paradas musicais americanas, tentando identificar possíveis tendências. Por sua vez, Brian enviou a ela os dois próximos singles dos Beatles, com material promocional que ela distribuiu em jornais e estações de rádio de toda a região, abrangendo um raio de 520 quilômetros quadrados.

Mesmo pertencendo à EMI, o famoso selo norte-americano Capitol recusou "Please Please Me" e "From Me To You", canções que tinham alcançado o primeiro lugar no Reino Unido, declarando com arrogante onisciência: "Não achamos que os Beatles tenham potencial nesse mercado". Assim, os dois singles foram adquiridos pela obscura Vee-Jay, gravadora de Chicago, e lançados com total indiferença. Quando isso aconteceu com "From Me To You", Lou decidiu conferir a Vee-Jay com os próprios olhos. "Peguei o carro, fui até o endereço deles e encontrei um estacionamento abandonado", relembrou ela. "Escrevi a Brian e passei a informação para ele. Insisti para que ele arranjasse uma gravadora decente."

Pouco antes de os Beatles gravarem "She Loves You", George escreveu a ela perguntando se ele poderia "aparecer" e ficar com ela em meados de setembro. Na viagem, ele pretendia também "talvez dar um pulinho a Nashville para ver Roy Orbison (que conhecemos em turnês daqui) e, quem sabe, o Chet Atkins".

A ideia original de George era levar Ringo junto, mas, exausto pelo verão escaldante e ciente do lobby de Lou em prol dos Beatles, Ringo disse a ele: "Se ela quiser nos fazer trabalhar, prefiro não ir". Assim, George foi com Peter, um de seus irmãos mais velhos.

Benton, Illinois, onde Lou e Gordon moravam, com apenas 7.000 habitantes, tinha coisas muito apropriadas para deixar jovens ingleses admirados e fascinados em 1963: carros colossais com cores de sorvete e barbatanas; supermercados que pareciam se estender até o infinito; televisão em múltiplos canais funcionando do início da manhã até tarde da noite... E algo ainda mais interessante para George do que os carros: uma vasta gama de todos os tipos de música no rádio.

Além das pessoas do círculo de amizades de Lou, ninguém em Benton tinha ouvido falar dos Beatles. No mesmo dia em que George chegou, "She Loves You" foi lançado nos EUA pelo pequeno selo Swan, com sede na Filadélfia. Mas essa situação de anonimato continuou. Pela primeira vez em vários meses, George podia caminhar na cidade sem medo de sofrer um voraz assédio feminino.

A enérgica Lou elaborou para os irmãos um lotado cronograma de atividades para a estadia de duas semanas que não permitiu um tempinho para visitar Nashville e falar com Roy Orbison: visitas a cinemas drive-in e restaurantes onde a pessoa era servida por mulheres sobre patins; churrascos de enormes bifes T-bone; e até mesmo um acampamento na Floresta Nacional de Shawnee, com os sobrinhos Gordon e Leslie. Tendo passado a infância na Liverpool do pós-guerra, os ainda jovens George e Peter se admiraram com os brinquedos americanos de Gordon e Leslie, tão diferentes, e passavam horas brincando com as crianças.

Nessa época, os homens americanos de qualquer idade usavam corte à escovinha que parecia mais feito à máquina do que com tesoura. O corte

Beatle de George provocou espanto geral, mas sem despertar a hostilidade que poderia ter causado nesses círculos tão conservadores. Só uma vez o visual dele gerou uma reação negativa: quando uma bela jovem foi entregar pizzas na casa de Lou – duas outras grandes novidades –, George a convidou para sair, mas recebeu um "não" como resposta. "Eu não ia gostar de ser vista com ele", explicou ela aos colegas da pizzaria.

Há um tempão ele namorava uma Rickenbacker 420, a guitarra americana que John tocava desde a última temporada em Hamburgo. A Fenton's Music Store, nas proximidades de Mount Vernon, tinha apenas uma 420 em estoque, mas com acabamento em vermelho "Fireglo", em vez do preto "Jetglo" que ele tanto desejava. O proprietário, Red Fenton, pressentindo que se tratava de um cliente importante, ofereceu-se para repintá-la, e Lou pagou US$ 400 como presente pelo iminente aniversário de 21 anos do irmão.

Ela também o apresentou ao principal grupo pop semiprofissional do Sul de Illinois, os Four Vests – "vest" nos EUA significa colete e não camiseta como na Grã-Bretanha. Todos esses usuários de coletes eram um pouquinho mais velhos do que George e bem abaixo do nível dos Beatles, mas, para variar, era bom estar por cima. Com alegria, fez alguns shows locais com a banda, seguindo o repertório deles – com base em Hank Williams –, mas o ponto alto de todos os shows se tornou "Roll Over Beethoven", cantada por George. "Se esse cara está fazendo um teste", aconselhou alguém da plateia, "é melhor vocês o contratarem logo".

Fez amizade com o baixista dos Vests, o metalúrgico Gabe McCarty. A semelhança de sobrenome com seu colega Beatle era quase sinistra. "Um dia estávamos dedilhando na casa da irmã dele, e George me perguntou se eu já tinha composto alguma canção", recorda McCarty. "Eu disse que não, nunca. Daí ele sai correndo escada acima e traz uma sacola de couro. Nela havia umas dezesseis canções manuscritas com os acordes e as letras. E ele diz: 'Se isso for ajudar você, faça bom proveito'. Ele me deu um elepê dos Beatles e inseri tudo ali dentro da capa."

Seriam canções que John, Paul e George Martin tinham rejeitado, canções que George não quis mostrar a eles ou algumas que ele simplesmente não tinha acabado? Nunca vamos saber. Nem os Four Vests conseguiram aproveitar o tesouro.

"Um ano depois, meu trailer pegou fogo, e o álbum estava lá", conta McCarty. "Não sobrou nada."

Em janeiro de 1964, os Beatles não se sentiam com aura de conquistadores. Enfim, a Capitol, sem entusiasmo ou esperança, foi convencida a lançar nos EUA o quinto single da banda, "I Want to Hold Your Hand". Na época faziam shows no L'Olympia, em Paris, com uma resposta morna do público francês. Na Inglaterra, "Glad All Over", do Dave Clark Five, a desbancou do primeiro lugar.

A imprensa britânica especulava: seria o começo do fim? O Mersey Sound suplantado pelo "Tottenham Sound" de Clark? Foi aí que Brian recebeu um telegrama de Nova York: "I Want to Hold Your Hand" chegou ao topo da parada da *Cashbox*.

Nem mesmo uma banda pop britânica tão famosa como a de Cliff Richard tinha alcançado o número um nos Estados Unidos. Poucas bandas inglesas tinham ousado se apresentar ao vivo lá, nenhuma com sucesso real e, seja como for, o resto da Grã-Bretanha nem se importava. Mas quando os Beatles voaram a Nova York, em 7 de fevereiro, todo o país se despediu deles de uma forma antes só vista com primeiros-ministros a caminho de cúpulas mundiais ou com a seleção inglesa de críquete a caminho de amistosos no estrangeiro.

Os espantosos momentos após o pouso no recém-rebatizado Aeroporto John F. Kennedy, com os fãs gritando nos terraços, estão talvez entre as mais felizes recordações da carreira dos Beatles. Esses pioneiros do pop britânico ansiavam por "conquistar" os EUA, mas nunca sonharam em encontrar o país assim, pré-conquistado, caramelizado e implorando para ser engolido.

A música era só um dos motivos. Dois meses antes, em um atentado a tiros de rifle em Dallas, Texas, o jovem presidente inspirador e glamoroso, de cabelo na testa, teve a sua vida interrompida. O assassinato de John F. Kennedy desferiu um golpe devastador no orgulho que os EUA tinham de si próprios, mais tarde só igualado pelos ataques terroristas de 11 de Setembro; além disso, a colossal panóplia de novidades e manias americanas não parecia capaz de aliviar o abalo secundário da vergonha para amenizar o manto do luto.

Foi nesse contexto, com a nação perdida, sem um bálsamo caseiro para a sua alma ferida, que os Beatles desembarcaram em seus casaquinhos justos, com o poder duplo de, com sua música, seduzir a nação e fazê-la sorrir.

O orgulho de Brian pelos meninos foi um pouco afetado pelas novas preocupações com a saúde de George. No verão anterior, teve problemas estomacais por exaustão em Bournemouth, e reclamou de cansaço na turnê a Paris, embora isso não o tenha impedido de visitar a boate Pigalle e descrever o evento em sua coluna do *Daily Express* por meio de seu escritor-fantasma, Derek Taylor: "Aqui existem centenas de garotas maravilhosas – arrumadas e supercontroladas. (Ainda estou atrás de uma Brigitte Bardot, selvagem e imprudente) (...) Aqui as meninas vieram para ficar."

No famoso primeiro encontro dos Beatles com a mídia americana – decidida a acabar com eles, mas conquistada num piscar de olhos – ele parecia estar bem, cigarro na mão, respondendo às perguntas bobas sobre suas cabeleiras com a mesma frequência que os outros. Mais tarde, manteve essa postura, na suíte da banda, sitiada no décimo segundo andar do Plaza Hotel, apesar do *jet lag* de um voo de sete horas. Conversou animadamente por telefone com jornalistas da Grã-Bretanha sobre todas aquelas canções (de Lennon-McCartney) agora virando hits nos EUA, na esteira de "I Want to Hold Your Hand".

Entre os amigos americanos escolhidos a dedo que frequentavam a suíte estava Estelle Bennett, das Ronettes, mas sem que isso envolvesse uma retomada de seu namoro bastante privado, logo que George foi morar em Londres. Agora, para ele, a privacidade era coisa do passado; além do mais, Brian tinha noção das consequências, nos EUA de 1964, de um de seus meninos manter um romance inter-racial.

No primeiro dia em Nova York, o quarteto completo compareceu ao primeiro ensaio para a apresentação dos Beatles ao vivo no *Ed Sullivan Show*, da CBS-TV, duas noites depois. Na manhã seguinte, porém, George não marcou presença na sessão fotográfica coletiva no Central Park e, mais tarde, Neil Aspinall o substituiu no segundo ensaio para o programa de Sullivan, pois George estaria sofrendo de "gripe".

Lou, a irmã dele, tinha acabado de fazer o check-in no Plaza e recebeu uma mensagem para ir direto à suíte dos Beatles. No 12º andar, o elevador abriu as portas. Ela saiu para o corredor e se deparou com uma mesa bloqueando o caminho, com um destacamento da Agência de Detetives Burns de prontidão. Ao explicar que era irmã de George Harrison, um dos guardas caiu na risada: "Sabe quantas vezes já tentaram isso hoje?". Nem mesmo uma foto de George, que ela tirou com a Polaroid em Benton, conseguiu convencê-los. Mais tarde, ela recordaria: "Sorte que o meu irmão saiu no corredor bem naquela hora. Veio me dar um abraço e, em meio ao reencontro emotivo, os detetives começaram a aplaudir".

Claramente, George estava com algo mais do que um resfriado, como noticiou a imprensa, e Brian tinha acabado de chamar, a contragosto, o médico do hotel. "Ele disse: 'Este garoto está com uma grave infecção de garganta e febre de 40 °C. Vou ter que interná-lo no hospital.'"

A perspectiva de George faltar à estreia americana dos Beatles ao vivo no *Ed Sullivan Show*, a apresentação mais importante da carreira deles, e talvez passar o resto da visita no hospital, deixou Brian apavorado. Chegou a perder a calma e a desenvoltura de costume. Nas palavras de Lou: "Ele balbuciou: 'Ai, não, isso não pode estar acontecendo... A imprensa não pode ficar sabendo disso... Tem como se curar até domingo à noite?'"

Para esconder o horrível segredo, o médico foi persuadido a deixar a irmã de George cuidar dele, na esperança de que ele melhorasse nas próximas 24 horas. Para ela era natural cuidar dele, como fazia quando ele era neném, na casa da 12 Arnold Grove, no bairro Wavertree, com banheiro externo, perto do galinheiro, e a banheira de estanho pendurada no gancho, do lado de fora da porta dos fundos. "O médico aplicou nele uma injeção e me passou um montão de remédios, uma compressa de gelo para o pescoço, além de uma lista com várias instruções."

Os cuidados de Lou evitaram os piores pesadelos de Brian. O público de 73 milhões de pessoas que assistiu à primeira apresentação deles no *Ed*

Sullivan Show viu a formação completa dos Beatles, os quatro irradiando um charme revolucionário. Lou assistiu à apresentação na plateia do estúdio, em meio às meninas e jovens enlouquecidas, "tentando direcionar minha energia a meu irmão para que ele ficasse em pé durante o programa. A febre de 40 °C não baixou".

Naqueles tempos, não havia nada parecido com uma "cultura" do rock britânico. Os Beatles foram absorvidos pelo show business convencional, e a ascensão da banda era avaliada pela presença em eventos como *Sunday Night at the London Palladium*, a *Royal Variety Performance*, os prêmios Novello pelas composições de John e Paul, além de participações especiais em programas de tevê, como *Two of a Kind*, com a dupla de humoristas Morecambe e Wise.

Em março de 1964, o Variety Club da Grã-Bretanha os elegeu "Destaques do Show Business de 1963". Receberam o prêmio de Harold Wilson, futuro primeiro-ministro trabalhista, pioneiro de uma extensa fila de políticos que se aproximavam de estrelas pop só para cair nas graças dos eleitores jovens.

Os Beatles embarcaram na onda, pois essa honraria lhes permitiu socializar com artistas que sempre reverenciaram. George ficou emocionado ao conhecer o astro John Mills, de filmes de guerra como *Escapando do inferno* (*The Colditz Story,* 1955) e *Sob o sol da África* (*Ice Cold in Alex*, 1958); fez questão de acompanhar Hayley, a filha de Mills, à estreia beneficente do filme *Charada* (*Charade*), após o retorno da banda dos EUA.

Atriz-prodígio na infância, Hayley Mills havia feito recentemente seu primeiro papel juvenil na comédia de enorme bilheteria da Disney *O grande amor de nossas vidas* (*The Parent Trap*, 1961). Mesmo assim, entrou em pânico como qualquer adolescente de 17 anos com a perspectiva de se encontrar com um Beatle.

A première seria no cinema Regal em Henley-on-Thames – cidade que George conheceria bem –, e ele foi buscar Hayley na casa dos pais dela em seu novo Jaguar E-Type preto. "Ele me lembrou um potrilho espiando sob um tapete de pele de urso", confidenciou ela mais tarde em seu diário. "O sorriso dele é bastante travesso; quando ri é como se houvesse um duende no ombro dele puxando o canto de sua boca para cima."

Chegando ao cinema, ela se viu em "um covil de cobras, as fãs dos Beatles, arranhando e berrando, quase arrancavam nossas roupas". Em suas poltronas VIP, o assédio a George continuou, enquanto ela, a estrela de *O vento também tem segredos* (*Whistle Down the Wind*) e *O grande amor de nossas vidas*, continuou sentada ali, totalmente ignorada. Uma mulher chegou a se ajoelhar no colo dela para chegar até ele.

Ele havia completado 21 anos no dia 25 de fevereiro, quando os Beatles já tinham voltado para gravar no estúdio da Abbey Road. A mãe de George ligou para ele de Liverpool às 12h10, o horário exato de seu nascimento, na mesma cama que os três irmãos antes dele.

Cinquenta e dois maços de cartas dando os parabéns foram entregues ao escritório do fã-clube dos Beatles, na Monmouth Street, junto com um exército de ursinhos de pelúcia, uma coleção de Jelly Babies e um cartão de felicitações bordado à mão, de 1,20 m x 0,9 m. Um grupo de costureiras engenhosas bordou uma réplica de portas duplas, com dois metros de altura, em feltro. "Sabemos que você tem chaves suficientes", lia-se, "então eis a porta".

Após um álbum de sucesso, tradicionalmente a etapa seguinte de cada artista pop era aparecer em um longa-metragem, muitas vezes uma série de números musicais conectados por um enredo sofrível costurado por diálogos estrambóticos. Apenas *Tudo começou em Paris* (*Summer Holiday*) e *Uma rapariga em meus braços* (*The Young Ones*), estrelando Cliff Richard, tinham evitado esse nicho barato, com locações de grande orçamento e coreografias elaboradas de música e dança que realçavam a transição até então exclusiva de Richard do pop frágil ao entretenimento familiar.

Nessa linha, Brian assinou contrato com a United Artists. Os Beatles estrelariam um filme para explorar esse filão. Como todos os estúdios de Hollywood da época, a UA tinha um escritório em Londres. Como parte do acordo, os Beatles gravariam a trilha sonora cujo álbum seria vendido pela seção fonográfica da UA, e não pela EMI. Isso garantiria os lucros do estúdio, mesmo se o filme flopasse.

Tanto o produtor, Walter Shenson, quanto o diretor, Richard Lester, eram americanos, mas anglófilos até o tutano dos ossos, algo comum na indústria cinematográfica do Reino Unido na época. Lester, diretor do curta-metragem *The Running, Jumping & Standing Still Film* (1960) – com Peter Sellers e outros membros da trupe de humoristas dos Goons, que todos os Beatles adoravam desde os tempos da escola –, recebeu o parco orçamento de 20 mil libras, com ordens para concluir o filme em cinco meses, pois a UA acreditava que os Beatles eram "fogo de palha" e até o fim do verão estariam extintos. As filmagens em preto e branco e o título provisório de *Beatlemania!* indicavam ambições ínfimas.

Por incrível que pareça, os Beatles tiveram voz ativa na escolha do roteirista, o dramaturgo galês/liverpudliano Alun Owen. Em estilo documentário, os quatro apareceriam como eles próprios, em situações semelhantes às dos Beatles, em meio a personagens fictícios encarnados por confiáveis atores de comédia britânicos. Owen passou um bom tempo com eles, em Paris e em outros lugares, para sentir a atmosfera, como interagiam e batiam papo.

O acelerado cronograma de produção exigia filmagens na ordem das cenas escritas por Owen, sem a forma usual e fragmentada. Portanto, a primeira sequência filmada pelos Beatles foi a abertura com aquela multidão de garotas uivantes no encalço deles rumo à estação Marylebone, em Londres. Os quatro embarcam no trem que logo vai partir, como se achassem tudo a maior diversão.

Os figurantes do trem para essa viagem em especial em direção à Cornualha incluíam quatro modelos em traje de colegiais – detalhe sobre o qual ninguém pareceu se importar. A única que teve uma fala (a exclamação "*Prisoners!*") foi Pattie Boyd.

Com beleza exótica, espaço nos dentes e nariz que se enrugava ao rir (coisa que ela sempre fazia), Pattie, aos 19 anos, pertencia à nova geração de modelos "dolly-bird". Como os Beatles arrasavam nas paradas, essas modelos brilhavam nas lustrosas páginas da *Vogue* e da *Elle*, fotografadas por jovens talentos londrinos, como David Bailey, Terence Donovan e Brian Duffy. Pattie estava a bordo do trem porque já havia trabalhado com o diretor Richard Lester no comercial de tevê das batatas fritas Smith's.

Na hora do almoço, ela se sentou ao lado de George, "o homem mais belo que eu tinha visto", com seus "olhos castanhos aveludados e cabelos castanho-escuros", mas ele parecia tão tímido quanto ela e mal trocaram uma palavra. No retorno do trem a Londres, ele a pediu em casamento, coisa que ela não levou a sério e tratou como pastelão à Beatles. "Bem, se não quer se casar comigo", disse ele, "que tal jantar comigo esta noite?". Ela respondeu que não, pois tinha um namorado fixo, o fotógrafo Eric Swayne.

As amigas dela a convenceram da loucura que foi recusar essa oferta. Assim, ela tomou a precaução de terminar tudo com Swayne, ficando livre caso houvesse uma segunda proposta. Dez dias depois, isso aconteceu. Ela participava de uma sessão fotográfica nos estúdios cinematográficos de Twickenham. Ela e as outras modelos da cena do trem, ainda com roupa de colegiais, fingiam pentear o cabelo de um Beatle. Pattie deu um jeito de ser a primeira a abordar George e avisou que agora estava solteira.

Disso resultou um jantar, a primeira experiência dela com o sigilo que cercava todos os encontros amorosos de George e o paternalismo de Brian como empresário. Para garantir máxima segurança contra toda e qualquer câmera intrusiva, o encontro ocorreu no Garrick Club, bastião do tradicionalismo masculino, onde mulheres não podiam ser membros e sequer tinham permissão para usar a escadaria principal.

Brian não só escolheu os pratos e o vinho, mas também ficou junto com os dois o tempo inteiro, algo que George pareceu achar bastante normal. "Lado a lado numa banqueta, ouvimos a conversa [de Brian]", relembra Pattie em seu delicioso livro de memórias, *Wonderful Tonight*, "sem ousar ao menos tocar a mão um do outro".

Ao contrário do que imaginava, George apreciou participar das filmagens, à exceção do horário matinal e da espessa maquiagem que mascarava algumas manchas que persistiam da adolescência. O diretor Lester afirmou que, diante das câmeras, Harrison deixava de lado a timidez e o constrangimento. "John não levava a sério o talento natural como ator. Paul se empolgou tanto que talvez tenha exagerado. George foi o melhor porque não se empenhava tanto e ficava no meio-termo."

Já o produtor do filme, Walter Shenson, em geral o mais descontraído dos homens, preferia evitar discussões com George, "porque nunca conheci alguém tão intransigente".

Boa parte dos diálogos os Beatles improvisaram, como o gracejo sobre Wilfrid Brambell, o depravado avô de Paul, ser "limpinho", mesmo adjetivo com o qual George se referiu a Paul após tomar um banho demorado em vez de chegar pontualmente à primeira reunião de negócios com Brian.

Mas claro, além de aproveitar tudo o que ouviu, o roteirista Alun Owen se permitiu inventar falas para os Beatles. Por exemplo, George contracena com um executivo de marketing paternalista que lhe mostra camisas para adolescentes e comenta: "Nem morto eu usaria uma dessas, elas são de matar".* John recordaria: "Ele se encolhia de vergonha sempre que precisava enunciar a frase".

George continuou "saindo" com Pattie Boyd – em todos os sentidos desse diplomático termo –, ainda escapando dos olhares atentos da mídia. Pattie dividia a quitinete na Oakley Street, Chelsea, com a também modelo Mary Bee, por isso George alugou para ela uma casa com cavalariças, perto do apê onde ele e Ringo moravam em Knightsbridge. Para evitar qualquer ideia de ser uma "mulher mantida" e como camuflagem extra, Mary também se mudou para lá.

Com certa apreensão, ela notou que não compartilhava dos gostos requintados de George pela música pop. "O disco que Mary e eu ouvíamos era 'My Boy Lollipop', da Millie. Ele ficou horrorizado." Mas nada que fosse incontornável.

A outrora autossuficiente Pattie agora se via compartilhando uma vida da qual Brian havia retirado toda e qualquer pressão ou tarefa mundana. "Nunca me diverti tanto", rememora ela. "Eu me senti de volta à infância, mas nem quando criança fui tão mimada. Quando eu ia acompanhar George

* No original, "*dead grotty*". A expressão foi cunhada por Allun Owen, roteirista do filme *A Hard Day's Night* e conterrâneo dos Beatles. A expressão, que indica algo "muito grotesco", foi usada na cena solo de George no filme e repetida pelos fãs desde então. (N. de R.T.)

em alguma viagem, éramos apanhados e levados ao aeroporto com voos reservados; na chegada, éramos recebidos por uma limusine e levados a um hotel onde uma suíte nos aguardava. Nunca sabíamos os detalhes. Apenas sabíamos que os adultos tinham tudo sob controle."

O segredo dos pombinhos correu grande perigo naquela Páscoa, quando voaram à Irlanda com John e Cynthia Lennon para curtir um fim de semana relaxante no Dromoland Castle Hotel, no condado de Clare, mesmo hotel que recebeu o presidente John F. Kennedy em sua única visita ao torrão natal da família.

Viajaram em um jatinho particular, evitando as áreas mais públicas dos aeroportos de Heathrow e Shannon. John e George usaram disfarces; Cynthia e Pattie caminhavam logo atrás para não chamar atenção. No caso de Cynthia, o subterfúgio não fazia muito sentido. Há um bom tempo as fãs de John o tinham perdoado ao descobrirem que ele era casado.

No Dromoland Castle, o gerente se aproximou deles na hora do check-in e avisou: uma equipe do *Daily Mirror* já estava no encalço deles. Logo apareceu um pelotão de repórteres e fotógrafos, impossibilitando qualquer descontração adicional. Nessa era pré-celular, os jornalistas tinham que reservar quartos no hotel para enviar seus dossiês. O amável gerente grampeou as linhas para que as vítimas dos jornalistas pudessem escutar às escondidas as reportagens que eram enviadas à Fleet Street. Felizmente, ninguém sabia ainda a identidade da misteriosa namorada de George.

Mas agora a imprensa ficava de sentinela em cada saída. Como deixar o hotel sem ser identificada? O gerente do hotel veio com uma solução digna do filme *Fugindo do inferno* (*The Great Escape*): como esperado, John e George partiram de limusine, enquanto Pattie e Cynthia foram retiradas pela área de serviço, cada qual no interior de um cesto de vime para roupa suja.

Em maio, os dois casais se reuniram novamente para um mês de férias no Taiti e ilhas vizinhas. Nunca George ficou tão longe dos gritos da multidão e das chuvas de Jelly Babies. Viajaram com nomes falsos, ele como "sr. Hargreaves" e Pattie, "srta. Bond". Ela e Cynthia Lennon usaram perucas e óculos escuros.

Em Honolulu, uma falha na logística de Brian, em geral impecável, resultou numa espera de dois dias pela conexão marítima até a capital do

Taiti, Papeete. A virulência da Beatlemania se mostrou tão forte em Honolulu quanto na Inglaterra. George e Pattie escapuliram para um hotelzinho à beira-mar, no norte da ilha, onde ninguém iria reconhecer George. Ledo engano.

Devido ao calor, ele pediu para que Patty cortasse o cabelo dele, como ela havia fingido fazer na sessão de fotos no estúdio Twickenham. Ela descartou as mechas cortadas na cesta de lixo e, mais tarde, descobriu que a camareira tinha levado como lembrança ou para vender. "A partir daí", recorda ela, "aprendi a pensar como uma espiã, sem deixar vestígios".

A delicada Pattie continuaria se encontrando com George às escondidas até o finzinho de 1964, sem ter a identidade revelada. Aproveitando o triunfo dos Beatles nos EUA, Brian agendou duas grandes turnês no exterior, a primeira com shows na Dinamarca, Holanda, Hong Kong e Australásia, a segunda de volta aos EUA para satisfazer a demanda nacional criada pelo *Ed Sullivan Show*.

Em junho, pouco antes de partirem a Copenhague, Ringo foi levado às pressas ao hospital com amigdalite aguda e faringite. A turnê importante não podia ser adiada: Brian contratou o baterista Jimmy Nicol para tocar com a banda enquanto Ringo se recuperava.

O próprio Ringo não reclamou, mas George não se conformou com a dispensa tão casual. Esse tópico continuou motivo de irritação, décadas depois, como revela a entrevista no livro *The Beatles Anthology*: "Pode imaginar os Rolling Stones saindo em turnê [e informar] 'Ah, vocês nos desculpem, mas Mick não veio, outra pessoa vai substituí-lo por duas semanas'? Eu realmente odiava isso de não termos voz ativa nas decisões."

A primeira etapa na Austrália não seria saudável às amígdalas de Ringo. Aterrissaram no Aeroporto Mascot, em Sydney, onde milhares de fãs aguardavam sob uma intensa tempestade, e tiveram que desfilar a bordo de um caminhão-plataforma, sem proteção além de capas impermeáveis e pequenos guarda-chuvas que na primeira rajada de vento foram soprados ao avesso. A tinta das capas foi lavada pela chuva torrencial e penetrou por entre as roupas, já encharcadas. Mais tarde, quando foram tomar uma ducha, a pele deles estava pintada de um azul reluzente.

Na Grã-Bretanha, a estreia deles nas telonas estava sendo concluída a toda velocidade. O lançamento seria em julho, antes de a banda voltar aos EUA para uma turnê bem mais completa que a primeira. O título original, *Beatlemania!*, foi alterado para *A Hard Day's Night*, expressão pinçada do livro de histórias e poemas "nonsense" de John, *John Lennon in His Own Write,** que se tornou um best-seller no início das filmagens. Não era algo tão original: um ano antes, a cantora Eartha Kitt havia escrito e gravado uma canção de atmosfera igualmente obscura, "I Had a Hard Day Last Night".

O álbum da trilha sonora, incluído no contrato com a United Artists, teve encomenda antecipada de um milhão de cópias. Assim, *A Hard Day's Night* [no Brasil, *Os reis do iê-iê-iê*] foi um dos poucos filmes que começaram a lucrar antes do lançamento. Apesar disso, os executivos da UA, receosos do sotaque incompreensível dos Beatles, sugeriram de última hora dublar as falas por atores profissionais. Felizmente o diretor Richard Lester resistiu a essa tentativa.

O álbum homônimo, o primeiro deles sem canções cover, trazia o próximo single da banda, "Can't Buy Me Love", que logo na primeira semana venderia dois milhões de cópias nos EUA. Também emplacou outros clássicos instantâneos de Lennon-McCartney: "If I Fell", "And I Love Her", "Tell Me Why" e "Things We Said Today". Se George não contribuiu com composições próprias, como havia feito com "Don't Bother Me", ao menos fez um vocal principal, "I'm Happy Just to Dance with You", composta por John e Paul especialmente para ele ter a oportunidade de cantar no filme: "Uma espécie de canção formulaica", Paul a chamaria mais tarde, adaptada, na visão deles, às limitações de alcance vocal do guitarrista solo.

* No Brasil, *John Lennon com sua própria letra*, no volume *Um atrapalho no trabalho* (*A Spaniard in the Works*), transcriação de Paulo Leminski, que escreveu: "Os dois livros do beatle ocupam lugar especial no quadro da criação textual da segunda metade do século XX. Pela linguagem, seus textos remetem a James Joyce, o mais radical dos prosadores do século." (N. de T.)

Seja como for, ele deixou sua marca indelével na parte final da faixa--título, estendida e vibrante, que atua no filme como prenúncio da alegre jornada que está por vir. Isso sem falar na hora em que George, nos créditos de abertura, fugindo dos fãs na estação de Marylebone, faz algo que não está no script: tropeça e se esparrama na calçada, com Ringo caindo por cima dele.

Sucesso nas bilheterias e nas críticas, *A Hard Day's Night* arrecadou £ 12 milhões e recebeu ótimas resenhas aclamando, de modo unânime, os Beatles como os "modernos Irmãos Marx". Na verdade, Lester inventou o videoclipe pop com seu inspirado enquadramento das canções, como em "I Should Have Known Better" no vagão de frenagem – colocando-os no interior de outra gaiola – e "Can't Buy Me Love", como trilha sonora de sua breve fuga do confinamento em sua própria e acelerada versão do *Running, Jumping & Standing Still Film* num campo esportivo deserto.

A pré-estreia foi uma ocasião de gala, no cinema London Pavilion, em 6 de julho. Desde o Dia da Vitória na Europa em 1945 o West End não via tanta gente. Um seleto rol de celebridades marcou presença, mostrando o quanto os Beatles, impecáveis em seus smokings, agora estavam no âmago do show business britânico. Para Brian, o romance de George e Pattie Boyd ainda precisava ser mantido em segredo. Assim, George compareceu ao lado de Hayley Mills outra vez.

A realeza veio com a irmã mais nova da rainha, a princesa Margaret, e o marido dela, o fotógrafo Lorde Snowdon, casal muito glamoroso que tornou a ocasião um pouco menos enfadonha do que teria sido, chegando até a tomar um drinque no luxuoso bufê da recepção após o filme. Porém, o contato com membros da realeza seguia um protocolo rígido. A tendência de George a ignorar a etiqueta, agora muito ampliada pelos mimos de Brian, quase matou do coração o produtor do filme, Walter Shenson.

"Bebíamos drinques na antessala, antes de começarmos a comer", recordou Shenson. "A princesa Margaret supostamente teria que ir embora mais cedo, para outro compromisso, mas mesmo assim ficou batendo papo com o pessoal. George veio falar comigo e sussurrou: 'Quando vamos comer?'. Respondi: 'Só depois que a princesa for embora'. Por fim, ele não se conteve e abordou a princesa: 'Minha senhora, estamos morrendo de fome, e o Walter disse que só podemos comer depois que a senhora for embora.'"

Para Margaret, famosa por ter pavio curto, aquilo representava uma estimulante mudança em relação ao servilismo habitual. "Ela caiu na gargalhada. 'Vamos embora, Tony', disse ela a Lord Snowdon, 'estamos atrapalhando.'"

Quatro dias depois, os Beatles voaram a Liverpool para a estreia beneficente do filme na região Norte. Tinham conquistado o mundo, mas como seriam recebidos na cidade natal da qual aparentemente tinham se esquecido? Estavam profundamente preocupados.

O aeroporto ficava em Speke, e a primeira parte da cidade que avistaram foi o bairro onde George morava: "Ruas por onde passei de carro a vida inteira", recordaria ele, "... repletas de gente acenando nas calçadas".

Receberam do prefeito a chave da cidade e, então, como a própria realeza, apareceram na sacada da prefeitura, acenando para a multidão que abarrotava a Castle Street lá embaixo. John acrescentou uma saudação nazista que hoje teria encerrado sua carreira, mas que em 1964 nem suscitou indignação.

É com *A Hard Day's Night* que o paradoxo de ser George vem à tona – com uma fama sem precedentes, ridícula e sufocante, mas ao mesmo tempo subvalorizado, desdenhado e se esforçando para obter reconhecimento.

Em 13 de julho, sofreu um pequeno acidente de trânsito na New King's Road, Fulham, quebrando o para-brisa de seu E-Type. Os transeuntes praticamente se estapearam disputando os fragmentos de vidro na estrada.

Porém, o bonito livreto-suvenir do filme só mencionava George uma vez, destacando seu vigésimo primeiro aniversário. E entre as muitas fotografias de John e Paul no set, é difícil vislumbrar uma em que George apareça.

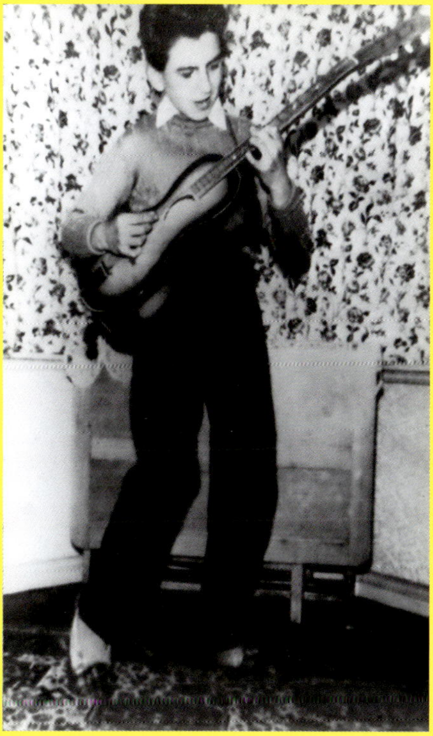

George aos 13 anos com seu primeiro violão Egmond, 1956 (*Keystone Press/ Alamy Stock Photo*)

Os Beatles lançando moda com seus ternos sem lapela e suas franjas, 1963 (*Blue Robin Collectables/Alamy Stock Photo*)

Filmando o primeiro documentário, *The Mersey Sound*. Liverpool, agosto de 1963 (*marka/press holland/ Alamy Stock Photo*)

Chegando ao Aeroporto John F. Kennedy. Nova York, fevereiro de 1964 (*Alpha Historica/Alamy Stock Photo*)

Pausa para conhecer Muhammad Ali. Miami, fevereiro de 1964 (*Smith Archive/Alamy Stock Photo*)

George se recuperando da garganta inflamada antes do show no programa de Ed Sullivan. Nova York, fevereiro de 1964 (*Bill Waterson/Alamy Stock Photo*)

Primeira turnê mundial. Holanda, 1964
(*BNA Photographic/Alamy Stock Photo*)

Com os quepes da MSS, que fez
sua segurança na Austrália, 1964
(*Bill Waterson/Alamy Stock Photo*)

Gravando o filme *Help!* Obertauern, Áustria, março de 1965 (*Allstar Picture Library Limited/Alamy Stock Photo*)

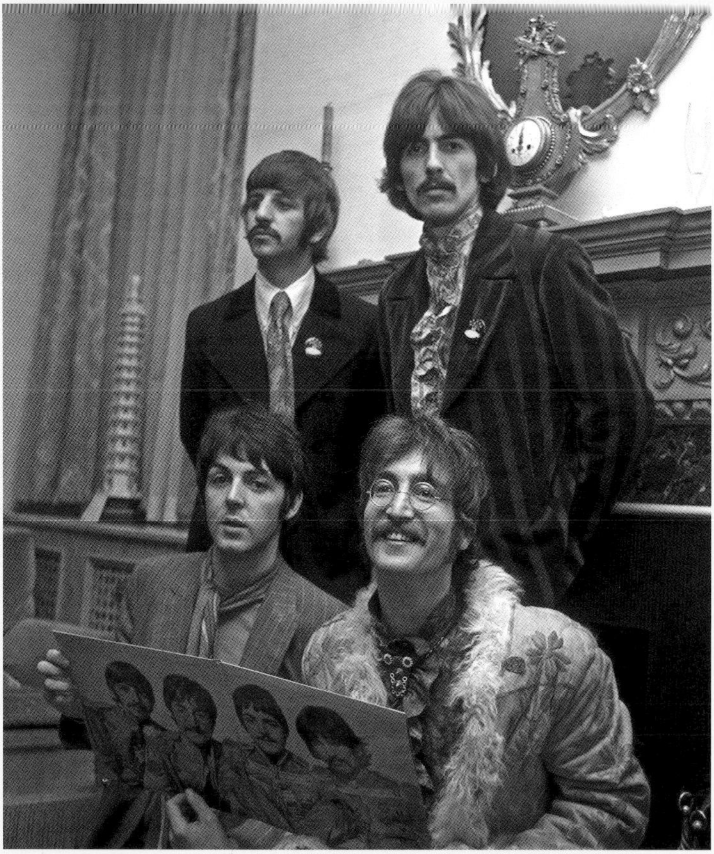

Festa de lançamento para a imprensa do *Sgt. Pepper*. Casa de Brian Epstein, maio de 1967 (*Pictorial Press Ltd/ Alamy Stock Photo*)

Combinando a viagem para a Índia com Maharishi e Lennon, dezembro de 1967 (*Keystone Pictures USA/Alamy Stock Photo*)

Com o amigo e mestre Ravi Shankar na malfadada turnê americana de 1974 (*PA Images/ Alamy Stock Photo*)

Com Bob Dylan no Concerto para Bangladesh. Nova York, agosto de 1971 (*Keystone Pictures USA/ Alamy Stock Photo*)

Com o príncipe Charles antes de sua apresentação no Prince's Trust, com os parceiros Jeff Lynne, Eric Clapton e Ringo Starr. Londres, 1987 (*AlexBale/ Alamy Stock Photo*)

O Jardim feito em sua homenagem em Chelsea, Londres. George Martin, Olivia Harrison, Ringo Starr e Barbara Bach (*Fiona Hanson/ Alamy Stock Photo*)

Em 2009, uma estrela em homenagem a George em Hollywood. Dhani, Olivia, Paul McCartney, Tom Petty, Jeff Lynne, Joe Walsh, Jim Keltner e Eric Idle. Calçada da Fama, Los Angeles (*Featureflash Archive/ Alamy Stock Photo*)

11

"A ÚNICA VEZ QUE UMA CÂMERA FLAGROU O OLHAR FURIOSO DE UM BEATLE"

Perdurar era a última coisa que os Beatles esperavam. A cada grande passo na carreira, também se preparavam para a hora em que o volúvel público pop se cansasse deles e pulasse para a próxima novidade. Eles próprios se faziam uma pergunta que teimava em martelar: "Até quando vai durar tudo isso?"

O uso maciço das canções de John e Paul por rivais deles nas paradas, desde Rolling Stones até Duffy Power, era uma garantia contra a hora inevitável em que suas vozes seriam descartadas e teriam que ganhar a vida só como compositores. Mas nem isso garantia o futuro. John investiu num supermercado em Hayling Island, Hampshire; Ringo falava em abrir um salão de beleza e "trotar por aí em minhas listras e rabiolas"; menos específico, mas direto como sempre, George tinha um plano B pós-beatlemania: "Espero abrir meu próprio negócio quando a banda for pro brejo".

Mesmo com os EUA e o mundo a seus pés, Brian continuou aproveitando ao máximo a popularidade de seus meninos, antes que ela se esgotasse. Turnês encordoadas uma na outra, presenças incessantes na televisão e no rádio, entrevistas, participações em eventos e o compromisso de fazer um segundo longa-metragem, enquanto o primeiro ainda lotava os cinemas. Seguindo o mesmo ritmo avassalador, George Martin exigia um novo single a cada três meses e um novo álbum a cada seis.

Longe de atrapalhar o processo de composição de John e Paul, essa pressão absurda estimulou a produção de canções, em quantidade e qualidade, a ponto de Martin abrir mão de seu estilo autoritário. Em vez disso, o músico com instrução clássica tornou-se o intérprete e o potenciador da genialidade pop deles, não instruída. A cada nova e deslumbrante manifestação de talento, mais do que nunca a dupla Lennon/McCartney se inclinava a desprezar as composições de George Harrison.

Beatles For Sale, álbum lançado em dezembro de 1964, foi marcado pela transição do estúdio Abbey Road, que passou de laboratório com tempo cronometrado para sala de ensaio à disposição deles "oito dias por semana", nas palavras do novo sucesso de Paul, "Eight Days a Week". O álbum não trazia nenhuma canção original de George, e seu único vocal principal, como o de Ringo, era numa cover de Carl Perkins, no caso dele, balbuciando um pouco envergonhado, talvez porque tivesse um quê de verdade, "*Everybody's tryin' to be my baby*".

Assim como Ringo, ele assinou contrato com a Northern Songs, editora musical que controlava a produção de John e Paul. Porém, logo ficou insatisfeito com seus royalties e status minoritário. Assim, criou sua própria editora, a Mornywork Ltd., que depois virou Harrisongs, embora seu contrato com a Northern só fosse expirar em 1968. Mas sejam lá quais fossem as "Harrisongs" que ele estivesse compondo agora, não chegaram ao Abbey Road e à Câmara Estelar de John, Paul e George Martin.

Anos mais tarde, arrependido, Martin reconheceria: "Na verdade, George era meio solitário. John e Paul tinham um ao outro para se estimular, e a parceria deles funcionava mais como uma competição; um elaborava algo e o outro dizia: 'Ei, posso inventar algo melhor do que isso'. Mas George não tinha um parceiro, ele precisava compor sozinho."

Nessa época, no estúdio, os Beatles eram uma banda em dois níveis: John e Paul chegavam com as músicas mais novas; George e Ringo forneciam guitarra e bateria a elas. Nas palavras de George: "Surgiu uma espécie de pose: '*Nós somos* os Beatles, temos as melodias e vocês dois apenas ficam assistindo'."

Se nessa época não fez isso, futuramente Sir Paul McCartney reconheceria o quanto o mais simples daqueles riffs improvisados de George foram cruciais. Por exemplo, a suave frase acústica que introduziu "And I Love Her", no filme e na trilha sonora de *A Hard Day's Night*. No filme, George toca a canção no estilo flamenco, em pé, com o violão erguido e apoiado no joelho:

"São só quatro notas, 'tan-tan-tan-*tan*'. Essa introdução não é minha. Ele compôs ali mesmo, na hora de gravarmos. E parando para pensar, sem ela, a canção *não é nada*."

Nas turnês americanas após a primeira e breve visita promocional e o enorme sucesso transatlântico de *A Hard Day's Night*, essa desigualdade se diluiu um pouco e se tornou menos óbvia. Nessas turnês, a música pop ao vivo foi crescendo de escala: começando por auditórios e teatros e evoluindo para gigantescos estádios e arenas esportivas. Insuperáveis para sempre foram os excessos insanos das plateias, em contraste com o exemplar comportamento da principal banda do line-up.

A primeira dessas turnês, iniciada em agosto de 1964, liberou um Uivo poderoso jamais ouvido em terras europeias ou australianas, com o qual nem mesmo os novíssimos amplificadores de 100 watts dos Beatles tinham chance de competir. Na balbúrdia generalizada, poucos espectadores se deram ao trabalho de notar que, no setlist de doze canções, George só fazia o vocal principal de uma delas, a boa e velha "Roll Over Beethoven".

Entre os fãs locais dos Beatles, a única informação que tinham sobre ele consistia em sua suposta paixão por Jelly Babies. Eis que nos EUA essas balas de goma são cobertas com uma crosta de açúcar. Lançadas no palco como saraivadas de adoração, se transformavam em projéteis capazes de infligir ferimentos. Outros símbolos de amor vinham em formato de mísseis – sapatos, cordas de pular, pacotes de cigarros, isqueiros metálicos – e um fluxo contínuo de intrusos a pé que seguranças totalmente despreparados pareciam incapazes tanto de barrar quanto de retirar. Muitas vezes, George se via obrigado a tocar com uma ou duas jovens enlouquecidas dependuradas no pescoço.

Dia após dia, ele e Ringo suportaram cada um a sua cota quarteada de loucura, desconforto, aborrecimento e, às vezes, perigo mortal: cidade após cidade, a chegada em meio ao tumulto; show após show, a jornada ao local do evento, escondidos em caminhões-baú ou ambulâncias; grito após grito, o puro terror na limusine, o teto desabando sob o peso dos fãs, a rota de fuga bloqueada por fãs grudados contra as portas; bloqueio após bloqueio, a ação bruta da polícia, com os fãs e até com eles, para tentar abrir caminho. Mais tarde, John relataria: "Levamos bordoadas principalmente das pessoas que deveriam nos proteger".

Para George, em especial, as seguidas viagens aéreas em todos os tipos de aeronaves foram uma provação. Uma vez, o avião partiu de Liverpool e a janela ao lado dele se estilhaçou. Temia que aquilo viesse a se repetir e acabasse sugado pelo turbilhão.

Em 1964, o itinerário incluía voar a Jacksonville, Flórida, em um jato particular Lockheed Electra, na época com histórico de segurança precária, evocando nele lembranças horríveis do "dia em que a música morreu" e matou seu ídolo Buddy Holly. Pousaram na esteira de um furacão para o show no Gator Bowl Stadium, ao ar livre, o palco de três metros e meio de altura fustigado por ventos fortes. A bateria de Ringo teve de ser fixada ao chão para não voar.

Entre os fãs havia loucos de todos os tipos. No Sul dos EUA, ameaças de morte – contra um Beatle em particular ou contra os quatro – se tornaram comuns, principalmente pela recusa da banda em tocar para plateias racialmente segregadas. Em 1964, sofreram uma onda de antissemitismo quando o nariz de Ringo foi considerado prova irrefutável de que ele era judeu. E os jovens britânicos ingênuos – Brian inclusive – tiveram de se adaptar a uma cultura em que receber notificações sobre processos judiciais multimilionários era algo tão casual como aceitar um chá da tarde.

No decorrer dos anos, as turnês de rock se tornariam famosas pelos caprichos volúveis e a arrogância de seus principais astros. Mas os Beatles seguiam a minuciosa cartilha de Brian e, em todos os momentos visíveis na estrada, agiam como pessoas acessíveis, cordiais, pacientes, amigáveis e encantadoras.

Após o show, tinham que conhecer e cumprimentar uma comitiva de autoridades locais: prefeitos, chefes da polícia ou do corpo de bombeiros, com esposas e filhos. Mesmo se achassem esse povo risível ou odiável, sempre ostentavam um sorriso no rosto e estendiam a mão em uma atitude tão profissional quanto a da rainha numa festa nos jardins do Palácio de Buckingham.

Os EUA trouxeram um nível de adoração novo e desestimulante: em certos auditórios, defronte ao palco, havia um espaço para crianças em cadeiras de rodas. No fim do show, as crianças eram levadas para vê-los, como se eles realmente tivessem o poder da cura. John manifestava sua fobia com a deficiência física por meio de caretas e simulações de manqueiras no palco, mas os outros três também não se sentiam à vontade com essa situação. Além disso, muitas vezes os "cuidadores" dessas crianças deficientes não passavam de oportunistas que se agarravam à cadeira de rodas como passaportes para se aproximarem deles.

"E mesmo após escaparmos dos gritos dos fãs, tínhamos que enfrentar os gritos de policiais, prefeitos, primeiras-damas, gerentes de hotel e comitivas", mencionaria George no livro *The Beatles Anthology*. "Só encontrávamos paz no banheiro da suíte."

Hoje em dia, turnês de bandas mais famosas levam equipes técnicas de até 200 pessoas. O apoio fixo dos Beatles consistia apenas em Neil Aspinall e Mal Evans, ex-segurança do clube Cavern que os acompanhava como roadie e guarda-costas. Com seus indefectíveis óculos, Mal era musculoso, mas tinha o coração mole demais – e convicção de menos – para agredir alguém.

Neil tinha como função principal dizer a palavra que os adoráveis e fofinhos Beatles jamais proferiam: "Não". Por exemplo, evacuar rispidamente os penetras do camarim, ou intimar a sair quem já tinha estourado o tempo, em geral após um sinal secreto deles. Levavam esse pedacinho de Liverpool – Neil e Mal – a todos os lugares. Assim, mantinham os dois pés no chão e não corriam o risco de deixar a fama subir à cabeça.

Na turnê de 1964, também os acompanhou Derek Taylor, o escritor-fantasma de George no *Daily Express*, autor da autobiografia altamente romantizada e higienizada de Brian, *A Cellarful of Noise* (*Um porão cheio de barulho*, apelidado em Liverpool de *Um porão cheio de garotos*) e a quem ele mais tarde convenceu a deixar o *Express* para atuar como assessor de imprensa da banda.

Assim, o peculiar e não exatamente discreto Taylor entrou ao seleto clube de publicitários com a missão principal de manter a imprensa sitiante sob controle. Paradoxalmente, logo constatou que o calcanhar de aquiles dos Beatles não era um segredo que causaria má reputação (embora tivessem muitos deles), mas sim a sua fama de charme infalível.

Numa cidade, já tinham ido dormir quando a esposa de um prefeito ou chefe dos bombeiros abordou Taylor exigindo que fossem acordados para receber ela e seus filhos. Caso contrário, ela levaria aos jornais a história de como os esnobes Beatles desprezaram seus inconsoláveis filhinhos (cenário que se repetiu em maior escala, com resultados péssimos, dois anos depois nas Filipinas).

A capacidade de Taylor de equilibrar sua lealdade aos Beatles e se manter solidário com os jornalistas fez dele uma figura popular em meio ao grande contingente midiático que acompanhou a turnê. Dosava o acesso generoso com uma rigorosa autocensura. A principal restrição durante a turnê envolvia a "cena feminina" – a prática dos roadies de fornecer a quatro Beatles sexualmente (hiper)ativos companhias do sexo feminino. Só eram permitidas groupies maiores de idade e pessoas sem potencial de causar problemas após o evento.

Anos mais tarde, John descreveria a situação como "turnê Satyricon", referindo-se ao filme de Federico Fellini sobre orgias na Roma antiga. Mas os encontros fugazes na estrada eram sempre a dois, às vezes até mesmo ao alcance dos ouvidos da imprensa, em quartos ou banheiros próximos. Para os ávidos leitores, os Beatles singravam os mares da adoração e da disponibilidade feminina como monges da castidade.

Taylor se impressionava com a maneira como todos lidavam com as constantes e multivariadas pressões, mas, como admitiu mais tarde, "Em certos momentos, alguém dizia, George em particular: 'Coloque seu maldito braço para fora e acene por mim', 'Não vou subir lá [ou seja, no palco]' ou 'Não vou me encontrar com a Shirley Temple'." A empatia criada entre os dois na confecção da coluna de George se aprofundou nessas semanas de turnê. Mas Taylor confirmou o que Walter Shenson já sabia: uma vez tomada uma decisão, George permanecia inabalável.

Por exemplo, foi aventada a hipótese de que os Beatles começassem a turnê com um "desfile triunfal", a extravagante saudação que Nova York tradicionalmente faz aos heróis conquistadores americanos, só que em São Francisco, onde tocariam no Cow Palace. Isso seria apenas um ano após o assassinato do presidente Kennedy em carro aberto, em meio à adulação em massa. Por isso, George se recusou peremptoriamente, com o bom senso a seu lado, diga-se de passagem.

Para ele, a principal atração dessa "turnê" definitiva era conhecer todos os heróis do rock'n'roll de sua adolescência, de Chuck Berry a Fats Domino, bem como travar contato com as novas bandas americanas que surgiram com a influência dos Beatles, como Lovin' Spoonful, de Nova York, que fazia canções originais ao estilo de Lennon e McCartney. Questionado na rádio BBC sobre sua música atual preferida, George escolheu "Do You Believe in Magic?", do Spoonful, na época inédita no Reino Unido.

Em Los Angeles, os Beatles tocaram no Hollywood Bowl, e todas as estrelas de cinema veneradas por eles ajudaram a estender o tapete de boas-vindas. Entusiasmado, George escreveu aos pais em uma carta que visitou a casa de Burt Lancaster ("de um milhão de dólares") e entrou na piscina ("junto à sala de estar e com água morna").

Em geral, ele tolerava os fotógrafos que se grudavam aos Beatles como um gigantesco par de asas brilhantes. Mas, como mencionaria Ringo mais tarde, George tinha duas personalidades diferentes, intercambiáveis num piscar de olhos: "Havia a personalidade amorosa, da bolsa de miçangas. E a da bolsa de raiva. Ele era muito preto e branco."

Uma noite, no chiquérrimo clube Whiskey a Go Go, na Sunset Strip, Derek Taylor perdeu temporariamente o controle da situação: os Beatles foram seduzidos a participar de uma sessão de fotos não oficial com Jayne Mansfield, a monumentalmente bem-dotada estrela do filme de rock'n'roll predileto dos Beatles nos anos 1950: *Sabes o que quero* (*The Girl Can't Help It*).

Quando uma lente intrusiva virou em direção a George, ato contínuo ele pegou um copo d'água e jogou o conteúdo no fotógrafo. Com presença de espírito, o fotógrafo acionou o obturador com a água no ar, e seu prêmio foi a única vez que uma câmera flagrou o olhar furioso de um Beatle.

O abismo social entre George e a sua agora pública "namorada fixa", Pattie Boyd, outrora teria sido intransponível, mas em meados dos anos 1960 passou despercebido. Ou, melhor seria dizer, um Beatle que antes morava numa casa sem banheiro interno agora transcendia qualquer preconceito de classe social.

Nascida em 1944, um ano depois de George, Pattie passou a infância no Quênia, onde o avô materno, influente coronel do exército, havia comprado uma grande propriedade, pensando em se aposentar. Sob domínio britânico, o Quênia permitia uma vida idílica, com numerosa criadagem, jardins luxuriantes e animais exóticos que ficavam em sua maioria a uma distância respeitosa.

No entanto, enquanto George cresceu em meio à solidez familiar, Pattie enfrentou instabilidades na vida em família. O pai dela, Jock, ex-oficial da RAF, sofreu queimaduras graves em um acidente durante a guerra e se tornou uma pessoa encaramujada e amarga. A mãe dela, Diana, socialite glamorosa, não tratava os filhos com carinho, embora tenha dado à luz seis no total. Pattie passou extensos períodos separada dos irmãos mais novos, Colin e Jenny, entregue a parentes na Inglaterra ou chorando escondida em uma sucessão de internatos sombrios.

Após o nascimento do quarto filho – a menina Paula, em 1951 –, Diana se divorciou de Jock e se casou com Bobbie Gaymer-Jones, ex-oficial da Guarda Real, com quem ela teria mais dois filhos. Na vida doméstica, Gaymer-Jones agia como um tirano, maltratando fisicamente Pattie e Jenny, com toques de sadismo inventivo. Também começou um caso escancarado com a esposa do vizinho, ao qual Diana fez vista grossa, mesmo quando a outra mulher rabiscou, com o anel de diamante, uma mensagem erótica no para-brisa do carro.

O estoicismo perante a infidelidade descarada era algo esperado de mulheres da classe de Diana; nem mesmo os Swinging Sixties conseguiriam eliminar essa peculiaridade britânica. Quando chegou a vez de Pattie enfrentar um exemplo ainda mais grosseiro, ela a princípio respondeu exatamente como sua mãe.

Não perdeu tempo em levar George para conhecer a ainda glamorosa Diana, agora divorciada do segundo marido, Bobbie Gaymer-Jones, as suas irmãs Jenny e Paula, o seu irmão Colin e os meios-irmãos David e Robert, este último apelidado de "Boo". "Minha mãe adorou ele", relembra Pattie. "Todo mundo adorou. Ele era tão doce, natural e divertido."

George dispensou até as restrições habituais sobre privacidade quando ia visitar Boo no colégio interno em Somerset. "Quando George passava lá para buscá-lo para sair, Boo descobria o horário de chegada e enfileirava os coleguinhas com cadernos de autógrafos em punho."

Por sua vez, Pattie simpatizou de cara com os pais de George – a dinâmica Louise e o plácido Harold – e os irmãos dele, Harry e Peter. Observou o quanto George ainda admirava Harry, o mais velho, e como "tratava Pete como se ele fosse o caçula".

Embora não tivesse um pingo de esnobismo, foi inevitável para ela notar as diferenças culturais entre as duas famílias. Por exemplo, em sua requintada família londrina, "chá" significava um delicado interlúdio vespertino, pão fininho com manteiga, bolo e Earl Grey. Na família de George, da classe operária nortista, consistia numa refeição noturna com torta de porco ou presunto frio, regada a cerveja "macerada", cor de tijolo, em que "todos seguravam facas e garfos como se fossem canetas".

Pattie virou alvo de inveja de moças do mundo inteiro, mas também passou a ser considerada "inimiga número um" pelas fãs mais radicais, que se achavam donas de George. Recebeu cartas de ódio em muitas línguas – as piores sempre dos EUA –, que a informavam que George já tinha namorada. Ameaçavam matá-la ou amaldiçoá-la se ela não se afastasse dele.

O rosto dela aparecia com frequência em jornais e revistas de moda. Para não sofrer assédio em público, precisava sair disfarçada. Quando os Beatles tocaram no Hammersmith Odeon, ela e Cynthia Lennon escapuliram pela saída lateral para se encontrar com a limusine de John. Súbito, cinco moças cercaram Pattie e a agrediram a pontapés impiedosos com seus sapatos italianos pontudos como flechas até o resgate chegar.

No extremo oposto, quando acompanhava George em locais públicos, resignava-se a uma virtual invisibilidade. "Quando estávamos em um hotel", contaria ela mais tarde, "alguém abria a porta para ele e depois fechava na minha cara".

Também foi introduzida – tanto quanto possível – no círculo feminino unido pelo mesmo vínculo: o poder opressivo de aflorar inveja e ódio em milhões de moças mundo afora.

Quase sempre Pattie andava em companhia de Cynthia Lennon, não por qualquer afinidade natural, mas porque Brian preferia dividir assim os Beatles em raros momentos de descanso. O empresário achava que a dupla John e George tinha menos probabilidade de entrar em atrito do que John e Paul. Cynthia era muito afável, embora sempre um pouco distante e visivelmente desgastada pelas negligências de John; o fato de ele não esconder uma quedinha por Pattie – a qual o fazia lembrar de Brigitte Bardot, sua mulher ideal – não ajudava muito.

Pattie se sentia mais à vontade com Jane Asher, a namorada de Paul, com quem tinha mais coisas em comum. As duas vinham de famílias de classe média. O pai de Jane era um médico renomado, e a mãe dela, musicista clássica – e ex-professora de oboé de George Martin. Jane não obedeceu ao isolamento que Brian exigia de esposas e namoradas dos Beatles, seguindo em sua carreira de sucesso como atriz de teatro e cinema. Por sua vez, Pattie também continuou atuando como modelo, aproveitando a procura cada vez maior graças a seu novo brilho mágico dos Beatles.

Em fevereiro de 1965, Ringo se tornou o segundo Beatle oficialmente casado. A noiva, a ex-cabeleireira Maureen Cox, tinha raízes em Liverpool e o conheceu no Cavern. Em geral (mas nem sempre) calada e tímida, "Mo" reforçou a sensação de que entre essas quatro mulheres, mesmo com todos os motivos para serem solidárias umas com as outras, havia um abismo Norte-Sul.

A perseguição dos fãs no centro de Londres se agravou tanto que Brian decidiu que seus meninos deveriam se mudar, na esperança de que nos subúrbios encontrassem mais privacidade. Por enquanto, só Paul continuou em seu ainda secreto ninho no sótão da casa da família Asher, na Wimpole Street, Marylebone.

Brian delegou a tarefa de encontrar casas para os outros três a dr. Walter Strach, seu taciturno contador de origem tcheca, que não foi além do cinturão dos corretores da bolsa, em Surrey, onde ele próprio residia. De modo que John e Ringo compraram casas no estilo "Tudor revivalista", no bairro St. George's Hill, em Weybridge, enclave de longa data de chiques e famosos do show business, como Charlie Drake e Eric Sykes.

Nessa mesma caça de residências, George acabou em Esher, na fronteira entre Londres e Surrey. Lá, o dr. Strach descobriu "Kinfauns", bangalô de quatro dormitórios construído na década de 1950, com jardinzinho e piscina, sebes altas e portão frontal de quatro metros de altura, ao custo de £20.000, meio milhão de hoje. "Foi a primeira casa que fui ver", recordaria George sem nostalgia, anos mais tarde, morando em uma casa de incrível esplendor. "Pensei: 'Quebra o galho.'"

No meio da noite, ele saiu do apê onde morava com Ringo, em Knightsbridge, com uma viatura policial escoltando a van da mudança. Pattie se encarregou de mobiliar o bangalô com móveis da recém-inaugurada Habitat, a loja de Terence Conran, e foi morar com George meses depois.

Como George, ela também não curtia "Kinfauns", e os dois tinham vergonha do ar suburbano desse nome. Com graffitis coloridos na fachada, tentaram aliviar o exterior convencional e – quebrando o protocolo das visitas – convidavam todos os seus amigos a acrescentarem um rabisco.

A ideia de que fãs recém-chegados a Londres – oriundos de toda a Grã-Bretanha e do estrangeiro atrás dos Beatles – não conseguiriam rastreá-los por mais 10 ou 12 km até Surrey se mostrou ilusória. Como a "Kenwood" de John e a "Sunny Heights" de Ringo, a entrada de "Kinfauns" tinha um constante piquete feminino, sempre à espera, a qualquer hora do dia e da noite, sob qualquer condição climática, pela mais fugaz oportunidade de tirar uma foto – ou soltar um gritinho – no vaivém dos carros de moradores e visitantes. Como Weybridge ficava a menos de oito quilômetros de distância, as fãs sem fixação específica por um dos Beatles vigiavam qualquer uma das três mansões, alternadamente.

Tampouco o impressionante portão de quatro metros de altura correspondeu às expectativas. As fãs mais pragmáticas aproveitavam quando passava um entregador para inserir uma pedrinha no mecanismo. Depois, conseguiam abrir o portão à vontade. Além do mais, George e Pattie sequer trancavam a porta da frente quando saíam, e as intrusas perambulavam constantemente no interior da casa, em busca de lembrancinhas, desde uma folha de papel higiênico até um relógio de pulso Piaget.

Um dos primeiros hóspedes da casa foi Arthur Kelly, ex-colega de turma no Liverpool Institute, membro dos Rebels – o grupo de skiffle formado por George – e ocasional substituto nos Quarrymen. Kelly fazia estágio como gerente em um escritório de Liverpool, mas sonhava em ser ator; George se ofereceu para apresentá-lo a Walter Shenson, o produtor de cinema dos Beatles.

"Não deu em nada, mas fiquei hospedado na casa de George por duas semanas", relembra ele. "Também reatei contato com Paul e fomos até a casa de John, que ficava a poucos quilômetros de distância. John tinha acabado de passar no setor de brinquedos da Hamleys, comprado todos os carrinhos Scalextric da loja e mandado construir um circuito completo. Varamos a noite brincando com aquilo, usando vários recursos para ficar acordados.

"Um belo dia, George falou: 'Vou ter que te mandar embora porque estou saindo em uma turnê, mas não está precisando de um terno?' Ele tinha todos os trajes que usou nos filmes *A Hard Day's Night* e *Help!*, que ele nunca mais usaria. Ganhei seis ternos."

Kelly percorreu os 360 km até Liverpool a bordo da limusine Austin Princess, com direito a chofer. George pediu só um favorzinho em troca. Recentemente, havia comprado para os pais um radiograma, um requintado rádio e gramofone, embutido em um armário laqueado. Sabia que os pais apreciariam mais esse modelo do que aparelhos de som ultramodernos. A encomenda especial precisava ser retirada por Kelly na loja em Liverpool e entregue a eles.

Muitas vezes, os próprios Harold e Louise iam passar uns dias, e Pattie não se incomodava, pois, além de serem hóspedes exemplares, Louise, a infatigável respondedora de cartas, imediatamente arregaçava as mangas para colocar em dia a correspondência acumulada das fãs de George.

Ela adorava ser levada por ele a clubes como o Ad Lib, em Leicester Square, e o Pickwick, em Covent Garden, onde a "nova aristocracia" do pop britânico se reunia, e os Beatles eram tidos na mais alta conta, superando outros ídolos das *jukebox*.

Harold os acompanhava com a cordialidade usual, embora ainda alheio à moda e sempre interessado em seu antigo meio de transporte público. "Eu me lembro dele ali sentado no clube Ad Lib", conta Pattie com afeto inabalável, "me explicando o sistema de grelha viária de Nova York".

No fim da turnê americana em 1964, Bob Dylan conheceu os Beatles e os apresentou à maconha. Dylan ficou atônito ao descobrir que ainda não conheciam a substância, pois na canção "I Want to Hold Your Hand", onde John e Paul cantavam, "*I can't hide, I can't hide*" ("Não consigo esconder"), ele escutava "*I get high, I get high*" ("Vou ficar chapado").

George levou um bocadinho para casa. Pattie e sua então colega de apartamento, Mary, resolveram experimentar, no mesmo espírito de outras curiosidades transatlânticas, como cartelas de fósforos ou bastões para agitar o drinque. Parecia igualmente inofensivo, na verdade. "De repente, todo mundo caiu na gargalhada e notamos que estávamos chapados", lembra-se Pattie. "Tudo parecia hilário."

Depois disso, John passou a chamar aquilo de "cair na risada", algo que se tornou parte essencial do cotidiano dos Beatles. Nesses tempos inocentes, a maioria dos policiais britânicos não distinguia o cheiro de maconha nem diferenciava suas fibras emaranhadas do tabaco comum. O portador alegava que o baseado não passava de um mero cigarro de ervas, e os policiais acreditavam. Em viagens internacionais, passar pela alfândega também não era problema: Neil Aspinall se encarregava de comprar maços de cigarros, esvaziar o conteúdo e reabastecer os tubetes de papel com maconha. E, fosse como fosse, ninguém ousaria desafiar um Beatle.

Help!, o segundo filme deles, teve – além de fumaça da maconha – um orçamento bem superior ao de *A Hard Day's Night*, a melhoria do preto e branco ao Technicolor, e a mesma dupla de sucesso: o produtor Walter Shenson e o diretor Richard Lester. Este último logo notou que seus quatro astros pareciam chapados ao longo de todo o período das filmagens, mas pragmaticamente agradeceu por ter sido "um barato do bem".

O que em 1965 soava como a mais leve das brincadeiras hoje provoca náuseas contínuas. Uma seita indiana homicida se vê incapaz de realizar o tradicional sacrifício de uma jovem porque ela não está usando o anel essencial para a cerimônia. A vítima é uma fã dos Beatles que enviou o anel para Ringo acrescentar à coleção dele. Agora, a seita pretende recuperá-lo a qualquer custo, cortando o dedo ou a mão se necessário. Os principais papéis indianos são interpretados por atores britânicos brancos com maquiagem parda e sotaques cômicos.

As exóticas locações estrangeiras do filme incluíam o arquipélago das Bahamas, escolhido por Brian por unir agradáveis paisagens a úteis vantagens fiscais. Em fevereiro, os Beatles filmaram as cenas ao ar livre, ocasião em que George completou 22 anos de vida. Súbito, um indiano genuíno invadiu o cenário burlesco; o swami de robe cor-de-laranja surgiu do nada e entregou a cada um deles uma cópia autografada do *Illustrated Book of Yoga*. O mestre hindu era Vishnudevananda Saraswati, principal professor de hataioga do mundo, milenar sistema de "limpeza interior do corpo".

Poderia ter sido o momento de revelação transformadora de George – mas outro teve que acontecer antes.

Havia um tempo, ele e os outros ouviam falar e liam sobre o LSD, a dietilamida do ácido lisérgico, novidade narcótica vinda dos EUA. A sigla LSD também representava o dinheiro britânico pré-decimal, libras, xelins e *pence* – ou, em notação latina, *Librae, Solidi, Denarii*. A substância não herbácea tinha o poder alucinógeno de "expandir a mente". O decepcionante fato de ainda não ser ilegal não tirou a curiosidade por experimentar.

John, George, Cynthia e Pattie foram os primeiros a fazer isso, e a colheradas. As filmagens de *Help!* tiveram uma pausa. De volta a Londres, foram jantar em Bayswater Place, na casa de John Riley, dentista de John e George, que atendia outros pacientes famosos. A relação com o dentista era de amizade, a ponto de ele ter ido visitá-los nas locações nas Bahamas. Após o jantar, planejavam ir ao clube Pickwick para conferir o show de estreia da mais nova contratação de Brian, o trio Paddy, Klaus e Gibson.

Não tinham a menor ideia do prato extra preparado pelo anfitrião, na forma de quatro torrões de açúcar cerimonialmente dispostos sobre a cornija da lareira. Após a sobremesa, John e George se ergueram para ir embora, afinal, o Klaus do trio que iam ver mais tarde era o velho amigo de Hamburgo, Klaus Voormann. Não poderiam chegar atrasados. Entretanto, Riley insistiu para que tomassem um café e pôs um torrão em cada xícara. John foi o primeiro a entender: "Acabamos de tomar LSD", revelou a George.

Riley também "viajou" pela primeira vez e claramente repetiu o erro de Bob Dylan ao pressupor experiência prévia dos Beatles. Se tivessem, saberiam que a única coisa que *não* se deve fazer durante uma viagem com ácido é passar a noite no West End de Londres.

Cynthia Lennon foi a primeira a sucumbir. A sala de jantar se expandiu em proporções imensas, e o anfitrião se transformou em um monstro selvagem – embora muitos encarem assim os dentistas, sem a ajuda de drogas. A maior preocupação de George e John era com a possibilidade de o anfitrião convidá-los para uma orgia sexual. Eles caíram fora a bordo do Mini Cooper de George; Riley, preocupado com a segurança dos convidados, saiu atrás deles. Soltaram um suspiro de alívio quando o dentista interrompeu a perseguição. Em meio à paranoia mútua, ele ainda parecia ameaçador.

George insistiu que não deveriam perder o show de Klaus, e lá se foram eles rumo a Covent Garden. Na Oxford Street, a geralmente decorosa Pattie teve gana de pular e quebrar a vitrine de uma loja de departamentos.

Após tudo isso, o Pickwick passou num borrão, se é que um dia estiveram lá, e esticaram um pouquinho a noitada até o Ad Lib, onde Ringo os esperava junto com Mick Jagger e a parceira dele, Marianne Faithfull. No acesso ao clube, compartilharam a alucinação de que o elevador estava pegando fogo.

Os quatro ficaram ali até o amanhecer, tartamudeando com os lúcidos e perplexos Ringo, Mick e Marianne, até George os levar de volta a Esher "a uns 30 km por hora". Para ele, o mais curioso da viagem consistiu em que "na metade do tempo tudo parecia normal, depois a doideira voltava".

John e Cynthia passaram o resto da noite em Kinfauns, mas ninguém conseguiu dormir, vomitar ou encontrar algum alívio. Enfim, o efeito da droga passou, deixando para trás um vazio sombrio e sem fim. Mais tarde, George admitiu que isso deveria ter servido de aviso para nunca mais tocar naquela coisa.

Como acontece na maioria dos filmes, as últimas cenas de *Help!* a serem rodadas foram as cenas internas. Uma delas envolvia um restaurante indiano com músicos indianos de verdade, que entre uma tomada e outra deixavam os instrumentos espalhados pelo set. Um dia, George pegou a cítara – a longínqua prima oriental do violão, corpo bulboso, braço mais comprido e largo – e começou a dedilhar por mera curiosidade.

Coisas mais importantes urgiam. Sob a eterna e absurda pressão, os Beatles gravavam simultaneamente a trilha sonora, a ser lançada em agosto, junto com a estreia de gala do filme (novamente com a presença de princesa Margaret e Lorde Snowdon) e, logo depois, as turnês europeia e norte-americana.

A faixa-título de John parecia estar em sintonia com o espírito maluco do filme, espécie de fala em balão saindo da boca do personagem de desenho animado que ele interpretava na tela. Na época, ninguém reconheceu isso como um autêntico pedido de ajuda, sufocado pela mansão Tudor revival em Weybridge e pela imagem doce e sorridente dos Beatles. Em seu habitual espírito competitivo, Paul respondeu com "I'm Down", simples exercício de alquimizar os pensamentos mais negativos em alegria.

George, pela primeira vez, teve *duas* Harrisongs em um álbum. "You Like Me Too Much" veiculava a mesma e tênue atmosfera de tédio de "Don't Bother Me"; talvez um recadinho subliminar aos piquetes no ineficaz portão de Kinfauns. Mas foi a primeira vez que Paul e George Martin mostraram interesse, tocando diferentes trechos no mesmo piano Steinway na introdução da faixa.

Em outro nível, "I Need You" não apenas ecoava John ou Paul, mas revelava um caráter próprio, ao mesmo tempo de ânsia e reprovação. No filme, foi sua única performance no vocal principal, como trilha sonora da cena em que, incapazes de despistar os perseguidores de Ringo, os Beatles acabam na planície de Salisbury, cercados por tanques e soldados com capacetes de aço. Lembrança constrangedora para quem no futuro se converteu ao hinduísmo e seus princípios de não violência e de amor fraterno universal.

Em junho, as Honras do Aniversário da Rainha concederam a cada Beatle o MBE, abreviação de Membro da Mais Excelente Ordem do Império Britânico: claro, não havia sido uma escolha pessoal da soberana, mas sim do primeiro-ministro trabalhista, Harold Wilson, em seus esforços incansáveis para surfar na popularidade dos Beatles.

Nunca antes uma banda pop havia recebido qualquer honraria pública, nem mesmo tinha sido considerada merecedora disso. Alguns recipientes da medalha de MBE, em sua maioria militares reformados e funcionários públicos, devolveram suas condecorações em protesto, mas, para a maioria do povo, essa intenção de reinventar a indústria musical britânica e ampliar colossalmente o seu prestígio em todo o mundo era nada mais do que justa. Mas, infelizmente, Brian foi preterido; corriam boatos sobre sua homossexualidade que acabaram excluindo a pessoa fundamental nesse processo. Não obteve qualquer reconhecimento e nem participou da cerimônia em que seus meninos foram homenageados.

O ápice da turnê americana dos Beatles em 1965 foi o show histórico no Shea Stadium, na cidade de Nova York, em agosto. O público alcançou 55.000 pagantes e a renda ultrapassou os US$305.000, um recorde na história do entretenimento.

As quatro minúsculas figuras, em suas túnicas cáqui de gola arredondada, tocaram por apenas trinta minutos, lutando em desespero contra o que não era mais um Uivo, mas o Rugido de um mar revolto. O setlist de doze canções não trazia nenhuma das duas que George compôs para o álbum *Help!*, apenas a antiga cover de Carl Perkins, "Everybody's Tryin' To Be My Baby".

"Este é o topo da montanha", disse Brian a Sid Bernstein, seu parceiro americano na produção do evento. E, para o Beatle que ele mais amava, a visão foi claramente insuportável. "Senti que nesse show John surtou", relembra Ringo. "Não ficou doente mental, apenas louco." Essa linha tênue aparece no documentário colorido da performance. A maior parte da plateia mal enxerga ou escuta John, que, com a franja empapada de suor, sobre uma perna só, passa o cotovelo sobre as teclas do órgão, com uma expressão indescritível de repulsa eufórica.

Em Los Angeles, doze dias depois, os Beatles foram se encontrar com Elvis Presley, agora com inconcebíveis trinta anos, há muito divorciado do rock'n'roll e produzindo filmes de Hollywood toscos e indistinguíveis, mas, *para os Beatles*, ainda no topo da montanha.

No passeio de limusine até a mansão de Presley em Bel Air, eles "caíram na risada". O motorista acabou se perdendo, e eles ficaram histéricos. No futuro, quando já se falavam apenas por meio de advogados, esse dia seria lembrado por George com carinho.

Apesar de toda a pantomima racista de Help!, o filme despertou algo profundo em George. Dedilhar aquela cítara no set fez aflorar um sentimento forte, uma inquietude inimaginável em 1965. Mas o amigo dele, Tom Petty, duas décadas depois, elucidou o caso de modo contundente: "Você faz sucesso, fica rico, mas chega um ponto em que cai a ficha: 'Nada disso vai me fazer feliz.'"

Após as filmagens, George comprou sua própria cítara na loja Indiacraft, na Oxford Street, especializada em esculturas, peças de latão e incenso, que começavam a entrar em voga. Mas não parecia um bom instrumento, e sem ninguém para ensiná-lo a manejar aquele braço enorme, logo desistiu dela e a guardou num armário do Studio 2 do Abbey Road, onde, por décadas a fio, músicos descartaram uma coleção de instrumentos exóticos.

Nos meses seguintes, o nome de Ravi Shankar apareceu muito na mídia, e George comprou um disco do maior virtuoso e compositor da cítara. "A primeira vez que parei para ouvir conscientemente a música indiana", ele afirmaria, "foi como se eu sempre a tivesse conhecido". Porém, ele ainda não sentia curiosidade pelas antigas religiões e filosofias que ela expressava.

Em meados de 1965, a influência indiana já começava a se infiltrar no mainstream pop britânico, sem vínculos com religião ou filosofia. Os Yardbirds fizeram sucesso com o single "Heart Full of Soul", que simulava eletronicamente o som da cítara indiana. A versão original inclusive tinha uma cítara de verdade, mas não funcionou como esperado, então Jeff Beck, o substituto de Eric Clapton na guitarra solo, teve que adaptar. Os Kinks, por sua vez, gravaram "See My Friends" ao ritmo da raga, com a pachorrenta guitarra slide imitando a tambura, o primevo alaúde indiano.

Os Beatles já trabalhavam na composição do novo álbum, *Rubber Soul*, que representou mais um salto quântico de Lennon-McCartney nas camadas melódicas e temáticas. Entre as novas canções de John, a enigmática "Norwegian Wood", que já havia mostrado a George Martin meses antes, em um passeio para esquiar em St. Moritz com as respectivas esposas.

Na mesma hora, Martin reconheceu aquilo como a confissão mal camuflada de um caso extraconjugal. "Cynthia ali sentada e John cantando '*I once had a girl... or should I say she once had me?*' ('Uma vez tive uma menina... ou devo dizer que uma vez ela me teve?...')." Martin inclusive reconheceu a parte envolvida: a esposa de Robert Freeman, o fotógrafo da capa em "meia-sombra" de *With The Beatles*, vizinhos de cima dos Lennon em Londres, antes de se mudarem a Weybridge.

Os Beatles começaram a gravar "Norwegian Wood" em 21 de outubro, cinco dias antes de receberem as MBEs no Palácio de Buckingham. Ensaiaram a canção com violões de seis e doze cordas, mas faltava algo para harmonizar com a ousada canção de John.

Em geral, quem tirava o coelho da cartola era George Martin, mas dessa vez bastou abrir o armário do estúdio – e lá estava a cítara descartada de George.

12

"BEM, AGORA DEU. JÁ NÃO SOU MAIS UM BEATLE"

Polianas do mundo das drogas, os usuários de LSD estavam sempre dispostos a perdoar as *bad trips* e a confiar que a próxima seria boa. Em retrospectiva, para George, o choque e a perplexidade desencadeados por aquele "torrão de açúcar enriquecido" se tornaram "a primeira vez que senti algo forte e *espiritual*. Fiquei olhando as árvores, a grama e o céu e pensei: 'É *isso*, cara.'"

Em 1965, a substância não era proibida. Por meio de médicos (ou dentistas), era fácil de obter, graças aos supostos efeitos benéficos sobre transtornos psicológicos. Em Londres, porém, ainda não era comercializada. Os distribuidores (todos americanos) a consideravam por um lado uma religião, e por outro um direito, como a vacina Salk contra a poliomielite na década de 1950. Em Chelsea, num apê de um imponente prédio de tijolo à vista, funcionava o World Psychedelic Centre (Centro Psicodélico Mundial), que oferecia LSD grátis em pequenas fatias de pão branco.

John também logo se recuperou dessa primeira "viagem". Concluiu que tinha sido maravilhosa e – sem freios, como em tudo na vida dele – em apenas 18 meses repetiu a dose em mil oportunidades, segundo estimativas dele próprio. Paul, cauteloso como sempre, ainda hesitava em fazer a sua própria e voluntária iniciação.

Depois da experiência com George e os Lennon, Pattie ingeriu apenas mais uma vez. "Foi no banco traseiro do psicodélico Rolls de John, a caminho da casa de campo de Brian, em Sussex. Ao chegarmos, saímos correndo como loucos ao redor da casa. Brian não conseguiu nos controlar; nunca conseguiu. Eu lembro que parei na frente de uma janela grande e alta. Olhei para baixo e pensei que se eu pulasse não ia me machucar. Isso me serviu de alerta. Nunca mais tomei aquilo."

As "viagens" se tornavam mais seguras na solidária companhia de outra pessoa; por isso, muitas vezes George e John embarcavam juntos, na esperança de expandir a mente. A diferença de idade entre eles nunca desapareceu por inteiro, mas nessas ocasiões se diluía. "[Sob o efeito de ácido] John e eu tínhamos um relacionamento muito interessante", recordaria George. "O fato de eu ser mais novo ou menor não era motivo de constrangimento para ele. A partir daí, eu passava mais tempo com John do que com os outros."

George foi o único a sentir um efeito colateral ainda mais intrigante: "Após tomar LSD, um pensamento ficou martelando em minha cabeça, a expressão 'Iogues do Himalaia'. Nunca tinha pensado em coisa parecida, mas aquilo sempre voltava... 'Iogues do Himalaia'. Como se alguém estivesse sussurrando em meu ouvido".

A cítara caiu como uma luva em "Norwegian Wood", ideia espontânea de eficácia imediata, ele sempre diria. "Gravamos com microfone e acertamos em cheio." Na realidade, Norman Smith, o excelente engenheiro de som da Parlophone, trabalhou arduamente para capturar seus "picos desagradáveis e formas de onda muito complexas", sem recorrer à distorção deliberada.

Autodidata, George se limitou a tocar a linha melódica principal de John em notas únicas. A experiência quase chegou ao fim prematuro quando uma das cordas arrebentou. Não havia corda sobressalente, e ele não tinha ideia de como instalar ou afinar uma outra. Por sorte, o sempre engenhoso George Martin conhecia uma instituição que fazia manutenção de cítaras.

Era o Asian Music Circle (Círculo de Música Asiática), criado em 1954 para promover a música, a dança e a cultura indianas, mesmo estabelecimento que introduziu a ioga aos empertigados ingleses. Ayana Angadi, antigo militante trotskista e anti-imperialista, fundou o círculo e o administrava a partir de sua residência em Finchley, no norte de Londres, onde morava com a esposa, a pintora e romancista Patricia Fell-Clark.

Os Angadi trouxeram a corda de cítara ao Abbey Road com os quatro filhos. Como agradecimento, foram convidados a ficar e assistir à gravação; Patrícia desenhou John e George trabalhando.

Enquanto os dois exploravam juntos o LSD, a principal recreação comunitária dos Beatles continuava sendo "cair na risada": o apelido secreto de *Rubber Soul*, lançado em dezembro de 1965, era "O álbum da erva", e fez jus ao nome.

Agora, três deles moravam no cinturão suburbano de Surrey e faziam um deslocamento especial para chegar ao estúdio Abbey Road. O Rolls-Royce de John primeiro pegava Ringo, que morava bem perto dele, em Weybridge, e depois parava em Esher para arrebanhar George. O trajeto com as janelas de vidro fumê fechadas durava em torno de uma hora. Poucos quilômetros depois, infelizmente, a fumaceira de maconha acumulada no interior do veículo e o deslizar macio e silencioso do Rolls na pista de rodagem provocavam mais náuseas do que risos.

"Na altura de Hammersmith, já estávamos duplamente chapados", relembraria George. "No Abbey Road, praticamente caíamos para fora do carro." Mas ainda respeitavam George Martin o bastante para nunca fazerem isso nas sessões de gravação.

Rubber Soul, afirmou Martin, era "o primeiro álbum a mostrar ao mundo os Beatles em um novo e evoluído formato". Apresentava "In My Life" e "Nowhere Man", de John, e "Michele", de Paul, mas a evolução mais impressionante ocorreu nas faixas de George, novamente um par delas.

Em um inesperado Ré menor, "Think for Yourself" é uma canção sobre triunfalismo masculino, ao estilo de "Positively 4th Street", de Bob Dylan, mas com uma energia contagiante que contrastava com a inércia sardônica da canção do americano. Como George admitiu em um bilhete a Roger McGuinn, o guitarrista dos Byrds, "If I Needed Someone" tinha um riff de guitarra sampleado de "The Bells of Rhymney" – tradicional canção folk que os Byrds gravaram em versão elétrica – e uma longa e fluente "coda em A-a-ah que mais parecia um hino sem lar".

"If I Needed Someone" se tornou a segunda Harrisong a gerar uma versão cover (a primeira sendo "Don't Bother Me") e lhe deu seu primeiro sucesso como compositor quando os Hollies, de Manchester, alcançaram com ela o 20º lugar na Grã-Bretanha. Dizem que George descreveu a interpretação dos Hollies como "lixo", coisa que parecia típica dele. Mais tarde, porém, em conversa com o guitarrista principal, Tony Hicks, George negou ter falado isso.

A cítara que ele tocou em "Norwegian Wood" inventou uma moda duradoura entre outras bandas britânicas, que acabou conhecida como "raga rock". Brian Jones, o genial multi-instrumentista dos Rolling Stones, dominou o instrumento de forma instantânea em duas faixas dos Stones, "Paint It Black" e "Mother's Little Helper", e a banda Traffic a inseriu em dois singles de sucesso, "Paper Sun" e "Hole In My Shoe".

Para esses outros, era só uma forma de dar à mais trivial letra pop um ar de mistério e sabedoria, mas não para George. Ele e Pattie – que compartilhava plenamente a nova obsessão do parceiro – visitavam com frequência a sede do Círculo de Música Asiática, em Finchley, onde teciam longos debates com Ayana Angadi sobre a religião e a cultura indianas.

Uma das pessoas do Círculo deu algumas aulas de cítara a George, que sonhava em conhecer Ravi Shankar, o maior expoente vivo do instrumento e amigo íntimo de Angadi. Mas quando viria da Índia e se materializaria em Londres? Ele e Pattie também posaram para Patricia Angadi, no que se tornaria o retrato de casamento deles.

Ele, aos 22 anos, ela, um ano mais nova. Em meados dos anos 1960, era normal casar nessa idade, para ambas as classes. Além disso, John e Ringo tinham mostrado que o tabu que proibia os Beatles de terem esposas não se aplicava mais. Mesmo assim, o pedido de casamento de George, logo após o lançamento de *Rubber Soul*, enquanto ainda estavam em Londres, não teve a espontaneidade habitual desses momentos. Ele disse: "Vamos nos casar. Vou falar com Brian".

Foi direto à casa de Brian, em Belgravia, e deixou Pattie esperando no carro. Quinze minutos depois, ressurgiu com a bênção de Brian. Os Beatles não tinham turnê marcada na segunda quinzena de janeiro de 1966, e o casamento deles poderia ser no dia 21.

Pattie não esconde que hesitou em aceitar um marido Beatle e tudo o que vinha junto com isso. Mas, profundamente apaixonada por George, também reconhecia o lado sedutor – embora assustador – desse mundo. "Em toda a minha vida, nunca alguém tinha tomado conta de mim. Era eu quem cuidava do meu irmão e das minhas irmãzinhas. Agora, Brian estava cuidando de mim e também de George. A minha sensação de segurança era absoluta."

Mas com a segurança vinha também o controle absoluto. Ela sempre sonhara em casar na igreja, em uma cerimônia com damas de honra e confetes, mas Brian decretou que deveria ser a mais discreta possível, para atrair o mínimo de furor midiático. Tampouco poderia encomendar um vestido a um dos principais estilistas que ela conheceu em sua carreira de modelo, com receio de que o segredo vazasse de algum ateliê. Portanto, ela teve que "se recompor" em um recém-comprado vestidinho Mary Quant em seda vermelha, com meias brancas.

Por insistência da mãe, convidou o pai. Há muito tempo retornado do Quênia, ele morava na zona rural de Devon. Patty não via o pai nem ouvia falar de Jock Boyd havia anos. "Vou me casar com George", escreveu ela. "Ele é de Liverpool, eu tenho certeza de que o senhor vai gostar dele..." Ficou claro que Jock evidentemente não estava ciente dos desdobramentos da vida da filha e continuava sendo o mesmo vitoriano rigoroso de sempre. Proibiu-a de se casar com alguém tão jovem, cuja família não conhecia (ou seja, socialmente), mas ela ignorou a ordem.

A cerimônia ocorreu no Cartório de Registros de Epsom, no primeiro horário da manhã, na vã esperança de minimizar a cobertura da imprensa. John e Ringo aproveitaram a folga para viajar e, de modo surpreendente, não marcaram presença. George havia comparecido aos casamentos de ambos, mas pelo jeito pensaram que não valia a pena voltar para casa especialmente para a ocasião. Brian e Paul foram os padrinhos, e Pattie foi entregue pelo irmão gêmeo de sua mãe, tio John, ainda radicado na África, onde atuava como escritor flibusteiro. Pattie e seus três irmãos sempre amaram mais John do que o próprio pai e o explosivo padrasto, Bobbie.

A recepção foi um almoço em Kinfauns, onde as famílias dos noivos se misturaram sem indícios de divisão, seja de classes ou norte-sul. Durante os discursos, os dois meios-irmãos de Pattie, ainda colegiais, ficaram inquietos. Paul tomou a iniciativa de os levar até o jardim e brincou com eles com o arco e flecha de George, com bom humor típico de um tiozão – mesmo quando uma das flechas atingiu seu imaculado Rolls-Royce.

No final, a pressão dos jornais da Fleet Street sobre Brian foi tamanha que uma coletiva de imprensa teve de ser convocada. George, sorrindo, lembrou-se de ter pedido – sem ser levado a sério – Pattie em casamento no trem, no primeiro dia em que se conheceram, nas filmagens de *A Hard Day's Night*. Mostrou-se menos cordial, transição que sabia fazer rapidamente, ao ser interpelado sobre sua suposta briga com os Hollies por causa da cover deles para a canção "If I Needed Someone".

Em junho daquele ano, Ravi Shankar voltou à Grã-Bretanha numa de suas turnês periódicas, incluindo seu histórico dueto com Yehudi Menuhin, o maior violinista do mundo (e presidente honorário do Círculo de Música Asiática). George compareceu ao recital de Shankar no Royal Albert Hall e a um jantar oferecido por Ayana e Patricia, na casa da família Angadi.

Quarentão de rosto afável, Shankar tinha a extrema modéstia que costuma acompanhar a genialidade. "Eu já tinha conhecido tanta gente, ido a casas de tantos astros de cinema, já havia me encontrado com Elvis... Mas a primeira pessoa que me impressionou de verdade foi Ravi", recordaria George, "porque ele nunca tentou me impressionar. Esse era o jeito dele, me ensinou muito sem dizer uma só palavra. Só dando o exemplo."

No intervalo entre os shows, Shankar visitou Kinfauns e deu a George e Pattie um recital privado com o tocador de tabla Allah Rahka. John e Ringo vieram de Weybridge para assistir. Então Shankar ofereceu a George seus préstimos como professor, oferta formal que George dificilmente esperava. "Foi tão bom encontrar um mestre capaz de ensinar um iniciante do zero."

Por mais suaves que fossem os modos de Shankar, ele não bajulava o Beatle com potencial de aumentar em mil vezes seu perfil público. "Aconteceu uma coisa que explica muito. Tocou o telefone, larguei a cítara, me levantei e fui passar por cima dela... e Ravi me deu um tapa na perna e disse: 'A primeira coisa que você tem que entender é que deve respeitar mais o instrumento'. Tem outras coisas que você não deve fazer: segurar as contas com o indicador, apontar os pés para outra pessoa ou assoprar uma vareta de incenso com a boca. Tudo faz parte da disciplina e é verdade. Se você não tiver respeito não consegue apreciar nada."

A cítara exige bem mais do que a guitarra para quem toca o instrumento. Corpo sentado, pernas cruzadas, perna esquerda sobre a direita. Não segurar a cítara como violão, mas deixá-la encontrar equilíbrio próprio, sem peso na mão que dedilha. Um vocabulário complexo: palheta era *misra*; "da" é movimento para baixo; "ra", movimento para cima; "diridiri", movimento para baixo-cima-baixo.

Shankar fazia George tocar sempre de olhos fechados, até ser capaz de identificar as casas do longo labirinto só pelo toque. Mesmo para quem tinha as pontas dos dedos endurecidas por anos deslizando para cima e para baixo no braço da guitarra, as escalas aparentemente intermináveis eram "fatais".

E os "das" e "diridiris" eram apenas parte do treinamento. A essência dos ensinamentos de Shankar era que "a música tem o poder de conduzi-lo a Deus", sobretudo a tradição oral da música indiana. Ele explicou, na primeira vez que o pupilo ouvia aquela palavra: "O guru transmite não só a técnica, mas todo o aspecto espiritual, o sentido da vida, a filosofia, tudo".

A última experiência de George com Deus tinha sido a rigorosa e única deidade de sua educação católica inicial. Em comparação, a multiplicidade de deuses invocados pela música de cítara parecia descontraída, reconfortante até. "Eu não conseguia nem dizer a palavra 'Deus', eu ficava envergonhado", contaria George. "Mas era tão estranho, [quando eu falava a palavra com Ravi] aquilo levava embora todos aqueles medos e dúvidas e coisinhas que nos prendem."

Nos calcanhares de Rubber Soul, o chamado "Álbum da erva" dos Beatles, veio *Revolver*, o "Álbum do ácido", considerado por muitos o melhor da carreira, agora com três contribuições de George.

Lançado no abafado verão de 1966, parecia o apogeu da "Swinging" Grã-Bretanha e de uma Londres recém-eleita pela revista americana *Time* como "a capital europeia do estilo". Exatos dez anos antes, após a humilhação da Crise de Suez, o país havia aparentemente se resignado à melancolia e à decadência terminais. E agora, o prestígio internacional da Inglaterra voltava ao ápice, não só na música pop, mas também erguendo a taça da Copa do Mundo de Futebol pela primeira vez, como se um bocado do talento dos Beatles tivesse se transferido às chuteiras da seleção nacional.

Das 14 faixas de *Revolver*, porém, apenas "Good Day Sunshine", de Paul, realmente evocava as calçadas quentes, as moças descalças – em vestidinhos listrados de vespa e chapéus de aba larga – e os rapazes de camisas de babados e cabeleiras Beatle que súbito se tornaram donos da cidade. Os restantes três quartos de Lennon e McCartney soaram menos eufóricos.

"Eleanor Rigby", nome pinçado de uma lápide de Liverpool, cria a imagem de uma senhorinha limpando a igreja, personagem solitária e moribunda que remete à atmosfera de um conto de James Joyce. "Doctor Robert" satirizava um médico de Manhattan famoso por fornecer injeções de anfetaminas a seus pacientes endinheirados. "She Said She Said" abordava uma experiência de quase morte. "Yellow Submarine", ostensivamente uma canção infantil para Ringo, era o apelido dos "barbitúricos" de pentobarbitol com cápsulas amarelas. Também se tornou uma canção de marcha para as greves industriais que continuavam paralisando a Swinging Britain com a frequência de sempre, com o refrão adaptado para "*We all live on bread and margarine*".

A maior participação de George em número de canções trouxe à tona as contradições que as pessoas mais próximas já conheciam. "Taxman", que teve um empurrãozinho de John, abria o álbum com uma crítica irônica à fúria arrecadatória da "megafaixa tributária" de 95% criada pelo governo trabalhista de Harold Wilson, ao qual todos os Beatles se viram submetidos. Reuniões sombrias e dispendiosas com contadores refletiram no conselho "*declare the pennies on your eyes*" ("declarem os *pennies* em seus olhos"), referência às grandes moedas antigas de um *penny*, tradicionalmente usadas nas casas da classe operária nortista para cobrir as pálpebras dos defuntos.

Em contraposição, "I Want To Tell You" lidava com a avalanche de pensamentos desbloqueados pela viagem com ácido, normalmente difíceis de serem compartilhados por alguém tão taciturno. O instrumental reforçava a mensagem nas duas faixas: a indignação palpável da guitarra solo em uma, o piano dissonante e o suave contraste (*middle-eight*), quase apologético, da outra.

É um clichê rotular "Tomorrow Never Knows" como a faixa mais visionária de John, reflexo da leitura de *The Psychedelic Experience*, do dr. Timothy Leary, o sumo sacerdote americano do LSD. Como de costume, ele foi vago ao explicar a George Martin: a gravação devia soar como o Dalai Lama cantando em uma montanha longínqua – insinuando que os "Iogues do Himalaia" de George também andavam sussurrando em seus ouvidos.

Martin obteve o efeito almejado sobrepondo cinco loops de fita com ruídos aleatórios e realimentando a voz de John – que o próprio odiava tanto – camada após camada de eco e distorção até alcançar um som lancinante e robótico, o piadista profano agora na pele de um santo em transe, ordenando: "*Turn off your mind, relax and float downstream...*" ("Desligue a sua mente, relaxe e flutue rio abaixo...").

A terceira canção da cota de George, "Love You To", começava sem essa parafernália sônica, muito menos com uma multidão de monges eletrônicos chorosos; era apenas o dedilhar lânguido de uma cítara solitária.

Ele criou uma versão em miniatura de uma clássica raga indiana, classificada mais tarde pelo autor James Gould como "um dos números mais ousadamente exóticos e experimentais já ouvidos num LP de música pop". Embora tenha sido creditada aos Beatles, ele a gravou com um grupo de musicistas indianos, incluindo o renomado tocador de tabla Anil Bhagwat e um tocador de cítara e tambura não creditado do Círculo de Música Asiática. O próprio George tocou cítara solo, guitarra rítmica e guitarra solo *fuzz tone*; Paul avolumou os vocais de apoio e Ringo acompanhou com um pandeiro.

Foi gravada nos dias 11 e 13 de abril, um mês e meio *antes* de ele se encontrar com Ravi Shankar. Assim como fez com o R&B de Chuck Berry e o rockabilly de Carl Perkins anos antes, ele montou as peças como um quebra-cabeça, escutando os discos sem parar.

A letra dava uma ideia rápida e genuína das preocupações de George: amor implícito por Pattie; cismas sobre a brevidade da vida inspiradas pelo ácido; uma exortação para "*make love all day long*" ("fazer amor o dia inteiro"), inspirada na filosofia hippie; e um murmúrio ressentido, desconhecido da música indiana, contra "*people standing round who'll screw you in the ground*" ("pessoas ao redor prontas para nos passar a perna").

A voz dele tenta imitar a de cantores que tinha ouvido em discos ao vivo de Ravi Shankar; um timbre que pode soar insípido e monótono aos superficiais ouvidos ocidentais, mais prece do que autoprojeção. Todavia, de alguma forma esse tom aparentemente estranho se adapta bem melhor nele do que seu gutural sotaque liverpudliano, com o gume autoconsciente exibido com tanta frequência em "Everybody's Tryin To Be My Baby".

Foi a Índia que enfim lhe deu uma voz e uma identidade próprias.

Mais de meio século depois, com seus velhos rivais dos Rolling Stones ainda fazendo turnês esporádicas como octogenários, é difícil de acreditar que a carreira dos Beatles como atração internacional ao vivo tenha durado apenas três anos. Mas os Beatles têm algo em comum com gatos e cachorros: para eles, é como se um ano de vida equivalesse a sete (ou mais) anos normais. *Eight Days a Week*, o documentário de Ron Howard lançado em 2012, aborda isso e os mostra envelhecendo a olhos vistos, palco a palco, como se a adulação fosse corrosiva.

Quanto maiores as ambições e as conquistas musicais no estúdio, mais irritante se tornava abandonar George Martin e o Abbey Road para voltar a cantar a plenos pulmões velhos hits estrondosos que, em meio à gritaria ensurdecedora, eram tão inaudíveis para eles quanto para as plateias. E, embora o público estivesse disposto a ouvir, os limitados sistemas de som da época impossibilitavam a performance ao vivo de suas músicas mais recentes, em toda a sua complexidade e sutileza.

Quanto mais a música deles percorria o mundo, menos mundo eles percorriam; nas palavras do assistente deles, Tony Bramwell, tudo se resumia em "mais um palco, mais uma limusine, mais uma disparada para salvar a própria pele".

No começo de 1966, John e George decidiram que estavam fartos daquilo, mas Paul, esse infatigável *showman*, relutava em romper esse vínculo que sempre os uniu tão fortemente com os fãs da banda. Como nos conta o próprio Sir Paul McCartney: "Fiquei batendo na tecla: 'Fazer turnê é legal, nos mantém em plena forma. Músicos precisam tocar. Isso mantém a música viva.'"

Para divulgar o álbum *Revolver*, Brian agendou uma turnê mundial em duas etapas: no começo de junho e no final de agosto. A primeira mirava o potencial de novos mercados asiáticos, como Japão e Filipinas; a segunda, um retorno aos EUA. Devido ao valor da operação, Brian não ia ficar indo e vindo, como costumava fazer, mas viajaria com a banda do começo ao fim.

O Japão ainda estava longe de se tornar o candidato à capital mundial da Beatlemania que é hoje. O Nippon Budokan Hall, em Tóquio, onde fizeram três shows, em geral recebia competições de sumô e exibições de artes marciais, ao mesmo tempo tradicionais ritos religiosos e eventos esportivos para grandes públicos. Grupos militaristas e da extrema direita consideraram aquilo uma deturpação desse santuário e fizeram ameaças de morte.

Nos três dias em solo japonês, saíam do hotel somente para tocar; em cada show, 3.000 policiais mantinham a plateia de 9.000 espectadores não apenas sentados, mas imóveis, a fim de vislumbrar potenciais atiradores. Nos traslados do hotel ao local, manifestantes ladeavam as estradas, entoando cânticos que os rotulavam como "insetos que precisam ser esmagados".

Em seguida, houve o imbróglio nas Filipinas em que o habitual talento diplomático de Brian foi posto em xeque. Na manhã anterior aos dois shows em Manila, no Rizal Memorial Football Stadium, os Beatles não compareceram a uma festa infantil promovida pela primeira-dama, Imelda Marcos, evento ao qual nem sabiam que tinham sido convidados. Ao acordarem no hotel, ligaram a tevê e com surpresa assistiram às reportagens dizendo que tinham "esnobado" a esposa do presidente.

Como retaliação, o hotel cancelou o serviço de quarto. No Aeroporto de Manila, tiveram que carregar as próprias malas e foram barrados pela segurança. Só puderam embarcar após Brian desembolsar uma polpuda propina em dinheiro vivo. Embora seus opressores fossem puxa-sacos do presidente, pouco representativos do sentimento nacional, mais tarde John citou que George teria dito que gostaria de "soltar uma bomba atômica sobre as Filipinas".

George tinha combinado de interromper o voo para casa com uma primeira e breve visita à Índia, a fim de comprar uma cítara de melhor qualidade, tendo Neil Aspinall como único acompanhante. Mas, quando o avião deles aterrissou em Délhi, John, Paul e Ringo foram comunicados que a BOAC (British Overseas Airways Corporation) havia, por um lapso, revendido os assentos deles para o restante da viagem. Então, decidiram acompanhar George em seu tour na Índia.

Após o caos em Manila, George pensou que seria um alívio "conhecer esse belo e antigo país e ter um pouco de paz e silêncio"; em vez disso, toparam com uma nova e frenética multidão atrás de uma cerca de arame. Mais tarde ele lembraria como, esperando a bagagem, sem a usual pré-reserva em hotéis de luxo, do nada veio-lhe à mente a imagem de Cristo, em uma paráfrase do Evangelho de São Mateus: "Raposas têm suas tocas e as aves do céu têm seus ninhos, mas os Beatles não têm onde repousar suas cabeças".

Essa paradinha de 48 horas sequer arranhou a superfície do subcontinente. Na suíte do hotel onde os Beatles logo conseguiram repousar suas cabeças, comerciantes de cítaras fizeram fila para mostrar a George as melhores opções. Vendedores também ofereceram suvenires, como enormes peças de xadrez entalhadas em marfim clandestino.

Tentando se redimir, um funcionário da BOAC providenciou um city tour na velha capital imperial de Nova Délhi – com fachadas de arenito como as áreas mais chiques de Liverpool – e cenários com as "cores locais", como o patético e solitário camelo andando em círculos para içar a água de um poço, cena que deixou o emotivo Ringo visivelmente transtornado. Ávidos para usarem as câmeras Nikon adquiridas em Tóquio, pararam num vilarejo onde até mesmo criancinhas desnutridas tapadas de moscas pareciam reconhecê-los.

Depois de Manila – conforme George Martin contou mais tarde –, John e George disseram para Brian cancelar a etapa americana da turnê, em agosto. As rendas envolvidas, inclusive de um segundo show no Shea Stadium, eram tão gigantescas que ele os persuadiu a seguir em frente, mas aceitou que seria a última turnê deles.

Na coletiva de imprensa dos Beatles após o retorno da Índia, amenizaram o tratamento recebido pelo regime de Marcos e, claro, não disseram nada sobre soltar uma bomba atômica nas Filipinas. "Vamos curtir duas semanas para nos recuperar antes de irmos aos EUA para sermos espancados", brincou George, ao menos pensando que era uma brincadeira.

Cinco meses antes, em um momento descontraído com sua entrevistadora predileta, Maureen Cleave, do jornal londrino *Evening Standard*, John havia opinado que o Cristianismo ia "encolher e sumir". E acrescentou que agora os Beatles eram "mais populares que Jesus". Na Grã-Bretanha, quase ninguém deu bola aos comentários dele. Mas, reimpressos numa revista americana adolescente às vésperas da turnê, geraram um sentimento de revolta no Cinturão Bíblico do Sul (Southern Bible Belt).

Muitas estações de rádio baniram os discos dos Beatles e organizaram fogueiras públicas com eles ou quebraram os discos em programas ao vivo. Protestos de manifestantes obrigaram vários shows a serem abreviados e impediram a banda de sair do local por horas após o término do evento. O grupo supremacista branco Ku Klux Klan pregou um álbum dos Beatles a uma cruz em fogo e ameaçou "vingança" ao mesmo estilo violento que infligiam a negros indefesos. Quando uma bombinha estourou no meio da plateia do Mid-South Coliseum, em Memphis, os quatro Beatles se entreolharam para ver qual deles tinha levado um tiro.

Em Cincinnati, Ohio, tiveram que fazer um show no horário de almoço no Crosley Field sobre um palco ainda alagado por uma tempestade, portanto, sob risco constante de morrerem eletrocutados. Depois viajaram 560 km para o show noturno em St. Louis, onde foram entregues no Busch Stadium na carroceria de um caminhão-baú sem assentos e sem ter nem ao menos onde se segurarem. Enfim, Paul entendeu o ponto de vista de John e George.

O derradeiro show aconteceu no dia 29 de agosto, no Candlestick Park, São Francisco, com apenas 3/4 dos 32.000 ingressos vendidos. Logo após o show, eles foram conduzidos ao aeroporto num carro blindado; mudança radical em relação ao desfile triunfal em carro aberto proposto para a mesma cidade, apenas dois anos antes.

No voo de volta, com sua típica franqueza, George oficializou: "Bem, agora deu. Já não sou mais um Beatle".

Duas semanas depois, George voltou à Índia de avião, dessa vez em companhia de Pattie. Os dois rumaram a Bombaim, hoje Mumbai, onde ficava a Kinnara School of Music, de Ravi Shankar. George abriu mão do principal estigma de ser um Beatle: cortou o cabelo para emoldurar o rosto e deixou crescer o bigode.

Outra coisa diferente, atípica de um Beatle, foi a ausência de um assistente ou roadie para facilitar o trajeto e atuar na segurança. Ele e Pattie fizeram o check-in no hotel Victorian Taj Mahal com os codinomes "Sr. e Sra. Sam Wells". A janela do quarto se abria para o colossal arco de pedra inaugurado no auge da colonização britânica, o chamado "Portal da Índia". O ascetismo ao estilo hindu ainda jazia em algum ponto futuro: no Taj superluxuoso, o camareiro manobrava até as pastas de dente dos hóspedes.

Shankar seguiu dando aulas particulares de cítara para George e acrescentou à equação um professor de ioga. O objetivo era aliviar as dores no quadril devido à postura para tocar o instrumento. Além disso, Tat Baba, o guru pessoal de Shankar, ensinou a George a Lei do Carma, ou de causa e efeito, que parecia ter guiado os Beatles através de todas as mudanças de itinerário erradas para os conduzir ao seu destino estupendamente certo.

Na mídia da capital da Índia, a verdadeira identidade do sr. Sam Wells logo seria desvendada. Os pedidos de entrevistas foram tantos que George teve que dar uma coletiva no hotel e, mais tarde, uma entrevista ao correspondente local da BBC. Esses jornalistas foram os primeiros a descobrir que ele estava bem mais interessado em falar sobre sua nova paixão do que sobre o fato de ser um Beatle, embora sem muito de seu habitual humor seco e lacônico.

Após um mês, Shankar deixou os recitais e os ensinamentos de lado por um tempo para acompanhar George e Pattie num tour pelas paisagens mais famosas do país, como o Taj Mahal, em Agra, a "Cidade Rosa" de Jaipur, no Rajastão, e a cidade sagrada de Benares, hoje Varanasi, onde as cremações públicas eram feitas nos *ghats* ou escadarias do rio Ganges. Acabaram na Caxemira, morando numa casa flutuante no lago Dal, perto de um jardim aquático, tendo a cordilheira do Himalaia ao fundo.

Aos olhos de Pattie, talentosa não só como modelo, mas também como fotógrafa, tudo ao redor evocava uma superabundância de material extraordinário. Mas, nas fotos dela, o foco principal era George, de sandálias e túnica na altura do joelho, a chamada *kurta*. Incansavelmente ele visitava este ou aquele templo ou monumento, no rosto uma felicidade radiante como nunca mostrou em seus milhões de retratos com os Fab Four – mas com frequência ainda com um cigarro entre os lábios. "Foi o primeiro sentimento que tive de não ser um Beatle ou um número", recordaria ele mais tarde.

Sequer tivera tempo de abrir um livro desde que saiu do Inny, mas agora andava fascinado com as obras que Raju, o irmão de Shankar, havia lhe emprestado sobre a religião e a filosofia hindus, algumas escritas por iogues do Himalaia da vida real. Uma das coisas que se repetiam era um preceito no extremo oposto do catolicismo de sua infância, que exigia acreditar cegamente em tudo que ouvia. "Dizia que, se existe um Deus, você deve enxergá-lo. Se existe uma alma, você deve percebê-la... Só podemos acreditar naquilo sobre o que temos uma percepção direta. Isso me levou a pensar: 'Uau, isso é fantástico! Até que enfim algo que realmente faz sentido.'"

Em uma de suas experiências mais pungentes, testemunhou o clímax do Kumbh Mela, o mais sagrado dos festivais hindus, quando milhares de peregrinos participam de um ritual de purificação no Ganges. O melhor antídoto possível para a Beatlemania era se misturar àquela colossal multidão, plenamente apaziguadora e estranhamente cordial, mas que, ao mesmo tempo, não prestava atenção específica nele.

13

"O ENLEVO DA MEDITAÇÃO"

Os psicólogos comentam sobre a "mentalidade grupal", a qual ocorre geralmente em multidões que, em momentos de grande emoção, parecem guiadas por uma só inteligência. Embora os Beatles tivessem personalidades totalmente diferentes, a convivência equipou a banda com uma mentalidade grupal que nunca parava de funcionar. Para vê-la em ação, basta apenas assistir a trechos de suas coletivas de imprensa para observar como um capta o pensamento do outro e conclui a frase que o outro começa. Tudo parece uma equipe de comediantes seguindo um roteiro muito bem afiado – mas é tudo no improviso.

Perante a mídia, sempre apresentaram uma frente plenamente unida: seja lá o que estivesse ocorrendo nos bastidores, um Beatle nunca criticava o outro ou admitia o menor desentendimento entre eles. A intercomunicação às vezes se embrenhava em algo telepático: os jornalistas começaram a reconhecer o momento em que eles cerravam fileiras sem pronunciar uma só palavra, como se baixassem uma grade de ferro para deixar o povo lá fora, boiando.

A maior ameaça à sua mentalidade grupal até o momento tinha surgido em novembro de 1966, na Indica, galeria de arte no bairro West End, em Londres, local em que John travou contato pela primeira vez com Yoko Ono, artista conceitual nipo-americana. Mas as implicações só viriam completamente à tona dois anos depois. Nesse meio-tempo, a primeira e verdadeira pressão sobre a união da banda aconteceu no começo de 1967, quando George voltou ao trabalho no Abbey Road, com os outros três e George Martin.

"Eu tinha voltado da Índia, mas o meu coração ainda estava lá. Eu havia ido além dos limites da banda e foi difícil para mim voltar às sessões... Eu tinha feito muitas jornadas [criativas] importantes por conta própria, e estava evoluindo com base naquilo."

Para seguir o extremamente elogiado e bem-sucedido *Revolver*, John e Paul tinham planejado um álbum que exploraria a infância deles em Liverpool, algo que não empolgava George nem um pouco. Não que ele fosse imune à nostalgia – ele até curtia as atrevidas cantigas de George Formby, no período entreguerras –, mas não tinha desejo algum de falar com entusiasmo sobre os locais sombrios, barra-pesada, da cidade onde cresceu.

No entanto, o álbum da infância teve que ser abandonado, devido à necessidade de Martin de lançar um single dos Beatles em fevereiro (ainda no intuito de aproveitar ao máximo a popularidade da banda, antes que ela evaporasse). Assim, os cartões-postais de John e Paul e seus respectivos passados – surreal em "Strawberry Fields Forever" e cinemático em "Penny Lane" – foram involucrados juntos em um formato de single com duplo lado A, representando o maior valor agregado já oferecido por um frágil disquinho de 45 rpm. Infelizmente, uma canção competiu com a outra e, de modo chocante, o disco alcançou apenas o segundo lugar, cedendo o topo para "Release Me", de Engelbert Humperdinck.

A essa altura, entretanto, Paul já bolava uma ideia nova, sugerida pelo modismo da Swinging London por objetos militares vitorianos. "Achei que íamos apenas entrar no estúdio para gravar o próximo disco", George comentaria mais tarde, "mas o Paul veio com essa história de banda fictícia... Não embarquei muito na ideia".

Nem embarcaria de corpo e alma na obra-prima dos Beatles, *Sgt. Pepper's Lonely Hearts Club Band*, em que se fantasiam de uma banda de soldadinhos de brinquedo dando um dos shows ao vivo que no ano anterior eles tinham cessado de fazer com seu nome real.

Em algo sem precedentes para um álbum, levou quatro meses para ser gravado a um custo de cair o queixo: £ 25.000. Até então sempre tinham gravado como banda, em uníssono, com o acréscimo eventual de um instrumento novo, como espineta ou trompa. Para George, *Sgt. Pepper* mais parecia "um processo de montagem", não só de faixas vocais e instrumentais, mas de efeitos sonoros esotéricos, como o de realejo de feira e do calíope (órgão a vapor), balidos e mugidos, matilha de cães de caça uivando e orquestra de 41 peças tocando sem partitura. "Para mim se tornou um pouquinho cansativo e tedioso. Em alguns momentos gostei de fazer, mas em geral não curti muito a confecção desse álbum."

Estoicamente, Ringo aceitou ficar à margem da criação artística, esperando apenas seu tradicional número como vocalista principal; segundo ele, "aprendi a jogar xadrez durante *Sgt. Pepper*". Para George, gravar o álbum foi como ser uma paisagem de fundo quase imperceptível, contraposta a essa ou aquela proeza de Lennon ou McCartney no primeiro plano. Aqui e ali, George foi inserindo um efeito indiano, como o "zumbido" da tambura na canção "Lucy in the Sky with Diamonds", mas na canção-título inclusive viu Paul substituí-lo na guitarra solo.

Mesmo assim, a mentalidade grupal parecia impulsionar o projeto, com Paul agora enfim já iniciado no LSD, que permeava a ideia, e todas as quatro divertidas variações do bigode de sargento-mor, George acrescentando a barbicha, como guarda avançado de uma *Grande Armée* de barbeiros.

Em vez de lutar por espaço no álbum como de costume, George tinha contribuído com uma só composição, e com um clima bem diferente de "Love You To", do *Revolver*. "Only a Northern Song" era uma referência ácida à editora musical formada para administrar a produção de Lennon-McCartney, contrato que ele e Ringo tinham assinado, cada um com direito a apenas 0,8% dos lucros. A abertura de capital da Northern na Bolsa de Valores de Londres em 1965 enriqueceu John e Paul – mas só eles dois.

Remoendo em silêncio essa participação quase irrelevante nos lucros da empresa, George compôs uma "Northern song" [literalmente, canção do Norte, trocadilho com o nome da editora musical, Northern Songs] quase propositalmente ruim, espécie de "If I Needed Someone" em câmera lenta, mas sem as cativantes e usuais mudanças de acordes, entoada numa voz--de-prendedor-no-nariz, mais parecida com um zunido do que com algo inspirado na Índia. Parecia ter sido gravada com uma cornucópia de instrumentos do armário de achados e perdidos do Abbey Road, com George no órgão Hammond, John no piano e no carrilhão-tira (*glockenspiel*), Paul no trompete e uma miscelânea de efeitos sonoros. Embora com mais respeito do que de costume, George Martin avisou George: não tinha ficado bom o suficiente. Era necessário tentar de novo.*

George talvez simplesmente tivesse mergulhado em um de seus assustadores silêncios, não fosse o artista/musicista Klaus Voormann, principal fã dos Beatles em Hamburgo, com quem ele sempre teve uma forte relação de amizade. Há tempos, Voormann havia se mudado para Londres, onde morou com George e Ringo no flat da Green Street; entrou na banda de Manfred Mann como baixista e fez o design da capa do álbum *Revolver*.

Uma noite, após jantar na casa de Voormann, em Hampstead, George começou a tocar um antigo harmônio de pedal, e os chiados inesperadamente evocaram uma miríade de lembranças da Índia. Daí surgiram os acordes de uma nova canção ao estilo das ragas, só que mais ambiciosa do que "Love You To", inspirada numa peça com duração de sinfonia que Ravi Shankar havia composto para a rede de rádio All India.

O título veio do livro *Karma and Rebirth*, de Christmas Humphrey, notável advogado britânico convertido ao budismo, publicado na década de 1940 e contendo a máxima "*Life goes on within you and without you*" ("A vida continua dentro de você e fora de você"). Aqui, "*without*" tem o significado do inglês arcaico, "do lado exterior". A partir daí, algo raro para George, a letra praticamente se escreveu por conta própria: "*Try to realise it's all within yourself and to see you're really only very small... and life flows on within you and without you*" ("Tente entender que tudo está dentro de você, tente ver que você é mesmo muito pequeno... e a vida flui para dentro e para fora de você").

* Assim, "Only a Northern Song" acabou cortada do álbum *Sgt. Pepper*, para ser incluída dois anos depois no *Yellow Submarine*. (N. de T.)

Gravada em três etapas, a canção acabou ficando com mais de cinco minutos, com a participação de instrumentistas do Círculo de Música Asiática. Dessa vez, George abriu mão de tocar a cítara solo, apenas dedilhando a tambura, junto com – surpresa – o leal roadie dos Beatles, Neil Aspinall. Para criar uma atmosfera adequada no Abbey Road, os músicos se sentaram no tapete, com iluminação indireta, paredes forradas de tapeçarias indianas e incenso sendo queimado.

Como o misticismo inspirado na Índia se encaixaria no show de vaudeville do *Sgt. Pepper*? Charada difícil de deslindar – mas alguém pode dizer o mesmo de um masturbador noturno ("With a Little Help from My Friends"), uma guarda de trânsito ("Lovely Rita"), uma jovem fugindo da casa dos pais ("She's Leaving Home"), um velho casal passando as férias na Ilha de Wight ("When I'm Sixty-Four") ou um acidente de carro fatal ("A Day in the Life"). Hoje, como na época, ela parece tão indispensável quanto qualquer uma dessas.

"Within You Without You" se tornou um divisor de águas na plateia dos Beatles. De um lado, os que a consideram intoleravelmente solene e sem graça. Do outro, aqueles que a consideram a única mensagem significativa do *Sergeant*, "ao mesmo tempo bonita e severa", para citar a revista *Rolling Stone*, "magnético sermão sobre o materialismo e a responsabilidade comum no meio de um disco dedicado à gentil anarquia Technicolor".

O mais importante para George: a canção lhe valeu o primeiro elogio registrado por parte de John, embora – de modo característico – como parte de uma depreciação geral do álbum como um todo. "Eu não aprecio... tem partes que não deram certo... 'Sgt. Pepper' é uma boa canção; 'Getting Better' é uma boa canção e 'Within You Without You', de George, é linda. O que mais há nele além do conceito inteiro de uma faixa se encordoando na outra?"

Na Grã-Bretanha, o LSD passou a ser ilegal desde meados de 1966. Agora, a manufatura ou posse resultava em penalidade de até sete anos de reclusão. Esse fato motivou a ação da polícia na repressão de drogas ilegais já prevalentes, principalmente a cocaína e a maconha, consumidas por jovens com o incentivo mal disfarçado da música pop e seus criadores.

O alvo óbvio da vingança foi uma banda que há três anos minava os valores britânicos, não tanto por meio das drogas, mas por serem, sob todos os aspectos, o contraponto dos bonitinhos – e apropriados à família – Beatles.

Em fevereiro de 1967, a polícia fez uma grande operação no chalé de Keith Richards, guitarrista dos Rolling Stones, em Sussex, onde Mick Jagger passava o fim de semana com a namorada dele, Marianne Faithfull, e outros amigos não músicos. Embora os dois Stones tenham tomado ácido naquele fim de semana (Jagger pela primeira vez!), os dois foram indiciados por posse de narcóticos menos potentes. No entanto, em razão desses crimes meramente técnicos, se tornaram réus primários e foram arremessados no sistema judicial para serem ritualmente eviscerados.

No dia da batida policial, George e Pattie Harrison visitaram o chalé, mas tinham ido embora ao entardecer. "Já estávamos bêbados e chapados o suficiente", recorda Pattie, "e tínhamos um longo caminho a percorrer de carro no retorno a Esher".

Ao se aproximar do chalé de Richards, a força-tarefa cruzou por George em seu psicodélico Mini Cooper indo na direção oposta. Por isso, reza a lenda que, para não expor um Beatle sagrado, a polícia esperou primeiro ele sair para desencadear a operação. Entretanto, mais tarde, os policiais em peso afirmaram em entrevistas que não se lembravam de terem ouvido o nome dele antes da operação nem de perceberem que o Mini era dele. Mas se essa imunidade realmente existiu um dia, não duraria por muito tempo.

Sgt. Pepper's Lonely Hearts Club Band foi lançado em maio de 1967. Do ponto de vista comercial, a recepção foi excelente e raramente igualada no futuro. Do ponto de vista emotivo, jamais tiveram outra recepção tão calorosa. Na Grã-Bretanha, o álbum se manteve durante 23 semanas consecutivas no topo das paradas da revista *Record Retailer*. Nos EUA, o LP liderou a parada Hot 100 da *Billboard* por 15 semanas. Críticos eruditos competiram em superlativos como "momento decisivo na história da cultura ocidental" e um "precursor de uma renascença dourada da canção". Como aconteceu com o assassinato do presidente John F. Kennedy (e de outro John no futuro), milhões sempre se lembrariam exatamente onde estavam e o que estavam fazendo quando o escutaram pela primeira vez.

A capa de Peter Blake era um tipo de arte jamais vista no invólucro de um LP, mostrando os Beatles com uniforme de hussardos em seda psicodélica sob uma colagem estilo pop art com ícones desde Marlon Brando até W. C. Fields, cada um dos quatro músicos da banda segurando um instrumento de sopro diferente. Com um simbolismo (presumivelmente) inconsciente, George em seu traje cor de laranja está com o menor deles, um flautim, que parece estar tentando esconder dentro da manga azul-celeste de Paul. A título de prêmio de consolação, ao que parece, a miscelânea de rostos e efígies incluía a de um eminente místico indiano, Paramahansa Yogananda.

O lançamento do álbum em Londres gerou uma segunda ameaça à mentalidade grupal, ainda não detectável. Linda Eastman, fotógrafa loira e esbelta, veio de Nova York fotografar a banda. Durante o ensaio, parecia mais interessada em Paul, e após guardar as câmeras, manteve o foco em uma animada conversa com ele.

Com letras ambíguas do tipo "*I get high with a little help from my friends*" e "*I'd love to turn you on*"; as letras iniciais de "Lucy in the Sky with Diamonds"; e dicas visuais como o canteirinho de *Cannabis* aos pés deles na capa do *Sgt. Pepper*, além de inúmeras outras indiretas e piscadelas auditivas, os Beatles se apresentavam claramente como figuras representativas do apogeu da cultura das drogas dos anos 1960.

O fato é que até mesmo o empresário que tanto se dedicava ao bem-estar e à segurança deles parecia não recear a repressão policial. Dias após o lançamento do *Sgt. Pepper*, Brian deu uma festa de arromba em sua nova casa de campo em Sussex, com a presença de John, George e Ringo, além de Mick Jagger – então à espera de ser julgado – e outros grandes nomes das paradas musicais, onde o LSD circulou tão livremente quanto champanhe e petiscos.

Entre os convidados, George apreciou muito rever Derek Taylor, ex--assessor de imprensa dos Beatles que havia abandonado o barco na turnê transamericana de 1964, devido a uma rusga com Brian. Atualmente ele trabalhava na Califórnia como profissional de relações públicas dos Beach Boys e dos Byrds, entre outras bandas. Brian, na esperança de seduzi-lo a voltar ao único grupo com "B" que valia a pena, enviou passagens de avião de ida e volta de primeira classe para Taylor e a esposa, Joan, grávida de sete meses.

Na visão de Joan Taylor, um argumento persuasivo a favor do LSD parecia o fato de que, sob a influência de ácido, John e George agora mostravam afeto e se comportavam de maneira altruísta, coisa que os maconheiros egocêntricos e reservados que ela conhecia jamais conseguiriam. Assim, quando George deu a Taylor um comprimido de ácido, Joan aceitou um de John, apesar da gravidez avançada. "Pelo resto da noite, os dois cuidaram de Derek e de mim", recorda. "Não poderiam ter sido mais bondosos e cordiais."

Em Monterey, na Califórnia, o "Verão do Amor" inaugurou um inovador conceito de festival pop ao ar livre. Grandes nomes tocaram em pleno junho e doaram seus cachês – exceto Ravi Shankar – para instituições de caridade. Um dos organizadores, Derek Taylor, não conseguiu convencer os Beatles a se apresentar ao vivo outra vez.

Se, por um lado, a vontade de George de voltar aos palcos era quase nula, por outro andava cada vez mais curioso sobre o movimento hippie californiano, com berço em São Francisco, no distrito de Haight-Ashbury. Participar do Festival de Monterey seria a oportunidade ideal para conferir isso de perto. "Tínhamos acabado de ingerir ácido em St. George's Hill [bairro onde John morava em Weybridge]", conta ele, "e ficamos imaginando como teria sido [em Monterey]".

Numa entrevista à rede de tevê britânica Independent Television News, em 19 de junho, Paul reconheceu ter consumido LSD "umas quatro vezes", expondo-se assim a um risco extremo, e a banda inteira junto. Para George, era algo típico de McCartney tentar roubar a cena. Demorou 18 meses para experimentar ácido e "no outro dia está na televisão, falando sobre isso". Mas Paul também não deu bola para a polícia, nem a confissão dele impediu que ele e seus três companheiros de banda fossem exibidos ao mundo entre os principais ativos nacionais da Grã-Bretanha.

Vinte e cinco países, uma semana mais tarde, conjugaram forças para fazer a primeira transmissão global via satélite. O documentário extenso ilustrava o que havia de melhor em cada uma de suas sociedades. O núcleo do segmento britânico mostrava os Beatles trabalhando no Abbey Road, simulando a gravação de seu mais recente single, "All You Need Is Love", que se tornou um hino instantâneo entre os hippies.

Decorado com flores, o estúdio estava repleto de colegas músicos, entre eles Mick Jagger e Keith Richards – que, poucos dias depois, seriam condenados por seus microscópicos delitos com drogas e encarcerados nas prisões de Brixton e Wormwood Scrubs, respectivamente, até a sanidade voltar ao sistema jurídico britânico e eles serem soltos para aguardar o recurso em liberdade.

Com enormes fones de ouvido, George passou despercebido aos 44 milhões de espectadores da transmissão, o solo incisivo soterrado por uma orquestra sinfônica completa e demais efeitos sonoros típicos do álbum *Sgt. Pepper*: "A marselhesa", o hino nacional francês; "In The Mood", de Glenn Miller; "Greensleeves", do rei Henrique VIII; a Invenção nº 8 em Fá Maior, de Bach; e a paródia de John, tirando sarro de "She loves you, yeah yeah yeah".

Os próprios Beatles ficaram tão influenciados por "All You Need Is Love" que a mentalidade grupal quase se metamorfoseou em uma vida em grupo, ao melhor estilo hippie.

Por um tempo, chegaram a pensar em morar numa ilha grega só deles. Atravessaram o Egeu em busca de uma ilha à venda, guiados por Alex Mardas, amigo de John, vulgo "Magic Alex", cujas supostas ligações familiares com o governo militar fascista da Grécia agilizariam a compra. "O tempo inteiro John e eu tomamos ácido", recordaria George, "sentados na proa do navio, tocando uqueleles". Outra ideia que não durou muito foi comprar uma idílica aldeia inglesa com uma praça verde no centro e "um lado para cada um".

Em agosto, George e Pattie voaram a Los Angeles, na companhia de Neil Aspinall e "Magic Alex", para se encontrarem com Jenny, a irmã mais nova de Pattie. Jenny ia ajudar uma amiga a inaugurar uma butique. Outro motivo da visita era assistir a um show de Ravi Shankar no Hollywood Bowl. Frank Sinatra (ex-detrator dos Beatles) convidou os Harrison a visitá-lo. Primeiro, no estúdio, presenciando a gravação de "My Way", esse eterno autoelogio dos cretinos, e depois à noite, em um jantar em que cada um de seus guarda-costas tinha sua própria garrafa de uísque.

Derek Taylor também providenciou os detalhes para a esperada visita de George a São Francisco para conferir Haight-Ashbury. A maioria dos hippies fazia essa peregrinação pedindo carona e pousando em sacos de dormir, mas George e companhia fizeram isso a bordo de um jatinho particular.

Guiados por Taylor, passearam a tarde toda, sob a influência benéfica de uma "erva da boa" fornecida por um DJ local. George não escondeu a decepção. Haight-Ashbury já tinha sido uma comunidade autêntica, cooperativa e igualitária, mas já perdia a essência em meio ao comercialismo e à corrupção. "Fui até lá esperando um lugar maravilhoso, com ciganos descolados fazendo obras de arte, pinturas e esculturas em ateliês", relembraria George. "Mas era um antro de moleques horrendos viciados em drogas."

Foi tratado "como um Messias"; em outras palavras, recebeu mil e uma ofertas de ácido de baixa qualidade, incluindo o "STP", dez vezes mais potente e dez vezes mais prejudicial. A experiência toda resultou no efeito de afastá-lo do LSD para sempre. "Não foi o que eu pensava... um local de despertar espiritual e inspiração artística. Era como alcoolismo, como um vício qualquer."

Decidiu analisar um frasco restante de LSD na forma líquida sob as lentes de um microscópio. "Pareciam fibras de uma corda velha. Pensei que eu não podia mais expor meu cérebro àquilo."

Para arrematar a jornada, mais uma desilusão: no voo de volta a Los Angeles, o Learjet entrou em estol, que é a perda súbita de sustentação. Sentado atrás do piloto, George viu a palavra "UNSAFE" piscar no painel de controle até o terrível mergulho ser habilmente corrigido pelo piloto.

No rescaldo do festival, Monterey também já não tinha mais encantos. Derek Taylor contou que o grupo parou para comer numa lanchonete. A garçonete não reconheceu George e fingiu limpar as mesas em vez de atender aquela "nuvem de jeans lá no canto".

"Por fim, George disse a ela: 'Temos grana, sabe' e balançou um maço de US$ 1.000 sob o nariz dela. Quando ela o reconheceu deixou cair a louça no chão."

14

"NÃO VÃO PENSAR QUE ESTOU FORA DA CASINHA"

Não foi só George: a mentalidade grupal dos Beatles também foi percebendo que a fama universal, a riqueza abundante, mansões luxuosas e brinquedinhos ilimitados não eram tudo. Com certeza, a vida tinha mais a oferecer. Mas quem encontrou uma rota possível para isso foi Pattie Harrison.

Em fevereiro anterior, após voltar da Índia com George, Pattie e uma amiga começaram a frequentar aulas ministradas localmente pelo movimento de Regeneração Espiritual, cujo líder internacional, Maharishi Mahesh Yogi, visitava rotineiramente a Grã-Bretanha, fazendo palestras e arrebanhando novos seguidores.

Os Beatles já tinham se interessado pelo assunto ao assistirem ao Maharishi na televisão explicando seu sistema de Meditação Transcendental. Desde então, Paul tivera uma namorada, Maggie McGivern, já convertida ao sistema. E então construiu uma "capela de meditação" nos jardins de sua casa nova, no norte de Londres. Na realidade, não foi Pattie, mas Paul que viu a notícia na imprensa de que o guru tinha voltado à Grã-Bretanha e faria uma palestra no London Hilton Hotel, dia 24 de agosto.

Em um raro caso de mulheres serem admitidas na mentalidade grupal, ele não só convidou os Harrison, mas também John e Cynthia Lennon e a sua própria parceira, a atriz Jane Asher. Ringo teve que abrir mão, porque a esposa dele, Maureen, estava na maternidade, prestes a dar à luz o segundo filho do casal.

Miudinho, cabelo desgrenhado, barba bifurcada listrada de grisalho, o Maharishi tinha uma voz estridente que parecia estremecer de júbilo perpétuo. Mas, para compensar a aparência bastante cômica, a mensagem dele era fascinante. Por meio da Meditação Transcendental, seus ouvintes poderiam encontrar a "perfeita paz interior" com apenas vinte minutos por dia.

Após a conferência, John, Paul e George foram conversar com o palestrante na suíte do hotel onde estava hospedado. Ali mesmo se tornaram membros do movimento de Regeneração Espiritual. Cada um prometeu contribuir para a causa com proventos de uma semana, bem como peregrinar ao *ashram* (santuário religioso) do Maharishi, na Índia. Nesse meio-tempo, concordaram em participar do curso introdutório e intensivo de dez dias em Bangor, no Norte de Gales, começando no dia seguinte.

Rapidamente, conseguiram mais pessoas para fazer o curso: Mick Jagger, a namorada dele, Marianne Faithfull, Cilla Black e Jenny Boyd. Partiram de Londres a bordo do mesmo trem que o Maharishi, uma linha de trem habitual. Era uma sexta-feira, véspera do feriado bancário de agosto, e eles eram observados tão cobiçosamente por grandes multidões quanto por um montão de lentes de câmeras.

Havia anos que os Beatles não viajavam sem a companhia do empresário para facilitar seu trajeto: John comparou aquilo a sair de casa sem calça. Brian – que também necessitava mais de "perfeita paz interior", bem mais do que eles imaginavam – não conseguiu se desvencilhar para o fim de semana, mas prometeu no futuro breve ingressar no curso do Maharishi.

Naquela noite, as diversas estrelas e seu séquito se acomodaram nas instalações espartanas de uma escola de formação de professores, sem qualquer arranjo habitual para sua recepção. Na cidadezinha de Bangor, àquela hora só havia um único restaurante aberto, no caso, de culinária chinesa.

Em Londres, teria sido uma refeição por conta da casa, mas essa convenção não se aplicava ao norte do País de Gales. Estrelas, como a realeza, não costumavam levar dinheiro, nem cartões de crédito, na época ainda praticamente desconhecidos. Uma cena constrangedora pairava no ar. Até que, por fim, relutante, George descalçou uma das sandálias, girou o salto e retirou do nicho secreto um maço de notas de dez libras.

No dia seguinte, cada Beatle e membro da comitiva recebeu do Maharishi um mantra, ou cântico, para que os pensamentos do meditador não se desviassem a coisas mundanas. Uma coletiva de imprensa foi convocada por John, Paul e George que, em conjunto com o seu novo guru, anunciaram a primeira conquista dessa regeneração espiritual: estavam abandonando as drogas alucinógenas. Também citaram o plano de visitar o seu *ashram* indiano em outubro e passar um trimestre estudando por lá.

Nessa época sem telefones celulares, a única ligação deles com o mundo externo era o telefone da secretaria da faculdade. Assim, no domingo do feriadão, souberam da morte de Brian, aos 32 anos, na casa dele, na Chapel Street, Belgravia, ao que tudo indicava, por uma overdose de barbitúricos.

Minutos depois, sob os holofotes da televisão, John foi questionado sobre a reação dele. "Nunca o vi tão arrasado", lembra-se Pattie. George também ficou arrasado. Foi o último Beatle a falar com Brian. Porém, fortalecido pela recente conversa com o Maharishi, o autor de "Within You Without You" declarou à imprensa: "Seja como for, a morte não existe. É morte na escala física, mas a vida continua em todos os lugares e você apenas segue em frente".

Na verdade, Brian desmoronava silenciosamente desde que os Beatles decidiram interromper as turnês e viver sua vida criativa quase integralmente no estúdio de gravação. Essa configuração o tolhia de continuar dedicando a seus "meninos", como ainda insistia em chamá-los, o cuidado e a atenção de um pai amoroso.

Além disso, o contrato de gestão que havia assinado com quatro rapazes em trajes de couro preto em 1962 estava prestes a expirar em setembro de 1967. Cinco anos incríveis, mas ele receava que os Beatles não quisessem renovar o contrato. Todas as estrelas de Liverpool que ele descobriu depois – até mesmo Cilla Black, de quem cuidou quase com a mesma ternura dedicada aos Beatles – não teriam como compensar a perda deles.

Apesar da óbvia fixação por John, ele acalentava a ideia de que seus meninos não sabiam de seu pendor sexual. A verdade é que sabiam desde o começo e nunca se incomodaram com isso, embora Pattie mais tarde tenha comentado que George preferia não ouvir os gracejos afetados entre Brian e os gays que ele empregava.

Durante o "Verão do Amor", uma notícia foi comemorada: a lei britânica descriminalizou o sexo gay consentido entre homens com mais de 21 anos. Mas isso não evaporou a vergonha de Brian nem a sua triste queda por amantes violentos e exploradores. Sozinho e desorientado, receoso de perder o maior de seus amores, embrenhou-se num turbilhão de álcool e pílulas, dependências perigosas, quando o uso da primeira substância faz a pessoa perder a noção do quanto vai usar da segunda. O médico-legista constatou morte acidental devido a "imprudentes auto-overdoses" de conhaque e barbitúricos.

A notícia da morte de Brian perdia importância se comparada a outra revelação: ser um Beatle não bastava para ser feliz. O espanto geral chegou até mesmo à pessoa mais importante do país: a rainha recebeu o presidente da EMI, Sir Joseph Lockwood, em um coquetel no Palácio de Buckingham, e teria comentado: "Os Beatles estão ficando muito *esquisitos*, não acha?".

A mídia patrocinou um unânime clamor contra o Maharishi, apelidado de "guru risonho", e contra a influência dele sobre jovens que antes só falavam por meio de piadinhas de improviso e agora embarcavam em longos discursos sobre mantras e "estados de júbilo". John e George em diversas entrevistas na tevê elogiaram o guru e a meditação, inclusive no famoso debate mediado por David Frost com personalidades do establishment, como John Mortimer, o cético advogado e escritor. O desdém acusatório com que este último falava do "místico" provocou em George uma eloquência inédita: "Não há nada de misticismo nisso", argumentou ele. "É só uma palavra usada por gente... que ignora o que isso envolve."

Percebendo que os seus pais poderiam estar achando tudo aquilo uma bizarrice, ele escreveu um bilhete a Harold e Louise a fim de os tranquilizar. Não, o Maharishi não o afastaria deles. "Não vão pensar que estou fora da casinha, não é nada disso... porque agora eu amo vocês mais do que nunca."

Funerais judaicos acontecem com muita agilidade, e causou certa surpresa o fato de os Beatles não terem comparecido às exéquias privadas da família Epstein para Brian, na Sinagoga Long Lane, em Liverpool, assim que as formalidades da investigação oficial sobre a morte permitiram. Em vez disso, os quatro esperaram a cerimônia memorial, repleta de estrelas, que aconteceu em Londres, cinco semanas depois.

George enviou a Nat Weiss, o sócio americano de Brian, um solitário girassol para ser jogado na cova aberta – gesto vagamente cósmico que, em contraste com a ternura dele com o pai e a mãe, soou inadequado.

Inevitavelmente, a morte de Brian deixou para trás muitos negócios inacabados dos Beatles – ou melhor, *um* negócio inacabado dos Beatles.

Pois ela ocorreu em meio a uma complexa análise para amenizar o colossal imposto de renda no Reino Unido, cujo fato gerador eram os 2 milhões de libras em royalties acumulados, que a EMI estava prestes a lhes pagar. O valor desse tributo, no entanto, poderia ser drasticamente reduzido caso o dinheiro fosse investido numa empresa da qual os próprios Beatles teoricamente fossem funcionários. A referida empresa controlaria a gravação de discos, a edição musical e a produção de filmes, atividades com as quais outros já tinham enriquecido. Sendo líderes da moda, parecia lógica também uma aventura no comércio de roupas de butique.

A parte fílmica já estava em ação e quase funcionando. Quatro dias após concluírem as gravações do *Sgt. Pepper's Lonely Hearts Club Band*, Paul apresentou aos outros um novo projeto cinematográfico. Ao contrário de *A Hard Day's Night* e *Help!*, seria um filme originado e controlado por eles mesmos. Paul o encarava como o primeiro de uma série de filmes que substituiriam as antigas turnês ao vivo.

Quanto à empresa, o esboço inicial e prático foi então elaborado pela mentalidade grupal dos Beatles com bem menos clareza. Também desejavam uma dimensão filantrópica nunca vista no comércio britânico desde as famílias Quaker que produziam chocolate no século XIX e o império Sunlight Soap dos irmãos Lever.

O lucro não seria a preocupação maior. Queriam dar oportunidade aos talentos juvenis, reconhecimento pelo qual tanto lutaram, impulso mais tarde conhecido como "retribuir à sociedade". Para dar uma ideia de vigor, boa saúde e um Jardim do Éden comercial – e porque John não resistia a um trocadilho –, o nome seria Apple Corps, pronunciado "core", palavra que significa núcleo ou, no caso das maçãs, caroço.

Para dar algum foco aos outros, chocados e perplexos após o funeral de Brian, Paul os convenceu a levar adiante sua ideia para o filme no período que tinham planejado passar meditando com o Maharishi. Em conversa privada, revelou ao assessor de imprensa, Tony Barrow, seu medo de que, se fossem à Índia em outubro, conforme prometido, nunca mais trabalhariam juntos como banda.

A inspiração para o filme: o mítico episódio da história da contracultura americana no qual o escritor Ken Kesey e os Merry Pranksters (trupe de exibicionistas hippies) cruzaram a nação a bordo de um ônibus escolar psicodélico, distribuindo LSD diluído em refrigerantes Kool-Aid, com resultados documentados no clássico do "Novo Jornalismo" *The Electric Kool-Aid Acid Test*, de Tom Wolfe.

A versão britânica de Paul teria a mescla aparentemente infalível de fantasia e singeleza do *Sgt. Pepper*. Os Beatles, com mais de quarenta amigos e figurantes, viajaram a West Country de ônibus, em uma reedição de suas "mystery tours", as misteriosas excursões à beira-mar que constituíam a base de suas férias da infância. Mas logo o caos vigorou nessa excursão sem objetivos, nem mesmo o de oferecer ácido.

No filme *Magical Mystery Tour*, Ringo era o protagonista do enredo. John e Paul tinham participações especiais, mas George não fazia nada além de ficar sentado no ônibus, conforme recordou mais tarde, "como um apêndice". Ao menos, estar sempre à margem não prejudicou o seu vocabulário.

A Apple Corps teve como primeiro empreendimento concreto a butique homônima, inaugurada no início de dezembro na Baker Street, em Londres, a primeira de uma rede de lojas de roupas e acessórios. A festa de lançamento coube a John e George – o primeiro com mais entusiasmo do que o segundo. As celebridades que compareceram degustaram maçãs regadas a suco de maçã. A iniciativa azedou precocemente quando comerciantes vizinhos se opuseram ao estonteante mural psicodélico que ilustrava seu exterior, com potencial de transformar o endereço fictício de Sherlock Holmes em uma nova King's Road, e a falta de visão das autoridades locais resultou em uma ordem para restaurar a conformação original da fachada.

Mas o pior ainda estava por vir. No dia de maior audiência da TV, um dia após o Natal, a BBC-TV exibiu o filme *Magical Mystery Tour* dos Beatles. Filmada a cores, a produção foi inicialmente transmitida em preto e branco, transformando as sequências psicodélicas em cinza enegrecido. Isso confundiu o público e a crítica, embora mais tarde o filme tenha sido reconhecido como um precursor do vídeo pop e do Monty Python.

Menos mal que ninguém reclamou das canções do filme, embora elas tenham escancarado, de um modo quase doloroso, o abismo entre dois compositores outrora inseparáveis: "I Am the Walrus", de John, e "The Fool on the Hill" e "Your Mother Should Know", de Paul.

Por sua vez, George contribuiu com "Blue Jay Way", avenida de Hollywood Hills, em Los Angeles. Em agosto anterior, ele chegou de avião com amigos e foram levados a uma casa alugada nesse local. George compôs a canção em estado de torpor, ainda sob o efeito do *jet lag*, enquanto aguardava Derek e Joan Taylor, perdidos de carro em meio à densa neblina. Em estilo indiano, a canção era tocada pelos Beatles com instrumentos ocidentais, conduzidos pelo órgão Hammond de George.

No videoclipe, ele aparece de terno alaranjado (não o mesmo do *Sgt. Pepper*), fingindo tocar um teclado desenhado no chão, um copo de mendigo por perto. Uma sequência de imagens mostra Paul, Ringo e George passando uma bola entre si com as mãos, no jardim de Ringo, em Weybridge, e dublando o arrastado estribilho "Don't be long" propositalmente fora de sincronia.

Adiar a viagem à Índia permitiu a George participar de outro projeto fílmico, bem mais ao seu gosto. Joe Massot, jovem roteirista e diretor americano, encomendou a trilha sonora para seu longa de estreia, a fantasia psicodélica *Wonderwall*. George protestou que não tinha nem ideia de como levar a cabo essa tarefa. Massot respondeu que ele podia inventar qualquer coisa e seria aproveitada no filme.

O enredo, um pouco mais substancial que o de *Magical Mystery Tour*, envolve um cientista recluso que tem como vizinho um glamoroso fotógrafo. Por estranhas rachaduras na parede divisória, o cientista espiona um ensaio do fotógrafo e começa a nutrir uma louca obsessão pela linda modelo. Os efeitos psicodélicos transformam esse nauseante voyeurismo em arte vanguardista.

Ao contrário do que George imaginava, não seria necessário fazer partituras, apenas dar asas à imaginação sonora como nunca antes – e preencher com música os trechos marcados no roteiro pelo cineasta. E George ainda pôde unir o útil ao agradável: fez as gravações nos estúdios da EMI em Bombaim.

A trilha sonora mesclou a clássica sonoridade indiana – de instrumentos raros como o *shehnai* (tipo de oboé) e o *sarod* (tipo de alaúde) – com estilos ocidentais, como o country e o ragtime, e a participação de convidados, inclusive Ringo e Eric Clapton. Anos depois, esse tipo de fusão receberia a alcunha de "world music".

Em 1966, Paul compôs a trilha sonora de um filme britânico, *Lua de mel ao meio-dia* (*The Family Way*), com a ajuda de George Martin, mas sem gravar um álbum de trilha sonora como no caso de *Wonderwall Music*, de George. Foi assim que, na prática, ele se tornou o primeiro Beatle a lançar um álbum solo, o qual por sua vez acabou sendo o primeiro fruto do novíssimo selo deles, Apple Record.

Trezentos e vinte quilômetros ao norte de Délhi, no sopé do Himalaia, ao lado do rio Ganges, num de seus trechos mais sagrados, cresceu a cidade de Rishikesh. Em fevereiro de 1968, Paul Saltzman, canadense de 24 anos, chegou ao *ashram* do Maharishi sonhando com a remota chance de ser aceito como aluno. Recebeu a informação de que o *ashram* estava fechado porque os Beatles estavam lá. No futuro próximo, o guru estaria indisponível para o público em geral.

Saltzman declarou que valia a pena esperar, porque estava "com muita dor emocional". Armou uma barraca do lado externo do portão, encarando a presença dos Beatles como mero obstáculo em seu caminho rumo ao Maharishi. Sua perseverança foi recompensada no oitavo dia.

Levado a uma grande capela de meditação no bangalô do Maharishi, ficou boquiaberto quando, no instante seguinte, outra porta se abriu. Os quatro Beatles entraram em companhia de Cynthia Lennon, Jane Asher, Maureen Starkey, Pattie Harrison, Jenny (a irmã de Pattie) e o roadie da banda, Mal Evans.

"Todo o grupo se sentou junto, numa só fileira", recorda Saltzman. "Meu joelho ficou a um palmo do joelho de George Harrison. O Maharishi apareceu e notou que George tinha um daqueles gravadorezinhos antigos, de apertar as teclas. Bem-humorado, interpelou George: 'É uma nova canção ou prefere que eu recite o Baghavad Gita de cabo a rabo?'. George deu o play na fita com um mix da canção 'The Inner Light', que ele havia feito em Londres. E de repente ele começa a cantar junto com a voz dele na fita. E só então me cai a ficha e penso *Uau!*"

Há apenas uma semana no *ashram*, os Beatles protagonizaram essa última demonstração da mentalidade grupal, e Saltzman foi uma feliz testemunha disso tudo. A trégua da impiedosa rotina dos Beatles começava a surtir efeitos positivos. Nas palavras de Saltzman: "Os quatro agiam como irmãos. Entre eles não havia sequer ameaça de atrito. Um dia, após o café da manhã, puxei Mal Evans para o lado e disse: 'Eles são sempre assim tão amáveis?' Ele abriu um sorriso e respondeu: 'Bem... nem sempre'."

Desde o início, uma atração especial aproximou Saltzman de George. "No meio dos outros, ele era calado, mas a sós comigo se tornava muito aberto e falante. 'O enlevo da meditação é incrível', ele me disse. 'Dá mais barato que as drogas'. Outro dia ele me convidou para ir com ele treinar cítara. Fomos a uma capelinha de meditação e me sentei no chão, ao lado dele. Não sei quantos minutos ele tocou... Dez ou quarenta? Fiquei em êxtase."

Atuante no setor cinematográfico canadense, Saltzman não era fotógrafo profissional, "só um garoto com uma câmera", mas os Beatles, inclusive George, o deixaram à vontade para tirar as fotos quando bem entendesse, para o grande despeito da imprensa mundial acampada com lentes telescópicas fora do perímetro do *ashram*.

Ele conseguiu registrar, mesmo com sua singela Pentax, a tranquilidade e a harmonia emanadas por aqueles vultos em vestes brancas, enfeitadas com guirlandas floridas, sob o ameno sol de inverno do norte da Índia. Pattie Harrison conta: "Foi maravilhoso. A pressão se aliviou por completo, e os quatro Beatles estavam se dando muito bem juntos". Irradiando felicidade, Cynthia Lennon nutriu esperanças de que o casamento dela, há muito conturbado, pudesse renascer, embora John tenha pedido para ficar em um quarto separado para "se concentrar na meditação".

O golpe de mestre de Saltzman foi um instantâneo ao estilo super-hippie, reunindo o grupo inteiro dos Beatles e outras celebridades presentes no *ashram*, entre elas a atriz Mia Farrow, o cantor escocês de música folk Donovan e Mike Love, dos Beach Boys, juntos com uma dúzia de europeus de mais idade, futuros professores de meditação.

Esse regime de meditação em períodos maleáveis e três reuniões por dia com o Maharishi provocou uma pausa na máquina de composição Lennon-McCartney. Mas não por muito tempo. Logo as engrenagens voltaram a funcionar, mais azeitadas do que nunca, muitas vezes aproveitando a temática do ambiente e dos colegas meditadores, às vezes até compondo juntos, lado a lado, cada qual com seu violão, como faziam nos primórdios da banda. Mais tarde, Paul afirmaria que os dois compuseram juntos 48 canções novas.

Saltzman relembra: "Um dia tirei uma foto deles na varanda, trabalhando num material de Paul, 'Ob-La-Di Ob-La-Da'. Mas ele não ficou bravo comigo. Limitou-se a abrir um sorriso e dizer: 'Por enquanto é o máximo que consegui.'"

George ficou muito contrariado, falou que não estavam ali para isso e se manteve como um dos meditadores mais assíduos e um dos ouvintes mais atentos nas palestras de seu guru. Mas, sem que pudesse evitar, a inspiração bateu, com ideias para duas ou três novas canções. Em 25 de fevereiro, dia em que completou 25 anos, atendendo a pedidos, deu um minirrecital com sua cítara.

A cartilha do Maharishi não pregava abstinência total. Tony Bramwell, assessor dos Beatles, hospedado em um hotel de luxo em Délhi, os mantinha bem abastecidos de cigarros, discos, revistas e jornais especializados em música e filmes para suas câmeras enquanto estavam "isolados pela cerca", como disse John; algumas notas de duas rúpias bastavam para comprar bebida alcoólica e maconha de qualidade superior.

Uma visita chegou no aeroporto: Neil Aspinall passou uma semana contando as novidades da Apple Corps e explorando a viabilidade de realizar um documentário sobre o Maharishi. Ficou surpreso com os minuciosos conhecimentos do guru sobre porcentagens e "investimentos".

Acompanhou Aspinall o recém-nomeado chefe da Apple Films, Denis O'Dell, trazendo um projeto que na visão dele seria tão perfeito para os Beatles quanto *A Hard Day's Night*. Tratava-se de um musical inspirado na trilogia *O senhor dos anéis*, de J. R. R. Tolkien, na época grande sucesso nos campi universitários americanos, mas ignorado na Grã-Bretanha. No elenco provisório de O'Dell, Paul e Ringo seriam os hobbits Frodo e Sam, John encarnaria o serpenteante e sibilante Gollum, e George, o mago Gandalf.

Paul Saltzman tentou não se aproveitar da simpatia de George: "Falei com meus botões: 'A vida dos Beatles é uma loucura, eles não precisam de mais amigos.'" Mas George, com "bondade e carinho", incentivou o rapaz canadense a expor a "dor emocional" que o levara à Índia. As incertezas sobre quem ele era. Por que ele existia? Por fim, a fatídica missiva que a namorada lhe enviou comunicando que "Estou morando com o Henry...".

Ele se lembra de que um comentário de George causou uma epifania tão grande quanto as provocadas pelo Maharishi. A sós na mesa do café da manhã comunitário, os dois presenciaram um filhote de macaco, desgarrado dos bandos que dominavam as árvores, saltar e roubar um pedaço de comida. "A gente deu risada, e súbito George revelou: 'Nós [os Beatles] tivemos toda a fama que sonhamos e todo o dinheiro que sonhamos, mas isso não é amor, não é saúde, não é paz interior, não é mesmo?'"

Uma semana depois, Saltzman deixou Rishikesh. Voltou a Montreal para tentar resgatar a namorada dos braços de Henry. Após duas semanas de estadia, Ringo também bateu em retirada, colocando a culpa em seu estômago delicado, que não tolerava a culinária indiana, e em Maureen, que não suportava moscas. Paul e Jane resistiram por cinco semanas, quando o grude "Magic Alex" chegou para assumir o controle do bangalô deles.

John, Cynthia, George e Pattie persistiram no curso trimestral, embora John também já mostrasse sinais de hesitação. O tempo inteiro recebia cartões-postais de Yoko Ono com mensagens do tipo "Procure por mim, sou uma nuvem no céu". Tony Bramwell os interceptava em Délhi e colocava em envelopes marrons antes de levar a correspondência, para não despertar suspeitas em Cynthia.

"Paul já pensava no passo seguinte, que era a Apple", conta Pattie. "Yoko chamava John lá das nuvens, mas George tinha receio de voltar a Londres, onde precisaria enfrentar todas as questões comerciais da banda, como a tentativa de encontrar um novo empresário para substituir Brian."

Seja lá como fosse, logo o Maharishi em pessoa interromperia o idílio em Rishikesh. Pretendia transferir o *ashram* para uma propriedade na Caxemira e levar junto o Beatle mais entusiasta e mais convertido pela meditação. Porém, George, em sua primeira visita à Índia, no ano anterior, já tinha visitado a Caxemira. Os planos dele eram outros: viajar ao sul para se encontrar com Ravi Shankar e participar de um documentário sobre o eminente tocador de cítara. Eis que o Maharishi, que não conhecia a determinação de George, não aceitou o "não" como resposta.

O impasse se resolveu de modo oportuno quando a mídia acusou o guru de ter cometido assédio sexual com uma de suas seguidoras não famosas, uma jovem enfermeira australiana. No futuro, outros religiosos seriam desmascarados como predadores sexuais, mas no caso do Maharishi nenhuma evidência veio à tona para embasar a acusação, nem nessa época nem depois.

Na mesma hora, John vislumbrou uma desculpa para abandonar o *ashram* por motivos morais e, sem qualquer senso de ironia, engatar um relacionamento ilícito com Yoko. Não tinha ideia, mas não era o único que buscava uma desculpa. Mais tarde, John comentou: "Quando George começou a pensar que [o boato sobre o Maharishi] poderia ser verdade, pensei comigo, bem, deve ser, porque se até George está duvidando dele, deve haver algo nisso".

Os Harrison e os Lennon viajaram de volta a Délhi com uma das equipes de filmagem que tinham sido resolutamente mantidas fora da "cerca". Na estrada, o mecanismo de composição reengrenou na cabeça de John, embora as primeiras palavras que afloraram fossem tecnicamente inutilizáveis: "*Maharishi, you little twat/ Who the fuck do you think you are?/ Oh you cunt...*" ("Maharishi, seu pequeno babaca/ Quem diabos você pensa que é?/ Ah, seu fdp...") George amenizou e sugeriu "Sexy Sadie" em vez de "Maharishi".

Ele e Pattie ficaram uma semana em Kerala, em companhia de Ravi Shankar. Como de costume, ela tirou inúmeras fotos de George, inclusive uma com ele reclinado num colchão na rústica pousada onde ficaram.

"Esta é a última imagem que me ficou dele", revela Pattie. "Com ar de plena felicidade e paz."

15

"NÃO IRRITEM OS CARAS DO HELL'S ANGELS"

George e Eric Clapton se conheceram em 1964, quando os Yardbirds, a banda de Clapton, abriram o show natalino anual dos Beatles, no cine Odeon, em Hammersmith. Como muitos outros, ele ficou fascinado pela mentalidade grupal que se tornava óbvia não só no palco, mas também quando interagiam democraticamente com seus colegas artistas. "Agiam como uma só pessoa", ele recordaria. "Pareciam andar juntos e pensar juntos."

Todavia, um mero Yardbird não poderia aspirar tornar-se amigo de um Beatle, e os dois se limitaram basicamente a um papo formal entre colegas guitarristas; George mostrou a Clapton sua coleção de guitarras Gretsch, Clapton o apresentou às cordas de calibre mais leve.

O próprio Clapton nunca teve tempo de desenvolver qualquer tipo de mentalidade grupal; para ele, uma banda era simplesmente um veículo para tocar o Delta blues hardcore, que tanto o obcecava. Qualquer deslize em atingir seus elevados padrões de pureza e ele saltava fora, sem olhar para trás.

Assim, sem demora trocou os Yardbirds, "muito comerciais", pelos Bluesbreakers, de John Mayall, e nesse processo acabou encontrando uma deificação que nem mesmo os Beatles tiveram. Em todo o norte de Londres, muros de tijolos foram pintados com spray: "Clapton é Deus".

A parceria com Mayall durou apenas um ano. Em seguida, Clapton formou o Cream, superbanda com o baixista Jack Bruce e o baterista Ginger Baker, espetacular mistura de blues, psicodelia, heavy metal e jazz, mas completamente alijada de sua mentalidade grupal e fadada à autodestruição em menos de três anos.

Celebridade em ascensão, Clapton entrou na órbita dos Beatles. Participou, por exemplo, da seleta plateia no estúdio quando tocaram "All You Need Is Love" para o mundo e além. Foi no clube Speakeasy – seguindo o exemplo dos Beatles, que estavam na mesma casa noturna – que ele tomou ácido pela primeira vez; George deu ao DJ um disco promocional do *Sgt. Pepper's Lonely Hearts Club Band*. Ele colocou o disco no prato, baixou a agulha e todos dançaram loucamente durante aquela derradeira *good trip*.

Semanas antes, os Rolling Stones tinham sido surpreendidos numa batida policial. Agora, a polícia fez tocaia do lado externo da boate, como colecionadores de borboletas de uniforme azul. Os Beatles saíram incólumes, apesar dos gestos obscenos de John.

Após Clapton colaborar com George na trilha sonora do filme *Wonderwall*, os dois começaram a sair juntos. O protocolo, ditado por George, prescrevia que o Beatle sempre seria o instigador e a amizade seria mantida com o máximo de sutileza. À noite, a presença de George era comum no apartamento de Clapton na King's Road, onde moravam a atual namorada de Clapton, a modelo francesa Charlotte Martin, de 18 anos, e vários amigos do meio artístico.

"George sempre foi muito tímido e gentil", conta o pintor e cineasta Philippe Mora, um desses convivas. "Ele e Eric não ficavam muito tempo tocando guitarra. Preferiam bater papo durante horas no quarto de Eric e depois iam a algum lugar, só os dois."

Clapton nunca esqueceria o efeito realmente mágico de andar na companhia de um Beatle. "Era como banhar-se numa luz dourada. Ao entrar num restaurante ou em qualquer lugar com George, tudo que eu pensava era que *eu* me reduzia a nada." Por sua vez, George invejava a capacidade de Clapton de trocar de banda sem ficar, como ele, algemado a uma imagem pública.

Nessa época, os dois andavam deslumbrados com um imigrante afro-americano. Recém-chegado à cena pop britânica, não se deixava confinar pelos tradicionais gêneros "negros" do blues e do R&B; em vez disso, fazia hard rock para o público branco. Mesclava um virtuosismo de tirar o fôlego com um show descaradamente sexual. Com lábios e dentes, simulava fazer sexo oral nas cordas da guitarra, e a cavalgava, roçava a pélvis nela e depois ateava fogo ao instrumento e jogava seus cacos fumegantes para o público.

Jimi Hendrix estava tão à frente de George e Clapton – e de todos os outros ídolos da guitarra britânicos – que os dois não sentiam inveja, apenas o tipo de adoração ao herói da qual costumavam ser alvo. Em especial, Clapton fez questão de abdicar de ser um "deus" para estar na primeira fila de todos os shows de Hendrix a que pudesse comparecer, muitas vezes em companhia de George.

O Cream tocou no Saville Theatre, que, sob a gestão de Brian Epstein, se tornou o principal local para eventos de rock ao vivo de Londres. Uma noite, no camarim, Clapton conheceu Pattie Harrison. "Ela pertencia a um cara poderoso que tinha tudo que eu queria... carrões, uma carreira fantástica e uma esposa belíssima. Ele era Camelot, e eu, Lancelot."

Longe da guitarra, Clapton se tornava um vulto estranhamente anônimo. Camaleônico, assumia a aparência do musicista que admirava no momento. No Cream, tocou o primeiro ano de rosto raspado, com a colossal cabeleira afro à Jimi Hendrix como um ninho acima do rosto anguloso e inanimado. Agora passou a usar o bigode espesso, virado para baixo, e o cabelo repartido ao meio e volumoso nas laterais, adotado por George em Rishikesh. Portanto, os dois machões, enquanto falavam, precisavam menear a cabeça como menininhas para afastar as mechas revoltas que caíam nos olhos.

Em retrospectiva, George afirmaria: "Não tive quase nada a ver com a Apple. Basicamente, acho que foi a loucura de John e Paul... se deixaram dominar pelos próprios egos". Na realidade, teve sim muito a ver com a Apple, mas, para ele, a suposta nova era de possibilidades criativas só trouxe mais frustração e ressentimento.

Nesse barco, John e Paul sem dúvida eram as figuras de proa; em Nova York, convocaram uma coletiva de imprensa para expor a sua nova estratégia comercial. "O objetivo é mais do que só uma coleção de dentes de ouro no banco", brincou John. "Essa parte já fizemos. É mais um novo truque para conseguir liberdade artística em uma estrutura empresarial e [talvez] criar coisas sem vendê-las cobrando cinco vezes o nosso custo."

Paul definiu a Apple como "uma espécie de comunismo ocidental... Queremos auxiliar o povo, mas não ao estilo de uma instituição de caridade. Somos felizardos no sentido de não precisarmos de mais dinheiro. Por isso, pela primeira vez, a meta dos chefes não é o lucro. Se você me procurar e disser: 'Tenho esse e aquele sonho', vou dizer: 'Vá em frente e os concretize'."

Responderam perguntas inevitáveis sobre o rompimento súbito com o Maharishi e o foco nesse empreendimento comercial, não espiritual. "Pisamos na bola. Errar é humano", respondeu John, lacônico. "Superestimamos a capacidade dele", concordou Paul.

George, o único que não achava que tinham pisado na bola ao valorizar o Maharishi, compareceu ao Festival de Cinema de Cannes com Ringo e respectivas esposas para conferir a estreia mundial de *Wonderwall*, o filme com trilha sonora original dele.

Novas ramificações da Apple se desmembravam como uma ameba num show de luzes psicodélicas. Além da gravadora original, a editora musical, a produtora cinematográfica e a butique, surgiram a Apple Eletronics, dirigida por "Magic Alex"; o selo Zapple para discos de recitação, para indicar suas afiliações underground; uma Fundação Apple para as Artes para financiar artistas de todos os gêneros em situação vulnerável; e até mesmo um colégio Apple para os futuros filhos dos Beatles e seus amigos.

A estrutura dessa parceria tinha um problema, explicou George mais tarde: "Outras pessoas têm ideias estranhas e você tem que aceitá-las". Na verdade, o espírito dominante da banda agora poderia ser descrito como mentalidade semigrupal.

A rodada de inaugurações pomposas da Apple teve o efeito incidental de revelar que agora John e Yoko Ono eram um casal. Ela acompanhou John no lançamento para a imprensa da segunda butique da Apple, dessa vez em

King's Road, em Chelsea, uma alfaiataria sob medida (não exatamente o modo como eles mais tarde se apresentariam na capa de seu primeiro álbum juntos). George também marcou presença, prova tácita de que John não tinha se desgarrado por completo.

Alvoroçada, a mídia num instante obscureceu a cobertura em geral positiva sobre a Apple. Em último caso, levando em conta os Swinging Sixties e tudo mais, o mais rebelde dos Beatles seria perdoado por abandonar a esposa e o filho. Mas com tantas gatinhas arrebatadoras à disposição no mundo, por que foi escolher justamente uma minúscula nipo-americana sete anos mais velha que não dava bola para a própria aparência e apreciava encenar atos aparentemente inúteis, como enfaixar as estátuas de leões da Trafalgar Square em lona branca ou filmar traseiros nus e anônimos em nome da arte?

Vinte anos antes, na Segunda Guerra Mundial, militares japoneses tinham cometido atrocidades contra prisioneiros de guerra britânicos. Na visão da imprensa, isso bastava para legitimar o mais nojento racismo contra Yoko, por parte dos fãs dos Beatles e até mesmo da família de John, principalmente da tia dele, Mimi.

Em tese, a banda agora era chefe de sua própria gravadora, mas os produtos do selo Apple ainda seriam fabricados e distribuídos pela EMI. Portanto, em maio de 1968, retornaram ao Abbey Road com George Martin para transformar as trinta e tantas músicas, a maioria composta na Índia, no próximo álbum dos Beatles.

Desde o primeiro dia, o "Clube do Bolinha", onde menina não entrava desde 1962, deixou de existir. Vestida de branco como John, Yoko se sentou ao lado dele, num banquinho de mesma altura. Ao longo da sessão, ele a consultava antes de pedir a opinião dos colegas de banda ou de Martin. "Acho que John contou a eles uma história triste, do tipo 'ela anda deprimida ou angustiada', e me convidou ao estúdio para eu me entreter", relembrou Yoko. "Daí o George se aproximou e disse: 'Oi, tudo bem?'."

"Realmente, ela não gostava de nós. Encarava os Beatles como um obstáculo entre John e ela", avaliaria George. "Ela me passava a vibe de alguém que tentava se interpor, cada vez mais, entre ele e nós."

De acordo com Yoko, porém, John – por ciúme patológico e insegurança – insistia que ela o acompanhasse todos os dias. "Tinha medo de me perder de vista por um instante e de eu começar um caso com um dos outros. Há uma lenda de que eu até o seguia no banheiro... mas era ele quem me fazia entrar junto."

Os outros mostraram uma extraordinária tolerância em relação ao "sabor do mês". Para eles, esse romance era algo passageiro na vida de John. Yoko explica: "George era muito legal, só de vez em quando sincero demais, ao ponto de magoar. 'O George é assim mesmo', John costumava me dizer".

Aparência à parte, Yoko exalava uma poderosa atração sexual (aos 33 anos, já tivera dois maridos), mas o que realmente atraía John residia em outra área, há muito entorpecida: na mente dele. Pois ela redespertou nele o desejo que ele sentia quando rondava Stu Sutcliffe, de ser um artista "sério", sem notar que "Norwegian Wood", ou "A Day in the Life", ou "Lucy in the Sky with Diamonds" já bastavam para merecer esse status e com louvor.

A completa indiferença de Yoko à opinião pública sobre suas peripécias artísticas conceituais inebriava um Beatle obrigado a se calar sobre questões como a Guerra do Vietnã, tudo em prol da imagem fofinha da banda. Ou ter que covardemente se desculpar por não ter feito isso, como aconteceu com a frase de efeito de serem "mais populares do que Jesus". Em 1968, protestos juvenis contra a guerra convulsionavam a Europa e os EUA. Com facilidade, Yoko o persuadiu a combinarem a estética dela e suas táticas escandalizadoras com a magnitude da voz dele, no intuito de propagarem algo mais do que empresas eletrônicas e butiques.

Começaram devagarinho, enterrando duas bolotas de carvalho como símbolos da paz no solo da Catedral de Coventry, quase destruída pelos bombardeios na Segunda Guerra Mundial. Em junho não era fácil encontrar bolotas, frutos típicos do outono do Hemisfério Norte. Assim, a Apple vasculhou o país atrás de um fornecedor de bolotas e pagou um preço altíssimo por elas.

Quando John e Yoko chegaram à catedral, o cônego não permitiu que as bolotas fossem enterradas em solo consagrado por um casal que vivia em concubinato. Assim, enterraram as bolotas a uma pequena distância, uma voltada a oeste para representar John, e a outra virada ao leste para representar Yoko.

Horas depois, já tinham sido exumadas por fãs dos Beatles a título de suvenires. Outras duas tiveram de ser enterradas e vigiadas 24 horas por dia.

No fim das contas, acabou sendo um alívio para George escapulir e passar um tempo com Ravi Shankar: dessa vez não na Índia, mas no paraíso hippie de Big Sur, na Califórnia, para filmar sua participação no documentário *Raga*, de Shankar, ainda em fase de produção. No Instituto Esalen, George dedilha uma cítara, na única filmagem dele tocando o instrumento.

Na verdade, seria pela última vez. "Pensei comigo: 'Bem, acho que é melhor continuar sendo um cantor pop, guitarrista, compositor, seja lá o que supostamente sou... Na Índia, eu vi uns mil tocadores de cítara que são duas vezes melhores do que jamais serei. E, na opinião de Ravi, só um deles era promissor.'"

Embora sem nunca desdenhar de sua habilidade nem de sua notável dedicação, Shankar gentilmente sugeriu que George buscasse sua música primordial em suas próprias raízes. "E percebi que isso era andar de bicicleta nas ruas de Liverpool e passar na frente de uma casa onde alguém está ouvindo 'Heartbreak Hotel.'"

George fortaleceu essa resolução de abandonar o instrumento com o qual inovou o som dos Beatles ao parar no mesmo hotel de Eric Clapton e Jimi Hendrix, em Nova York, na viagem de volta para casa. Os três tomaram uns drinques, e Clapton afirmou com veemência: como excelente guitarrista solo que era, George deveria se dedicar a isso em tempo integral. Ele seria eternamente grato por esse incentivo "de alguém que eu realmente admirava como instrumentista... ele me tratou como ser humano". Subentende-se que os outros Beatles não o tratavam assim.

George inclusive recebeu de Clapton um presente que descreveu como "a melhor guitarra que já tive", um encorajamento para a "transição reversa": a raríssima Gibson Les Paul vermelha, outrora pertencente a John Sebastian, do Lovin' Spoonful. George a chamou de "Lucy" em homenagem a Lucille Ball, a estrela de cabelo ruivo flamejante do seriado de TV dos anos 1950 *I Love Lucy*.

O álbum *Wonderwall Music*, primeiro lançamento da Apple Records, não lhe garantiu espaço para se desenvolver como produtor. O gerente de A&R da gravadora era Peter Asher, do duo Peter and Gordon e irmão de

Jane, com quem Paul recentemente havia noivado. Paul também se envolvia não só como produtor, mas na escolha de talentos, no relacionamento com os artistas e até mesmo na musicalidade da sessão, o conceito de "multitarefa" antes mesmo dessa palavra existir.

Em maio, Twiggy, a famosa modelo, telefonou para Paul entusiasmada com Mary Hopkin, soprano de 18 anos que tinha acabado de vencer na tevê o programa de calouros *Opportunity Knocks*. Paul enviou um carro para buscá-la em Pontardawe, Gales do Sul, providenciou um contrato com a Apple, escolheu a canção para o primeiro single dela – a clássica baladinha russa "Those Were the Days" –, produziu o disco e ainda tocou violão para acompanhar.

Mas a Apple também deu a George um novo trabalho como produtor, embora não muito prestigioso. Jackie Lomax, recém-contratado por Brian Epstein e vocalista dos Undertakers, banda de Liverpool, teve como primeiro single na Apple uma composição de George, "Sour Milk Sea", composta na temporada em Rishikesh. Era uma espécie de prêmio de consolação, pois John e Paul avaliaram que "Sour Milk Sea" não entraria no novo álbum dos Beatles em andamento por considerá-la "espiritual demais".

George produziu a canção ao estilo de "uma jam session gloriosa": Paul no baixo, Ringo na bateria, o pianista Nicky Hopkins no órgão Hammond, ele e Eric Clapton se alternando na guitarra solo: um som tão pesado e com tanta gente importante que o novato Jackie Lomax se intimidou: "Querem que eu cante por cima *disso*?".

Apesar do clima de hard rock, "Sour Milk Sea" era uma defesa aberta da Meditação Transcendental em contraponto ao desencanto dos outros Beatles. A letra parafraseava o conselho recente de Ravi Shankar, "*get back to where you should be*" ("volte para onde deveria estar"), que logo seria repetido em contexto bem diferente.

Em julho, a Apple Corps mudou de endereço: 3 Savile Row, um casarão georgiano de cinco pisos em Mayfair, na época famosa por suas alfaiatarias sob medida. Antiga base do líder de banda e empresário Jack Hylton, foi adquirida pela pechincha de £ 500.000. A decoração de interiores envolveu renovar o branco das paredes, acarpetar o piso em verde-maçã brilhante, forrar os corredores com discos de ouro emoldurados de um estoque aparentemente inesgotável e converter os elegantes salões revestidos de painéis em luxuosos gabinetes executivos. "Magic Alex" recebeu um polpudo orçamento para instalar no porão um estúdio de última geração.

Os quatro seres mais adorados do mundo frequentavam esse prédio rotineiramente, mas a segurança dependia de um único porteiro, um jovem em fraque cinzento que abria a porta sempre destrancada para quem chegasse, em geral sem se preocupar em conferir as credenciais. Mesmo em se tratando de uma época menos perigosa, esse é um fato digno de nota, se levarmos em conta que o prédio se abria diretamente para a rua e ficava a poucos minutos do movimentado West End.

Nas laterais da escada frontal, moças de todo o país e do mundo se aglomeravam, o dia todo, todos os dias, independentemente do clima ou da estação, na esperança de vislumbrar, ainda que de modo fugaz, este ou aquele Beatle chegando ou partindo de limusine branca. George as apelidou carinhosamente de "Apple Scruffs" [desmazeladas da Apple].

Na verdade, esse verniz de consolidação por parte dos Beatles era totalmente ilusório. Mesmo nessa corporação multifacetada, com novos escritórios elegantes e a força de trabalho em constante expansão, o grupo estava sem rumo.

Ainda não tinham um novo empresário, dezesseis meses após a morte de Brian Epstein. Essa tarefa transcendia a esfera da música pop. Assim, vultos famosos no mundo financeiro e industrial foram entrevistados, geralmente por Paul: o banqueiro da rainha, Lord Poole, e o dr. Richard Beeching, que "enxugou" as ferrovias da Grã-Bretanha no início da década de 1960, fechando grandes trechos delas. Mas todos tinham uma desvantagem inerente: não eram Brian.

Até Clive, o irmão mais novo de Brian, foi aventado e inclusive testado no cargo por um breve período, com resultados insatisfatórios. Por isso, a função passou a ser executada, sem o título, por Peter Brown, ex-assessor de Brian, que até certo ponto manteve seu ar de sofisticação e calma, e pelo indispensável roadie e amigo, Neil Aspinall. Para reforçar a equipe, Derek Taylor aceitou o convite de sair da Califórnia e assumir o comando da publicidade da Apple e dos Beatles.

Apesar dos cuidados paternais que sempre dedicou a seus "meninos", Brian fizera negócios discutíveis em nome deles, como ficou provado após sua morte. No ápice da Beatlemania nos EUA, concedeu licença para fabricar mercadorias dos Fab Four a um grupo britânico inexperiente no ramo do marketing, com royalties de apenas 10% à NEMS Enterprises, e 10% desses aos próprios Fab Four.

No fim das contas, graças a essa confusão contratual causada inteiramente por Brian, poucas mercadorias foram produzidas. Milhões de dólares que poderiam ter sido gerados com a venda de guitarras de plástico, chicletes e lambretas com selins de peruca dos Beatles foram desperdiçados. Apesar da indiferença às coisas mundanas pregada pelo Maharishi, essas revelações aguçaram em George a sensação de ter sido ludibriado desde o início.

Um interlúdio que serviu de lembrança dos velhos – e mais simples – tempos: em 17 de julho, multidões paralisaram o trânsito em torno do cinema London Pavilion para a estreia do novo filme dos Beatles. Mas, dessa vez, era um desenho animado, inspirado na canção infantil de Paul no álbum *Revolver*, com as vozes de seus personagens dubladas por atores. A banda encarou *O submarino amarelo* (*Yellow Submarine*) com apatia, mas o filme acabou se tornando uma obra-prima da pop art, um verdadeiro impulso à animação britânica após décadas de domínio da Disney. E uma importante influência, também, aos futuros amigos e beneficiários de George, a trupe do Monty Python.

O álbum da trilha sonora era consideravelmente menos auspicioso: só o lado A trazia faixas dos Beatles – entre elas, uma sobra do álbum *Sgt. Pepper*, de autoria de George: "Only a Northern Song". No lado B, George Martin apresentou arranjos orquestrais para canções dos Beatles. Em "Sea of Time", surpreendentemente incluiu uma sutil citação a "Within You Without You".

Em 31 de julho, os difíceis tempos modernos voltaram com força total, quando a butique da Apple na Baker Street encerrou atividades com apenas seis meses de funcionamento. Nunca chegou a se recuperar do mural apagado; as roupas do The Fool, o grupo de designers, eram caras e sofisticadas demais para o mercado butique, e a penumbra estilosa do ambiente facilitava a vida dos larápios que furtavam as mercadorias. Os Beatles e seu círculo íntimo dividiram o estoque entre si, e depois abriram as portas e deixaram o público, em meio ao tumulto, levar de graça o restante.

Os designers do The Fool continuaram a decorar a realeza do pop britânico, e uma das criações deles chegou a Kinfauns, a residência de George Harrison. "George e eu tínhamos uma enorme lareira em semicírculo, de tijolo à vista, igual à de Salvador Dalí", recorda Pattie, "e eles a pintaram com um desenho fantástico". Sem dúvida, uma longa distância da pequenina lareira de ferro fundido na 12 Arnold Grove, Wavertree, em frente da qual as seis pessoas da família Harrison se revezavam na semana para tomar banho na banheira de estanho.

Com três meses de gravações, o próximo álbum dos Beatles ainda estava longe de ser concluído. Lennon e McCartney não ouviram o conselho de George Martin e resolveram fazer um álbum duplo, tamanho era o número de suas novas canções. Mas a coesão de *Sgt. Pepper* já não existia mais no Abbey Road: às vezes, três Beatles trabalhavam em suas partes separadas de canções diferentes, em três estúdios diferentes.

Quando gravavam juntos, a presença de Yoko era motivo constante de distração e de exasperação para Martin – embora, a bem de seu relacionamento com John, ele tenha conseguido nunca demonstrar isso. Mas Yoko não parou por aí. Também transformou a 3 Savile Row em uma base de sua parceria de arte conceitual e cruzada pacifista, além de anunciar que John faria álbuns com ela e também com os Beatles, com o selo Apple.

Por sua vez, os fãs, nos degraus frontais, não se constrangiam e expressavam os seus sentimentos em relação a Yoko, recebida invariavelmente com gritos de "Japa!", "Oriental!" e "Amarela!". Um dia a presentearam com um buquê de rosas simbolicamente amarelas, cheias de espinhos. Ela aceitou e ao pegar o buquê ficou com as mãos lanhadas.

Por fim, todas essas múltiplas tensões afetaram até o Beatle mais paciente e estoico. Embora ninguém tivesse verbalizado isso, Ringo sentiu que os outros três estavam descontentes com ele, como baterista. No dia 22 de agosto, a banda gravava "Back in the USSR", que fazia uma referência aos Beach Boys. Ringo largou tudo e foi passar uns dias com a família na Sardenha.

Derek Taylor deu um jeito de evitar que a história fosse publicada nos jornais, e os outros lhe enviaram um telegrama dizendo: "Você é o maior baterista do rock'n'roll. Amamos você, volte para casa". Coisa que ele fez, novamente com seu velho ego estoico e paciente. Quando necessário, George sabia acertar o tom: encheu o estúdio de flores para recebê-lo.

Pena que acertar o tom se revelou impossível num contexto mais sério. Para o single a ser lançado antes do álbum duplo, Paul compôs "Hey Jude", canção de sete minutos, mensagem solidária ao filho de cinco anos de John, Julian, após o doloroso término do casamento dos pais.

Quando "Hey Jude" foi mostrada aos outros pela primeira vez, George, como sempre, logo contribuiu com um riff da guitarra solo, nesse caso uma resposta a cada verso. Só que Paul já havia decidido um arranjo que consistia apenas no piano fortíssimo tocado por ele, acrescido das harmonias vocais. O resultado foi a primeira briga pública dos Beatles em anos, mas longe de ser a última ou a pior.

Em 26 de agosto, a Apple Records lançou quatro singles numa só tacada: "Hey Jude", dos Beatles; "Those Were the Days", de Mary Hopkins; "Sour Milk Sea", de Jackie Lomax; e "Thingumybob", o tema de um programa de tevê muito popular da banda de metais Black Dyke Mills, de Yorkshire, composto e produzido por Paul.

Um kit especial com o título "Our First Four" foi criado para circular na mídia. Versões de luxo foram entregues em mãos à rainha, no Palácio de Buckingham; à Rainha Mãe, em Clarence House; à princesa Margaret, no Palácio de Kensington; e ao primeiro-ministro Harold Wilson, em 10 Downing Street.

Jackie Lomax obteve espaço igual no kit de apresentação, mas ficou nisso. Na maior parte do mundo, "Hey Jude" se tornou o single mais vendido do ano, enquanto "Those Were the Days" alcançou o primeiro lugar no Reino Unido e só não chegou ao primeiro lugar no Hot 100 da *Billboard* porque ficou atrás de "Hey Jude". O máximo que "Sour Milk Sea" conseguiu foi vencer a banda Black Dyke Mills, alcançando a 29ª posição no Canadá.

Isso bastou para desencadear em George uma crise de confiança na capacidade de compor letra e música igual à desconfiança sobre sua habilidade para tocar guitarra. Mas dessa insegurança brotaria algo excepcional.

Ele foi passar uns dias na casa dos pais, comprada para eles em Appleton, no tranquilo subúrbio de Warrington, Lancashire, depois que em Speke os fãs começaram a importunar até mesmo a hospitaleira Louise. Embora não muito grande, "Seven Oaks" tinha um jardim que, com a intervenção de Harold plantando canteiros, mais parecia o de uma casa senhorial.

Nesse dia, George meditava sobre o *I Ching* (Livro das Mudanças), antigo texto chinês que afirma que tudo acontece por uma razão predeterminada e que não existem coincidências. Em seguida, abriu um livro aleatoriamente, e as primeiras palavras com as quais se deparou foram "*gently weeps*".

Não era o estilo dele compor uma canção sobre "chorar gentilmente", mesmo em referência a uma guitarra. Assim, sucessivos rascunhos depois, a letra foi se tornando um lamento objetivo sobre o estado do mundo. Aos poucos, foi se tornando mais pessoal, mas nada muito específico: um homem apaixonado observa a amada adormecida, entorpecido pela dor que só uma palheta e seis cordas conseguem expressar, aparentemente por vontade própria.

Também, de modo inconsciente, ele absorveu o talento de John para mesclar o surreal com o cotidiano, o passivo com o penetrante, em "*I look at the floor and I see it needs sweeping... I look at the world and I notice it's turning...*" ("Observo o chão e noto que precisa ser varrido... Observo o mundo e percebo que está girando..."). Mesmo na lista um tanto elaborada de defeitos do amante ("controlado", "comprado e vendido", "desviado", "pervertido", "invertido"), ele escancarou seu coração sensível.

Eis que os demais Beatles não se interessaram muito por "While My Guitar Gently Weeps" e, na primeira execução, não se esforçaram como deveriam. Mas, dessa vez, George se recusou a ceder como fez em "Hey Jude". Indo de carro a Londres com Eric Clapton, em 5 de setembro, convidou o amigo para ir com ele ao Abbey Road e tocar na gravação.

Uma sugestão surpreendente: Clapton já havia aparecido em gravação com membros dos Beatles individualmente, mas se incorporar ao quarteto sagrado era algo que ninguém jamais havia cogitado fazer e, seis meses antes, esse convite seria impensável.

George dissipou as incertezas do amigo e lhe emprestou uma guitarra, já que estava sem a dele. Naquele dia, John não estava no estúdio, mas a presença de Clapton despertou o interesse de Paul pela música, o suficiente para tocar uma emotiva introdução ao piano, à altura da mágoa da guitarra. O próprio Clapton, último homem no mundo que choraria por uma mulher, improvisou riffs positivamente tocantes.

No dia 14 de outubro, após mais de quatro meses, enfim o álbum duplo foi concluído. Fãs do sexo feminino, que fizeram vigília na rua em boa parte desse tempo, foram autorizadas a entrar no estúdio vazio para coletar o lixo como lembrança: garrafas de Coca-Cola e pacotes de salgadinhos.

George contribuiu com "While My Guitar Gently Weeps" e mais três faixas, em contraposição às 26 de Lennon e McCartney. Nessas outras faixas, também, o novo toque pessoal se sobressaiu. A canção "Savoy Truffle", de George, traz o nome de um bombom da caixa Good News, da famosa marca Mackintosh. Clapton era viciado em chocolate, talvez seu vício menos prejudicial. A canção cita outros bombons da caixa, como o Crème Tangerine e o Coffee Dessert, além da sobremesa predileta de George, "*nice apple tart*" ("deliciosa torta de maçã"), para a qual o pai de Paul, o viúvo Jim McCartney, tinha uma receita secreta guardada a sete chaves.

"Long Long Long", surpreendentemente gravada com a técnica de *double tracking*, que duplicava o vocal, soava um ameno hino inglês após todas aquelas ragas rapsódicas. Concebida em 1966 e enfim concretizada, "Piggies" era uma provocação aos ávidos comedores de carne. No sótão da casa dos pais, George reencontrou o rascunho da letra e a concluiu com a ajuda da mãe, Louise, que contribuiu com o verso "*What they need's a damn good whacking*" ("Eles precisam é de uma boa surra"), algo que ele nunca levou dela.

Imprevisível como sempre, ele também participou de "Revolution 9", peça de John e Yoko em modo de arte conceitual, uma colagem sonora de dez minutos. Com essa, George Martin redobrou os seus apelos infrutíferos por um álbum simples, como *Revolver* e *Sgt. Pepper*, com extrema qualidade do começo ao fim, sem todos esses caprichos pessoais.

Simultaneamente, George elaborava uma canção de amor dedicada a Pattie e inspirada por "Something in the Way She Moves", de James Taylor, cantor e compositor americano que mais tarde seria artista de grande sucesso da Apple Records.

Mas a melodia aflorou tão fácil que George suspeitou tê-la ouvido inconscientemente em algum lugar, então a deixou de lado até ter certeza de que era mesmo algo original.

George recusou-se a desistir de Jackie Lomax após um single apenas. Em outubro, em companhia de Pattie, levou Lomax a Los Angeles para fazer um álbum, tendo como banda de apoio a Wrecking Crew, espécie de elite dos músicos de estúdio. Em seguida, aceitou um convite para passar um tempo com Bob Dylan no interior do Estado de Nova York, o que acabou lhe poupando dos grandes dramas envolvendo a Apple e John e Yoko.

A produção musical de Bob Dylan, tão prolífica quanto a dos Beatles, a quem havia apresentado a maconha em 1964, servia de estímulo e também de ameaça, principalmente a John. Discípulo menos óbvio, mesmo assim, George levou como único som ocidental a Rishikesh o álbum duplo de Bob Dylan *Blonde On Blonde*. E a atmosfera de "Long Long Long" trazia elementos da canção "Sad-Eyed Lady of the Lowlands", única do Lado B do segundo disco.

Em 1966, devido a um acidente de motocicleta, Dylan se feriu gravemente e ficou sem gravar por dois anos. Pouco antes da visita de George, o americano havia acabado de concluir um álbum com influências country: *Nashville Skyline*. Nesse disco, deixou de lado a velha voz zombeteira e irônica para arriscar uma voz mais grave e intensa, adequada ao gênero, e agora já pensava em voltar à estrada para fazer uma turnê. "Ficou na cara que ele trajava um jeans novinho em folha", observou a perspicaz Pattie, "porque se esqueceu de tirar a etiqueta do bolso traseiro da calça".

Dylan era tudo menos um anfitrião expansivo, como recordaria George: "Parecia muito nervoso, e comecei a ficar constrangido. Mas [até que] lá pelo terceiro dia pegamos os violões... Eu dizia para ele 'escreva alguns versos', pensando em algo do tipo 'Johnnie está no porão, misturando os remédios', e ele me dizia 'Me mostra uns acordes... De onde você cria essas melodias?'"

Uma foto deles foi tirada no sofá, os dois com chapéus Stetson de abas largas que ainda usavam pela casa, colaborando na canção que se tornaria "I'd Have You Anytime". George inclusive ficou com a letra escrita por Dylan, não datilografada como de costume, mas sim manuscrita em uma letra bonita, de aparência europeia.

Em West Saugerties, vilarejo vizinho, morava The Band, os cinco musicistas que serviram de alicerce para Dylan em sua transição turbulenta do folk ao rock. Com esse nome singelo, tinham acabado de lançar o álbum de estreia, *Music From Big Pink*, que festejava a diversificada herança do folk e do blues dos EUA. Tanto que Eric Clapton andava ansioso para se unir ao grupo.

Com espanto, George descobriu que esses multitalentosos instrumentistas (guitarrista e compositor Robbie Robertson, baixista Rick Danko, baterista Levon Helm, tecladistas Richard Manuel e Garth Hudson) admiravam sua musicalidade, até recentemente pouco valorizada nos Beatles. Adeptos da cultura americana, mas com sensibilidade europeia: todos, exceto Helm, eram canadenses, e Robertson era casado com uma parisiense. "Todos amavam George, e ele os adorava", lembra Pattie, "porque, cada qual à sua maneira, eram todos igualmente adoráveis".

Ao longo da estadia dos Harrison com Dylan, aconteceu o Dia de Ação de Graças, e The Band os convidou para jantarem em Big Pin, misto de casa com estúdio de gravação. Ali, George não mostrou acanhamentos sociais de qualquer natureza. O quinteto tocava e morava junto muito à vontade, num espírito igualitário que ele nunca sentiu com John e Paul.

Desde que a aparente imunidade dos Beatles às apreensões de drogas enfim terminou, fazia um bom tempo que ele não saía de Londres. Nos primeiros tempos de sua notoriedade conjunta, John e Yoko mais pareciam nômades (um deles ainda na classe dos megatributos), fugindo da imprensa, ora na casa de Paul, no norte de Londres, ora com George e Pattie, em Esher. Certa vez, Yoko insistiu em fazer a comida de John e acabou queimando todas as panelas de Pattie.

A dupla em escapada encontrou refúgio mais duradouro no apê de Ringo na 34 Montagu Square, Marylebone. Mas, em 18 de outubro, o Esquadrão Antidrogas da Scotland Yard invadiu o local e apreendeu 213 gramas de *Cannabis*, ocultos em nichos superficiais.

Antes de Ringo, o inquilino anterior era Jimi Hendrix. John sabia que Hendrix consumia drogas, por isso tomou a precaução de mandar fazer uma limpeza geral no apartamento para eliminar qualquer pista incriminadora. Esses cuidados provavelmente não bastaram para o oficial responsável, o infame sargento-detetive "Nobby" Pilcher, viciado em ser reconhecido na mídia ao expor celebridades e acumular "escalpos" de estrelas do rock.

Tudo indicava ter sido armação, pois os jornais da Fleet Street foram avisados com antecedência sobre a batida. Mesmo assim, John seria condenado, assumindo a responsabilidade exclusiva a fim de evitar a provável deportação de Yoko de volta aos EUA.

Isso não impediu que, em 11 de novembro, a Apple Records lançasse o álbum experimental de John e Yoko: *Unfinished Music No. 1: Two Virgins*. Na capa, uma "selfie" deles de nu frontal, tirada no apartamento de Ringo. Na contracapa, a respectiva visão traseira da mesma cena.

Em mesas de centro, na forma de livro de arte, essa imagem não teria atraído muita atenção, mas num produto intimamente ligado aos Beatles, praticamente aniquilou a impressão saudável de "Our First Four", com a doce Mary Hopkin e a pragmática banda de metais de West Yorkshire. Os poucos varejistas corajosos que venderam o álbum o fizeram em sacos de papel pardo, embalagens tradicionais de pornografia, e uma otimista remessa de 30 mil cópias enviada a Nova York foi retida pelas autoridades alfandegárias.

Com sua viagem aos EUA, George melhorou o astral, mas também perdeu o lançamento do álbum duplo dos Beatles, em 22 de novembro. Seja como for, levando em conta sua modesta participação, talvez isso não tenha lhe causado muito desgosto. Em contraponto intencional ao frenesi psicodélico da capa do *Sgt. Pepper*, a do álbum duplo, desenhada pelo artista pop Richard Hamilton, era de um vazio cremoso, com o título oficial quase ilegível e levemente descentralizado: *The Beatles*. Mas seria conhecido eternamente como Álbum Branco.

Eric Clapton aprendeu como era fácil pisar na bola com seu amigo megastar quando George lhe enviou uma prensagem antecipada. Clapton levou a Los Angeles e tocou o álbum para uma galera de lá, pensando que o amigo iria apreciar esses louvores. Mas a reação de George foi se mortificar e acusá-lo de trair sua confiança, o que acabou esfriando a amizade.

Durante as festas natalinas, o Álbum Branco liderou as paradas britânicas. Nos EUA, vendeu 3,3 milhões de cópias em quatro dias após seu lançamento. Entre os elogios da mídia se destacou o de Tony Palmer, diretor de programas de tevê, que em artigo no *Observer* afirmou que Lennon e McCartney eram "os maiores compositores desde Schubert".

Voz dissidente foi a de William Mann, crítico de música clássica do *The Times*, primeiro a reconhecê-los como grandes compositores do século XX, cinco anos antes. Mann sentiu que o excesso de pastiches e piadas internas havia prejudicado o talento deles; certamente, faixas pomposas como "The Continuing Story of Bungalow Bill", de John, ou "Honey Pie", de Paul, jamais entrariam na playlist de canções eternas dos Beatles – e poucas no patamar de "While My Guitar Gently Weeps". Em quantidade de canções, George não os superou, mas pela primeira vez os superou em qualidade.

Ele talvez não estivesse lá muito envolvido na gestão cotidiana da Apple – tarefa que Neil Aspinall mais tarde comparou a "girar um pião e ver onde ele ia parar" –, mas como diretor da empresa com um quarto de participação não poderia deixar de perceber como as coisas na elegante sede em Mayfair estavam saindo dos trilhos.

Com o acréscimo do Álbum Branco aos singles de "Hey Jude" e "Those Were the Days", a Apple Records consolidou seu enorme sucesso, assinando com alguns dos maiores talentos de ambos os lados do Atlântico, como o recém-formado trio Crosby, Stills e Nash. Mas, após quase um ano, a Apple Electronics, a Apple Retailing, a Apple Book Publishing, a Apple Tailoring e a Apple School apenas torravam prodigiosas quantias em dinheiro dos Beatles, meros cabides de emprego para inúmeros amigos e conhecidos dos Beatles com polpudos salários.

Pelo menos, a Apple Films estava nas mãos profissionais e competentes de Denis O'Dell, o produtor de *A Hard Day's Night*, em 1964, mas nem mesmo O'Dell estava à altura da tarefa de fazer os quatro Beatles embarcarem juntos num projeto e levá-lo a cabo. Ele até os convenceu a trabalhar com o famoso diretor francês Jean-Luc Godard, obteve financiamento da United Artists, mas na última hora George mudou de ideia. Godard acabou realizando *One Plus One* com os Rolling Stones.

A imprudente promessa dos Beatles de generosidade ilimitada atraiu não só trapaceiros e vigaristas da música internacional. Com a fortuna gasta na 3 Savile Row e a segurança inexistente, modernas máquinas de escrever elétricas ou copiadoras criavam pernas e um desejo irresistível de viajar poucos dias após serem instaladas.

Numa rara checagem de quem entrava e saía pela porta frontal sempre destrancada da 3 Savile Row, descobriu-se que um casal hippie californiano morava com a filharada numa das salas vazias, sem que ninguém tivesse notado. Também foi revelada uma falcatrua incipiente entre os jovens carteiros dos Correios que ao longo do dia traziam telegramas e cabogramas. Após a entrega, aproveitavam a oportunidade e subiam ao terraço – destinado a ser palco de um evento histórico dos Beatles, mas por enquanto sem uso – para roubar o valioso chumbo que havia lá em cima.

O fracasso mais radical foi o da Fundação Apple para as Artes e sua suposta missão de apoiar jovens talentos em todos os gêneros. Após algumas doações aleatórias, inclusive a um show de bonecos de Punch and Judy na praia de Brighton, restou uma imensa pilha de fitas musicais, pinturas, manuscritos, esboços de filmes e cartas de mendicância descaradas, que Paul, numa série de anúncios na imprensa nacional, havia prometido "não ser apenas descartada no cesto do lixo".

Foi jogada em outro lugar: a conhecida "sala preta", contígua ao setor de imprensa e publicidade de Derek Taylor, onde permaneceu como lixo nuclear radioativo, com poucas chances de ser peneirada com carinho.

Taylor personificava a Apple e suas boas-vindas a toda a mídia mundial, sentado numa poltrona de vime com encosto enorme em forma de concha, distribuindo prodigamente uísque e Coca-Cola e cigarros Benson & Hedges Gold, inclusive para si mesmo. Na cozinha integrada, duas chefs treinadas na

Cordon Bleu ficavam à disposição para atender aos raros pedidos de lanches dos Beatles. O preferido de George era o sanduíche de queijo e pepino.

Outros componentes da grande equipe de Taylor: um faz-tudo americano de cabeleira exuberante, cognominado o "hippie da casa"; e um misterioso personagem, conhecido simplesmente como "Stocky" ("Troncudo"), que, com a conivência do assessor de imprensa, ficava o dia inteiro sentado no fichário, todos os dias, por meses a fio, tendo como única tarefa desenhar genitálias no bonito papel timbrado da Apple.

Taylor atuava como o último tribunal de apelação para quem solicitava verbas da Fundação Apple para as Artes. Sempre dava ouvidos a eles, por mais estranhos que fossem e por mais que já tivesse escutado a mesma ladainha. Um dia, tocou o interfone de sua mesa. Do andar térreo, uma voz feminina anunciou: "Derek... Adolf Hitler está na recepção".

"Ai, meu Jesus, aquele idiota outra vez", suspirou Taylor. "Ok, pode mandar subir."

Como sempre, entre os diretores da empresa e seus executivos, as drogas continuavam circulando livremente, apesar da recente apreensão de John e Yoko e da existência de uma importante delegacia de polícia a uns 200 metros, na própria Savile Row. Ao menor sinal de azul-escuro não feito sob medida, o secretário da Assessoria de Imprensa, treinado para isso, reunia as múltiplas substâncias e as jogava no vaso sanitário.

"Às vezes, George entrava e se indignava com a quantidade de gente bêbada nas dependências da empresa, tudo às nossas custas", recordaria John. Porém, o exemplo mais espetacular de gente fazendo nada e parasitando a empresa originou-se de George, ou melhor, de seu bom humor na recente visita aos EUA.

Mais tarde, teria a vaga lembrança de ser abordado em Nova York e ter dado a sua anuência a alguém que expressou o desejo de visitá-lo na 3 Savile Row. Apagou aquilo da cabeça até uma semana antes do Natal, quando o Aeroporto de Heathrow notificou a Apple: 17 motocicletas Harley-Davidson esperavam o pagamento do frete, conta supostamente a ser quitada pelos Beatles.

Inadvertidamente, ele havia convidado uma gangue do Hell's Angels, o motoclube californiano, a lhe fazer uma visitinha em Londres, a caminho da

Tchecoslováquia para "investigar a situação política" entre a União Soviética e o jovem movimento democrático brutalmente esmagado na primavera anterior. Sendo tarde demais para recusá-los, George fez circular apressadamente um memorando entre a equipe da Apple, alertando: "Continuem fazendo o que estão fazendo, mas sejam legais com eles. E não irritem os caras do Hell's Angels porque eles podem matar vocês".

Os líderes dos Angels eram dois vultos igualmente enormes e intimidantes, Frisco Pete e Billy Tumbleweed. Logo ficou claro que não se tratava de uma breve visitinha social: esperavam que a gangue inteira fosse acomodada nas instalações da Apple durante sua estada em Londres. Estacionando suas "máquinas" reluzentes na Savile Row, sob os olhares admirados tanto dos alfaiates personalizados quanto das fãs dos Beatles, espalharam seus sacos de dormir no porão do ainda inacabado estúdio de gravação.

O escritor Ken Kesey, outro *habitué* da Apple na época – cujo grupo de seguidores, Merry Pranksters, inspirou a caótica *Magical Mystery Tour* dos Beatles –, foi importado de Nova York pela Apple Book Publishing. Veio munido de uma máquina de escrever elétrica, contratado para manter um "diário urbano de Londres".

Dia após dia, a equipe da Apple chegava para trabalhar e se deparava com Kesey recitando poemas de sala em sala, um mar de couro preto quebradiço em meio à névoa de maconha. As duas chefs de cozinha da Cordon Bleu se viram obrigadas a oferecer serviço de quarto, 24 horas por dia, e, de quebra, serem vítimas de assédio sexual. Derek Taylor e Neil Aspinall, com diplomacia e delicadeza, insinuaram a Frisco Pete e Billy Tumbleweed: era um bom momento de seguir viagem rumo à Tchecoslováquia. Mas essas indiretas eram sempre retrucadas, entre olhares e rosnados sinistros: George os havia convidado sem mencionar um limite de tempo.

Pouco antes do Natal, a Apple deu uma festa aos filhos dos funcionários, com direito a chapeuzinhos da Apple School, John e Yoko como Papai e Mamãe Noel e um peru de natal de 19 kg, considerado o maior da Grã-Bretanha. George não marcou presença "porque eu sabia que não ia acabar bem", e tinha razão.

Os Hell's Angels invadiram a festa na hora de servir o colossal peru assado. "Enquanto duas pessoas o traziam pela sala", relembrou Neil Aspinall, "os Angels já o foram destrinchando em pedaços. Não sobrou nada ao chegar à mesa".

Com medo, ninguém teve coragem de protestar, exceto Alan Smith, jornalista do *New Musical Express*, cuja esposa, Mavis, era assessora de imprensa na equipe de Derek Taylor. Um único golpe de Frisco Pete arremessou Smith no colo de Papai e Mamãe Noel. O chá que John tomava se derramou pelos óculos.

A única pessoa capaz de livrar a Apple desses convidados perigosos era George, coisa que ele fez com uma *finesse* que surpreendeu Aspinall. "No bom da conversa, George disse: 'Existe Yin e Yang, dentro e fora, acima e abaixo, estar aqui e ir embora'. Então os Angels simplesmente disseram 'okay' e levantaram acampamento."

16

"ELE QUERIA TANTO SER UM ENTE ESPIRITUAL"

Nos dois primeiros anos de casamento, relembra Pattie, "George era divino... doce e gentil", adorado pela mãe dela, bem como pelos irmãos e meios-irmãos. Mas após a peregrinação a Rishikesh as coisas mudaram drasticamente. Por um lado, os ensinamentos do Maharishi lhe deram um senso de finalidade que nunca havia encontrado antes com os Beatles; por outro, ela sentiu que também "tiraram um pouco da leveza da alma dele".

A obsessão em meditar, fazer cânticos e girar uma roda de oração – objeto artesanal para recitar preces –, em vez de trazer a prometida paz interior, apenas parecia deixá-lo irascível e rabugento. "Ele queria tanto ser um ente espiritual, mas nunca conseguiu alcançar o nível desejado", relembra Pattie, "e sentia que todas as frustrações com os Beatles e a Apple o impediam".

Num piscar de olhos, a aspereza exterior substituía a paz interior. Em um voo transatlântico, Derek Taylor viajou ao lado dele, e George começou a entoar um cântico, baixinho. Uma comissária de bordo se aproximou e indagou se ele desejava algo. "Dá o fora", retrucou George, "não está vendo que estou meditando?"

Como todo bom nortista abastado da época, ele não curtia a ideia de sua mulher "trabalhar fora". Por isso, obrigou Pattie a desistir da sua bem-sucedida carreira de modelo, bem como de sua prazerosa vida social entre jovens fotógrafos que agora eram tão glamorosos quanto estrelas pop.

Com sua experiência em alta-costura, Pattie poderia almejar uma função na butique da Apple, onde Jenny, sua irmã mais nova, chefiava a equipe de vendas nem um pouco sobrecarregada. Pattie chegou a enviar alguns designs de roupas, mas foram eclipsados pelas criações extravagantes – embora fabricadas com técnica duvidosa – do grupo The Fool. Só voltou a pisar na loja às vésperas de fechar, quando pôde revirar as prateleiras em companhia das outras esposas dos Beatles.

Como Cynthia Lennon e Maureen Starkey, ela nunca tinha ido ao Abbey Road, exceto de modo casual e fugaz; tampouco tinha pensado em influenciar o trabalho dos Beatles como Yoko fazia agora (embora logo viesse a fazer isso de forma bem mais sutil e duradoura).

Nas diversas noites em que George trabalhava lá, às vezes ela ia ao teatro ou ao balé em companhia do vice-diretor administrativo da Apple, o charmoso (e indubitavelmente gay) Peter Brown. Ou ficava sozinha em Kinfauns, o bangalô deles com pinturas na fachada, em Esher. Afinal, George não curtia nada que permitisse a ela "visitar novos lugares nem conhecer novas pessoas". Deprimida por ficar em casa, ela não se conformou. Tentou várias atividades para preencher o tempo, como administrar um quiosque de antiguidades com Jenny, quando o emprego da irmã na butique da Apple evaporou, e começar um curso de piloto na escola de aviação.

Na Índia, George se fascinou com imagens de Krishna, o deus do amor, representado sempre em meio a muitas concubinas, e com a descoberta de que o sexo, no hinduísmo, não diminuía a divindade. Como Pattie bem sabia, até Krishna ficaria boquiaberto com o número de concubinas disponíveis para um Beatle. Nas longas ausências de George, ela tentava não imaginar o que ele estaria fazendo, especialmente na companhia de Eric Clapton, e se consolava planejando o suicídio perfeito caso suas suspeitas se confirmassem: pular do alto do penhasco de Beachy Head, com o seu mais esvoaçante vestidinho da marca Foale and Tuffin.

Nos casuais encontros que ela e George tinham com Eric Clapton e a namorada dele, a modelo francesa Charlotte Martin, ela nem notava os olhares insinuantes de Clapton, e o achava apenas um "sujeito legal". As duas se tornaram boas amigas. Quando, no final de 1968, Clapton terminou sumariamente com Charlotte, e ela precisou sair do apartamento dele em Chelsea, Pattie a convidou para ficar em Kinfauns, enquanto resolvia o futuro dela.

Após a festa de Ano-Novo na casa de Cilla Black, Pattie se lembra: "Tudo degringolou rapidamente... Charlotte parecia ter virado a página em relação a Eric e se aproximava constrangedoramente de George". Ele negou algo inapropriado e acusou a esposa de estar paranoica. Pattie fugiu de casa e foi a Londres ficar com amigos.

"Lá pelo terceiro dia, Eric me ligou e disse: 'Sei que você está sozinha. Quer jantar comigo?'. Ela recusou, "muito incomodada por ele ter feito aquilo enquanto George estava com a namorada dele... Soava armação".

Seis dias depois, George ligou para ela contando que Charlotte tinha voltado à França. Implorou para ela voltar para casa, e foi o que ela fez.

Ironicamente, o que se tornaria o primeiro passo no demorado processo (dois anos) até o rompimento dos Beatles começou como a tentativa da banda de se reinventar.

Paul, o mais apaixonado por ser Beatle, ainda se arrependia da decisão de 1966, quando desistiram de fazer turnês, enfurnaram-se nos estúdios de gravação e perderam a intimidade com os fãs. E foi justamente Paul, na condição de líder *de facto* desde a morte de Brian, quem descobriu uma maneira de reacender essa intimidade sem o onipotente alvoroço de voltar à estrada.

Em vez disso, metaforicamente deixariam os fãs entrar no estúdio com um especial de televisão que os mostrasse trabalhando em um novo álbum, ao estilo *fly-on-the-wall*, documentário "direto", que o meio mal havia começado a explorar, cujo clímax seria um show na frente das câmeras.

George não sentia a mínima nostalgia do tempo em que as moças aos gritos se penduravam em seu pescoço enquanto ele tentava tocar. Mas, apesar do período libertador com Dylan e The Band no verão anterior, a condição de ser um Beatle ainda corria em suas veias como a seiva em um velho carvalho; como John e Ringo apoiaram a ideia de Paul, ele acabou concordando.

Álbum e documentário seriam chamados *Get Back*, referência à canção de Paul, originalmente uma resposta sarcástica à retórica conservadora de Enoch Powell e sua política contrária aos imigrantes do subcontinente indiano. Em vez disso, acabou expressando a vontade unânime dos Beatles – na verdade, a derradeira vontade unânime – de resgatar o estilo singelo e espontâneo de sua musicalidade, após a complexidade e a sofisticação crescentes dos últimos anos no Abbey Road, com George Martin.

Para simbolizar esse momento, que até mesmo George encarava como um recomeço, os ensaios do material para o álbum e as filmagens começaram simultaneamente, no dia primeiro de janeiro de 1969. As locações nos estúdios cinematográficos Twickenham – onde, em tempos mais despreocupados, tinham feito *A Hard Day's Night* e *Help!* – contavam agora com um palco sonoro de 700 metros quadrados e pé-direito de dez metros de altura, sob a gerência de Denis O'Dell, chefe da Apple Films. Nos rigores climáticos de janeiro, um conjunto de aquecedores elétricos apenas amenizava o frio enregelante.

Em outra decisão simbólica, optaram dessa vez por não usar Martin, e sim um produtor mais jovem, Glyn Johns, famoso por seu trabalho com os Rolling Stones. Pena que ninguém se lembrou de informar Martin, que se apresentou em Twickenham. Cavalheiro como só ele, foi incapaz de protestar contra esse tratamento; em vez disso, cavalheirescamente, ficou à disposição, caso ainda precisassem dele.

O documentário *Get Back* teria como diretor Michael Lindsay-Hogg, de 29 anos, realizador dos videoclipes de "Paperback Writer" e "Hey Jude", bem como do filme *The Rolling Stones Rock and Roll Circus* – a resposta (ainda inédita) dos Stones ao *Magical Mystery Tour*. Angelical e charmoso, Lindsay-Hogg, um patamar acima de outros documentaristas, mantinha conexões com a alta sociedade nos dois lados do Atlântico, além de supostamente ser filho ilegítimo de Orson Welles, o diretor de *Cidadão Kane*.

Empunhando câmeras portáteis, ele e o assistente teriam pleno acesso a ensaios e interações dos Beatles. Além de ser o tema do filme, a banda era a produtora; assim, na fase de edição, teriam o poder de cortar qualquer coisa de que não gostassem.

No ambiente gélido e espaçoso, os quatro contavam com a presença de seus fiéis escudeiros, os faz-tudo Neil Aspinall e Mal Evans, mas diversos e poderosos obstáculos impediam a mentalidade grupal. Além de Yoko, cada vez mais grudada a John, a fotógrafa americana Linda Eastman, nova namorada de Paul, circulava livremente com sua câmera Nikon, sem que ninguém a contrariasse.

Para empatar com eles, George bem que poderia ter insistido na presença de Pattie, mas em vez disso trouxe consigo um personagem de cabeça raspada, de túnica alaranjada e sandálias, que ficava sentado no chão, de pernas cruzadas, a uma distância respeitosa: Shyamsundar Das, membro-fundador do Templo Radha Krishna na Grã-Bretanha – na realidade, branco e americano, nascido Samuel Speerstra, em Salem, Oregon. Sua função era atuar como uma espécie de referência e manter George no âmbito de preocupações mais elevadas e espirituais.

Embora Glyn Johns fosse o produtor do disco, na prática quem tomou as rédeas foi Paul, com uma inédita barba, escura e volumosa, que ele cofiava sem parar com uma das mãos, ao mesmo tempo que intimava seus colegas de banda a se esforçarem mais, com o tom de um professor de educação física estimulando os alunos preguiçosos a fazer mais repetições na barra fixa. A ideia era voltar ao básico. Para dar o bom exemplo, trouxe consigo seus dois baixos Höfner em formato de violino, sua marca registrada na época do Cavern e de Hamburgo (um deles seria surrupiado ao longo das sessões para nunca mais ser recuperado)*.

Por sua vez, John ficava longos períodos calado, como se estivesse destituído de sua perspicácia e aspereza habituais. Isso tinha uma explicação: Yoko o havia introduzido à heroína, que ela havia experimentado pela primeira vez em Paris, um tempinho atrás, com o saxofonista de jazz Ornette Coleman.

* O Höfner comprado por Paul em 1961, em Hamburgo, foi roubado em 1972. O baixo foi finalmente recuperado em 2023 após uma campanha da Höfner. (N. de R.T.)

Nenhum de seus companheiros Beatles havia detectado os sintomas clássicos de fala arrastada, riso forçado por contração facial e palidez (na gíria dos iniciados, causados pela "hora do rush"). Mas nem a câmera de Michael Lindsay-Hogg teve acesso a todas as áreas, como quando, em uma entrevista no set a uma equipe de TV canadense, o rush (onda de prazer) de John passou para o próximo e costumeiro estágio, e ele vomitou no chão.

Pattie recorda que não demorou muito para George odiar estar ali. "Noite após noite, voltava para casa mal-humorado, se queixando da parte elétrica, da qualidade do som e falando o quanto andava cansado dos outros."

Em 6 de janeiro, entrou em atrito com o "professor de ginástica barbudo" por conta do arranjo de "Two of Us", de Lennon e McCartney. Paul queria delinear primeiro a estrutura geral, mas George, como sempre, logo criou riffs na guitarra. Impasse parecido com o que tiveram em "Hey Jude", com a diferença de que, dessa vez, Paul até queria a participação da guitarra, mas a seu modo.

A câmera de Lindsay-Hogg captou a conversa e, quando Paul mencionou "Hey Jude", na mesma hora George, contrastando com sua bonita gola rulê amarela, murmurou com rispidez: "Ok, tudo bem, não me importo. Vou tocar o que você quiser que eu toque. Ou nem vou tocar, se você não quiser que eu toque. Se for para agradar você, eu vou fazer".

Apenas um desabafo no afã do momento, não pior do que outros sem as câmeras assistindo. Logo depois, Paul desviou do assunto e confidenciou que sofria de uma "coceira no pinto", e ouviu conselhos de George e John sobre como tratar o problema.

O arranjo certo – idealizado por Paul – foi encontrado para "Two of Us". George inclusive mostrou a mais recente canção de sua sacola espiritual, "All Things Must Pass", embora ela claramente não fosse ter espaço neste nem em qualquer outro álbum dos Beatles.

Mas o fato de ser "restringido" por Paul, como ele definiu, provocou um ressentimento muito profundo para se dissipar tão fácil, não mais revelado diante das câmeras. A única testemunha de violência física real entre dois Beatles foi George Martin. Antes disso, as únicas brigas tinham ocorrido em Reeperbahn, Hamburgo, por volta de 1962. "George e John realmente foram às vias de fato", recordaria Martin. "Alguém poderia dizer que teria sido com Paul, mas foi com John. Em seguida, isso foi abafado."

No sábado, 10 de janeiro, Paul dedicou boa parte da manhã a improvisar acordes para a canção-título do projeto, da qual só tinha as palavras "*Get back...*" Depois Michael Lindsay-Hogg foi almoçar com John e Ringo no pequeno restaurante VIP próximo ao palco sonoro. George só se juntou a eles minutos mais tarde. O diretor sentiu algo fervendo dentro dele outra vez, e cuidadosamente escondeu uma escuta num vaso de planta próximo.

Mas dessa vez não houve ebulição, como aconteceu com Paul quatro dias antes. George limitou-se a informar: "Ok, a gente se vê por aí nos clubes", saiu do prédio e foi para casa. John deu de ombros e ordenou a Neil Aspinall: "Vá chamar o Eric Clapton. É igualmente bom e não dá tanta dor de cabeça". Infelizmente, o microfone oculto de Lindsay-Hogg não captou nada em meio ao tilintar dos talheres nas mesas ao redor.

"George voltou para casa muito sombrio", lembra Pattie. "Era óbvio que não tinha abandonado um álbum como fizera Ringo, meses antes... Ele tinha abandonado a banda."

Porém, naquele fim de semana, ocorreu o que ele mais tarde descreveu como "a intervenção" de John, ao lado de Yoko. "Os dois vieram de óculos escuros, mesmo sendo inverno", conta Pattie. "John ficava se perguntando: 'Por que está tão *escuro* aqui?'"

Após novos debates na casa de Ringo, George concordou em voltar, com duas condições: deixar o atual ambiente triste para terminar as gravações do álbum no estúdio do porão, na 3 Savile Row; e repetir, em escala maior, a brecha na formação sagrada – da qual ele havia sido o precursor ao convidar Eric Clapton para tocar em "While My Guitar Gently Weeps".

Os Beatles conheceram Billy Preston em 1962, quando Brian escalou seus meninos como segunda atração mais importante, atrás apenas de Little Richard, no New Brighton Tower Ballroom. Aos 15 anos, Preston era o tecladista virtuoso da banda de Richard. No início das sessões de *Get Back*, George e Eric Clapton foram assistir ao concerto de Ray Charles no Royal Festival Hall, no qual Preston tocava o órgão. George nunca tinha visto alguém tocar o instrumento de forma tão brilhante e jurou nunca mais tocar órgão na vida.

Agora insistiu que Preston entrasse nos Beatles provisoriamente como artista *creditado*, não apenas por sua musicalidade, como Clapton, mas pelo bom humor do qual George se lembrava, esperando que isso banisse a toxicidade dos estúdios Twickenham.

Um problema técnico surgiu: o estúdio de última geração que Magic Alex supostamente estava instalando no porão da Apple estava longe de ser concluído. Mas o sempre solidário George Martin se disponibilizou a levar de Abbey Road os equipamentos que ainda faltavam. E com isso dificilmente Martin não seria convidado a reassumir a função de produtor principal do álbum.

E o convite partiu de John, em termos que praticamente desdenhavam tudo que Martin havia feito para aprimorar a genial parceria de Lennon e McCartney (embora ele tenha demorado muito tempo para vislumbrar semelhante potencial em George). O próprio Martin conta: "John me procurou e disse: 'Nesse disco, não queremos nada de seus truques de produção. Tem que ser um álbum honesto, ok? Sem overdubs e edições. Só quero fazer de um modo que, ao ouvirmos, eu saiba que foi feito por nós.'"

Mesmo nessas condições de trabalho mais agradáveis e com a radiante magia de Billy Preston, logo o clima tenso começou a voltar. Gravar faixas inteiras de uma só sentada, sem edição ou overdub, era algo que os Beatles não faziam desde o primeiro álbum que Martin arrancou deles em 1963. "E se tornou incrivelmente tedioso porque eles não conseguiam me dar o que eu queria: o desempenho perfeito... Lá pelo take 61, John indagava: 'Como foi esse?' e eu dizia: 'Sinceramente, John, não sei'. E ele respondia: 'Droga, não ficou bom, né?'. A atmosfera geral era essa."

Além de gravar, também ensaiavam para o show que seria o suposto ápice do documentário de TV de Michael Lindsay-Hogg. Mas os esforços prévios de Paul para manter o rumo do navio pareciam naufragar; desperdiçaram quilômetros de filmes e fitas ensaiando clássicos do rock'n'roll e velhas canções como a obscena "Maggie May" dos marujos de Liverpool, muitas vezes com tanto desleixo que os futuros ouvintes até os poderiam confundir com uma pouco inspirada banda de tributo aos Beatles.

A regra "É proibida a presença feminina nas sessões de gravação" foi descartada por completo. Às vezes, Yoko adicionava um vocal esganiçado –

gritos inspirados em sua infância na casa com muitas criadas, entre as quais algumas que davam à luz. Por sua vez, Linda Eastman, cada vez mais próxima a Paul, trazia junto Heather, a sua filhinha de seis anos (e a menina levada gostava de imitar Yoko), mas Pattie só comparecia muito raramente.

"A coisa toda ganhou contornos da peça *Entre quatro paredes* de Sartre", recordaria Lindsay-Hogg. "Personagens encurralados numa sala, sem saber por que estavam lá. Ninguém sabia como parar aquilo."

Também rolava uma discussão inconclusiva sobre os cenários do show ao vivo. Entre os palpites, a arena Roundhouse, no norte de Londres; o Cavern, ainda existente, em Liverpool; um orfanato; e o convés de um transatlântico em alto-mar. Lindsay-Hogg fez lobby para um anfiteatro romano com dois mil anos de idade, na Tunísia, para o qual a plateia seria transportada a bordo do *Queen Elizabeth II*, transatlântico recém-inaugurado, mas George se recusou a sair da Grã-Bretanha.

No final, praticamente nem saíram de casa: fizeram o "comeback" show, retorno que acabaria se tornando despedida, no terraço do prédio da Apple, em 30 de janeiro. "Também não fui convidada para estar lá", relembra Pattie. "George me disse: 'Não vai ser interessante. Não é nada.'"

A essa altura, os Beatles já não estavam mais "na feliz posição de não precisar mais de grana", como um ano antes Paul havia alardeado. Um alerta contábil foi taxativo: a sangria da corporação Apple ameaçava deixá-los com a tez mais pálida do que a capa do álbum duplo que ajudou a lançá-la.

De modo típico, John fez questão de compartilhar essa novidade com o jornal especializado *Disc and Music Echo*, no começo dos ensaios nos estúdios Twickenham: "A gente não tem metade da grana que o pessoal imagina. Desde o início, tem sido um castelo nas nuvens. Todas as semanas, a Apple perde dinheiro, porque precisa ser controlada por um grande empresário. Nesse ritmo, em seis meses vamos estar falidos".

A manchete "Beatles em crise financeira" causou um *frisson* quase tão grande quanto a dos Beatles serem mais populares que Jesus, três anos antes.

Dessa vez, porém, longe de se retratar, John continuou batendo na mesma tecla em entrevista à nova revista musical dos EUA, a *Rolling Stone*: pessoalmente lhe restavam apenas "as últimas 50 mil [libras]". Hoje, essas £ 50.000 de 1969 valeriam dois terços de um milhão, mas isso não dissipava a horrível imagem de um Beatle pedindo esmola com uma tigelinha.

Paul, focado em restringir os danos à imagem da empresa e ao moral da equipe, preferiu não comentar nada em público. Assim, os repórteres buscaram George para repercutir os fatos. Talvez por lembrar-se do episódio dos Hell's Angels, ele foi menos moralista do que outrora teria sido. Declarou que a Apple havia "se tornado um paraíso para os vadios. Mas alguns de nossos melhores amigos são vadios".

E o *cri-de-coeur* – o apelo sincero – de John por um "grande empresário" aguçou o interesse de Allen Klein. Ele acompanhou os desdobramentos nas reportagens da *Disc and Music Echo* e, como um tubarão que fareja sangue na água, veio nadando em círculos cada vez mais concêntricos.

Contador nascido em Nova Jersey, Klein descobriu um nicho lucrativo com a relutância de jovens astros pop, especialmente os britânicos, em incomodar suas cabecinhas desgrenhadas com assuntos de negócios. Tornou-se empresário de bandas e conquistou vários nomes importantes da "Invasão Britânica" de meados dos anos 1960, culminando com os Rolling Stones em 1965, sem nunca esconder que almejava os Beatles.

Com visual antítese do rock'n'roll, atarracado, rechonchudo, cabelo oleoso fora de moda, fétido fumante de cachimbo para inspirar respeito e confiança, ganhou fama nos círculos empresariais de Nova York pelo estilo brutal das negociações, tão lendário quanto sua grosseria no trato pessoal. A secretária dele exibia orgulhosamente uma placa com uma paráfrase do Salmo 23 do Antigo Testamento: "Embora eu ande pelo Vale da Sombra da Morte, eu não temo mal algum, porque sou o maior canalha do vale".

O efeito dele na soporífera indústria fonográfica britânica de meados dos anos 1960 foi como soltar um pit bull no meio dos chihuahuas. Logo após assumir, redirecionou os Stones ao selo Decca, garantindo a eles um adiantamento de US$ 1,25 milhão, coisa que os Beatles nunca pensaram em exigir da EMI (embora continue até hoje um mistério onde foi parar esse US$ 1,25 milhão).

Sem avisar os demais integrantes da banda, John se encontrou com Klein no Dorchester Hotel, em companhia de Yoko, dois dias antes do concerto no terraço. Klein fez duas ofertas a John naquele seu "papo direto" de que os corruptos muitas vezes se orgulham. Primeiro organizaria a bagunça na Apple, e depois resolveria, num passe de mágica, todos os problemas financeiros da banda, de forma tão completa que dali em diante o lema dos Beatles poderia ser "FYM" ("Fuck You, Money").

Após um estudo minucioso das suscetibilidades de John, ele mencionou peculiarmente que perdeu a mãe na infância e com a irmã dele foram destinados a um austero orfanato para judeus em Newark, onde comeram o pão que o diabo amassou. Também teve o cuidado de falar com muito respeito da arte conceitual de Yoko e da música dos Beatles. Na mesma hora, John rabiscou um bilhete ao presidente da EMI, Sir Joseph Lockwood: "Prezado Sir Joe, de agora em diante Allen Klein vai cuidar de todas as minhas coisas".

Configurou-se a mais grosseira violação do espírito dos Beatles, de "um por todos e todos por um". Além disso, tecnicamente falando, Klein chegou tarde demais, pois Paul já havia encontrado um empresário aparentemente aceitável para todos. Lee Eastman, pai de sua noiva Linda, advogado nova-iorquino do ramo de entretenimento, cuja empresa, Eastman & Eastman, atendia músicos americanos famosos, desde Tommy Dorsey, a lenda do swing dos anos 1940, até Chicago, a banda de rock contemporâneo.

No finzinho de 1968, Paul convenceu os outros a nomearem a Eastman & Eastman como consultores jurídicos da Apple, função que tacitamente – esperava-se – se ampliaria para serem empresários da banda. Como que para confirmar isso, John, o irmão de Linda, aos 28 anos, recém-associado à empresa do pai, agora fazia expediente na 3 Savile Row.

Em linhas gerais, George não repercutiu muito a nomeação unilateral de Klein por John. O Beatle mais propenso a doenças teve uma crise aguda de amigdalite. Em 7 de fevereiro, foi submetido a uma amigdalectomia no University College Hospital de Londres, onde, quatro anos antes, Ringo havia passado pelo mesmo procedimento. Hospitalizado por vários dias, com prescrição médica de ficar em silêncio, aproveitou a oportunidade para se concentrar na meditação, só perturbada pelo atendimento de um cabeleireiro que Derek Taylor marcou para ele.

Ao recuperar a voz, tratou de conhecer os indicados de John e Paul para se tornarem empresários da banda. Assim como havia acontecido com Ringo, George se encantou com o papo "direto" de Klein e a perspectiva de um dia ser capaz de falar "Fuck You, Money". Por outro lado, o urbano e sofisticado Lee Eastman despertou nele o velho complexo de inferioridade, soando um arquetípico branco, anglo-saxão e protestante esnobe de Nova York (embora na realidade Eastman viesse de uma família pobre de imigrantes judeus com – por uma bizarra coincidência – sobrenome Epstein).

Ficou mantida a maioria dos votos a favor de Klein, sob protestos de Paul, que prometeu que não teria nada a ver com ele, com base nas provas contundentes coletadas pelos Eastman. Em Nova York, ele respondia a 50 processos judiciais. Recentemente, as negociações da sua empresa ABKO tinham sido suspensas pela Bolsa de Valores de Nova York. O órgão de fiscalização da Bolsa, a Comissão de Valores Mobiliários, abriu uma investigação contra a ABKO por negociações duvidosas de ações.

Em vez de atrapalhar sua contratação pelos Beatles, tudo isso e muito mais foi descartado por John como intrigas maledicentes, motivadas pelos perdedores na disputa pelo supremo cargo de empresário. Ele e George até sentiram uma emoção perversa com a ideia de Klein ser um criminoso da vida real, possivelmente até ligado à Máfia. E em um detalhe talvez irrelevante, George também se divertiu com a semelhança de Klein com o Barney dos *Flintstones*.

O conflito nos Beatles ainda não se comparava ao da banda Cream, na qual o agora melhor amigo de George, Eric Clapton, ficou no meio de uma briga entre os dois colegas, o baterista Ginger Baker e o baixista/vocalista Jack Bruce, cuja aversão mútua levou cada um a tentar matar o outro no meio do show – e a continuarem tentando.

Em novembro de 1968, quando houve o rompimento definitivo do Cream, o trio já não conseguia ficar junto na mesma sala nem o tempo necessário para tirar a foto da capa do álbum *Goodbye Cream*. Em vez disso, as cabeças foram sobrepostas a corpos diferentes em ternos prateados e cartolas florescentes que combinavam, em um final jovial ao estilo do coreógrafo Busby Berkeley.

E com eles se perdia outra saída potencial para as canções de George, que recentemente havia composto "Badge", uma das raras canções do Cream com vocal principal de Clapton. Não tinha nada a ver com distintivos; Clapton não entendeu a letra de George: na folha com a letra da canção constava a palavra "bridge".

Ruim com ela, pior sem ela: incapaz de viver sem uma banda, Clapton imediatamente formou o Blind Faith, aparentemente a última palavra em supergrupos: Ginger Baker; Stevie Winwood, do Spencer Davis Group e do Traffic; e Rick Grech, do Family. George novamente sentiu uma ponta de inveja pela capacidade do amigo de migrar entre dimensões musicais sem deixar rastros nem olhar para trás.

Mais ou menos nessa época, Clapton descobriu que seria o próximo na lista de caça às bruxas do Esquadrão Antidrogas, encabeçado pelo sargento-detetive Norman Pilcher. Escapuliu de seu apartamento em King's Road minutos antes da chegada de Pilcher, sem sequer avisar os dois colegas de apartamento. Quanto mais longe do centro de Londres, mais seguro ele se sentiria. Por isso, Clapton comprou Hurtwood Edge, mansão de estilo italiano, em Ewhurst, Surrey, a 13 quilômetros da casa de George, em Esher.

A próxima namorada dele representou um salto social bem maior que o dado por George ao se casar com Pattie. No caso, a honorável Alice Magdalen Sarah Ormsby-Gore, filha do quinto Barão de Harlech, ex-embaixador britânico em Washington. De um lado, uma virgem de 16 anos recém-completos. Do outro, um guitarrista de 24, imerso em drogas, álcool e sexo grupal. Esses detalhes foram aceitos de bom grado na época.

Agora praticamente vizinhos, George e Clapton passavam um bom tempo na casa um do outro, em geral a portas fechadas com suas guitarras. Mas

Clapton, apesar da nova, superelegante e juvenil paixão, ainda nutria um amor secreto pela esposa do melhor amigo.

O sargento-detetive Pilcher, após dar com os burros n'água em sua tentativa de capturar Clapton, agora buscava uma presa maior. Em 12 de março – o dia em que Paul McCartney se casou com Linda Eastman em uma cerimônia civil em Londres, para a angústia das moças mundo afora –, Pattie Harrison foi ver quem estava tocando a campainha na porta da frente. Ninguém menos que o sargento Pilcher, com reforço do mesmo esquadrão usado no flagrante de John e Yoko, cinco meses antes.

Após uma animada procura com a ajuda de um cão farejador, um bastão de haxixe teria sido encontrado num dos sapatos de George, embora o estoque doméstico sempre fosse guardado num pote da sala de estar. Como toque surreal, o cachorro se chamava Yogi, uma referência nesse caso não aos iogues, os homens santos indianos, mas ao urso Zé Colmeia, que adora furtar piqueniques no desenho animado de Hanna-Barbera.

De modo revelador, nenhum outro Beatle compareceu ao casamento de Paul. George foi encontrado no estúdio de gravação da Apple, para onde Pattie ligou dando a má notícia. Ao chegar em casa, acompanhado por Derek Taylor e um advogado, os policiais bebiam chá, sentados – Pattie se recusou a preparar, mas a única dama da equipe assumiu o encargo. Os policiais mais jovens tentaram pescar informações dela sobre o próximo disco de George.

Naquela noite, em vez da recepção do casamento de Paul, George e Pattie planejavam ir a uma "Festa de Peixes" promovida pelo pintor Rory McEwan. Acusados por Pilcher de porte de drogas, compareceram à delegacia local (a qual nunca sequer imaginou fazer uma batida na casa deles) para tirarem as impressões digitais. Mantiveram o plano de ir à festa e convidaram Paula, de 18 anos, a irmã caçula de Pattie.

Outros convidados incluíam os sempre fiéis participantes das estreias dos filmes dos Beatles, princesa Margaret e Lorde Snowdon, e George puxou Snowdon para um lado, na esperança de que ele pudesse mexer os pauzinhos no caso da apreensão de drogas. Foi nesse instante que Pattie presenciou uma cena aterradora: Paula, a irmã dela, vendo que Margaret fumava como chaminé, se aproximou e ofereceu à princesa um baseado recém-aceso. Receando que o sargento Pilcher ainda estivesse por perto, Pattie avisou a princesa que era um cigarro diferente, e o casal real saiu de fininho.

Embora pouco familiarizado com esse tipo de má reputação, George experimentaria um tratamento desigual bastante familiar. No dia em que ele e Pattie foram acusados e libertados sob fiança no tribunal de primeira instância de Walton e Esher, as manchetes principais focaram o súbito casamento de John e Yoko no inusitado cenário colonial britânico do Rochedo de Gibraltar.

De lá, os recém-casados voaram a Amsterdã para uma semana de "lua de mel" na cama do Hilton. Convidada, a mídia mundial marcou presença, com a esperança de vê-los fazendo sexo, mas o que viram foi em parte um evento de arte performática, em parte um seminário antibélico. Os consequentes berros de escárnio e decepção quase igualaram os uivos da Beatlemania seis anos antes. Três décadas depois, Tracey Emin transformaria sua cama desarrumada em uma instalação escolhida para o Prêmio Turner, vendida mais tarde por £ 2,5 milhões.

Em 31 de março, George e Pattie se declararam culpados de posse de *Cannabis*, após se darem conta da futilidade de contestar as "provas" do sargento Pilcher. Foram multados em £ 250 cada, mais despesas de 20 guinéus (£ 21). Outra vez, John e Yoko proporcionaram no mesmo dia um espetáculo infinitamente mais interessante: encerrando seu protesto "Na Cama para a Paz", em Amsterdã, voaram a Viena para a estreia televisiva de seu filme *Rape*, sátira à mídia intrusiva na qual conversavam com repórteres agachados juntinhos dentro de um saco branco.

Assim como John, ao ser condenado, George teve que devolver o seu passaporte à Embaixada Americana em Londres para uma anotação permanente de haver cometido algo denominado pelo governo americano de "crime de torpeza moral". Nos anos seguintes, até mesmo com o seu prestígio no auge, isso continuaria provocando atrasos e olhares hostis nas alfândegas dos EUA.

Destinada a coroar a reinvenção dos Beatles, a apresentação no terraço da Apple, em vez disso, a interrompeu de forma vergonhosa. Na sequência, abandonaram *Get Back* – o primeiro de seus álbuns a sofrer esse destino – e George Martin e Glyn Johns que fizessem o melhor ao alcance deles.

A dupla combinou suas magníficas destrezas para pencirar as muitas coisas boas daquela vasta pilha de lixo e montar a exigida produção "honesta", livre de quaisquer edições ou overdubs. Mas só Paul acenou com um lampejo de aprovação; John e George agora sequer suportavam ouvir o nome do disco. Por outro lado, a Apple Films não sabia o que fazer com o volume de filmagens igualmente honestas que Michael Lindsay-Hogg havia realizado para o documentário de televisão que acompanharia o disco.

Martin chegou a imaginar que sua carreira com os Beatles havia acabado, e sequer se deu ao trabalho de lamentar. Eis que apenas três semanas após os estertores finais de *Get Back*, Paul, com olhar arrependido, fez-lhe uma visita e pediu: "Volte e venha fazer um álbum conosco do jeito que a gente costumava fazer".

Ele respondeu com um toque de seu antigo rigor professoral. "Avisei: 'Se o álbum vai ser do jeito que costumávamos fazer, então vocês todos têm que voltar a ser do jeito que costumavam ser'."

E, extraordinariamente, foi isso que aconteceu. De fevereiro a agosto de 1969, o aniquilador conflito da banda envolvendo Allen Klein foi colocado em espera, a ressaca do projeto *Get Back* se evaporou, os egos individuais desenfreados recuaram e a mentalidade grupal fez uma derradeira e gloriosa participação. No estúdio próprio buscaram em vão coisas que ressurgiram no Abbey Road: a intimidade e a espontaneidade. O antigo lar, com seus corredores, cantinas e banheiros, parecia tão aconchegante como um velho casaco de tweed.

Não começaram do zero, afinal, boa parte do conteúdo tinha sido elaborado ao longo das sessões do *Get Back*. Doentia de um modo incomum, "Maxwell's Silver Hammer", de Paul, emergiu na sessão em que ele e George se desentenderam diante das câmeras. A contribuição de Ringo, a canção infantil “Octopus’s Garden”, foi concluída na mesma ocasião, com a ajuda de George (ao piano) na estrutura dos acordes.

O quinhão oferecido por Lennon e McCartney consistia basicamente em fragmentos pequenos, com brilho individual, mas em seu conjunto parecia mais com uma gaveta de meias sendo derramada. Essa situação possibilitou que as composições de George brilhassem como nunca antes. Nunca tinha contribuído com duas faixas tão autobiográficas, uma delas, à beira da genialidade.

Um passeio no jardim de Eric Clapton em Hurtwood Edge resultou em “Here Comes the Sun”. Os dois amigos passeavam na relva, cada qual com seu violão – Clapton levemente inibido –, e George pareceu sentir que o inverno longo, frio e solitário (“long, cold, lonely winter”) de conflitos internos dos Beatles derretia com os raios do sol que perpassavam as árvores. A esperança de os sorrisos voltarem (“smiles returning to their faces”) o dominou. O leitmotiv da canção, um riff de guitarra em espiral descendente, herança distante de Buddy Holly em “That’ll Be the Day”, seria considerado amplamente o mais elegante já dedilhado por ele.

E até que enfim, após ficar de fora do Álbum Branco e de *Get Back*, “Something” ganhou seu espaço. George compôs a canção para Pattie, numa época do casamento deles em que havia pouco a recear das “concubinas”. Comunicou a esposa que ela havia sido a sua musa inspiradora com a mesma emoção de quem avisa: “Acabou o detergente”. Ele não havia completado o segundo verso da canção, logo após “*Something in the way she moves*”. Provisoriamente cantava “*attracts me like a pomegranate*” (que acabou se tornando “*attracts me like no other lover*”).

Uma canção diferente de tudo que ele havia composto antes, e do que John ou Paul já tinham composto. Uma canção de amor com a brevidade e o mistério de um haicai japonês. Tipicamente, não identificava quem era “ela”, que conquistou sua adoração, e deixava tudo nas entrelinhas. A voz dele trouxe um inédito registro apaixonado, nunca ouvido nem mesmo em contextos indianos, acompanhada à perfeição pela guitarra em suaves borbulhas.

“Something” foi a primeira composição de George lançada como lado A de um single dos Beatles. Liderou as paradas na Grã-Bretanha, na América e em todo o mundo, além de ganhar o Prêmio Novello de melhor canção, "em melodia e letra", de 1969. Com o passar do tempo, ela se tornaria a segunda faixa dos Beatles com mais covers (só perdendo para "Yesterday", de Paul) e seria classificada como a 17ª canção mais tocada do século XX, inspirando cerca de 150 versões, entre outras, de Frank Sinatra, Elvis Presley, Ray Charles, James Brown, Smokey Robinson, Lena Horne e Shirley Bassey. Sinatra, ex-adepto radical da Beatlefobia, a rotulou como "a maior canção de amor do século XX" – embora a tenha atribuído erroneamente a Lennon e McCartney.

Apesar do comportamento imaculado dos Beatles ao longo das gravações, o álbum não foi bem "do jeito que a gente costumava fazer". Numa das muitas longas pausas entre as sessões, John foi viajar com Yoko rumo às Terras Altas da Escócia, onde tinha passado férias na infância. O carro alugado em que os dois trafegavam caiu numa valeta. Yoko machucou as costas e precisou de repouso completo, então ele comprou uma cama na Harrods e mandou entregar no estúdio. Assim, ela continuou marcando presença nas gravações, deitada de bruços e fazendo seus comentários por um microfone fixado acima dela.

A diferença é que, dessa vez, Eric Clapton e Billy Preston não receberam mensagens de SOS; de novo, apenas o quarteto essencial com seu inestimável produtor. Outrora já tinham sido mais íntimos do que irmãos, mais íntimos do que amantes, íntimos o suficiente para dividir o calor humano naquela noite na traseira da van congelante, quando evitaram a hipotermia, empilhados como pinguins, revezando-se no quentinho da camada inferior. Ainda assim, nos vocais intricados de "Because" e "Sun King", pareciam mais íntimos do que nunca. Como declarou George, sob consenso geral, era boa a sensação de "atuar como músicos outra vez".

No início de agosto, porém, na hora de intitular o álbum, o fastio extremo voltou. Não havia um tema óbvio, por isso ganhou o nome da via arborizada na qual os estúdios da EMI sempre soaram tão incongruentes. Na foto da capa, os Beatles não se esforçaram mais do que no show no terraço, no mesmo espírito de "Que se foda": em fila indiana, atravessaram a faixa de pedestres, perto da entrada principal da EMI – sem sonhar que ambos os "Que se foda" seriam imitados para sempre com reverência por outras bandas.

17

"ISSO FOI ATREVIMENTO DE GEORGE. ELE SABIA SER MUITO ATREVIDO."

Naquele final de 1969, o envolvimento de George com a Apple aumentou, à medida que o idealismo hippie da empresa sumiu da 3 Savile Row, substituído, passo a passo, por cabelo oleoso e cachimbo fedorento.

Nada pôde convencer Paul a aceitar Allen Klein como empresário dos Beatles em vez de seu agora sogro, o advogado nova-iorquino Lee Eastman, especializado no ramo do entretenimento. Em maio, quando os outros três assinaram o contrato que oficializava Klein como empresário da banda, ele só vislumbrou um modo de protestar: abandonar o negócio que tanto se esforçou para estabelecer.

A partir daí, John deu várias entrevistas elogiando Klein, sempre mostrando otimismo sobre o futuro da Apple, em formato mais enxuto e eficaz. Sob as barbas do Antigo Testamento, a velha argúcia ainda pulsava: "O circo debandou da cidade, mas ainda somos donos do local".

Só que, no que tange à mídia, o nome do circo não era Barnum & Bailey, mas sim John e Yoko. E seguia atraindo multidões com as suas demonstrações de "ensacadismo" ou "comunicação total", ou seja, realizar e dar coletivas de imprensa agachados dentro de um saco; incinerar bonecas de plástico nuas com napalm na King's Road em protesto contra a Guerra do Vietnã; ou exibir sua mais recente produção cinematográfica, *Self-Portrait*, ensaio de 42 minutos sobre o pênis de John parcialmente ereto.

Ainda na condição de Beatle titular, John formou com Yoko um grupo alternativo, a Plastic Ono Band, ostentando o nome que enfureceu tantos fãs e desdenhando o estilo de formação imutável dos Fab Four: um número variado de músicos poderia fazer parte da banda numa base "ad-hoc"; a única característica fixa era o quarteto de robôs mudos feitos em acrílico perspex.

Na 3 Savile Row, o casal ocupava uma sala no térreo com cartazes manuscritos colados em seus bonitos painéis, com os dizeres "Bed peace" e "Hair peace", um robô da Plastic Ono Band num canto e uma boneca de plástico nua, remanescente do evento de napalm em King's Road, de cabeça para baixo na lareira.

O casal dividia a mesa de tamanho executivo, comia arroz integral em tigelinhas de madeira, ou caviar Beluga comprado na vizinha Fortnum & Mason a £ 60 o pote. Volta e meia convocavam a imprensa para falar sobre sua mais nova façanha, espécie de clínica de plantão para resolver todas as mazelas do globo. Visitantes em fluxo contínuo buscavam apoio a causas humanitárias e ao combate a injustiças, como a perseguição sofrida pelas comunidades ciganas da Europa e a exploração de trabalhadores hispânicos em vinhedos californianos. Outra ação buscava provar a inocência de James Hanratty, que acabou sendo um dos últimos homens a cumprir pena de morte por enforcamento na Grã-Bretanha. Ninguém tinha seu pedido de audiência recusado e quase ninguém saía de mãos vazias.

Em maio, o segundo álbum do casal, *Unfinished Music No. 2: Life with the Lions*, foi lançado pelo Zapple, o selo vanguardista da Apple, dessa vez sem genitália na capa, mas despertando quase o mesmo escárnio e desprezo que o antecessor. Nesse mesmo mês, outro disco do selo Zapple chegou às lojas, praticamente despercebido: o segundo álbum solo de George, *Electronic Sound*. Tal como *Wonderwall Music*, era exclusivamente instrumental, no qual ele tocava duas extensas peças no moderno sintetizador Moog. Mostrando seu afinco habitual, George logo aprendeu as manhas do instrumento altamente especializado, bem a tempo de utilizá-lo no disco dos Beatles, *Abbey Road*.

Com Paul ausente, John e Yoko imersos na arte conceitual multimídia e Ringo relutante em deixar Maureen sozinha com dois filhos pequenos em Weybridge, muitas vezes cabia a George ser o último a fazer coisas de um Beatle na sede da Apple. Em agosto, por exemplo, passou a manhã numa sessão de fotos no estúdio do sótão para a revista alemã *Bravo*. Em respeito a seus interesses indianos, foi erguido um sofisticado caramanchão de flores amarelas e alaranjadas; então, um funcionário idoso cambaleou sótão adentro com uma caixa de papelão. No interior dela, um boneco de uma divindade hindu de oito braços, que ele e o fotógrafo corajosamente se dedicaram a montar.

Até mesmo George, impressionado com os preparativos, comentou: "Se eu soubesse que seria assim, eu teria lavado meu cabelo". Decidiu que sua blusa jeans não seria adequada para a *Bravo*. Mandou que seu assistente, Terry Doran, fosse à butique Mr. Fish ali pertinho, e trouxesse duas camisas para ele escolher uma.

Nesse tranquilo estado de ânimo, pôde filosofar sobre as conquistas da Apple, ou melhor, a falta delas. "Na verdade, pareceu um jogo de sussurros chineses. Murmuramos algo que foi repassado a muita gente e quando voltou não era nada do que tínhamos dito."

John, o filho de Lee Eastman, havia saído para atuar como advogado pessoal de Paul. Assim, Klein agora tinha controle absoluto: voava direto de Nova York, marcando presença vários dias por semana. Por enquanto, a maioria dos negócios era realizada em papel, por isso sempre trazia junto todos os seus arquivos, receoso de batidas repentinas das autoridades fiscais dos EUA em sua ausência. Até mesmo nos poucos passos entre a limusine e a porta do número 3, ele vinha debruçado sobre uma planilha de balanço, alheio aos gritos de "Máfia!" do grupo batizado por George como "Apple Scruffs", perpetuamente de prontidão.

Klein tinha como prioridade libertar a Apple de vigaristas, principais responsáveis por sua situação financeira. Como os três Beatles restantes raramente questionavam suas avaliações (ao menos, não mais do que Henrique VIII contestava as sentenças de morte de suas esposas), surgiu a oportunidade ideal para se livrar de qualquer pessoa próxima da banda que pudesse ameaçar sua própria posição, independentemente do seu valor para a empresa.

As duas primeiras vítimas presidiam a única divisão lucrativa da empresa. Ron Kass, americano recém-contratado para chefiar a Apple Records, foi demitido com uma boa indenização, cedendo a sala a John, Yoko, o robô da Plastic Ono Band e a boneca de pernas para o ar. Por sua vez, Peter Asher, gerente de A&R de sucesso espetacular, saltou fora antes de ser empurrado, não sem levar consigo o principal trunfo da gravadora depois dos Beatles: o cantor e compositor James Taylor. Disso resultou que George teve a chance de encontrar novos talentos e produzir, sem as limitações daquela "panelinha" (na visão dele) formada por Paul.

Billy Preston, a influência civilizadora nas sessões de *Get Back*, já contratado pela Apple, teve George como produtor de seu primeiro álbum para a gravadora, *That's the Way God Planned It*, com músicos de apoio famosos, incluindo Eric Clapton e Ginger Baker, agora do Blind Faith, e Keith Richards, dos Rolling Stones. O single homônimo, uma canção *spiritual* tão doce quanto seu cantor/compositor, alcançou sucesso internacional, chegando à 11ª posição nas paradas da Grã-Bretanha.

A americana Doris Troy participou do coro de apoio, tendo recentemente se transferido a Londres, um longo interlúdio após seu maior sucesso, "Just One Look". Uma breve audição bastou para George lhe oferecer um contrato com a Apple Records, como cantora e também compositora. Ela ganhou uma sala própria na 3 Savile Row, onde tinha um piano para compor: o exemplo mais significativo de como a Apple cumpria a sua promessa de cultivar talentos.

A próxima contratação dele para a Apple veio literalmente das ruas ou, para ser mais exato, da Oxford Street. Um ano antes, o Templo Radha Krishna, sediado em São Francisco, organização hindu/cristã dedicada ao canto e à dança, enviou seis adeptos para abrir uma filial em Londres. A iniciativa foi bem-sucedida, a julgar pela trupe de cabeça raspada e roupas cor de salmão diariamente abrindo caminho como uma locomotiva na rua de comércio mais intenso de Londres, tocando sininhos e entoando o mantra "Hare Krishna, Hare Rama", ou seja, louvados sejam Krishna e Rama.

Dessa trupe, George pinçou as vozes mais melodiosas e produziu um arranjo de seu mantra nos intervalos da gravação de *Abbey Road*, com ele mesmo tocando harmônio, guitarra e baixo. Em suas sandálias, esses cantores etéreos receberam publicidade total da Apple Records e, em agosto, brilhavam no Top 20 britânico, marcando presença no *Top of the Pops*, o programa da BBC. "Hare Krishna" se tornou um bordão na 3 Savile Row, estranho contraponto ao medo e à insegurança gerados por Allen Klein.

Em 20 de julho, enfim a humanidade chegou à Lua. A juventude, porém, andava mais preocupada em chegar o mais perto possível da Terra por meio de uma série de festivais de rock ao ar livre – e livres também de ingressos pagos, violência e criminalidade, que pareciam crescer cada vez mais.

Em 7 de junho, o Blind Faith, novo supergrupo de Eric Clapton, estreou perante 150 mil pessoas, reunidas pacificamente no Hyde Park de Londres. No mês seguinte aconteceu um show dos Rolling Stones no mesmo local. A multidão de 250 mil pessoas compareceu a esse concerto que em parte serviu como réquiem a Brian Jones, ex-guitarrista solo da banda, encontrado morto dois dias antes, em circunstâncias misteriosas, na piscina da casa dele.

Allen Klein esteve com os Stones no Hyde Park, sem saber que tramavam para puxar o tapete dele. Recentemente tinham descoberto que cada um deles devia grandes somas de imposto de renda britânico, que Allen deveria ter pago em nome deles. A única maneira de evitar a falência seria escapulir para a França na condição de exilados fiscais. Como se isso não bastasse, Mick Jagger e Keith Richards – dupla de compositores quase tão prolífica quanto Lennon e McCartney – descobriram que Allen havia comprado secretamente todos os seus direitos autorais até 1971.

Jagger, normalmente pouco altruísta, passou na sede da Apple em 3 Savile Row para avisar os Beatles sobre Klein, mas perdeu a coragem ao se deparar com todos ao redor da mesa de reuniões. Permanece um mistério por que o bem mais destemido Richards não avisou George enquanto trabalhavam juntos no álbum de Billy Preston.

Em meio a guitarras trovejantes, faíscas de sol e de ácido, charcos de maconha e incenso, esses festivais de rock, alegremente rústicos, sob lonas com o mínimo de infraestrutura e instalações sanitárias, com gente nua brincando na espuma e na lama, foram o último grito sonhador dos hippies, os "filhos das flores", o "povo gentil". Porém, bem antes de o verão terminar, o clima se alterou e a música, que representava acima de tudo um prazer inocente, começou a ser destinada a fins mais sombrios.

No início de agosto, um crime horrendo ocorreu na Costa Oeste dos Estados Unidos, onde supostamente moravam as pessoas mais gentis. A atriz Sharon Tate, grávida do marido – o cineasta polonês Roman Polanski –, e seis amigos foram trucidados na casa alugada de Tate, em Benedict Canyon, Los Angeles.

Os assassinos eram seguidores do franzino Charles Manson, de 34 anos, com antecedentes de encarceramento por crimes menores. Frustrado em sua ambição de se tornar cantor/compositor pop, começou uma "família" de terroristas urbanos ao estilo hippie, tendo como guias, segundo ele, o Livro do Apocalipse do Novo Testamento e as canções dos Beatles no Álbum Branco.

A estridente "Helter-Skelter", de Paul, intitulada em homenagem a um inofensivo passeio no parque de diversões, foi o codinome de Manson para a onda de crimes cujas primeiras vítimas foram Sharon Tate e seus amigos. E a jocosa "Piggies", de George, deu-lhes uma barbárie extra, estimulados pelo verso sugerido pela mãe dele, Louise: "Eles precisam é de uma boa surra".

Na noite seguinte ao massacre na casa de Tate, a família Manson – em sua maioria composta por moças da classe média – atacou aleatoriamente, pela segunda vez, esfaqueando Leno LaBianca, dono de um supermercado, e a esposa dele, Rosemary, após invadirem a residência do casal, em outra parte da cidade. Os dizeres "Political Piggies" ("Porcos Políticos") e "Death to Pigs" ("Morte aos porcos") foram rabiscados nas paredes com o sangue das vítimas, dilaceradas com os seus próprios talheres, numa aparente reconstituição do verso "*clutching forks and knives to eat the bacon*" ("agarrando garfos e facas para comer o bacon").

Os Beatles, que conheciam Roman Polanski, o marido de Tate, ficaram enojados com os crimes e horrorizados com essa involuntária conexão.

George sentiu uma consternação extra pelo fato de Manson "retratar a imagem de um sujeito de barba e cabelo comprido, a imagem de um assassino... Todos querem se vincular a nós, por nossa culpa ou não".

Em 22 de agosto, os quatro tiraram aquela que se tornaria a última fotografia como banda, nos jardins de Tittenhurst Park, mansão recém-adquirida por John, nas imediações de Ascot. "Do primeiro ao 500º enquadramento, George pareceu descontente", observaria o fotógrafo Ethan Russell. "Três horas de cara fechada."

Nesse momento, Paul efetivamente se retirou da formação. Uma semana depois, a atmosfera entre os outros três era bem diferente. O maior festival de rock da Grã-Bretanha aconteceria no lugar mais improvável: a pacata Ilha de Wight. E com uma atração principal improvável: Bob Dylan.

Seria o primeiro show de Dylan após o acidente de moto. Apesar das especulações, ele acabou não tocando no recente festival americano de Woodstock, quando meio milhão de pessoas se reuniu numa pastagem lamacenta, quase no seu quintal (e os Beatles recusaram o convite para tocar por qualquer cachê que pedissem). Os promotores do festival na Ilha de Wight, os jovens irmãos Ronnie e Ray Foulk, o convenceram a viajar 5.600 km para conhecer a ilha de um de seus poetas favoritos, Alfred Lord Tennyson.

Com ou sem Tennyson, Dylan até a última hora ainda hesitava em comparecer. "Perguntou a George se deveria ir, e George disse que sim", recorda Pattie. "Por um triz o festival não ficou sem ele."

George e Pattie não só marcaram presença no show de Dylan que encerrou o festival em 31 de agosto, mas também passaram os dias anteriores com ele, a esposa Sara e The Band, em seus aposentos isolados na Fazenda Forelands, perto de Bembridge. "Achamos uma boa ideia que Dylan tivesse um amigo por lá", conta Ray Foulk. "Eu me lembro dos dois no sofá da sala de estar, Bob e George tocando violão e cantando 'Dream', dos Everly Brothers. Um momento encantador."

George chegou na hora certa, porque Dylan tinha se esquecido de trazer a gaita de boca. O telefone tocou na Apple, e uma assessora de confiança, Chris O'Dell, foi enviada de helicóptero à ilha com duas indispensáveis barras de prata. John e Ringo prometeram aparecer mais tarde; Paul tinha uma desculpa pela ausência: o recente nascimento de sua primeira filha com Linda.

O reencontro de George com The Band, esse quinteto charmoso que o admirava tanto, foi um bálsamo para a inferioridade que ele ainda sentia, apesar de suas recentes conquistas como compositor. "Ele trouxe um acetato do álbum *Abbey Road* e tocou para os outros, sentados ao redor da piscina", lembra Ray Foulk. "Explicou que se sentia mal por ter só duas faixas no álbum. Mesmo sendo duas canções como 'Here Comes the Sun' e 'Something'."

John e Ringo, com as respectivas cônjuges, só compareceram na última noite do festival, a bordo de helicópteros separados. Ringo e Maureen pousaram no campo adjacente à Fazenda Forelands; John e Yoko, direto no jardim.

"O vento das hélices decapitou todas as flores próximas", relata Foulk. "Eu me lembro de pensar que eram grandes demais para pousar no quintal. John, Ringo e George logo se reuniram. John me chamou e disse: 'Vai nos desculpar, mas temos que tratar de negócios, porque não nos vemos com muita frequência.'"

A gélida sessão de fotos com Paul em Tittenhurst Park, oito dias antes, sem dúvida não contava como encontro. Eis que a atmosfera festiva e a brisa marítima transformaram George e Dylan novamente em estudantes, pois os dois tiraram os sapatos e começaram a jogar uma hilariante partida de tênis no gramado.

Nessa altura é difícil não sentir um bocadinho de pena de Allen Klein. Após anos cobiçando os Beatles, enfim ele os capturou em sua rede, mas logo descobriu que o rompimento deles não só era inevitável, mas já bem encaminhado.

Prestes a expirar, o contrato deles com a Capitol, a gravadora americana, precisava ser renegociado. Klein planejava exigir um colossal aumento de royalties, capaz de fazer até mesmo Paul mudar de opinião sobre ele. Se vazasse a notícia de que os Beatles estavam em vias de desintegração, isso jogaria areia no maior negócio da sua carreira – pois em 1969 ninguém imaginava que uma banda pudesse continuar vendendo discos depois de encerrar as atividades.

Crescia cada vez mais a ansiedade dos fãs dos Beatles sobre o futuro da banda, desde que John começou a namorar Yoko, Paul se casou com Linda e Klein assumiu como empresário. E ficariam ainda mais angustiados se soubessem que Paul não só parou de aparecer na Apple, mas sumiu de Londres para se refugiar com a família em sua pequena fazenda nas longínquas Terras Altas da Escócia, propriedade ainda desconhecida pela mídia.

E o comportamento de Paul não era o de Aquiles enfurnado na barraca; sendo voto vencido e posto à margem pelos outros, esse Beatle outrora tão autoconfiante viu-se à beira do colapso emocional, afogando as mágoas num alcoolismo incipiente.

Começou a correr um boato por conta dessa invisibilidade longa e atípica: "Paul está morto". Inventado por um jornal universitário em Des Moines, Iowa, a notícia viralizou duas décadas antes de existir a internet e se tornou a mais famosa teoria da conspiração pop. Não só morto, mas morto há um bom tempo: ele teria sofrido um acidente de carro fatal em 1966 e desde então vinha sendo personificado pelo ator William Campbell.

Outro motivo de preocupação para Klein era que John, além de formar outra banda, implicitamente substituta dos Beatles, mostrava disposição de se apresentar com ela e não mais com eles. Assim, no início de setembro, aceitou o convite para levar a Plastic Ono Band a um festival de rock'n'roll de um dia em Toronto, mesmo precisando viajar um dia antes e ensaiar a bordo do avião.

Para tocar ao lado de Yoko e dos robôs de acrílico, foram chamados músicos temporários: Eric Clapton, Klaus Voormann (o velho amigo de John de Hamburgo) no baixo e o baterista Alan White. Para a guitarra solo, George era a primeira opção de John, mas ele recusou, desperdiçando a chance de subir ao mesmo palco que ídolos do rock'n'roll, como Chuck Berry, Little Richard e Bo Diddley. Mesmo assim, George suspeitava desse elemento "vanguardista" do festival. Além disso, a perturbação de sair da rotina e a falta de ensaios contribuíram para dissuadi-lo.

Casualmente, ele e Ringo estavam na assessoria de imprensa da Apple quando Derek Taylor tentava conseguir o visto de entrada na América do Norte para John, tarefa dificultada por sua condenação por drogas, como teria sido para George também. "Que tal fazermos shows na Austrália?", brincou com Ringo, com um quê de amargura. "A gente volta amanhã."

A bordo do avião, retornando de Toronto, John disse a Ray Connolly, do *Evening Standard*, de Londres – antes de comunicar a qualquer outro Beatle ou Klein –, que ia abandonar os Beatles, mas convenceu Connolly a não publicar o artigo para não comprometer as negociações de Klein com a Capitol. É certo dizer que, com George por perto, não se correria esse tipo de risco.

Em 26 de setembro, *Abbey Road* foi lançado. "Juntos como sempre", afirmava Taylor aos jornalistas pelo telefone, dezenas de vezes por dia. Acima de tudo, "Here Comes the Sun" encorajou essa crença, com seus versos sobre o gelo derretendo devagarinho e a volta dos sorrisos estampados. Em geral, os álbuns dos Beatles se tornavam sucessos em meio a um grande entusiasmo, mas esse se tornou um grande alívio (não por muito tempo). Vendeu quatro milhões no primeiro bimestre, figurando um total de 17 semanas como número um no Reino Unido e onze consecutivas nos EUA.

A imagem da capa, com a banda marchando em fila na faixa de pedestres, deu nova munição aos teóricos da conspiração "Paul-está-morto", para quem o visual "que se foda" representava um cortejo fúnebre: John, o pastor de terno branco; Ringo, o agente funerário em risca de giz; Paul, o defunto de pés descalços; e George, o coveiro de jeans azul. Em suma, o único trabalhador.

Destaque indiscutível do álbum, "Something" mereceu um vídeo próprio, embora personificado não só por Pattie, que inspirou a música, mas por toda a banda e respectivas esposas, em vinhetas separadas: John e Yoko, fantasmas negros gêmeos em Tittenhurst Park; Ringo e Maureen passeando de moto; Paul e Linda sob um céu escocês distante, em clara recuperação, brincando com o cão da raça Old English Sheepdog.

Dos quatro casais, George e Pattie pareciam os menos compatíveis, ela de cachinhos em forma de saca-rolhas e lenço esvoaçante, ele de cabelo na altura dos ombros e barba densa, ao estilo evangelista do século XIX, como se apagasse propositalmente todos os vestígios da paixão que havia na música.

O melhor amigo de George estava se comportando conforme esperado. Cofundador do Blind Faith, o suprassumo dos supergrupos, Eric Clapton cansou do alarido e do hype a seu redor. Decidiu atuar como simples guitarrista de apoio a artistas que ele seriamente considerava mais talentosos do que ele.

Na única turnê americana do Blind Faith, contaram com o apoio do casal de country-blues Delaney e Bonnie Bramlett. Cativado pelo som acústico e caseiro dos Bramlett, Clapton passava tanto tempo "dedilhando" com eles e sua banda de apoio – modestamente chamada "and Friends" – quanto com sua própria banda multimilionária.

Isso terminou sendo o fim do Blind Faith. Em dezembro, Clapton trouxe Delaney & Bonnie and Friends para uma turnê na Grã-Bretanha, ele próprio

um membro incógnito da formação. Na etapa norte, a formação foi reforçada por um segundo guitarrista extra não creditado, que subiu ao palco com chapéu Stetson preto e jaqueta de pele de gamo com franjas, um sujeito que só tocava acordes e ficava tão no fundo que a maioria do público nem percebeu quem ele era.

George tinha comparecido ao concerto de estreia no Royal Albert Hall na esperança de contratar os Bramlett para a Apple. Mas, nos bastidores, súbito se ofereceu para tocar na turnê, "a menos que vocês tenham guitarras demais". Oferta surpreendente vinda de alguém que abominava as turnês dos Beatles e insistiu para que Brian as encerrasse. Agora, com a discórdia entre os Beatles e as pressões em 3 Savile Row, a ideia soava mais do que terapêutica.

George ainda nem desconfiava da paixão que Clapton nutria por Pattie, nem ela mesma. Por que suspeitar disso? Afinal, Clapton confirmou o noivado com a namorada de 17 anos, a honorável Alice Ormsby-Gore, criando assim o retrato perfeito da queda das barreiras de classe nos anos 1960.

Clapton observou cada eco de "Something" no casamento dos Harrison ser afugentado pela frieza, pela meditação obsessiva e pelas infidelidades cada vez mais flagrantes de George. Na letra das canções de amor que ele também comporia para Pattie, ele "tentava [lhe] dar consolo" ("*tried to give [her] consolation*") e uma atenção que ela já não recebia mais do marido, nem que fosse em nível social, como elogios por se vestir ou cozinhar bem.

Mas tocarem juntos no Delaney & Bonnie and Friends foi uma excursão de meninos em que a culpa de Clapton por desejar Pattie ficou em banho-maria. E George mergulhou no espírito da coisa, viajando em um ônibus pela primeira vez desde o início da Beatlemania, entrando na fila das lanchonetes à beira das rodovias, esperando encontrar algo sem carne. Nesses locais, ele logo era reconhecido e acossado por fãs, que pediam autógrafos em guardanapos, enquanto Clapton era – felizmente – ignorado. Se alguém perguntasse quem *ele* era, respondia: "Só um parasita".

Nessa atmosfera implacavelmente juvenil, o líder era Delaney Bramlett, com sua barba preta. Em Leeds, a banda inteira comprou bonecos em forma de frutas que saíam andando quando você dava corda. Faziam corridas com eles no piso do camarim e depois os largavam no palco para distrair o trio que abria os trabalhos, Ashton, Gardner e Dyke. Os luxuosos hotéis onde paravam forneciam requintados bufês após o show, muitas vezes destruídos por guerrinhas de comida dignas dos Irmãos Marx. Inclusive um pequeno e leve vandalismo foi registrado. Como se isso fosse tornar a experiência de George mais autêntica! Afinal, os Beatles, nem mesmo em suas turnês mais punitivas, se comportaram assim.

Nem tudo foi tão sereno: Bramlett morria de ciúmes da esposa de cabelos dourados, rosto angelical e voz brumosa. Muitas vezes, ele a agredia na frente da banda, e alguns shows – o do Albert Hall inclusive – tiveram que ser adiados até os hematomas desaparecerem. Naquela época, a violência contra as mulheres era considerada uma prerrogativa masculina, especialmente nos circuitos do rock rústico, e George, que nunca sentiu o menor impulso dessa natureza, nada fez além de olhar e se encolher.

Uma noite, antes de subir ao palco, Clapton molhou o cabelo e penteou para trás num topete dos anos 1950. Os demais seguiram o exemplo e emendaram uma série de antigos clássicos do rock'n'roll, que George tinha perdido de tocar em Toronto. Ao final, a cautelosa barba sob o chapéu preto abriu um amplo sorriso. "Eu tinha esquecido como era uma turnê ao vivo", explicou. "Aquele medley de Little Richard é em Mi, não é?"

Pattie tinha visto o show sem George no Albert Hall e pensou que isso seria o fim. Mas, quando a turnê chegou ao Liverpool Empire – esse depósito de lembranças dos Beatles –, ele a convidou para ir vê-lo novamente, agora com a irmã Paula, de 18 anos.

Caçulinha da família Boyd, Paula recebeu o carinho que a mãe, Diana, não deu aos três irmãos e irmãs mais velhos, e de quebra não sofreu os maus-tratos que o padrasto infligiu a eles. Assim, embora tão bonita quanto Jenny e Pattie – com quem mais se parecia –, ela não tinha a insegurança e o comedimento das irmãs.

Sem estatura para seguir a carreira de modelo como as irmãs, frequentou a escola de teatro e conseguiu papéis em séries infantis de televisão. O que ela queria mesmo era o picante estilo de vida do rock'n'roll que as duas irmãs dela tinham agora, pois o namorado de Jenny, e mais tarde marido em duas oportunidades, era o cofundador e baterista do Fleetwood Mac, Mick Fleetwood.

George já havia mostrado um interesse por Paula que ultrapassava a condição de cunhado, sem ligar que Pattie notasse – na verdade, deixando aquilo bem claro. Sentia-se no direito, concedido por Krishna, de reivindicar qualquer mulher, e num espírito de competitividade com a honorável Alice de Clapton e seus 17 aninhos, planejava seduzir Paula após o show no Liverpool Empire.

Como resolver o problema da presença de Pattie? Simples: oferecer a esposa para que Clapton passasse a noite com ela, com a casualidade de quem empresta uma guitarra, ainda totalmente inconsciente dos sentimentos de Clapton por ela. Porém, na hora H, sua precaução inata prevaleceu. Quem acabou passando a noite com Paula foi Clapton, fantasiando que ela era a irmã mais velha.

Na época, a própria Pattie nunca soube do estratagema, e hoje abre um sorrisinho complacente. "Isso foi atrevimento de George. Ele sabia ser muito atrevido."

18

"A NOVA ONDA DO BEATLE GEORGE – COM TORREÕES E TUDO"

Às vezes, quando George ainda tomava LSD, mas Pattie já não participava, ele ia ao parque nas proximidades de seu bangalô psicodélico, sentava-se embaixo de uma árvore e fazia uma viagem solitária. A área verde pertencia aos terrenos da casa de campo Claremont, de Esher, e fazia parte de uma escola particular elitista. Um dia, à tardinha, o idoso zelador o avistou na hora de trancar os portões e o mandou sair com rispidez; não reconheceu George como um dos quatro rostos mais famosos do mundo.

O incidente aniquilou o pouco afeto que ele ainda sentia por Kinfauns; seja como for, a atmosfera suburbana de Esher começava a oprimi-lo. Agora ele ansiava por algo mais ao estilo de Hurtwood Edge, a mansão em estilo toscano de Eric Clapton, oculta na floresta de Surrey.

De carro, Pattie, durante quase um ano, percorreu todo o sul da Inglaterra visitando propriedades à venda. De vez em quando, George ia junto, mas em geral Terry Doran a acompanhava – o assistente pessoal que os Harrison herdaram de John, após a chegada de Yoko.

Doran, cabelos crespos e afável no trato, ex-vendedor de carros em Liverpool, tinha no currículo a venda do Ford Anglia azul-claro, xodó e primeiro carro de George. Mais tarde, em uma sociedade com Brian, abriu uma concessionária de carros de luxo, que não durou muito. Esse fato deu origem à crença (equivocada) de que era ele o "homem do comércio automotivo" citado por Paul em "She's Leaving Home", no álbum *Sgt. Pepper*.

A única diretriz de George era ter um "parque próprio" e ser livre de zeladores inoportunos. Porém, no estrato superior do mercado imobiliário britânico, parque tinha P maiúsculo e significava mais do que um gramadinho arborizado. Com essa palavra quase invariavelmente vinha a "grande mansão" com a qual ele ousou sonhar acordado, ainda na época em que morava numa casa minúscula, sem banheiro interno.

Nesse mundo de grandeza subestimada, uma "praça" valia como "parque". Assim, George quase se tornou o dono de Plumpton Place, em East Sussex, mansão elisabetana rodeada por um fosso, com jardins projetados por Sir Edwin Lutyens, o arquiteto que projetou Nova Délhi, e Gertrude Jekyll, a grande paisagista vitoriana. No último minuto, a dona se recusou a entregar a propriedade a um músico de rock (mas nada impediria a inexorável ascensão dos deuses da guitarra à condição de proprietários: mais tarde, a mansão foi comprada por Jimmy Page, do Led Zeppelin).

Por fim, na sofisticada Henley-on-Thames, no elegante condado de Oxfordshire, pertinho do cenário da regata anual mais concorrida da Grã-Bretanha, os caçadores de casas encontraram Friar Park.

A paixão pelo gótico na arquitetura do fim do século XIX gerou muitas criações excêntricas, mas raras chegam aos pés dessa cornucópia em branco e terracota de campanários, torreões, pináculos, janelas dignas de catedrais, arcos pontiagudos e gárgulas assustadoras. A extravagância e o excesso pulsam em quase todas as pedras, mas nenhum liverpudliano admira Friar Park sem um quê de *déjà vu*: era como se o Relógio de Picton, dobrando a esquina da casa de infância de George em Wavertree, tivesse migrado 320 km ao sul e dado à luz uma enorme e clamorosa ninhada.

Sir Frank Crisp – rico advogado londrino, cujas muitas paixões incluíam praticar a horticultura, colecionar microscópios, viajar pelo mundo e estudar a Inglaterra medieval – mandou construir a mansão na década de 1890 para ser um refúgio de fim de semana. Mas que refúgio! Vinte e cinco dormitórios, biblioteca, salão de baile azul, branco e dourado com querubins saltando no teto e vitrais desenhados por Edward Burne-Jones, o pintor pré-rafaelita. No hall de entrada, a imponente lareira de seis metros de altura escoltava a colossal escadaria em curva que conduzia à galeria do menestrel. Espaçoso e ornamentado, o chalé do porteiro confundia os visitantes, que achavam ter chegado à casa principal. A propriedade contava com mais dois chalés nas cercanias para acomodar hóspedes.

O nome [Parque do Frade] é uma referência ao mosteiro que supostamente ficava naquelas terras. Na época medieval, freis e frades vagueavam como homens sagrados. Por sinal, o corte de cabelo tonsurado lembrava um pouco o corte dos Beatles. O elemento decorativo "frade" dominava o local. Em pinturas, tapeçarias, entalhado em madeira, esculpido na pedra em meio a pretensas inscrições medievais. Até os interruptores de latão mostravam o rosto de um frade; o usuário ligava ou desligava as luzes apertando o nariz, digo, botão.

Um século antes, o terreno de 26 hectares era um parque temático, com direito a jardim japonês, jardim elisabetano, jardim de azaleias, jardim de pedras alpino, um labirinto e inúmeros arbustos podados em formas de animais ou pássaros. Em uma proximidade surreal com a casa, uma réplica do Matterhorn, miniatura do monte alpino, mas ainda assim escalável, erigida com 20.000 toneladas de granito de Yorkshire, além de uma cópia da Gruta Azul de Capri.

Generoso, Sir Frank Crisp abriu as portas de sua criação ao público e por toda parte havia lembretes de seu humor peculiar e de um carisma precursor de Disney. Um labirinto de túneis interligava casa e terreno com uma série de cavernas temáticas com gnomos, esqueletos, espelhos que distorciam as imagens e um poço dos desejos. No lago, um caminho de pedras pouco abaixo da lâmina d'água dava aos visitantes a sensação cristã de caminhar sobre as águas. Subvertendo o rígido protocolo habitual das casas senhoriais, cartazes diziam: "Por favor, pise na grama".

Em 1919, Sir Frank veio a falecer, sem que um membro da família se interessasse em preservar a propriedade. Friar Park passou por maus lençóis, maravilhas e bizarrices esquecidas, exceto pelos moradores de Henley mais idosos. Recentemente, a casa – ou explosão gótica – pertencia às Irmãs

Salesianas, ordem de freiras docentes que a transformou em escola. Quando George e Pattie foram conhecer o local, porém, restavam apenas quatro freiras e um monge como ocupantes. Com interiores e exteriores em péssimo estado, as freiras permitiam que empresas de construção locais usassem o jardim e o lago como depósito de resíduos. Se ninguém se interessasse em comprar, a alternativa seria a demolição.

Um velho provérbio vitoriano logo chamou a atenção de George. Inscrito no muro do jardim, celebrava a paixão de Sir Frank Crisp pelos microscópios: "*Scan not a friend with a microscopic glass/ You know his faults so let his foibles pass*" ("Não examine seu amigo ao microscópio/ Você conhece as falhas dele, então releve essas fraquezas"). Pattie recorda: "Ele teve a sensação de que Sir Frank estava falando direto com ele. Aconselhando-o a não ficar magoado com os outros Beatles".

A primeira ideia dele foi transformar a casa numa "instituição religiosa" de caráter indiano. Refletiu melhor, e dúvidas afloraram. "Eu estava indo além de minhas possibilidades cármicas, algo que só eu poderia ter feito". Brian com certeza quase absoluta não teria aprovado, mas Allen Klein vislumbrou nisso a oportunidade de bajular um Beatle com cujo apoio ainda não sabia se podia contar.

Assim, Klein liberou os fundos para uma oferta de £ 140.000, em torno de £ 1,75 milhão em dinheiro atual, £ 20.000 a mais do que o preço solicitado. O jornal *Daily Mail* estampou a manchete "A nova onda do Beatle George – com torreões e tudo", ilustrada com obscuras imagens da implausível silhueta de pináculos.

Em março de 1970, pouco depois de seu aniversário de 27 anos, ele e Pattie fizeram a mudança, levando junto o indispensável Terry Doran. Com os quartos em reforma, os três improvisaram sacos de dormir no hall de entrada, aquecidos pela crepitante lareira de seis metros de altura.

Uma noite, Pattie escutou um barulho lá em cima. Galgou os degraus correndo e se deparou com um homem invadindo a casa por uma janela do segundo andar. Em retrospectiva, um prenúncio horrível de outra invasão no futuro. Deu o alerta de "Pega ladrão!" e o invasor – ao contrário do futuro intruso – fugiu apressadamente.

Na infância, George cultivou a paixão por arquitetura bem antes de qualquer paixão pela música. Aos poucos, dedicou-se a restaurar Friar Park em toda sua pompa vitoriana, com o auxílio dos mapas e das plantas de sua construção, guardados cuidadosamente por Sir Frank na biblioteca.

O processo minucioso e caro durou quatro anos e meio. Preservar as mil e uma curiosidades e, ao mesmo tempo, transformá-la numa casa adequada a uma estrela do rock, um centro para a sua música. Um detalhe importante da remodelação incluía um estúdio de gravação profissional. Isso permitiria que ele seguisse a sua carreira paralela como produtor e o libertaria dos trâmites burocráticos muitas vezes opressivos da EMI, na Abbey Road.

Após se mudar de Wavertree para Speke, a família Harrison curtiu o luxo de dois jardins, um na frente e outro nos fundos. Aproveitando ao máximo cada palmo, o pai de George produziu safras impressionantes de hortaliças e flores. Acostumado a ajudar Harold a plantar e colher, George pegou gosto pela sensação de ter as unhas sujas de terra.

Mesmo assim, assumir os jardins de Friar Park era como pegar o timão do *Titanic* após um estágio em um barquinho a remo. Hectares e hectares de grama para melhorar; canteiros e canteiros de flores para cuidar; centenas de plantas e arbustos exóticos que Sir Frank havia trazido de suas viagens ao exterior, cada qual com suas necessidades especiais; coleções de topiaria a serem continuamente esculpidas; avenidas de estufas repletas de videiras e orquídeas a serem paparicadas.

Por onde começar? Essa controversa pergunta continuava sem resposta, até que um dia ele e Terry Doran avistaram uma solitária flor de magnólia, "crescendo numa árvore, abrindo caminho à força entre as ervas daninhas, os arbustos e a vegetação rasteira. Então Terry e eu começamos a limpar ao redor [dela] para deixá-la respirar", George se lembraria mais tarde.

Beth Chatto, a eminente horticultora, foi contratada para identificar as espécies e prescrever um tratamento para as plantas mais raras e sensíveis. Maurice Milbourne, ex-jardineiro de George em Kinfauns, retomou o cargo em Henley, agora chefiando uma equipe de oito pessoas, rivalizando com outros palacetes como Chatsworth ou Longleat.

Em coisas maiores, George até podia ser generoso – por exemplo, comprar uma casa para a mãe de Pattie, Diana – mas, como patrão, de generoso não tinha nada. Característica bem conhecida por Tony Bramwell, o amigo de infância que ainda trabalhava para a Apple. "Como motorista de ônibus, o pai dele nunca ganhou mais do que dez libras por semana. E George não via motivo para remunerar alguém muito mais do que isso."

Isso não impedia que seus funcionários cada vez mais numerosos – em especial, os jardineiros – se dedicassem com absoluta lealdade. E não era só pelo prestígio de trabalhar para um Beatle. No jardim, o espinhento superastro do rock sumia, restando apenas os espinhos dos arbustos que ele ajudava a turma a cortar. Ele os tratava de igual para igual, ansioso para aprender tudo o que tinham a lhe ensinar.

Como ele, Pattie amava Friar Park e se deliciava escolhendo sedas luminosas e abajures Tiffany com pantalhas de vidro para sarapintar a penumbra gótica e os rostos onipresentes dos frades. Essa paixão mútua pelo lugar talvez tenha sido a resposta rock'n'roll aos escritores Harold Nicolson e Vita Sackville-West, cujos desvios sexuais perdiam importância enquanto criavam o seu célebre jardim, no Castelo de Sissinghurst, em Kent.

Mas sempre que precisava discutir uma nova fase do plano de melhorias, George recorria não a Pattie, mas a Terry Doran ou a Maurice Milbourne. Como ela explica: "Em Kinfauns eu me sentia em uma parceria igualitária com George, embora ele tenha comprado a casa antes de eu ir morar lá. Mas em Friar Park eu me sentia na casa de George, onde ele tomava as decisões".

E o jardim acabou se tornando um santuário dos últimos e ásperos dias dos Beatles. Por mais secundário que tenha sido o papel de George nesse processo, não diminuiu esse calvário.

E apesar das rupturas imensas na banda, o incansável e habitual ciclo produtivo dos Beatles não arrefecia. No primeiro semestre de 1970, um novo álbum teria que ser lançado. E só podia ser o *Get Back*, abandonado por eles em janeiro de 1969, que seria acompanhado pelo documentário homônimo de Michael Lindsay-Hogg, desde então também no limbo.

Glyn Johns elaborou duas versões do álbum, que poderiam ser lançadas sem problema algum. John e George, porém, rejeitaram as duas, exigindo outra abordagem, totalmente nova. Em linhas gerais, Paul tinha aprovado as duas versões, mas já não estava por perto para fazer valer a sua opinião.

Eis que John e George tinham trabalhado recentemente com Phil Spector, produtor americano cuja empolgante técnica de "parede sonora" (Wall of Sound), no início dos anos 1960, responsável pelos clássicos "Be My Baby", das Ronettes, e "River Deep-Mountain High", de Ike & Tina Turner, tinha deixado os Beatles com uma pulga atrás da orelha.

Conhecido por seu comportamento paranoico e de gângster, Spector saiu de cena após o fim de sua gravadora Philles, mas recentemente tinha ressurgido para produzir "Instant Karma", o primeiro single de John com Yoko e a Plastic Ono Band, no qual George enfim foi persuadido a tocar junto.

A atração entre Wall of Sound e Beatles foi instantânea, e Spector ganhou a missão de remixar *Get Back*. Mas é claro que Svengali, o homem-tarântula do pop, não se contentaria com essa mera colher de chá sônica.

Assim como estava, as duas faixas que mais se destacavam no álbum eram de autoria de Paul: "The Long and Winding Road" e "Let It Be", esta última uma expressão usada pelas mães de Liverpool, há gerações e gerações, para acalmar crianças rebeldes. Na realidade, soava quase como evocação e hino à "Mãe Mary" que ele havia perdido aos 14 anos. Paul acreditava que em seu conturbado autoexílio na Escócia havia sido reconfortado pelo espírito da Mãe Mary.

As duas tinham sido gravadas com o mesmo arranjo singelo de voz e piano que alçou "Hey Jude" à estratosfera. Spector transformou isso numa Parede de Açúcar, com direito a orquestra com 18 violinos e coro de ópera feminino. Paul, que nunca teve uma semicolcheia sequer alterada por George Martin, ficou indignado – mas foi voto vencido outra vez.

Klein, que se imaginava produtor cinematográfico, decidiu transformar o documentário antes destinado à televisão num longa-metragem para o cinema. Em um elogio não intencional a Paul, filme e álbum receberam o título de *Let It Be*.

A essa altura, três quartos dos Beatles tinham declarado suas individualidades e, ao mesmo tempo, insistiam, de modo cada vez menos plausível, que isso não os impedia de serem Beatles. John lançou dois singles, um álbum ao vivo no festival de Toronto e três criações com Yoko; Paul fez um álbum solo em sua residência londrina, tendo Linda como sua única – e bem mais tranquila – colaboradora; Ringo gravou uma seleção de clássicos com o objetivo principal de agradar sua mãe em Liverpool.

George, com dois álbuns instrumentais solo no currículo, havia comentado vagamente, nas sessões de *Get Back*, sobre fazer seu primeiro álbum solo cantado. Mas parecia contente em seguir apenas como produtor da Apple, atuando com Doris Troy e Billy Preston, e, às vezes, sendo convidado para tocar com os amigos.

Até então, ele havia conseguido evitar a batalha pela nomeação de Klein, mas agora o conflito entre os Beatles passou a abranger a Apple Records, e ele se viu envolvido até a gola rulê.

Em 27 de março, a Apple lançou *Sentimental Journey*, o álbum de Ringo; já o lançamento de *McCartney*, o álbum de Paul, com produção parcialmente caseira, estava agendado para 17 de abril. Mas Phil Spector se dedicou com tamanho fervor à produção de *Let It Be*, dos Beatles (principalmente para adocicar as duas melhores faixas de Paul), que o disco ficou pronto para ser lançado em 8 de maio, ocasião perfeita, pois a estreia mundial do filme aconteceria em Nova York, no dia 13.

Se o álbum de estreia de Paul fosse lançado na data original, isso poderia prejudicar as vendas de *Let It Be*. Como diretores da Apple, John e George redigiram uma carta conjunta, intitulada "From Us to You" (alusão ao hit da Beatlemania "From Me to You"), avisando que o lançamento de *McCartney* seria adiado para junho. Concluíram a carta com uma tentativa de suavizar o tom autoritário, em um comentário inepto que lembrava George: "Lamentamos, não é nada pessoal. Hare Krishna. Com amor, John e George. Um mantra por dia espanta Maya [deusa indiana] com alegria".

Mostrando a superficialidade de seu remorso, a carta foi deixada na recepção da Apple para ser entregue por um mensageiro na casa de Paul, no norte de Londres. Ringo a percebeu ali e, em vez de confiar a "um moço do escritório", resolveu levar pessoalmente. Esse novo menosprezo foi demais para McCartney, e quem pagou o pato foi o inocente Mr. Postman. Paul expulsou Ringo dali. Bondoso como sempre, Ringo voltou aos outros e os convenceu a manter o lançamento de *McCartney* na data inicial, 17 de abril.

Hoje em dia, um esquadrão de paparazzi teria cercado o encontro; em 1970, a única testemunha foi uma "Apple Scruff", que relatou às amigas que esperavam nas imediações da 3 Savile Row: quando Ringo deixou a casa de Paul, ela pensou ter visto um hematoma em sua bochecha (mas Paul sempre negou qualquer agressão física).

As jovens a quem George havia dado aquele apelido desdenhoso não limitavam sua vigília à Savile Row, mas eram encontradas no entorno das casas de cada Beatle, do estúdio Abbey Road e de qualquer outro lugar onde eles estivessem, reunidas pelo mesmo instinto que permitia aos caçadores de grandes presas africanas detectarem gnus ou aos indígenas americanos seguirem as manadas de bisões.

Em termos modernos, eram "stalkers" do tipo mais extremo, mas sem a malevolência desses hodiernos perseguidores. Ao contrário, cada uma delas nutria um profundo respeito para com o Beatle preferido (cujo primeiro nome muitas vezes adotavam, como em "Sue-John" ou "Linda-Ringo") e sentiam o dever de protegê-lo de simples turistas e outros tipos de curiosos sem vocação.

Afora a desmedida obsessão que ignorava dia e noite, calor e frio, neve e chuva, elas se revelavam inteligentes, sensatas e bem-humoradas, até mesmo quanto a essa desmedida obsessão. Ostentavam com orgulho o seu título, capaz de enfurecer qualquer feminista moderna; consideravam-se um clube exclusivo com direito a carteirinha de sócio e até publicavam um boletim informativo mensal, o "Degraus da 3 Savile Row".

A facção das Scruffs que amava George tinha como líderes a inglesa Lucy e a texana Carol Bedford, moça alta, natural de Dallas. Rotineiramente, todas ofereciam presentes aos Beatles "delas", e o presente de Carol a George foi um bolo no formato do Texas, comprado na famosa loja de departamentos Neiman Marcus, em sua cidade natal.

Conhecedoras do temperamento dele, ela e Lucy eram modelos de decoro ao solicitar que ele posasse para fotos, das quais elas nunca se cansavam.

George ficou muito satisfeito ao vê-las, ao menos numa ocasião: na audiência por posse de maconha no tribunal de primeira instância, quando Derek Taylor as recrutou para marcarem presença na plateia e apoiar George. E ele ficaria devendo a elas e a suas colegas Scruffs muito mais do que isso.

Quando os Beatles passavam a noite gravando no Abbey Road, Carol ficava no grupo instalado no pátio com sacos de dormir e térmicas de café, à espera de um fugaz vislumbre no alvorecer, antes de cada uma seguir a seus diversos locais de trabalho.

Sem permissão para entrar na EMI para usar os banheiros, elas contentavam-se em se aliviar nas sombras, com medo de imitar a colega que havia sido iluminada pelos faróis do carro de George enquanto ele entrava. "Abbey Road era o nosso segundo lar", relembrou Carol. "3 Savile Row era o primeiro."

Essas ágeis Scruffs puderam, assim, presenciar a derradeira contagem regressiva para o fim dos Beatles através de sucessivas janelas e portas. Esperavam fora do Abbey Road quando Paul não compareceu à sessão. Ele alegou que era aniversário de casamento e que precisava jantar com Linda. Simpático, um segurança da EMI contou a elas que John invadiu a casa de Paul, a poucas quadras dali, arrancou da parede um dos quadros pintados pelo próprio Paul e "atravessou a tela com um pontapé".

Em Barnes, na parte externa do Olympic Studios, elas presenciaram George chegar horas atrasado para um trabalho de pós-produção. John saiu "parecendo que ia dar um soco nele, mas só gritou". O motivo do atraso ficou bem claro quando Carol e Lucy espiaram pela janela do carro e avistaram "o cone de papelão de algodão-doce e um folheto do Parque de Diversões de Battersea".

De volta à 3 Savile Row, elas assistiram, como quem assiste a um filme de cinema mudo, à tumultuada reunião da banda, através da janela sem cortinas e bem iluminada da sala de John e Yoko no andar térreo, com a presença de Yoko e Linda e o robô da Plastic Ono Band completando o quórum. Na hora em que John e Paul quase chegaram às vias de fato, George "caminhou com ar deprimido para o outro lado da sala".

No dia em que George completou 27 anos, Carol comprou para o ídolo um cachimbo esculpido à mão "numa lojinha de apetrechos para drogas". Com o visto de turista prestes a expirar, antes de retornar a Dallas, ela pediu mais um autógrafo em uma fotografia dele. Ele escreveu "Love from George" e um "x".

Em breve ela voltaria – para chegar onde nenhuma Apple Scruff jamais havia chegado.

Quando o álbum e o filme Let It Be foram lançados, em maio de 1970, o mundo já havia deduzido, com base no álbum *McCartney*, que os Beatles tinham se separado. O anúncio veio em forma de um folheto impresso com uma sessão de perguntas e respostas com Peter Brown, da Apple, na qual Paul formalmente repudiava Allen Klein e encerrava a carreira do século em estilo monossilábico:

> P. *Planeja um novo álbum ou single com os Beatles?*
> R. Não.
> P. *Imagina um momento em que Lennon e McCartney possam voltar a ser uma parceria ativa de composição?*
> R. Não.

Pedra cantada, mas mesmo assim foi devastador para a geração que cresceu animada por eles ao longo de uma década, recém-finda, a qual já parecia estar a um milênio de distância. Mas o álbum de despedida não parecia à altura do momento.

Como sempre, a maioria das canções era de Lennon e McCartney, agora claramente sem qualquer esperança de reconciliação, harmonizando a canção sobre amizade, "Two of Us", como alunos briguentos a quem o professor ordenou que apertassem as mãos. As faixas principais, "Let It Be" e "The Long and Winding Road", pareciam cobertas por um manto de tristeza; de repente, a orquestração exacerbada e o coro celestial de Phil Spector pareciam apenas proporcionais à dor mundial.

As duas faixas de George não chegaram nem perto do nível de seus *tours de force* no álbum *Abbey Road*. O ritmo de "I Me Mine", um ataque à vaidade e ao egoísmo que datava das sessões de *Get Back* – quando ele percebia a força dessas características em John e Paul –, oscilava entre a valsa e um rock beligerante. "For You Blue" abandonava sua habitual inventividade de acordes para ficar nos três pontos cardeais e atemporais do blues de 12 compassos. Como se já tivesse começado a guardar o seu melhor para depois.

Aqui e ali pintaram futuros clássicos dos Beatles, como "Don't Let Me Down", de John, ácida elegia de advertência a Yoko, e "Get Back", de Paul, o divertido folk que evoluiu do desejo de retornar às raízes da banda. Mas também canções só para encher linguiça, como "Dig It", onde John gritava uma "shit-list" de instituições, desde a CIA até a BBC (com Harrison, pela primeira vez, creditado como autor junto a Lennon/McCartney)**; e duas sobras do cancioneiro skiffle dos Quarrymen, "Maggie Mae" e "The One After 909".

O raro e surpreendente momento de leveza veio de George, incitando John a tocar a guitarra *lap-steel* em "For You Blue". "*Go, Johnny, go!*", improvisou ele, remetendo a "Johnny B. Goode", de Chuck Berry. E completa citando uma fonte de inspiração: "*Elmore James has got nothing on this, baby*".

A imprensa especializada nunca criticou tanto um álbum dos Beatles. Alan Smith, do *New Musical Express*, chamou-o de "epitáfio mesquinho, lápide em papelão, final roto e esfarrapado de uma fusão musical que purificou e refez a cara do pop". Ainda assim, pelo que era agora quase uma lei da natureza, o álbum pulou instantaneamente ao número um na Grã-Bretanha e nos EUA, e o single "The Long and Winding Road" se tornou um sucesso monstruoso e cheio de lágrimas (como "Let It Be" já havia sido quando lançado em formato pré-Phil Spector). Como álbum de trilha sonora, ganharia o próximo Oscar de "Melhor Trilha Sonora Original".

O documentário de Michael Lindsay-Hogg estreou simultaneamente no London Pavillion – embora, ao contrário dos filmes anteriores dos Beatles, sem a presença da realeza nem de guardas bem-humorados controlando a multidão no West End – e no cinema Gaumont de Liverpool. Nenhum dos Beatles compareceu.

* Na trilha sonora do filme *Magical Mystery Tour*, de 1967, a música "Flying" já era creditada a Lennon/McCartney/Harrison/Starkey. (N. de R.T.)

Let It Be, o filme, foi uma revelação para qualquer pessoa que imaginava que as vidas deles eram o paraíso na Terra. Não houve qualquer tentativa de esconder os desconfortos e os atritos que envolveram a produção do álbum, especialmente no que tange a George. Ali, na telona, em meio à gélida desolação dos estúdios cinematográficos de Twickenham, ele disse em sua sisuda camisa rulê amarela ao professor Paul: "Olha só, eu vou tocar o que você quiser que eu toque. Ou se você preferir eu não toco nada..." E lá estava John, num ensaio de "I Me Mine", mostrando sua indiferença ao dançar uma valsa com Yoko em meio ao emaranhado de cabos.

E o ponto culminante: lá estavam eles com Billy Preston no terraço da Apple, na hora do almoço daquele dia ventoso e gelado, em janeiro de 1969: o "que se foda" definitivo, mostrando o quanto eram incríveis e por que nunca mais poderiam ficar juntos.

A apresentação teve de ser interrompida porque gabinetes da vizinhança denunciaram o barulho à delegacia da Savile Row. Um destacamento policial compareceu ao local, que nunca antes havia despertado o menor interesse, embora cheio de drogas. E lá estava George com um "divertido" casaco de pele curto, claramente sem se divertir, mas ainda fazendo cada nota valer enquanto durasse a energia.

O *Sunday Telegraph* comparou a sessão de cinema a "assistir ao Albert Hall ser desmantelado e substituído pelos escritórios do Conselho Nacional do Carvão". Penelope Gilliatt, da *New Yorker*, rotulou-o de "um filme péssimo e comovente sobre a ruptura dessa tranquilizadora, geometricamente perfeita e um dia aparentemente eterna família de irmãos".

No entanto, para muitos de seus fãs, foi algo bem típico deles. Acima da música, das risadas e do amor, eram valorizados por sua honestidade, e foi nesse tom que escolheram sair de cena. Como disse John, como quem faz um sarcástico aviso de saúde: "É assim que somos sem calças, por isso, que tal encerrarmos a brincadeira agora?"

PARTE TRÊS

19

"GARBO FALA! E HARRISON SE LIBERTOU"

Dois meses antes, George chegou tarde em casa após um dia de trabalho na Apple. Com um detalhe: trouxe junto sua nova assistente pessoal corporativa, jovem americana que ele apresentou como Chris O'Dell. Cabelo loiro cacheado e sorriso amplo, a moça se parecia muito com Goldie Hawn, a atriz preferida de George. Pattie ficou se perguntando: o cargo seria mero disfarce para ele começar a competir com Krishna ali mesmo, sob o teto do lar?

No caso de Chris, 20 anos, essa suspeita era perdoável, mas isso só aconteceria mais tarde, com outra pessoa. Desde que ela entrou na Apple, em 1969, passou a ser assediada por vários músicos. Acabou se envolvendo num romance tórrido com um dos melhores amigos de George na época, o cantor e compositor Leon Russell, que combinou o local de trabalho e o signo do zodíaco de Chris para criar a alcunha "a Dama de Peixes da Apple".

A verdade é que George já tinha se insinuado em várias ocasiões. Com o tato necessário, ela se esquivou e ainda manteve o bom relacionamento. Na época, ele estava mais interessado por sua admirável eficiência, confiabilidade absoluta e tolerância aparentemente ilimitada para com os trejeitos dos astros do rock.

Em Friar Park, a família que ela encontrou ainda era composta apenas por ele, Pattie e o assistente pessoal doméstico, Terry Doran. O trabalho dela envolvia administrar a agenda de George, e o de Doran, ser a sombra dele. Por isso, não havia rivalidade entre os dois.

Aquela primavera foi incrivelmente fria, e o único lugar quentinho na casa era a ampla e antiquada cozinha. Chris, em particular, considerava a casa "um mausoléu", embora para George ela sempre mostrasse um leal en tusiasmo. Doran tinha certeza de que a casa era mal-assombrada. Um dia, avistou um homem em trajes estranhos na galeria do menestrel, mas o vulto sumiu quando ele o chamou. Chris não enfrentou fantasmas reais, mas nunca se sentiu muito à vontade em meio à miríade de rostos de frades que a encaravam inclusive dos interruptores de luz.

Na intimidade do lar, ela conheceu três Georges muito diferentes. O primeiro, cordial, divertido e fofoqueiro; o segundo, tenso, hipercrítico e propenso a comentários pessoais fulminantes e sarcásticos; o terceiro cantarolava baixinho ou proferia "discursos espirituais" que ela obedientemente permanecia ouvindo bem depois de Pattie e Doran terem batido em retirada. Com igual pragmatismo, ela abraçou o rigor vegetariano do chefe, mas quando escapulia ao centro de Henley não resistia e olhava avidamente a vitrine do açougue.

No começo, achou Pattie um tanto fria, culpa da errônea suposição de que Chris se tornaria uma ameaça ao casamento dela. Pattie amava Friar Park e todas as suas curiosidades tanto quanto George, mas a vida com ele na mansão parecia exercer um efeito enfraquecedor na pessoa divertida e amável que Chris havia conhecido socialmente.

Pattie imaginou iluminar a penumbra gótica com arranjos florais colhidos no jardim lá fora, mas George nunca permitiu isso. "Chamava isso de saquear o jardim. Eu tinha que encomendar na floricultura de Henley."

Visto de fora, o ex-astro do rock praticamente desapareceu. O dia inteiro, dia após dia, trajava roupas velhas de jardinagem, chapéus disformes e botas de borracha. Na hora das refeições, só falava em remodelar a casa e o terreno, às vezes consertando um utensílio agrícola em cima da mesa. "Era como se além de Friar Park não houvesse um mundo", escreveria Chris mais tarde em suas memórias, *Miss O'Dell*. "Com o passar do tempo, as muralhas pareciam se fechar e nos proteger de todas as influências externas."

O mundo lá fora deu um jeito de entrar ruidosamente: George convidou três famílias do Templo Radha Krishna para uma visita por tempo indefinido. Graças a ele, o coro do templo obteve um segundo hit no Top 30 britânico e uma participação no *Top of the Pops*: "Govinda", velha canção do norte da Índia entoada em sânscrito.

As mulheres cozinhavam e os homens ajudavam no jardim. Instalados no último piso da casa, transformaram a sala de jantar numa extensão do templo, exalando um aroma de incenso ou curry de lentilha até o mais distante rosto de frade.

Sem supervisão, a filharada brincava no chafariz ao lado sul da casa. Claramente, os pais confiavam que a Lei do Karma cuidaria de tudo. Em duas oportunidades, Terry Doran salvou uma criança pequena de morrer afogada, e por duas vezes a criancinha foi ressuscitada pelo médico local, que avisou Pattie, de modo peremptório: não responderia a novos pedidos de SOS.

No dia 26 de março, Pattie completaria 26 anos. Com o apoio de Chris, ela convenceu George a organizar uma festa para mostrar as cavernas recém-renovadas. Mais de vinte convidados, incluindo seus aliados mais leais da Beatlelândia – Ringo, Neil Aspinall e Derek Taylor, com as respectivas esposas –, foram conduzidos à luz de tochas, explorando as grutas repletas de gnomos, esqueletos e espelhos distorcedores, até o outro extremo do gramado, ao sopé do Matterhorn em miniatura.

Depois da festa, Pattie enfim baixou a guarda com Chris. Explicou: desde que se casara com George, não tinha amigas sem suspeitar que elas davam em cima dele. "[Falei] 'Chris, eu quero muito ser sua amiga, [mas] você só será minha amiga se não deixar George ficar com você'. E ela respondeu: 'Certo. Negócio fechado. Prefiro ser sua amiga'."

Tão evoluídas eram as habilidades diplomáticas da Dama de Peixes da Apple que ela cumpriu o trato sem cometer qualquer deslealdade com George – ou "Geoffrey", como ela e Pattie começaram a chamá-lo às escondidas. A casa deixou de ser um mausoléu e virou um playground de aventuras: faziam expedições em busca de passagens a quartos esquecidos – e vários ainda restavam – ou tentavam investigar coisas importantes, como: Os querubins nus lá no teto do salão usavam mesmo fraldas? Ou tinham sido pintadas por decoro pelas freiras que moraram ali? Chris descobriu também que a meditação, os superestímulos arquitetônicos e até mesmo o jardim não suprimiram a necessidade de "Geoffrey" por um certo pó branco proibido. Ela recorda:

"De manhãzinha Pattie me dizia: 'No que ele meteu as mãos hoje, no rosário indiano ou na cocaína?' Se estivesse no recanto espiritual, ficava inacessível. Mas se estivesse na cocaína, queria beber e festejar."

Como um produto cultivado nas estufas de Friar Park, o terceiro álbum solo de George – mas o primeiro cantado – estivera em processo de germinação durante seus dois últimos anos como Beatle, adubado pelo novo estilo country de Bob Dylan, pelo folk-rock de Delaney & Bonnie e The Band, pelo gospel-soul de Billy Preston e pelos mantras do Templo Radha Krishna.

O ponto de partida tinham sido as sessões do álbum *Get Back*, quando ele ofereceu uma contribuição meditativa, a canção "All Things Must Pass", inspirada num verso do Tao Te Ching, o texto primordial do taoísmo. John e Paul tocaram a música com uma apatia só igualável àquela de quando George Martin os forçou a gravar "How Do You Do It?", em 1962.

"All Things Must Pass" foi rejeitada no *Abbey Road*, e depois no *Let It Be*, mas George perseverou na canção. Durante a turnê com Delaney & Bonnie, decidiu compor uma canção espiritual ao estilo de "Oh Happy Day", dos Edwin Hawkins Singers, que Bonnie Bramlett costumava cantar nos bastidores. Mas enquanto a canção dos Hawkins citava o nome de Jesus, a de George falava em um "doce Senhor" inespecífico, aberto a qualquer fé.

Outras Harrisongs continuavam a se acumular em cima das já empilhadas, como "I'd Have You Anytime", parceria com Bob Dylan em Woodstock, e "Behind That Locked Door", mensagem de apoio a Dylan na véspera do Festival da Ilha de Wight de 1969. Ele e Pattie fizeram uma segunda visita a Woodstock, de onde ele voltou com uma nova composição de Dylan, "If Not For You", da qual desejava fazer uma cover. "Era para termos ido a Los

Angeles", lembra Pattie. "Mas a imprensa ainda falava muito sobre o uso da canção 'Piggies', de George, nos crimes de Manson. Fomos avisados de que ele poderia ser detido se fosse lá."

A casa nova e fantástica também começou a pintar em sua música, com letras coloridas pelas extravagâncias e jogos de palavras de seu criador. "The Ballad of Sir Frankie Crisp" (também conhecida como "Let It Roll") celebrava a "fonte de júbilo perpétuo" que ele havia herdado, cantando suas cavernas e labirintos, usando até mesmo o onipresente léxico falso medieval de Sir Frank, que usava "ye" em vez de "the".

Mas cuidar de Friar Park colocou a transformação de todos esses ingredientes em vinil em segundo plano. Isso até o dia em que Paul anunciou oficialmente que havia deixado a banda. Furiosos, John e George acharam que não passava da típica manobra de ganhar as manchetes. Afinal, em espírito, os dois já tinham abandonado o barco havia muito tempo, mas guardaram silêncio pelo bem comum. Essa fúria silenciosa de George acabou por redirecionar o seu foco no álbum solo. Dias depois, voltou ao trabalho em Abbey Road.

Ao seu dispor, uma fantástica gama de talentos para ajudá-lo a provar que sobreviveria sem os Beatles. Eric Clapton se ofereceu para liderar uma banda de estúdio contendo uma seleta dos "Friends" americanos do Delaney & Bonnie, aprimorada por Ringo em suas novas capacidades solo, Billy Preston, Klaus Voormann, e mais Ginger Baker, do Cream, Gary Brooker, do Procol Harum, além de jovens admiradores como Peter Frampton, do Humble Pie, e o baterista do Genesis, Phil Collins.

Phil Spector concordou em coproduzir o álbum, mas dessa vez o Svengali do pop não pôde repetir as liberdades que tinha tomado nas faixas de Paul em *Let It Be*. Por coincidência, John contratou Spector como coprodutor de seu primeiro álbum solo com a Plastic Ono Band, a ser gravado no mesmo estúdio – e com Ringo, Preston e Voormann como parte de sua formação – em algumas das mesmas datas reservadas por George. Mas George estava convicto a não se deixar inibir por isso.

Escolheu como título a canção duas vezes rejeitada pelos Beatles. Porém, enquanto mostrava as dezessete faixas principais a Spector, junto com cerca de vinte outras demos e sobras de álbum que remontavam a 1966, *All Things*

Must Pass foi assumindo uma conotação menos mística. Passou a significar, nas palavras dele, "como se eu estivesse me recuperando de uma constipação de quatro anos".

Ele não queria sessões austeras e antidemocráticas e planejou para que fossem diametralmente distintas das que muitas vezes havia vivenciado com os Beatles naquele estúdio. Para incentivar sentimentos de harmonia e igualitarismo, montou um pequeno altar hindu no estúdio e, outra vez, convidou um membro do Templo Radha Krishna para atuar de monitor. Em contraste ao que lembrava como o estilo ditatorial de Paul, cada membro da numerosa banda era incentivado a dar sugestões e expressar sua individualidade na performance.

Para manter a paz no recinto em que Phil Spector trabalhava, era preciso mais do que um altar e um Hare Krishna. Ao interferir em *Let It Be*, Spector tinha se comportado relativamente bem, mas agora sua célebre paranoia corria solta, alimentada pelo iminente julgamento da seita de Charles Manson na Califórnia. Com receio de ser o próximo na lista de alvos hippies homicidas, recusava-se a ir a qualquer lugar sem um guarda-costas e portava uma arma, coisa que a segurança não permitia nas dependências do estúdio.

Mais tarde, George contou: "Ele só começava a trabalhar na mesa de mixagem após entornar uns 18 conhaques de cereja". Um dia, bêbado e drogado, levou um tombo e fraturou o braço. Do nada, sumia sem prévio aviso para se internar numa clínica de reabilitação em Palo Alto, Califórnia. Com a mesma rapidez, reaparecia, sem mostrar qualquer melhora perceptível.

Com a chegada de John para fazer o álbum com a Plastic Ono Band, também coproduzido por Spector e com participação de Ringo, Billy Preston e Klaus Voormann, a pressão sobre George aumentou. Um pouco antes, Spector se enfurnou de novo em Palo Alto, onde permaneceu tanto tempo fora de contato que Allen Klein não teve outra saída: colocou um anúncio na revista *Billboard* com os dizeres: "Phil! John está disponível este fim de semana".

Inevitavelmente, a presença de John no estúdio contíguo despertou lembranças dos vários anos de constipação criativa. "O que estão fazendo aqui?", interpelou George friamente quando ele e Yoko foram dar uma olhadinha nos trabalhos de *All Things Must Pass*, mas relaxou um pouco quando John falou que gostou do que ouviu.

No caso da Plastic Ono Band, o incômodo principal não foi Spector, mas o próprio John. Considerava o álbum uma sessão terapêutica para expor traumas e inseguranças de infância que ainda o torturavam. Muitas vezes, cessava as gravações para explodir de raiva ou cair em pranto.

De modo semelhante, George deixava aflorar emoções reprimidas, mas por razões muito diferentes. Ao longo do ano anterior, a mãe dele, Louise, começou a apresentar dores de cabeça recorrentes. Primeiro, os médicos as consideraram "psicológicas", e só mais tarde diagnosticaram um tumor cerebral. Aparentemente o câncer entrou em remissão, mas agora havia retornado. Ao mesmo tempo em que procurava manter o álbum e seu coprodutor nos trilhos, George fazia frequentes viagens de ida e volta de 700 km até Cheshire Wirral, onde Louise recebia tratamento no centro oncológico do Hospital Clatterbridge, com prognóstico nada bom.

Em maio, Carol Bedford voltou de Dallas a Londres – dessa vez com permissão para trabalhar – e encontrou as Apple Scruffs ainda traumatizadas pelo aparente anúncio da saída de Paul. Logo após chegar, ela se juntou a um grupinho a quem John distribuiu ingressos para a estreia londrina de *Let It Be*. Isso as fez se sentirem um pouco melhor, embora nenhum dos Beatles tenha comparecido.

Dia e noite, as adeptas de George vigiavam o pátio do estúdio e suas idas e vindas, às vezes com Phil Spector, às vezes com Eric Clapton, mas sem entender o que faziam juntos. Na primeira chance, Carol entregou a ele um grande buquê de flores amarelas. Ficou espantada ao constatar que ele ainda se lembrava dela.

Mais do que isso: ele pareceu gostar de vê-la, para dor de cotovelo de Lucy, sua colega arquigeorjófila, que "esperava" por ele desde 1967. Numa noite gélida, ele chegou enquanto o grupo tentava se animar e não bater os dentes em meio a um coro de "Hare Krishna". Ele abaixou o vidro do carro e entregou a Carol um incenso "para ajudá-las em seu canto".

Ela ficou cada vez mais surpresa e confusa, porque George continuou a dedicar atenção a ela. Numa tarde de vigília em Abbey Road, o roadie Mal Evans a abordou. George queria saber onde ela morava. Em geral, isso era mero estratagema para o próprio Evans descolar o endereço de alguém, aparecer lá depois e oferecer, em troca de sexo, pontos de vista privilegiados dos Beatles. No caso de Carol, porém, o pedido se revelou genuíno.

Outra manhã, ela viu George partir após uma sessão que varou a madrugada e saiu caminhando direto para o seu emprego como secretária. A Mercedes branca dele estava estacionada logo adiante. Dessa vez, um presente mais substancial saiu pela janela do motorista: um exemplar de *Autobiografia de um iogue*, de Paramahansa Yogananda, que ele contou ter lido sete vezes.

Após novo madrugadão, ele ajudou Phil Spector, obviamente em péssimo estado, a entrar na limusine. Em seguida, foi até o acampamento das Scruffs e se sentou ao lado de Carol, enfiada no saco de dormir sobre o untuoso concreto, a fim de bater um papo bem comprido. Ele parecia curtir sua franqueza texana: embora tão reverente quanto possível para uma Scruff, ela não deixava de o repreender por lampejos de descortesia com ela e suas colegas ou por fumar como chaminé, vício que nem a meditação curou.

Uma vez, ele precisou ir ao Trident Studios, no Soho. O instinto de Scruff de Carol a levou ao local, em companhia de Cathy, sua alma gêmea. George fez um intervalo e, algo fora do comum, saiu sem a sombra de um roadie. As duas foram convidadas a dar uma caminhada com ele, despercebidos na multidão vespertina. Ele revelou um interesse especial nos cartões das prostitutas enfiados nas cabines telefônicas, comentando, em tom quase nostálgico, que evocavam lembranças da Reeperbahn, em Hamburgo.

No dia 8 de julho, Louise, a mãe dele, morreu de câncer no cérebro no Warrington General Hospital, com apenas 59 anos. O pai dele, Harold, também estava internado no mesmo hospital, fazendo um tratamento para úlceras nas pernas. George ora visitava a mãe, ora o pai, assegurando a cada um que o outro estava bem, mas, no caso de Louise, cada vez com menos convicção.

Em 4 de julho, quando "Something" ganhou o Prêmio Novello, ele foi de carro para visitá-la a última vez e ficou ao lado da cama dela até o fim. No dia em que ele nasceu, ela previu que ele cresceria e se tornaria uma pessoa "especial"; colocou em risco o orçamento alimentar da família para lhe dar a guitarra indentada de seus sonhos; sentou-se com ele até altas horas da madrugada enquanto ele se esforçava para aprender os primeiros acordes; amou tanto sua fama como Beatle que mantinha uma fotografia dele em tamanho real, com seu corte mop-top e gola rulê, no topo da escadaria, para o encanto de todo e qualquer visitante. Cruel, a fase terminal de sua doença a incapacitou de reconhecê-lo.

Como sempre, ele se manteve externamente impassível. Mais tarde, comporia "Deep Blue", revivendo a sensação de impotência enquanto via a mãe sofrer, com um sopro do catolicismo que ela nunca lhe impôs: "*When I think of the life I'm living/ Pray God help me, give me your light*" ("Quando penso na vida que estou vivendo/ Que Deus me ajude e me dê a Sua luz").

Louise foi pranteada não só pela família e pelo vasto círculo de amigos, mas por centenas de mulheres que escreviam cartas de fãs a George, respondidas por Louise, e com quem elas mantiveram uma frequente correspondência. Mais tarde, nos lugares mais variados, completas desconhecidas vinham até ele e diziam: "Eu costumava escrever cartas para sua mãe".

Lou, sua irmã mais velha, veio de Illinois pela primeira vez em muitos anos e compareceu ao funeral privado da família na Igreja (Anglicana) de St. Wilfrid, em Grappenhall, Warrington, perto da casa que ele comprou para seus pais. O corpo foi cremado no Walton Lea Crematorium. Entre as múltiplas homenagens florais, um enorme buquê de cravos brancos enviado por John – o eterno favorito de farras de Louise – e um ramalhete das Apple Scruffs. George enviou um bilhete de agradecimento a elas, endereçado à "Escadaria, 3 Savile Row", citando Sir Frank Crisp: "O discurso das flores supera as flores do discurso; agradecemos a todas vocês pelo carinho".

Nem todos os fãs dele mostraram igual delicadeza. Após o funeral, o American Fan Club dos Beatles, que, como seu homólogo britânico, ainda não reconhecia o fim da banda, começou a anunciar excursões para visitar o túmulo de Louise. Na mesma hora, ele retirou seu apoio ao clube, e os outros três fizeram o mesmo.

Casado há 39 anos, o calado e despretensioso Harold Harrison ficou perdido sem a dinâmica alma gêmea. Relutava em deixar a casa que dividia com Louise, mas George o convenceu a morar em Friar Park, onde Pattie o recebeu com as mais calorosas boas-vindas. Um dia, levou Harold para visitar 3 Savile Row e reservou um tempinho para apresentá-lo às Apple Scruffs.

Sem Louise e com Lou de volta aos EUA, os irmãos Harrison fortaleceram os laços. Harry, o mais velho, também foi a Friar Park para ajudar a gerir a propriedade de George. Mudou-se para o grandioso chalé da portaria, com a esposa Irene e os dois filhos; Peter se fixou em Henley com a família e logo obteve um emprego numa oficina mecânica.

George arregaçou as mangas e finalizou *All Things Must Pass*, faixa que em outras épocas jamais teria imaginado gravar. Mas, primeiro, avaliou que seria necessária mais pesquisa de campo.

Certa noite, Carol Bedford, relutante, saiu de seu lugarzinho na escadaria da Savile Row para fazer uma rara visita à própria casa. E lá estava ele, novamente esperando por ela. Ofereceu uma carona em sua Mercedes branca. Nenhuma Scruff jamais tinha subido a bordo de um de seus carros e, naquele ambiente intimista, pela primeira vez, Carol sentiu o cheiro dele, como um peregrino que adentra numa catedral. "Um aroma de incenso, não pulverulento, mas fresco e floral."

Agora ela morava numa quitinete a poucas quadras do Abbey Road. Em vez de apenas dar a carona, que por si só já era um milagre, George desligou o motor e conversou com a pernalta texana com uma sinceridade oculta até mesmo de seus familiares e amigos mais íntimos: sobre a perda da mãe, as pressões causadas pelo álbum e as questões ainda não resolvidas com os Beatles, e até mesmo sobre a situação de seu casamento, que as Scruffs já sabiam estar "periclitante".

Ele não deu o bote ao estilo de Krishna; em vez disso, foi Carol quem, impulsivamente, atirou os braços em volta do pescoço dele. Horrorizada com a própria ousadia, abriu a porta do carona e tentou sair correndo. A longa echarpe que ela usava se enganchou no encosto. George se inclinou para soltá-la. De repente a echarpe escapou do pescoço dela, saiu voando e o acertou no rosto.

Naquela mesma semana, ela e mais quatro Scruffs assistiam ao raiar do sol no Abbey Road. Súbito, Mal Evans apareceu e, para o espanto delas, levou-as ao estúdio para escutar a faixa que George tinha acabado de terminar. Chamava-se "Apple Scruffs", uma homenagem à constância delas "*In the fog and in the rain/ Through the pleasure and the pain*" ("Na neblina e na chuva/ Em meio ao prazer e à dor"). As idólatras que uma vez ele rotulou nos termos mais desdenhosos tornaram-se musas.

Originalmente, a gravação de All Things Must Pass duraria apenas oito semanas, mas, com o perfeccionismo de George no estúdio e a interrupção devida ao luto, se estendeu por cinco meses. Por fim, acumulou um tempo de estúdio semelhante ao do *Sgt. Pepper's Lonely Hearts Club Band*, só que a um custo bem mais alto.

Phil Spector não levou a tarefa a cabo; antes do fim do verão, abandonou o barco por "questões de saúde". No entanto, apesar de consumir conhaque de cereja e de brandir armas, seus instintos como produtor permaneciam inigualáveis. Dessa vez, em lugar de construir a habitual Parede Sonora, preferiu demolir a parede da Inibição.

Beneficiários prévios da técnica Spector, como Tina Turner e os Righteous Brothers, tinham potência vocal suficiente para derrubar qualquer parede real, mas a voz de George a princípio parecia se perder em meio à estelar banda de apoio e aos seus próprios riffs de guitarra. Com um respeito – e uma delicadeza – que o trabalho de Paul nunca recebeu, Spector enviou a George uma análise minuciosa do disco até o momento, realçando os trechos em que suas habilidades vocais pareciam "enterradas" e reiterando: "[A sua voz] Tem que ser ouvida o tempo todo para transparecer a real grandeza das canções".

Nem mesmo um elogio desse nível bastou para acalmar George em relação ao projeto como um todo. De alguma forma, em setembro, ele deu um jeito de coproduzir o segundo álbum de Billy Preston para a Apple, *Encouraging Words*, e permitiu que Preston incluísse as canções "All Things

Must Pass" e "My Sweet Lord" no disco, um par de meses antes de os consumidores ouvirem as versões originais, como quem testa a água com a ponta dos pés. Palavras de incentivo vieram à tona sobre as duas faixas, mas Preston não chegou às paradas com elas.

Como sempre, Carol e as outras georgianas radicais aguardavam lá fora na noite em que, enfim, *All Things Must Pass* foi concluído. Em outro bilhete enviado à "Escadaria, 3 Savile Row", ele avisou que não sabia se era bom ou ruim, mas "até mesmo durante meus piores momentos, sempre senti o incentivo de vocês, e isso foi o bastante para concluir o projeto".

No finzinho de novembro de 1970, chegou às lojas no formato de um dos primeiros álbuns triplos já lançados nos dois lados do Atlântico. Dois discos consistiam em canções na sequência convencional, e o terceiro trazia jam sessions estendidas, permitindo a seus virtuosos acompanhantes ocuparem o centro das atenções. A única com vocal, "It's Johnny's Birthday", celebrava o trigésimo aniversário de John, e George tocou pessoalmente a ele num dia em que os dois trabalhavam no Abbey Road, como para compensar sua frieza anterior.

Barry Feinstein elaborou para o álbum uma capa em preto e branco que servia de repúdio a todo o glamour e mística dos astros do rock. Solitário, em um dia chuvoso, sentado no jardim de Friar Park, George vestia roupa velha, chapéu disforme e galochas, rodeado por quatro gnomos pinçados de sua caverna com bonecos de gesso, ele próprio lembrando um gnomo de barba, mas sem o sorriso nos lábios. Os analistas de simbolismos nas capas de álbuns, que na era dos Beatles cresceram em número, logo adivinharam quem o grotesco quarteto representava, estirado na grama molhada, enquanto ele irradiava tensão e foco.

Imagem alguma seria mais arcaica após um ano inteirinho de especulações sobre o rumo da música pop nos anos setenta. A resposta: fusão perfeita de estilos musicais do Oriente e do Ocidente, iluminando a solenidade de uma e dando alma nova à outra. Uma voz sem qualquer laivo do velho sotaque de Liverpool e agora (graças a Spector) vibrante de paixão e fervor. Slide guitar em luminosos riffs tão eloquentes como vozes. Não menos convincentes, as mudanças de acordes se libertam para moldar quase uma mansão Friar Park auditiva, com suas contínuas surpresas e distrações.

Desde *Sgt. Pepper* um álbum não causava tanto impacto: liderou as paradas britânicas e americanas por oito e sete semanas, respectivamente, deixando na poeira *John Lennon/Plastic Ono Band*, lançado uma semana depois, e o álbum *McCartney*, de abril. "My Sweet Lord" se tornou o primeiro single de um Beatle solo a alcançar o número um, façanha simultânea à do álbum no Reino Unido e nos EUA, prestes a ganhar seis discos de platina.

Por sua magnitude e ambição, a *Rolling Stone* chamou o álbum triplo de "Guerra e Paz do rock'n'roll... wagneriano, bruckneriano – a música do topo das montanhas e dos horizontes distantes". A *Melody Maker*, em resenha de Richard Williams, igualou o momento à primeira fala nas telas da mais enigmática deusa do cinema mudo de Hollywood: "Garbo fala! E Harrison se libertou".

Porém, o álbum colocaria George em apuros jurídicos devido à sua canção mais trivial, a mensagem de felicitações pelo trigésimo aniversário de John. De brincadeira, usou nela a melodia de "Congratulations", canção de Cliff Richard que venceu o Festival Eurovision da Canção em 1968, a qual, desde então, se tornara um hino de aniversário da rainha Elizabeth, a Rainha Mãe.

Por mais divertido que fosse, era um plágio consciente, e os compositores da canção, Bill Martin e Phil Coulter, entraram prontamente com um pedido de participação nos royalties de George e de um crédito no disco. Felizmente para George, a questão foi resolvida fora dos tribunais. Em pouco tempo, em um caso de plágio bem mais espinhoso, ele não teria tanta sorte.

Embora todos os quatro Beatles já tivessem lançado um álbum solo (e Ringo já estivesse no segundo), milhões de fãs não perdiam as esperanças de que equalizassem as diferenças e, nas palavras deles, "*get back to where they once belonged*".

Paul, considerado o único responsável pela cisão, foi atacado por todos os lados – e até mesmo assediado publicamente pelas Apple Scruffs – por aquilo que foi encarado como vaidade e egoísmo arrogantes ao anunciar a própria saída na hora propícia para garantir a máxima publicidade a *McCartney*. Ele protestou em vão: "Não abandonei os Beatles. Os Beatles abandonaram os Beatles, mas ninguém queria ser o primeiro a dizer que a festa acabou".

Na sequência, John disse coisas muito piores na canção "God", do álbum *John Lennon/Plastic Ono Band*, na qual afirmava a autoconfiança que Yoko lhe dera, listando tudo em que não sentia mais necessidade de acreditar. No fim da lista, após "mágica" e "I Ching" e "Bíblia" e "Tarô" e "Hitler" e "Jesus" e "[John F.] Kennedy" e "Buda" e "mantra" e "Gita" e "Ioga" e "Reis" e "Elvis" e "Zimmerman [Bob Dylan]", veio a palavra "Beatles", diminuída pela ausência deliberada do artigo definido e mais cuspida do que cantada.

Nesse meio-tempo, Allen Klein fazia das tripas coração e aceitava que era impotente para evitar o rompimento. Agora, Klein esperava suspender a execução a fim de resolverem o novo contrato de gravação negociado com a Capitol nos EUA. Em novembro, convenceu John e George: era do interesse deles buscar uma reaproximação com Paul.

Klein tentou se reaproximar convidando Paul para uma reunião na Suíte Harlequim do Dorchester Hotel, onde, dois anos antes, tinha cativado John e Yoko com tanta facilidade. A reunião acabou em poucos minutos, quando o cunhado de Paul – e agora advogado – John Eastman disparou que Klein seria um "babaca".

Pouco depois, Klein convenceu George a procurar Paul quando soube que os dois estavam casualmente em Nova York. Mas com *All Things Must Pass* no topo das paradas em todo o mundo, George, sem papas na língua, deixou a diplomacia de lado e abriu o jogo com seu suposto "constipador-chefe": "Você vai continuar no maldito selo [Apple]. Hare Krishna".

20

"IMAGINO QUE ELE AINDA SEJA UMA PESSOA DE RECURSOS CONSIDERÁVEIS"

Nesse momento, o principal motivador de Paul não era o egoísmo, como muitos podiam supor. Conforme a sociedade assinada pelos Beatles em 1967, toda a renda proveniente de seus projetos individuais ia para seus cofres coletivos. Portanto, os royalties de Paul referentes ao seu álbum solo estavam sob o controle de Klein e, por enquanto, tão inacessíveis quanto os dos Beatles. Por isso, o menino uma vez milionário já estava ficando sem recursos e era parcialmente sustentado pela esposa.

Eastman orientou Paul a alegar que o contrato tinha sido violado com a nomeação de Klein contra a sua vontade. Segundo a lei britânica, isso já seria motivo para a dissolução. Mas o caminho certo não envolvia tomar medidas jurídicas contra Klein, pois o contrato em tela era anterior à sua chegada. Ou seja, Paul teria que processar os outros Beatles e a Apple, a empresa que ele, mais do que qualquer outro da banda, se dedicou tanto para construir.

A ação foi instaurada na Divisão de Equidade do Tribunal Cível Britânico, na véspera da virada de ano 1970/71, com um pedido para nomear um administrador judicial – medida mais comum em casos de falência – para retirar as finanças dos Beatles das mãos de Klein. Anexa à petição inicial, uma declaração pessoal de Paul afirmava que eles tinham deixado de funcionar como banda, que sua liberdade artística estaria comprometida se a sociedade continuasse e que, desde o início, a empresa nunca apresentou balanço contábil.

John, George e Ringo combateram a dissolução da sociedade, não por motivos sentimentais, mas por causa das questões tributárias que seriam envolvidas caso Paul tivesse sucesso. John e George se viram na posição bizarra de querer sair dos Beatles tanto quanto Paul, mas precisando fingir que a banda ainda estava na ativa, sem graves problemas de personalidade.

No breve intervalo entre a abertura do processo e a audiência principal, John garantiu ao caso a máxima atenção, concedendo uma longa entrevista ao editor da *Rolling Stone*, Jann Wenner, retratando os requintes de tortura de sua trajetória como Beatle, da qual "teve a sorte de escapar com vida".

Surpreendentemente, pegou leve com Paul, mas não poupou George e *All Things Must Pass*. Declarou, com arrogante condescendência: "Toda vez que ligo o rádio, está tocando 'Oh My Lord'... Até estou começando a pensar que Deus existe". Muita gente boa aclamou a canção como obra-prima, mas ele a avaliou como "razoável. Em casa, eu não escuto esse tipo de música... George ainda está por fazer o seu melhor trabalho. Ao longo dos anos, seus talentos foram evoluindo, ele trabalhou com dois compositores do caralho e aprendeu muito com a gente".

Nem sequer mencionou as bem-sucedidas canções de George nos Beatles, como "While My Guitar Gently Weeps", "Here Comes the Sun" ou até mesmo "Something". "Para mim, a melhor coisa que ele compôs ainda é 'Within You Without You'."

Os momentos mais amargos da entrevista abordaram a suposta hostilidade dos outros Beatles com Yoko – quando na verdade a tolerância deles tinha sido extraordinária. E, de fato, só deu um único exemplo, o comentário desagradável de George nas sessões de *Get Back*, que, segundo John, quase o levou a esmurrar George. (Observem o "quase".)

Em 17 de fevereiro, a ação judicial sobre a sociedade foi retomada no Tribunal Cível, sob o martelo do desembargador Stamp. Paul, o único Beatle a comparecer, trajava um sóbrio terno escuro. Ao longo dos 11 dias de audiência, permaneceu sentado muito atento, seguindo à risca a recomendação de John Eastman, para causar boa impressão ao juiz. John, George e Ringo, ouvindo conselhos menos louváveis, enviaram declarações escritas que foram lidas de forma incongruente por advogados com perucas e togas, em arrastado sotaque da classe alta.

A declaração de John refletiu pouco crédito ao homem que logo o inspiraria a compor "Gimme Some Truth". Deu um tom otimista de Poliana ao observar que Paul "sempre preferiu música pop", e "[George e eu] preferíamos o que o pessoal hoje chama de underground... tenho certeza de que esse contraste em nossos gostos foi bom para nós e contribuiu para o nosso sucesso". Após essa meia verdade (Lennon compôs muitas baladinhas amenas e McCartney a ultraunderground "Helter-Skelter"), veio uma mentira descarada: a decisão de contratar Klein pelo voto da maioria era uma prática normal dos Beatles.

Em sua peruca, o boneco de ventríloquo de George falou, num tom autêntico de George, sobre "a atitude superior com que Paul me tratou musicalmente nos últimos anos". Mas nessa narrativa, a saída de George das sessões de *Get Back* serviu para purificar o ar em vez de torná-lo ainda mais pesado de rancor. "Desde essa briga, Paul me tratou com mais igualitarismo musical. Acho que esse episódio todo só mostra como uma desavença pode ser resolvida em prol do benefício de todos."

A verdade nua e crua só Ringo ofereceu: relembrou a fúria equivocada de Paul com ele por causa do adiamento do álbum *McCartney*, exemplo evidente de como as divergências tendiam a ser resolvidas desde a morte de Brian. Ringo também sentia – com sinceridade no caso dele – que os conflitos da banda geravam "produtos realmente ótimos" e que "nós quatro juntos ainda podemos resolver tudo de forma satisfatória".

Até o momento, esses não eram os únicos processos judiciais dos Beatles relatados na imprensa britânica. No dia 23 de fevereiro, George foi chamado ao tribunal de Wells Street, no centro londrino, por ter conduzido sua Mercedes três vezes contra o guarda que fazia sinal para ele parar, após causar uma obstrução num dos novos "quadriculados" amarelos para controlar o trânsito em cruzamentos. Essa conduta parecia muito distante do espírito de "My Sweet Lord", mas felizmente ele só encostou no guarda, sem causar ferimentos.

O juiz Iain McLean sentenciou: retenção da carteira de motorista por um mês e multa de £ 35. E completou referindo-se laconicamente ao caso maior em que o réu estava envolvido: "Apesar do que lemos nos jornais, imagino que ele ainda seja uma pessoa de recursos consideráveis".

Formalmente, Klein não foi processado; mesmo assim, recorreu ao Tribunal Cível, por meio de procuração, para estabelecer uma defesa agressiva. O advogado da Apple leu uma declaração em que um contador afirmava: sob a gestão de Klein, os ativos dos Beatles tinham aumentado de £ 1 milhão para £ 6,5 milhões. Agora, a Apple tinha plena solvência para cumprir suas obrigações tributárias, capacidade que anteriormente estava em xeque.

Na sequência, o advogado leu uma declaração de 46 páginas em que Klein refutava, tim-tim por tim-tim, as acusações de Paul contra ele. E aproveitou para indicar um grande benefício para Paul da sociedade que ele buscava dissolver: 25% dos royalties de George de *All Things Must Pass*.

Em 12 de março de 1971, após uma semana de estudo, o juiz Stamp vaticinou que os Beatles tinham "há muito tempo deixado de funcionar como grupo, que a Apple não passava de um Frankenstein criado para controlar os sócios individuais" e que a situação relativa às contas da sociedade era "deveras intolerável".

Klein recebeu uma contundente crítica pessoal por ter recebido comissões empresariais "muito acima" do que lhe era devido e por tentar camuflá-las com "a tagarelice irresponsável de um vendedor de meia-tigela". Como ninguém ao redor dos Beatles parecia capaz de gerir suas finanças, o pedido de Paul para nomear um administrador judicial seria atendido.

Quase um ano após ser codificada em forma de álbum, agora a separação dos Beatles se tornava real, abalizada pelo tribunal mais importante do país. Isso transformou a rua num campo de batalha entre repórteres, equipes de notícias de TV e moças lacrimosas. George bem que tentou sair discretamente da Savile Row, número 3, mas se viu encurralado por holofotes e gravadores empurrados contra o rosto. Súbito, um piquete de Apple Scruffs lideradas por Carol Bedford veio em seu socorro, sem titubear, chutando e mordendo quem se atrevesse a obstruir o caminho até o carro dele.

21

"PRECISO TE CONTAR, AMIGÃO, ESTOU APAIXONADO POR TUA MULHER"

Pattie recebeu uma carta misteriosa em Friar Park, com os carimbos "Expresso" e "Urgente", enigmática como um lema de Sir Frank Crisp. Dirigida a "Meu bem L", em letra cursiva miúda, perguntava: ela ainda amava o marido? Teria "outro amante"? Ou "ainda pulsa em seu coração um sentimento por mim"? Subscrita com "todo meu amor e".

O "e" representava Eric Clapton, melhor amigo do marido dela, confessando sua paixão há muito recolhida. Sem decifrar o "e" e atônita com "Meu bem L", Pattie achou que se tratava de uma carta perdida de alguma fã de George. Foi quando Clapton fez um telefonema impaciente. Ela respondeu com toda a honestidade que não fazia ideia de que ele se sentia assim. A ligação terminou em meio ao constrangimento mútuo.

Com o frio que agora George emanava, e os casos extraconjugais para os quais ela seguidamente fazia vista grossa, esse homem quase igualmente glamoroso se declarar para ela foi um enorme impulso ao moral de Pattie. Mas a íntima amizade entre Eric e George tornava qualquer resposta encorajadora duplamente arriscada.

Havia uma complicação adicional, datada da turnê de Delaney & Bonnie: George a havia oferecido a Clapton, sem o conhecimento dela, no intuito de abrir caminho para ele tentar seduzir Paula, a irmã caçula da esposa, então com 18 anos.

Quem acabou dormindo com Paula foi Clapton, fantasiando que ela era Pattie, e então engatou um caso com ela, apesar de estar noivo de Alice Ormsby-Gore, que além de ter a mesma idade, também era boa amiga dela.

Pattie ainda não sabia das investidas dele com Paula, mas o lado "atrevido" de George parecia curtir informá-la de que sentia uma atração pela cunhada. Se Paula e ele estivessem caminhando nos jardins de Friar Park, e ele avistasse Pattie olhando da janela, ele casualmente passava o braço em volta dos ombros de Paula.

Pattie começou com Clapton o que ela classificou de flerte passageiro, retribuição suave e discreta da "Krishnaização" em massa de George. Seja como for, esse relacionamento era limitado por sua intricada política de fundo. Precisava rolar longe de Friar Park, que Clapton frequentava para sair com George; Pattie também não podia aparecer na casa de Clapton em Surrey, onde Paula ou Alice Ormsby-Gore poderiam estar.

Pegaram um cineminha no centro de Londres, fora do horário de pico, sem que ninguém os reconhecesse. Afora isso, os encontros amorosos ocorriam basicamente em Guildford, a uns três quilômetros da casa de Clapton, onde se encontravam sob o Relógio da Cidade, como um *Brief Encounter* de jeans e salto plataforma.*

Esses fugazes encontros aconteciam enquanto George fazia as gravações do intensamente espiritual *All Things Must Pass*, cuja banda de apoio, repleta de estrelas, era liderada por Clapton, muitas vezes em estado de visível atordoamento, mesmo que isso não afetasse sua forma de tocar. Recorreu à heroína por insegurança crônica somada à culpa por assediar Pattie. Como quem desafia o Destino, ele a consumiria em público, em pleno refeitório da EMI, onde os Beatles jamais tinham fumado um baseado.

Clapton continuava incansável na troca de parcerias, tanto musicais quanto sexuais. Com as sessões de *All Things Must Pass* ainda em andamen-

---

* Referência a *Brief Encounter* (no Brasil, *Desencanto*), filme de 1945 dirigido por David Lean, sobre um fervoroso romance entre duas pessoas já comprometidas. (N. de T.)

to, começou a ensaiar uma nova formação, com os três melhores músicos americanos da banda de estúdio. A ideia era compor um grupo em que fosse também o vocalista e não apenas o solista virtuoso. Mas sua natureza estranhamente modesta entrou em ação: numa espécie de pastiche doo-wop nova-iorquino dos anos 1950, a banda se chamaria Derek and the Dominos.

Concluídas as gravações de *All Things Must Pass*, o novo quarteto precisava de uma base em Londres, então Clapton pediu à assistente de George, Chris O'Dell, que encontrasse um apartamento para eles em South Kensington e mantivesse os corretores de imóveis bem remunerados enquanto o local virava um sórdido antro de rock'n'roll. Também virou um ponto de encontro rotineiro entre Pattie e ele, embora ela ainda insistisse em manter as coisas platônicas.

Seu desejo de conquistá-la o levou a buscar ajuda sobrenatural. O show de estreia de Derek and the Dominos contou com a participação de Dr. John, um pianista e cantor de blues, vulto sinistro de tez branca que tocava com fantasias de Mardi Gras da cidade natal, Nova Orleans, e – corria o boato – dominava o vodu.

Após o show, Clapton pediu que o Dr. John invocasse esses poderes e fizesse Pattie deixar George para ficar com ele. O suposto bruxo deu a Eric uma caixinha de palha trançada para levar no bolso e instruções por escrito para um ritual secreto que, garantiu ele, lançaria o feitiço afrodisíaco necessário.

Para sermos justos com o vodu, as oportunidades de seguir em frente não foram muitas. Semanas depois, estreou no West End o escandaloso *Oh! Calcutta!*, produzido por Robert Stigwood, empresário de Clapton. George e Pattie foram convidados, mas como George tinha outros planos – não registrados –, ela foi escoltada por Peter Brown, o gentil executivo, agora ex-Apple, pois havia fugido de Klein para trabalhar com Stigwood.

Ela não sabia, mas Clapton também havia ido à estreia de *Oh! Calcutta!* Após o intervalo, Pattie voltou ao lugar dela e se deparou com Eric ao seu lado; tinha convencido o ocupante a trocar de lugar.

George nem se preocupou em saber o paradeiro de Pattie naquela noite. Mas, à medida que as horas foram passando, numa síndrome comum aos maridos infiéis, uma onda de possessividade o dominou. Apareceu na festa pós-show na casa de Robert Stigwood e encontrou a esposa no jardim com Clapton. "Indagou o que estava acontecendo", recorda ela, "e, para o meu horror completo, Eric falou: 'Preciso te contar, amigão, estou apaixonado por tua mulher.'"

Em vez de responder – talvez porque não tenha sido uma grande surpresa –, George se limitou a perguntar a Pattie com qual deles ela terminaria a noite. Ela respondeu com firmeza: "Vou contigo para casa, George".

Sem tempo hábil para aprofundar o assunto, Clapton foi a Miami gravar o primeiro (e único) álbum dos Derek and the Dominos. Levou junto Paula, a irmã de Pattie, que ele considerava uma substituta e não fazia segredo disso.

Sabendo muito bem as tentações às quais Paula estaria exposta, Pattie, com a ajuda da irmã Jenny e da mãe delas, tentou convencê-la a ficar. "Mas ela queria muito entrar no estilo de vida rock'n'roll, como Jenny e eu. Se a pessoa está determinada a se arriscar, não há nada a fazer."

As sessões em Miami incluíram uma das ainda raras aventuras de Clapton em compor letra e música e assumir os vocais. Obcecado, mergulhou num conto persa do século XII, em que Majnun se apaixona doidamente pela donzela Layla, de família rica. Mas o pai dela não aprova o namoro e a faz se casar com alguém da mesma classe social, deixando Majnun desvairado de tristeza.

Clapton se identificava com Majnun e considerava Pattie a sua Layla, daí o "Meu bem L" a quem endereçou a carta em que confessava seu amor. Agora compôs uma canção, misto de apelo desesperado pelo amor dela e crítica aberta a George: "*I tried to give you consolation when your old man let you down...*" ("Tentei te dar consolo quando seu velho te decepcionou"). Ao longo da faixa corria um riff lamentoso compartilhado por Clapton e pelo genial (e prestes a morrer) Duane Allman, espécie de intumescência sexual sonora.

Voltando a Londres, Clapton pediu a Pattie que o encontrasse no apê de South Kensington, aquele mesmo que Chris O'Dell, a assistente de George, mantinha para os Dominos. Lá ele tocou três vezes a fita com "Layla", analisando cuidadosamente as reações de Pattie. Ela nunca se esqueceu da mescla de admiração e consternação que sentiu. Admiração por ser a musa da "canção mais poderosa e comovente que já tinha ouvido". Consternação porque a letra seria automaticamente decodificada, não só por seu marido, família e amigos, mas também por dezenas de milhares de estranhos que comprariam o álbum.

Ainda mais angustiante era saber que Paula esteve com Clapton durante a composição da música e deve ter logo notado que não era o tema. Mais tarde, Pattie comentaria: “Ela realmente acreditava que Eric estava apaixonado por ela. E daí ficar sabendo que ele compôs uma canção sobre mim e não sobre ela... Caiu a ficha como havia sido usada... E ela ficou com o coração partido.”

Sentiu-se mal pela irmã, mas “a canção me desarmou, só de pensar que eu tinha inspirado tanta paixão e criatividade. Não pude mais resistir”. Deixou bem claro, porém, que a sua entrega não passava de lapso momentâneo.

Após a excruciante cena no jardim de Robert Stigwood, George se comportou com estranha passividade, sem pedir explicações adicionais de Pattie (o que para ela teria sido uma indicação de que ele ainda se importava) nem confrontos com Clapton. O mais próximo que chegaram foi uma versão rock'n'roll de um “duelo ao amanhecer” exigido por um marido vitoriano traído – nesse caso, um duelo de guitarras ao anoitecer.

No fim da tarde, George convidou Clapton a Friar Park. Clapton imaginou que seria um papo nobre sobre Pattie, ao estilo “cartas na mesa”. Surpresa: George o aguardava no vasto hall de entrada com duas guitarras plugadas em dois amplificadores, como se fosse um show. O público se limitava a Pattie e o ator John Hurt, hóspede casual, além dos inúmeros frades olhando fixamente dos interruptores de luz.

Entre palavras balbuciadas, Clapton e ele empunharam as guitarras e começaram a dedilhar licks. Parecia um improviso, mas na concepção de George era claramente um duelo por Pattie. Em igualdade de condições, sabia que era incapaz de superar Clapton. Por isso pegou a melhor guitarra e tomou chá, enquanto ofereceu conhaque a Clapton. O episódio não teve um vencedor declarado, e George nunca mais tocou no assunto.

Ao lançar *Layla and Other Assorted Love Songs*, o álbum do Derek and the Dominos, Clapton transformou seu tímido bilhete de amor numa confissão de 1.000 watts; a maior parte das canções compostas por ele em Miami, com Paula espiando por cima do ombro, abordavam a busca por conquistar

Pattie, a culpa envolvida nesse processo, a resistência contínua da parte dela e as indignas paixões que o atormentavam, como a Majnun na fábula persa.

A melodramática "Bell Bottom Blues", sobre um jeans que trouxe de presente a ela dos EUA, exigia ostensivamente: "*Do you want to see me crawl across the floor to you?*" ("Quer me ver rastejar no chão por você?"). A letra de "I Looked Away" afirmava, em tom desafiador: "*If it's a sin to love another man's woman... I guess I'll keep on sinning*" ("Se é pecado amar a mulher de outro homem (...) Acho que vou continuar pecando"). Por sua vez, "I Am Yours" adaptava outro poema do persa Nizami Ganjavi, autor de *A história de Laila e Majnun*: "*However distant you may be/ There blows no wind but wafts your scent to me*" ("Por mais distante que você esteja/ Seu perfume chega até mim, mesmo sem vento algum"). E como sempre há um blues para cada tamanho de saudade e frustração: "*Have you ever loved a woman/ So-o-o much that you tremble in pain?*" ("Já amou tanto uma mulher/ A ponto de estremecer de dor?").

A maior revelação de todas foi a capa, obra do pintor franco-dinamarquês Émile Théodore Frandsen de Schomberg, "Fille au Bouquet" (Moça com buquê). O sorrisinho secreto, o cabelo dourado, a grinalda de florezinhas brancas emoldurando o rostinho em forma de coração, tudo remetia misteriosamente a Pattie.

Com o terreno devidamente preparado, Clapton apareceu sem avisar em Friar Park. George tinha saído, e Pattie estava sozinha em casa. Disse a ela que não poderia viver sem ela e que ela teria que ir embora com ele naquele exato minuto. Mediante a recusa de Pattie, ele puxou do bolso um papelote. Se ela não fizesse o que ele queria, ele começaria a usar heroína (embora já estivesse viciado).

Apavorada, ela tentou pegar a droga, mas ele segurou firme o papelote no bolso. Desvencilhou-se da escaramuça e sumiu no breu da noite. Oito meses se passariam até os dois se reverem.

***All Things Must Pass* seguia uma trajetória** oposta ao de seu título. Após "My Sweet Lord", um novo single fez grande sucesso: "What Is Life", outra canção meio espiritual, meio amorosa, impregnada de uma *joie de vivre* antes nunca vista em George, dentro ou fora de um disco.

Após derrotar John e Paul nas paradas de singles, George possibilitou a Ringo fazer a mesma proeza – justamente o colega de banda que nunca reclamou por ter sido eclipsado por eles. Desde 1968, Ringo tentava concluir uma canção apropriadamente intitulada "It Don't Come Easy"; com o auxílio de George (não creditado), conseguiu terminá-la. George também produziu a faixa e tocou riffs generosos de sua guitarra mais pesada. A canção alcançou o primeiro lugar nos EUA, comparado ao 11º lugar de "Power to the People", de John, e ao 5º lugar de "Another Day", de Paul.

A relação com Phil Spector ajudou-o a dar um destino para as muitas canções não utilizadas em *All Things Must Pass*. Em vez de guardá-las para o próximo disco, ele as ofereceu para o álbum de estreia da mulher de Spector, Ronnie, que recentemente havia deixado as Ronettes para seguir carreira solo.

Esse retorno à coprodução com Spector encontrou o Svengali do pop em seu momento mais instável e resultou em só um single, "Try Some, Buy Some", que fracassou nas paradas. A autobiografia de Ronnie Spector conta histórias de arrepiar os cabelos sobre a convivência com o marido possessivo, numa casa cercada por arame farpado e vigiada por cães bravos. Em frenesi, ele chegou ao cúmulo de confiscar todos os sapatos da esposa para evitar que ela fugisse, ameaçando matá-la e exibir o cadáver no caixão de vidro que guardava no porão, na eventualidade de ela tentar abandoná-lo.

Como dizia o velho adágio da indústria fonográfica: "*Where there's a hit, there's a writ*" ("Onde há sucesso, há processo"). Mas, em se tratando de música pop, o plágio por muito tempo não foi uma questão judicial: em geral, as canções eram tão singelas que era inevitável se replicarem. A maioria dos compositores pop recebia uma ninharia em royalties de direitos autorais.

Artistas jovens elevaram muito as apostas, especialmente os Beatles, que compunham seu próprio material original, com singles e álbuns vendidos aos milhões. Em 1965, quando "Yesterday" surgiu na cabeça de Paul, ele passou várias semanas se certificando de que a melodia não era a lembrança de outra canção, pela qual poderia ser processado. Não necessariamente o plágio se aplicava apenas a canções completas: o verso de abertura de “Come Together”, de John, usava quase literalmente um verso de “You Can’t Catch Me”, de Chuck Berry, motivo pelo qual o avarento Berry acabaria por exigir um preço.

Mas a vez de George chegou primeiro. No zênite de seu duplo triunfo ao alcançar um sucesso mundial e superar os discos solo de Lennon e McCartney, ele se viu processado por violar direitos autorais. Uma editora musical estadunidense, a Bright Tunes Music, afirmou que o frascado de três notas que permeava “My Sweet Lord” plagiava “He’s So Fine”, sucesso de 1963 das Chiffons, um grupo vocal feminino negro.

Antes de a Bright Tunes entrar com a ação, correram boatos questionando se a autoria de “My Sweet Lord” era apenas de George. Ele começou a compô-la durante a turnê com Delaney & Bonnie, sob a influência simultânea de “Oh Happy Day”, dos Edwin Hawkins Singers, e da slide guitar de Delaney Bramlett. Mais tarde, Bramlett alegaria inclusive ter fornecido o riff e o refrão “*My Lord... Oh my Lord*” (“Meu Senhor... Ah, meu Senhor”). George teria prometido a ele um crédito de coautoria que nunca se materializou.

Apesar do aviso por usar a melodia de “Congratulations” na canção “It’s Johnny’s Birthday”, nunca passou pela cabeça de George que enfrentaria problemas jurídicos com “My Sweet Lord”. Embora certamente se lembrasse da canção das Chiffons, “He’s So Fine” parecia distante de sua *spiritual* interdenominacional, sem falar que a versão gospel de Billy Preston, lançada um bimestre antes de *All Things Must Pass*, não gerou reclamações dessa natureza.

Por azar do destino, ao longo da gestação do álbum, uma cover de “He’s So Fine” – gravada por Jody Miller, cantora country americana – teve um bom desempenho nas paradas, em ambas as costas do Atlântico. Vários membros da superbanda de estúdio de George comentaram a semelhança da música com “My Sweet Lord”, mas ele deu de ombros.

“Ele ficou mortificado com o processo”, recorda Pattie. “Eu estava com ele quando ele a compôs e demorou um tempão para terminar. Ele me fez parar de ouvir rádio, justamente para evitar ouvir algo e colocar numa canção sem se dar conta e ser alvo de um processo.”

Inicialmente, Allen Klein não deu muita bola para a ação judicial. Marcou uma reunião de George e ele próprio com o presidente da Bright

Tunes, Seymour Barash, para fazer um acordo extrajudicial. A proposta de Klein, tipicamente grandiosa, era de George adquirir os direitos de "He's So Fine" (cujo compositor, Johnny Mack, havia morrido logo após a canção virar hit), comprando todo o catálogo prévio da editora. Mas Barash exigia que os direitos autorais de "My Sweet Lord" fossem transferidos à Bright Tunes. George receberia em troca 50% dos royalties.

As partes não chegaram a um acordo, e o litígio tramitaria nos tribunais americanos por quatro anos, com os royalties de um dos maiores sucessos pop de todos os tempos mantidos sob custódia.

As injustiças de que se achava vítima em sua trajetória como Beatle permaneciam bem vívidas, mas George recusou todo e qualquer pedido de entrevista sobre o rompimento. Isso acabou reforçando a imagem pública de Ringo e dele mesmo como a prole infeliz em meio a um divórcio barra-pesada.

George continuou vendo John, afinal, Tittenhurst Park, em Ascot, ficava a poucos minutos de Friar Park. Mas preferia evitar todas as situações sociais em que houvesse a menor chance de topar com Paul. Sob o ponto de vista deles, algumas decisões de Paul acentuaram as ofensas, como o tipo de música que ele escolheu tocar com a nova banda, Wings, e transformar a esposa Linda em alma gêmea criativa, lugar outrora ocupado por John.

Em maio de 1971, George convidou Klaus Voormann, então em vias de separação conjugal, para se hospedar em Friar Park pelo tempo necessário. "Perguntei a George o que ele tinha achado do novo álbum de Paul com Linda", recorda Voormann. "Tudo o que George disse foi: 'Ah, bem, imagino que o mantém fora das ruas.'"

Na capa de *Ram*, Paul segurava os chifres curvos de um carneiro de cara preta em sua fazenda escocesa, imagem que devia algo ao retrato antiglamour de George em *All Things Must Pass*. Porém, embora tenha obtido uma vendagem igualmente enorme, não despertou o mesmo êxtase crítico.

A *Rolling Stone* o rotulou de "incrivelmente banal", "monumentalmente irrelevante" e "oco emocionalmente". A *Village Voice* detectou "uma clássica incompatibilidade entre forma/conteúdo". A revista *Playboy* acusou Paul de "preferir o fácil ao substancial" e comparou o efeito a "ver alguém fazer malabarismos com cinco guitarras... é bastante impressionante, mas a gente fica se perguntando que diferença faz".

Uma das faixas, "Too Many People", fazia uma referência indireta ao relacionamento de John com Yoko e tudo que, na visão de Paul, ela o fez jogar fora: "*That was your first mistake/ You took your lucky break and broke it in two*" ("Esse foi o seu primeiro erro/ Você teve sua grande oportunidade e a quebrou ao meio").

Na época, John gravava seu segundo álbum solo, o primeiro sem a Plastic Ono Band, cuja faixa-título invocava: "*Imagine all the people living life in peace*" ("imagine todas as pessoas vivendo a vida em paz"). John respondeu gravando uma canção extra. Em resposta à alfinetada de Paul, veio o ataque nuclear "How Do You Sleep?", com versos absurdamente injustos que faziam uma acusação monstruosa: "*The only thing you done was 'Yesterday*'" ("A única coisa que você fez foi 'Yesterday'"). Na foto do encarte, parodiando a capa de *Ram*, John aparecia segurando escrupulosamente as orelhas de um porco perplexo.

George tocou em "How Do You Sleep?" um solo de slide guitar, mas nada parecido com o enlevo e a emoção do riff de "My Sweet Lord", e sim uma levada crua e trêmula que transmitia uma concordância plena com o discurso verbal de John. Um típico caso de "a vingança é minha, diz o Acorde".*

Naquele verão, o subcontinente indiano que tanto enriqueceu a vida de George atraiu a atenção dele para algo mais relevante do que superar seus ex-companheiros de banda ou lutar pela propriedade de notas musicais. Dessa vez, o seu envolvimento não foi com a música ou as religiões, mas com a sua história e política.

Em 1947, o fim caótico do domínio colonial britânico criou a nova nação do Paquistão, com população de maioria muçulmana, ao lado da Índia, de

* Trocadilho com o versículo 19 de Romanos 12: "Amados, nunca procurem vingar-se (...), pois está escrito: 'Minha é a vingança; eu retribuirei', diz o Senhor." (N. de T.)

maioria hindu. Em seguida, o próprio Paquistão foi dividido em dois segmentos em lados opostos do subcontinente. A leste, abrangia o antigo estado Bengala, de feroz individualismo.

O Paquistão Ocidental, centro administrativo e econômico do país dividido, sempre discriminou o Paquistão Oriental, bem mais pobre. Não repassava verbas para desenvolvimento, desprezava os seus processos políticos e jurídicos e tentava suprimir as suas vibrantes língua e literatura bengalis. Por fim, em março de 1971, o Paquistão Oriental declarou unilateralmente a independência, adotando o nome de Bangladesh.

Os insurgentes bengalis e os militares do Paquistão Ocidental travaram uma guerra civil. Logo ao nascer, Bangladesh enfrentou entre múltiplas agonias essa tentativa de genocídio. Meses antes varrido pelo devastador ciclone de Bhola, agora sofria também com chuvas torrenciais e inundações apocalípticas. Em meio a esse terrível fogo cruzado das armas e das intempéries, milhões de refugiados conviviam com a onipresença da fome e das doenças, incluindo o cólera.

Nessa época, George estava em Los Angeles com Ravi Shankar, concluindo a trilha sonora de *Raga*, filme de produção entrecortada sobre a vida e a música de Shankar. Súbito, os horrores de Bangladesh pareciam mais próximos, pois Shankar era de família brâmane bengali. Vários parentes dele estavam entre as vítimas.

Shankar idealizou um concerto beneficente com seu próprio conjunto indiano e o ex-aluno de cítara, mas não quis abusar da amizade com George e hesitou em fazer a sugestão. Porém, George aproveitou a oportunidade para retribuir algo ao subcontinente e apoiar o homem que mais estimava no mundo. Também poderia exercer sua nova liberdade de adotar uma posição pública sobre uma questão moral, algo que, como Beatle, nunca pôde fazer.

Imediatamente propôs um concerto mesclando a música oriental de Shankar e sua música ocidental – tentativa rara até então –, para o qual contaria com uma seleta de seus amigos superastros, todos tocando em prol da caridade. O óbvio local para um evento dessa magnitude seria o Madison Square Garden, em Nova York, com capacidade para 20 mil pessoas. Mas o único horário disponível no Garden era 1º de agosto, um domingo. Teriam apenas cinco semanas para ensaiar.

Apesar da extrema brevidade do prazo, o projeto se expandiu muito além de uma performance única. Com a venda de ingressos, George esperava arrecadar uns US$ 25 mil. Mas para capitalizar ao máximo a ideia, gravariam um filme e um álbum triplo ao vivo. Ele também comporia e coproduziria (com Phil Spector) um single destinado a divulgar o concerto e a aumentar a conscientização internacional sobre o calvário de Bangladesh.

Chris O'Dell, sua antiga assistente pessoal, agora de volta aos EUA, trabalhou no show. Por sua vez, o velho colaborador Neil Aspinall, que sobreviveu aos expurgos de Allen Klein na Apple, providenciou a gravação do álbum e do filme. Mas o ponto crucial do evento, o recrutamento das celebridades, George fez pessoalmente, dia após dia, ao telefone. "Era a primeira vez que ele ia fazer um show desse tipo", recordaria Aspinall. "Ao meu ver, ele mostrou muita humildade ao telefonar, correndo o risco óbvio de receber um não."

O single promocional, "Bangla Desh" – grafia alternativa comum na época –, era um hino ao estilo de "My Sweet Lord" e "All Things Must Pass". A letra não fazia jus ao tema – "*Now won't you give some bread? To get the starving fed?*" ("Agora não vai dar um pouco de pão? Para alimentar quem passa fome?") – mas dificilmente alguma palavra o faria. Para intensificar o peso emocional, "Deep Blue", no lado B, tratava sobre a morte da mãe e a angústia dele ao vê-la definhar.

George também arrumou tempo para produzir uma seleta de músicas de Ravi Shankar, *Joi Bangla*, incluindo canções bengalis proibidas pelo governo do Paquistão Ocidental. Maravilhado, Shankar saudou aquilo como "um milagre".

"Bangla Desh" alcançou o 10º lugar nas paradas britânicas e o 13º nas dos EUA. Don Heckman, do *Village Voice*, fez comparações favoráveis com outros ex-Beatles naquele mesmo momento: "Nada contra a infinita algazarra de John Lennon em torno e no interior de sua psique, nem contra a busca de Paul McCartney por luz e doçura. Hoje, porém, meus sentimentos mais fortes vão para os esforços ativos de George Harrison para aplacar o sofrimento no mundo ao seu redor."

No finzinho de julho, as últimas páginas do *New York Times* traziam um discreto anúncio sobre a apresentação de "George Harrison and Friends", no

Madison Square Garden, em 1º de agosto, sem qualquer menção ao seu propósito. Os ingressos se esgotaram tão rápido que um show vespertino teve que ser acrescentado.

Em uma disputada coletiva de imprensa, George deu nome aos bois e identificou os amigos que tocariam no show: Ringo Starr, Leon Russell, Billy Preston, Eric Clapton e Bob Dylan. Ao lado de George, Allen Klein, que apoiou o projeto e, pela primeira vez em sua trajetória, ficou ao lado dos anjos.

O rompimento dos Beatles completava quatro meses. Com a menção do nome de Ringo, correram boatos de uma reunião no palco sem Paul, por mais que George se esforçasse por negar. A realidade é que John tinha inicialmente topado, mas desistiu ao saber que o convite não era extensivo a Yoko.

Um entrevistador perguntou, em tom paternalista, como George se sentia "sendo o número um, a estrela". Ele respondeu: "Prefiro fazer parte de uma banda. Mas tivemos que fazer assim para arrecadar a verba [em prol de Bangladesh]. Tive que me expor e torcer para que meus amigos viessem me ajudar."

Na verdade, os dois principais Amigos com "A" maiúsculo demoraram a tomar a decisão de subir ao palco do Garden.

Como fazia com todas as bandas, Eric Clapton enjoou do Derek and the Dominos e se enfurnou em casa, na zona rural de Surrey, com Alice Ormsby-Gore, de 19 anos, e seu vício em heroína. Por sua vez, a filha do nobre pôs em perigo o bom nome do pai ao descolar a droga e depois dar toda ela a Clapton enquanto afogava suas mágoas bebendo duas garrafas de vodca por dia.

Apesar do mau comportamento de Clapton com Pattie, George nem pensou em deixá-lo de fora do Concerto para Bangladesh. Ao longo da semana inteira, reservou diversos voos a Nova York, com limusine à disposição no aeroporto Kennedy, sem sucesso. Muitos outros guitarristas de peso estavam por perto e prontos para tocar no show. Por fim, George convidou Jesse Ed Davis, que tocava na banda de apoio ao *bluesman* Taj Mahal. Terry Doran foi à casa de Clapton e avisou que os serviços dele já não eram mais necessários. Ao ouvir isso, Clapton resolveu ir.

Sendo arriscadíssimo contrabandear as substâncias que consumia diariamente pela alfândega dos EUA, George prometeu que haveria um suprimento esperando por ele no hotel. Mas a droga era "diluída" – misturada com talco ou leite em pó de mamadeira –, com apenas 10% da concentração que o seu sistema exigia. Clapton passou três dias trancafiado no quarto, em meio a palpitações, sudorese e calafrios, enquanto os asseclas de Alice e George procuravam um traficante com mercadoria pura. A condição dele era tão precária que sequer percebeu a chegada de Pattie a Nova York para estar ao lado de George naquele importante momento. Sabiamente, ela manteve distância dele.

Também a participação de Bob Dylan no concerto parecia ameaçada. Na última vez que Dylan fizera um show em Nova York, fora vaiado por puristas do folk por "se tornar elétrico", e ainda não tinha superado a experiência.

O desconforto dele só aumentou ao fazer um reconhecimento do Madison Square Garden com George na noite anterior aos shows. É o próprio George quem nos conta: "[Dylan] Olhou para todas as câmeras de filmagem, todas as luzes, o tamanho do lugar, e disse: 'Não, cara, esta não é a minha praia'. Falei que também não era a minha: 'É a primeira vez que faço algo assim por conta própria. Você ao menos já é um artista solo há anos'."

Cada show atraiu uma plateia de 20 mil pessoas. A venda de ingressos totalizou US$ 250.000, dez vezes o almejado por George. Mas o público não emitiu os gritinhos que ele achava tão repugnantes na época dos Beatles. A multidão em cada show assistiu em silêncio apropriado à seriedade da causa, apoiando e aplaudindo baixinho, em tom de reverência. E no show vespertino, aplausos soaram até quando Ravi Shankar e os seus músicos terminaram a afinação preparatória.

O pânico de subir ao palco acometeu o próprio George. Com vômitos e diarreia, pensou seriamente em escapulir nos calcanhares de Dylan antes da campainha do "showtime". Mas, portando uma Stratocaster branca sobre o terno creme, havia nele algo quase sacrossanto quando, após ser apresentado pelo mestre de cerimônias, surgiu autoconfiante e entoou pela primeira vez ao vivo "Here Comes the Sun", "Something" e "Wah-Wah". A plateia nem percebeu, mas dois pequenos milagres aconteceriam naquele palco.

Incapaz de comparecer a um único ensaio, Clapton subiu ao palco chapado com metadona, uma substituta da heroína. Ninguém esperava que ele fosse produzir um único acorde coerente. Mas quando chegou a hora de "While My Guitar Gently Weeps", ele deu um passo à frente e realizou um dueto de cordas em uníssono com George. Em vez do clima de disputa à flor da pele do duelo por Pattie em Friar Park, prevaleceu uma atmosfera de ternura mútua.

O setlist na Strat de George dizia "Bob?", e até o último minuto a resposta parecia ser "Não"; na verdade, ele ficou tão surpreso quando Dylan se materializou nos bastidores, com guitarra e gaita de boca, que mal conseguiu balbuciar uma apresentação a "seu amigo e meu".

Como se nunca tivessem pairado dúvidas, Dylan tocou um soberbo set de cinco faixas, incluindo "A Hard Rain's Gonna Fall" (que não surpreendeu ninguém de Bangladesh) e "Just Like a Woman", com George e Leon Russell nos backing vocals, sem qualquer protesto feminista no verso "*She breaks just like a little girl*" ("Ela se descontrola como uma garotinha").

Segundo a *Rolling Stone*, os shows representaram "um breve e incandescente renascer de tudo o que havia de melhor nos anos 60". Para Bob Woffinden, da *New Musical Express*, os concertos foram "uma declaração de fé", e George havia "colocado o rock de volta nos trilhos". Ravi Shankar e sua orquestra indiana também receberam o devido crédito, e a *Village Voice* chamou Shankar e seu ilustre tocador de sarod, Ali Akbar Khan, de "um duo tão inigualável quanto Dylan e Harrison".

Mais tarde, Shankar afirmaria: "E no dia seguinte, o mundo inteiro conhecia o nome de Bangladesh".

A renda do Fundo de Alívio Emergencial de Ravi Shankar/George Harrison, proveniente dos concertos, do álbum ao vivo e do filme, seria canalizada por meio do Fundo das Nações Unidas para a Infância (United Nations Children's Fund, UNICEF), órgão neutro que não feria as sensibilidades políticas na área do desastre e prestava a ajuda necessária com máxima eficiência.

Sem se dar conta, George fez muito mais do que aliviar uma crise humanitária específica. Alterou toda essa imagem de que os astros do rock são motivados apenas por ganância e egoísmo. Mostrou que a indústria fonográfica também poderia ser uma força comunitária e poderosa, direcionada, se quisesse, a fazer o bem. Nas próximas décadas, o Concerto para Bangladesh continuaria um insuperável modelo para eventos até maiores, com mais estrelas e maior bilheteria, como Live Aid, No Nukes e Rock Against Racism, mas nenhum deles chegou aos pés do original.

22

"PELA GRAÇA DE KRISHNA, VOCÊ É UM GRANDE HOMEM!"

No começo de 1972, George pretendia iniciar os trabalhos no disco que sucederia *All Things Must Pass*. Mas não imaginava os desdobramentos do Concerto para Bangladesh. Descobriu o quão verdadeiro era o velho ditado "nenhuma boa ação fica impune".

O primeira, e mais grave, resultou da inexperiência de Allen Klein nesse novo e estranho mundo de fazer coisas de graça. Klein não conseguiu oficializar o projeto Bangladesh nos EUA como instituição de caridade, isenta de impostos. A lei exigia esse registro antes de iniciar qualquer operação. Por isso, a Receita Federal ignorou o caráter beneficente e confiscou os US$ 8 a 10 milhões de lucros do filme e do álbum triplo ao vivo. Esses valores permaneceriam em depósito até a questão ser resolvida (o que demoraria em torno de uma década).

Na Grã-Bretanha, os corações governamentais se mostraram igualmente duros. George esperava que o governo renunciasse aos pesados tributos comerciais de praxe, o que tornaria o álbum acessível a um público maior, maximizando assim o auxílio a Bangladesh. Fez pessoalmente o pedido ao Ministro da Fazenda, mas foi recebido com bem-humorada condescendência. "Desculpe-me", disse o ministro, "os seus ideais podem ser os mais nobres, mas a nação precisa do dinheiro".

Gravadoras também começaram a disputar quem lançaria o álbum: a Capitol/EMI, distribuidora da Apple nos EUA, ou a CBS, gravadora de Bob Dylan, sob a alegação de que Dylan era a atração principal. A Capitol venceu, mas teve de conceder à CBS os direitos de vender fitas nos EUA e distribuir discos e fitas no resto do mundo.

O álbum não fez concessões: a capa mostrava uma criança famélica em Bangladesh, ao lado de uma tigela vazia. O marketing da Capitol achou a imagem "deprimente demais", mas George lhes afirmou que o objetivo primordial era esse e não permitiu que ela fosse atenuada.

Um livreto de 64 páginas acompanhava o álbum triplo, denunciando o "reinado deliberado de terror" perpetrado pelos militares do Paquistão Ocidental contra o povo bengali do Paquistão Oriental como "a maior atrocidade desde o extermínio dos judeus por Hitler". Postura bem diferente daquela do Beatle que manteve a boca fechada nos piores anos da Guerra do Vietnã.

As gravadoras participantes, em sua maioria, entraram no espírito caridoso e não cobraram taxas ou porcentagens pela presença de seus artistas. A única exceção foi a própria Capitol, fato ainda mais surpreendente porque o novo CEO, Bhaskar Menon, era a primeira pessoa do subcontinente indiano a atingir um cargo dessa importância na indústria fonográfica. Tudo indicava que ia mostrar empatia especial pela causa de George.

Porém, a empresa que outrora havia surfado alegremente nas ondas dos lucros dos Beatles agora nadava contra a maré dos problemas financeiros. A missão de Menon era reverter a situação, sejam quais fossem os meios necessários. Portanto, ele insistiu que deveria ganhar 25 centavos por cada cópia do álbum de caridade de George e inclusive exigiu que a Apple pagasse à Capitol meio milhão de dólares para cobrir os altos custos das embalagens.

George fez o que pôde para lançar o álbum e o documentário ainda sob o impacto dos shows. A gravação musical transcorreu à perfeição, mas as filmagens tiveram sérios problemas. Descobriu-se mais tarde que a câmera na lateral do palco ficou desfocada o show inteiro e outra teve o campo de visão bloqueado por uma maçaroca de cabos. Assim, ele passou a maior parte do mês de setembro em Nova York, editando as melhores imagens com o diretor, Saul Swimmer, tentando ao máximo preencher as lacunas. Bob Dylan também deu seus pitacos no fim dos trabalhos.

Graças às minúcias contratuais de Bhaskar Menon, o álbum estourou o prazo e não chegou ao mercado antes do Natal. Por isso, versões piratas começaram a proliferar. A Capitol chegou a distribuir cartazes de um sublime mau gosto, expostos nas lojas de discos, onde se lia: "Salve uma criança faminta: não compre um disco pirata".

Por fim, George desafiou publicamente o chefe da própria gravadora no *talk show* de TV de Dick Cavett, em pleno horário nobre, programa em que supostamente estaria divulgando *Raga*, documentário sobre Ravi Shankar, enfim concluído e recém-lançado. Em tom de brincadeira, mas com um fundo de seriedade, ameaçou entregar o álbum à CBS e desafiou Menon a processá-lo.

Isso impulsionou o lançamento do disco na virada do ano de 1972, sendo aclamado por resenhas que tornaram irrelevantes o atraso de três meses e o momento inoportuno. A revista *Circus* rasgou elogios a essa "música que praticamente entra na sua vida". Por sua vez, a *Rolling Stone* o descreveu como "rock alcançando a maturidade" e o *The Guardian* como "o ato mais magnânimo do rock". Em cada texto, George era mencionado em termos dignos de uma canonização. "Com seu comportamento ele cria um espírito inspirador", realçou o crítico Jon Landau. "O Concerto para Bangladesh foi o momento de George. Ele organizou tudo e foi um sucesso." Mesmo com o escorchante tributo de compra britânico, o disco triplo alcançou excelente vendagem, sendo premiado como Álbum do Ano no Grammy de 1973.

Fora do universo musical, o único reconhecimento público que o disco recebeu foi o prêmio da UNICEF, "Child is the Father of the Man" ("A Criança é o Pai do Homem"), pelo "pioneirismo em angariar fundos", honraria dividida com Ravi Shankar e Allen Klein, o seu co-organizador titular.

Logo essa rara imagem favorável de Klein foi prejudicada. A *New York* o acusou de abiscoitar US$ 1,44 de cada álbum, em meio a uma lista de beneficiários secretos que supostamente incluía Dylan (25 centavos por cópia) e editores e compositores (50 centavos).

Refutando qualquer apropriação indébita, Klein afirmou que na realidade o álbum lhe custou dinheiro. Entrou com uma ação judicial contra a revista no valor de US$ 150 milhões por danos morais. Após um surto inicial de publicidade, o processo foi arquivado. Livrar-se da piada da indústria fonográfica não foi tão fácil assim. Parodiaram o jingle da pasta de dente Pepsodent, "Você se pergunta onde o amarelo foi parar" ("*You'll wonder where the yellow went*") como "Você se pergunta: se o Klein organizar/ Um evento de caridade, onde a grana vai parar?" ("*You'll wonder where the Money went/ When Klein runs a charity event*").

Em 28 de fevereiro, George e Pattie passaram em Londres uma rara noite juntos, relembrando, esperançosos, tempos mais felizes. Compareceram a uma festa depois do show de Rick Nelson, o Ricky dos anos 1950, ídolo adolescente por quem Pattie uma vez desmaiou. George brincava com ela sobre isso, na época em que suas provocações ainda eram gentis.

Naquela noite, eles mal conseguiram sair de Henley. Numa via de acesso à M4, o fluxo de trânsito havia sofrido mudanças recentes. George acelerou muito a Mercedes branca, não conseguiu vencer a rotatória e se chocou contra um poste de luz, feito de concreto.

Sem cinto de segurança, os dois escaparam da morte quase certa. Com o impacto, a frente da Mercedes ficou toda destruída. Pattie sofreu uma grave batida na cabeça e fissurou as costelas. George abriu um corte na testa. Para sair do carro, teve que passar pela esposa inconsciente. Pediu ajuda com o rosto todo ensanguentado. O primeiro motorista que parou nem o reconheceu.

Os dois foram levados ao Maidenhead General Hospital – onde um membro oportunista da equipe fotografou George manchado de sangue na ambulância – e tiveram que passar a noite lá. Ao amanhecer, George foi autorizado a voltar para casa. Pattie foi transferida a uma clínica particular, onde ficaria por duas semanas.

Ele foi processado por direção perigosa e perdeu a carteira de motorista pela segunda vez naquele ano. Morrendo de vergonha pelo que aconteceu com Pattie, retrocedeu à antiga doçura nas semanas em que saravam os hematomas nas costelas e o mínimo movimento provocava fortes dores nela. Mas tão logo ela recuperou a plena mobilidade, a camada de gelo ao seu redor voltou a se formar.

Muitas vezes, Pattie se comunicava com ele por meio de Terry Doran, porque George aparentava estar muito focado em cuidar do estúdio novo ou dos jardins. Nos últimos tempos, muita gente circulava em Friar Park, à medida que o estúdio de gravação onde George pretendia fazer a maior parte de seu trabalho no futuro ganhava seus retoques finais.

Esse pessoal, quase todos do sexo masculino, tratava George com um respeito que não poderia estar mais longe da rispidez verbal do círculo dos Beatles. "Uma vez", recorda ela, "perguntei a ele: 'Por que está cercado de homens que só dizem sim?'. Ele disse: 'Porque é melhor do que estar cercado de homens que só dizem não.'"

Que ela consiga se lembrar, só uma vez Allen Klein visitou Friar Park, e já foi o suficiente para ela captar a mensagem. "Por algum motivo, era como brincar de Happy Families, o inocente jogo de cartas infantil. E notei que Allen estava trapaceando."

Tendo sido a pessoa a iniciar o marido na jornada de meditação, Pattie se entristeceu por ser excluída até mesmo disso. Recentemente, Syamsundara, amigo Hare Krishna de George e sentinela do estúdio, o havia apresentado a A. C. Bhaktivedanta Prabhupada, fundador do movimento. Aos 77 anos, ele fez George dar um passo além dos modestos gurus do Círculo de Música Asiática.

Carentes de um lar britânico permanente, os Hare Krishnas contaram com uma benevolência ímpar: George comprou para eles Piggots Manor, uma residência Tudor revival, perto de Watford, Hertfordshire. Ali se instalaria a sede da Sociedade Internacional para a Consciência de Krishna (ISKCON).

George visitava seguidamente a Mansão (agora rebatizada como) Bhaktivedanta para consultas com o swami, muitas vezes mais autoanalíticas do que espirituais. Existe uma gravação em que ele revela consciência sobre os dois lados contraditórios de si mesmo – chamados por Ringo de "saco de miçangas e saco de cocaína".

"Estou andando em círculos", explica George ao swami. "Sabe, talvez tenha a ver com o meu signo, Peixes, um peixe para cá, outro para lá. Tem hora que não consigo parar de meditar e tem hora que, sabe, eu viro um demônio novamente."

"Você não é um demônio", orienta o swami Bhaktivedanta, com sabedoria. "Você é um semideus. De alguma forma se apegou a Krishna. Isso vai ajudá-lo."

George informa que está tentando ler o *Bhagavad Gita* no original, em sânscrito, mas se confunde com os "pontos" (isto é, marcas de pronúncia). Syamsundara, presente no encontro, sugere que George ouça uma fita com Prabhupada lendo e aprenda a pronúncia de ouvido. "Pego qualquer coisa de ouvido", afirma George.

Syamsundara lê um trecho em voz alta e traduz: "O povo comum segue os atos e os passos dos grandes homens. Seus exemplos estabelecem padrões seguidos pelo mundo inteiro".

O swami Prabhupada aproveita a deixa e completa: "E aí está o seu dever. Pela graça de Krishna, você é um grande homem!"

George nunca tratou Pattie com crueldade, mas sempre esteve em sua natureza uma certa insensibilidade que machuca. Ela deixou de ser a sua única musa criativa, afinal, ele havia composto uma canção sobre Chris O'Dell, a única funcionária que o tratava sem bajulação, e fez questão de tornar isso público.

Canção country alegre, "Miss O'Dell" passa longe da tímida carga erótica de "Something". Pede que ela ligue para ele, coisa que ele ainda fazia, mesmo agora que ela já não trabalhava para ele, para resolver um problema que outros achavam insolúvel. Propositalmente tocou a canção para ela com Pattie na sala, como se quisesse provocar uma briga entre musas. Mas a amizade das duas mulheres o frustrou: Pattie se limitou a abraçar Chris e se declarou encantada por George ter prestado essa homenagem.

Nessas horas, ela costumava pensar em Eric Clapton, que revelou ao mundo sua adoração por ela de forma tão escancarada em "Layla". Pelo certo,

Clapton deveria ser uma carta fora do baralho. O breve caso dele com Paula, a irmã dela adolescente que ele usou como substituta de Pattie, deixou Paula com o coração partido e viciada em heroína. Pattie fazia o possível para se esquecer de que agora, mesmo por pouco tempo, Clapton estava disponível.

E por mais que George a tratasse com frieza e negligência, o amor dela pelo marido prevalecia. Ela ainda nutria a esperança de que ele, de alguma forma, voltasse magicamente a ser a pessoa com quem ela se casara em 1966. Além disso, ela tinha visto a crueldade com que a ex-mulher de um Beatle poderia ser lançada nas trevas: Cynthia Lennon se divorciou de John, alegando adultério com Yoko, mas se sujeitou a aceitar um acordo de apenas £ 100.000.

Naquele mês de agosto, noutra afronta humilhante a Pattie, George anunciou um passeio de carro ao sul da França, passando em Portugal. O banco do carona estaria "reservado para Krishna". "Dirigi 23 horas", orgulhou-se mais tarde em conversa com o swami Prabhupada, "e entoei cantigas de meditação o caminho inteiro".

Um bimestre depois, começou a gravar o tão postergado álbum que seria a sequência de *All Things Must Pass*. Para isso, utilizou o estúdio doméstico. Espaçoso como um salão de baile, ganhou o nome carinhoso de FPSHOT (Friar Park Studios Henley-on-Thames).

O álbum seria coproduzido com Phil Spector, outra vez importado de Nova York a custos colossais. Mas, desde *All Things Must Pass*, o alcoolismo de Spector e sua paranoia tinham dado um salto quântico. Após as sessões iniciais, ele se enfurnou na suíte do Inn on the Park de Londres e de lá não quis mais sair, nem com telefonemas ou telegramas.

George relutava em perdê-lo e obteve autorização do hotel para subir no telhado vizinho para acessar a janela do quarto de Spector. Implorou que ele voltasse ao trabalho, mesmo correndo o risco considerável de levar um tiro, pois Spector sempre portava uma arma. No entanto, após duas tentativas dessa natureza, jogou a toalha.

Tanto melhor que, em contraste com a amplidão do Himalaia e a orquestra de *All Things Must Pass*, ele desejasse um clima intimista, em meio a amigos como Ringo, Klaus Voormann e o pianista Nicky Hopkins. Dessa vez, nem haveria outro guitarrista para competir; Eric Clapton enfim tentava se livrar do vício em heroína.

As sobras de *All Things* já bastariam para dar ao novo álbum um impulso poderoso, em especial porque seria um álbum simples. Mas George preferiu compor um conjunto de canções quase inteiramente novo. Abordavam, em sua maioria, aberta ou veladamente, a pergunta que cada vez mais pesava sobre seus ombros. Como conciliar o fato de ser o maior astro de rock do mundo, como indubitavelmente era, com a simplicidade e a humildade, o único caminho para se tornar um ente de fato espiritual?

A faixa-título, "Living in the Material World", se inspirava em longos colóquios com o swami Bhaktivedanta. A ilusão da existência humana, a ânsia de escapar do infindável ciclo de nascer e renascer, a transcendência suprema de alcançar o estado hindu de *moksha*.

Para George, a letra, de cunho extraordinariamente pessoal, abordava o mundo material específico em que se envolveu com "John, Paul e Ritchie" (como os amigos de Ringo o chamavam), e ele confessava ter usado seu corpo "como um carro" (o que não dizia muito, levando em conta as suas mais recentes proezas ao volante).

O outrora líder global da oração com "My Sweet Lord" agora se mostrava vulnerável e inseguro, torcendo para "Não me perder nem me extraviar" ("*I don't get lost or go astray*") antes de ver "o Céu Espiritual... pela graça do Sri Krishna, nosso Senhor" ("*the Spiritual Sky... by the Lord Sri Krishna's grace*").

À medida que a gravação do álbum foi terminando, porém, o mundo material voltou ao primeiro plano. Em abril de 1973, findaria o período de quatro anos com Allen Klein como empresário deles, que ainda vigorava com todos os ex-Beatles. Renovar ou não?

Naturalmente, George e Ringo recorreram a John, a pessoa que contratou Klein em primeiro lugar e sempre o defendeu contra as múltiplas acusações de picaretagem que o perseguiam desde Nova York. Mas, agora, uma série de provas contundentes sobre a gestão dele na Apple fazia até mesmo John admitir que talvez Paul estivesse certo sobre Klein o tempo todo.

Para George, a gota d'água foi o fracasso de Klein em separar o projeto Bangladesh do "Taxman", o coletor de impostos, odiado por ele com especial virulência desde *Revolver*. No ano seguinte, teria de assinar um cheque da Apple para a Receita Federal da Grã-Bretanha no valor de um milhão de libras.

Assim, Klein não teve o contrato renovado e, já se preparando para as inevitáveis batalhas judiciais à frente, ele de imediato processou George por um suposto empréstimo no valor de US$ 270.000 de sua empresa ABKCO, que estaria pendente. Também alegou que a Harrisongs Inc., que administrava a publicação musical de George nos EUA, pertencia legitimamente à ABKCO.

A partir de 1969, o mundo pop sofreu mudanças, entre elas o fato de que uma pessoa na posição de George não precisava mais de um gerente multifuncional, mas de um consultor financeiro altamente especializado. Um amigo dele, o ator Peter Sellers, recomendou Denis O'Brien, advogado americano radicado em Londres que deslindou as complicadas finanças de Sellers após suas participações na franquia da *Pantera Cor-de-Rosa*.

Em contraste com Klein – o atarracado lutador de rua de cabelos oleosos –, O'Brien era esguio e careca, com óculos maiúsculos e sorriso fixo que lembrava o boneco de um ventríloquo. Impressionou George com elogios pródigos à sua inteligência, em vez do habitual e previsível enaltecimento à sua música. "O presidente da Shell, da Rio Tinto Zinc, da IBM, da Ford... Conheci todas essas pessoas e nunca conheci alguém tão confiante."

Por sua vez, George ficou muito impressionado com o ar civilizado de O'Brien e seu aparente domínio da economia dos superastros: "Em vinte minutos, Denis obtém mais informações de um balanço do que a maioria das pessoas em vinte horas".

O que acabou se revelando uma verdade absoluta, embora não do jeito que ele pretendia.

Desde All Things Must Pass um álbum não era tão aguardado. Dois dias após ser lançado nos EUA, em 30 de maio, *Living in the Material World* ganhou disco de ouro pela Recording Industries Association of America, com mais de meio milhão de cópias vendidas. Pela segunda vez, George alcançou um "duplo *Billboard*", aparecendo no topo das paradas de álbuns e singles, no caso, "Give Me Love (Give Me Peace on Earth)".

Em linhas gerais, o álbum refletia os ensinamentos do swami Bhaktivedanta e a própria busca espiritual de George, com títulos cósmicos, mas pouco atraentes: "The Light that Has Lighted the World", "The Day the World Gets Round" e "The Lord Loves the One (That Loves the Lord)". Muitas vezes, o vocal dele praticamente se liquefazia numa entoação, deixando a slide guitar se sobressair.

A atmosfera não era exclusivamente devocional. Uma amostra de seu demônio mais espirituoso aflorou em "Sue Me Sue You", blues que focaliza descobertas desagradáveis, como contas-garantias e o manuseio de papelada jurídica. Em vez de um lembrete de seu amor por Pattie, ele incluiu a faixa "Miss O'Dell". A única peça reciclada foi "Try Some Buy Some", com sua anômala mensagem antidrogas. Ronnie Spector, a esposa de Phil, já havia gravado a canção, mas agora George entregava sua versão, tendo como fundo musical a Parede Sonora orquestrada por Spector.

Aparentemente para seguir as prescrições do swami sobre humildade, ele se recusou a promover o álbum com entrevistas na imprensa e na televisão; o mais próximo disso só ocorreu dois meses após o lançamento, quando participou de uma procissão religiosa no centro de Londres em companhia do swami.

A crítica americana ficou em êxtase, resumido na frase da *Rolling Stone*: "Se destaca como um artigo de fé, milagroso em seu brilho". Mais cínica, a crítica britânica sentia uma pregação que *All Things Must Pass* havia evitado. Tony Tyler, da *New Musical Express*, classificou o álbum de "agradável e competente, vagamente tedioso e inofensivo. Também mostra uma falta de originalidade de tirar o fôlego e – ao menos do ponto de vista das letras – túrgido, repetitivo e de um sagrado tão maldito que me dá vontade de gritar".

Por outro lado, apesar de todos os objetos monásticos em Friar Park, a vida doméstica ali não poderia ser nem remotamente descrita como sagrada. Outrora, George sempre manteve suas infidelidades em uma razoável discrição. Porém, desde que Eric Clapton havia declarado publicamente estar apaixonado por Pattie, ele mudou. Agora se sentia no direito de fazer aquilo abertamente, às vezes com amigas dela, e até mesmo sob seu próprio teto.

Nessa época, iniciou um projeto musical paralelo com Ronnie Wood, que em breve se tornaria membro dos Rolling Stones, mas ainda era o guitarrista solo com Rod Stewart and the Faces. George ajudou Ronnie a compor uma canção, "Far East Man", para seu primeiro álbum solo, tocando a slide guitar e fazendo backing vocals. Em contrapartida, começou um caso com a esposa dele, Krissy.

O casal Wood morava nas proximidades de Richmond, e quando Ronnie pegava a estrada com os Faces, Krissy ia passar as noites em Friar Park. Mesmo assim, George afirmou repetidamente a Pattie que nada acontecia entre eles e a acusou de paranoia.

No meio do ano de 1973, ele se recusou a passar as férias com Pattie em Portugal. Em vez disso, foi à Espanha com Krissy Wood, supostamente visitar Salvador Dalí, o pintor surrealista. Enquanto os dois viajavam, Ronnie apareceu em Friar Park e ficou uns dias, apenas como amigo. Não se mostrou chateado com o fato de George estar viajando com a esposa dele. A sua natureza descontraída serviu como um tônico para Pattie. Talvez ele mudasse de ideia se soubesse que George planejava fazer um *ménage à trois* com Krissy e a namorada de Alvin Lee, outro guitarrista de primeiro escalão.

Em sua autobiografia, *Ronnie*, ele conta a noite em que ele e Krissy eram hóspedes de Friar Park, e o passatempo de troca de esposas dos anos 1970 assumiu um tom peculiarmente machista.

"Puxei George para um lado e avisei que na hora de dormir eu iria para o quarto de Pattie. Imperturbável, ele apontou o quarto em que Krissy e eu estávamos hospedados e disse: 'Vou dormir lá'. Chegou a hora e nós ali, à porta dos respectivos quartos. 'Vamos fazer isso?', perguntei a George. 'A gente se vê no tribunal', respondeu George, e entramos."

Seja lá qual fosse o momentâneo clima político entre John, Paul e George, os três continuavam igualmente amigos de Ringo e sentiam a responsabilidade de ajudá-lo a navegar em sua vida nova sem banda. Em especial, George atuou como mentor do amigo na composição de letra e música, com base na experiência própria, arduamente conquistada. Sem pedir crédito, foi coautor e produtor de dois singles que levaram Ringo à parada de sucessos: "It Don't Come Easy" e "Back Off Boogaloo".

Após suas participações nos filmes *Candy* e *Um Beatle no paraíso* (*The Magic Christian*), Ringo consolidava uma bem-sucedida carreira no cinema. Porém, em 1973, decidiu fazer uma pausa para gravar um álbum solo em Los Angeles. Muitos amigos se dispuseram a colaborar: Billy Preston, Harry Nilsson, Marc Bolan e The Band, com quatro de seus componentes. E, graças à sua influência apaziguadora, pela primeira vez, conseguiu reunir todos os ex-Beatles num disco.

Casualmente John estava em Los Angeles durante a "licença para beber" de Yoko, que ele mais tarde chamaria de "Lost Weekend" (Fim de Semana Perdido).* Ao mesmo tempo, George estava lá trabalhando no projeto de um álbum com Ravi Shankar. Ao dar uma passadinha nas sessões de gravação de Ringo, percebeu que incluiriam "Photograph", canção que os dois compuseram juntos, dois anos antes, gravando uma demo nos intervalos de *Living in the Material World*. Também estava programada "I'm the Greatest", canção nova de John Lennon, que daria uma palhinha no piano e na harmonia vocal.

Nesse exíguo período, o velho encanto dos Beatles se renovou. O produtor, Richard Perry, e todos os outros astros da sessão só puderam ver, boquiabertos, John e George cantando os backing vocals em "I'm the Greatest". Nessa época, Paul teve negado seu pedido de visto para entrar nos EUA, condenado por cultivar maconha em sua fazenda escocesa – seja como for, ele

* Possível referência ao filme *Lost Weekend* (*Farrapo humano*, 1945), dirigido por Billy Wilder, em que Ray Milland ganhou Oscar de Melhor Ator no papel de um alcoólatra. (N. de T.)

ainda não estava pronto para uma reaproximação com John e George. Mas também contribuiu com uma canção, "Six O'clock", que mais tarde Ringo gravou ao lado de Paul e Linda, nos estúdios da Apple em Londres.

"Photograph", o single do álbum, se tornou um hit mundial, ganhando disco de ouro nos EUA e vendendo mais de um milhão de cópias. Outra vez, George serviu de trampolim para o sucesso do amigo, mas logo causaria uma grande tristeza na vida de Ringo.

Até esse momento, a mulher de Ringo, Maureen, tinha sido a mais discreta das quatro esposas dos Beatles. Miudinha e calada, trabalhava num salão de beleza quando foi escolhida em meio à multidão do Cavern. Com seus olhos enormes realçados com rímel, desde o casamento, em 1965, ela se manteve recatada, em segundo plano, aparentemente contente em ficar em casa e cuidar dos filhos, Zak e Jason, e da filha, Lee.

Mas quando outras mulheres demonstravam interesse em Ringo, ela botava as manguinhas de fora. Numa festa, a assistente de George, Chris O'Dell, bateu um papo inocente com Ringo. Dias depois, Chris descobriu que Maureen ligou a Pattie para saber detalhes sobre ela.

Chris se maravilhava com a aparentemente inextinguível paixão entre o casal. "Sempre de mãos dadas. Era só [Maureen] pegar um cigarro que Ringo vinha acender com seu isqueiro prateado. Ele a fitava com adoração, ela o encarava com amor e, quando soltava um suspiro, baixava o olhar como se o momento fosse íntimo demais, até mesmo para um casal junto há oito anos."

Ao se mudar para Nova York com Yoko, John vendeu para Ringo sua mansão de estilo georgiano, Tittenhurst Park, em Ascot, a meia hora de carro de Henley. E em algum lugar entre esses dois casarões com Park no nome, George violou o Primeiro e Eterno Mandamento da Irmandade Beatle: "Não cobiçarás a mulher de um Beatle próximo".

As primeiras suspeitas de Pattie surgiram ao voltar de uma visita à mãe em Devon e se deparar com fotos que George havia tirado de Maureen em Friar Park durante a ausência dela. Descobriu também que um colar, frequentemente exibido por Maureen na frente dela, tinha sido um presente de George. Mesmo confrontado com essas provas, ele se recusava a admitir.

Não demorou para que ele nem se desse ao trabalho de esperar Pattie sair de casa. Uma noite, Pattie curtia a solidão no vasto hall de Friar Park, na tétrica companhia dos interruptores de luz com rosto de frade. Súbito, perto da meia-noite, Maureen apareceu sob o pretexto de "escutar George no estúdio" e passou a noite por lá. Na manhã seguinte, ela foi embora, sem se desculpar e sem o mínimo sinal de vergonha. "A postura dela era a de quem tinha o direito de passar a noite com George, se quisesse", recorda Pattie.

Então o romance ganhou a luz do dia: ele desapareceu com Maureen nos pisos superiores. Lá embaixo, no estúdio de gravação, os músicos aguardavam para começar os trabalhos. "Pensei: 'É proposital, estão esfregando na minha cara'", conta Pattie. "Maureen e ele queriam que eu soubesse o que estava rolando."

Pressionada além do limite da resistência, ela saiu à procura do aposento onde eles estariam – processo demorado, já que havia mais de vinte opções – e batendo à porta. Até que George abriu e revelou Maureen em um colchão no piso. Mas não admitiu qualquer culpa: "Ah, ela se cansou um pouquinho. Está repousando".

A essa altura, uma esposa francesa ou italiana teria recorrido a um revólver carregado. Pattie deu uma resposta mais amena e britânica: atacou Maureen com duas pistolas de água e mandou às favas a piedosa aura de Hare Krishna de George, que ele vestia e tirava conforme lhe conviesse.

No mais alto pináculo de Friar Park tremulava a bandeira do OM, o símbolo da meditação. Significava que a prática era feita no interior da casa. Pattie se lembrou que havia outra bandeira guardada lá embaixo, sobra de uma festa à fantasia de tempos mais faceiros: a Jolly Roger, a bandeira dos piratas. Com a ajuda de dois simpáticos engenheiros de estúdio, ela arriou a OM e hasteou a caveira pirata com ossos cruzados.

O Natal se aproximava. Chris O'Dell foi convidada a passar o feriado em Friar Park após uma exaustiva turnê americana com os Rolling Stones como assistente pessoal de Mick Jagger. Logo na primeira noite, ela pressentiu que havia algo errado. Ela e Pattie estavam na biblioteca com Ronnie Wood, que também estava de visita, enquanto George e Maureen dividiam o sofazinho no hall de entrada, "parecendo muito reservados e intensos". Na manhã seguinte, quando George levou para ela uma xícara de chá na cama, ele contou a Chris que estava apaixonado por Maureen.

Mais tarde, Chris ouviu a história completa de Pattie: a maneira descarada como George e Maureen se comportavam bem debaixo do nariz dela; o dia em que ela tentou contar a Ringo o que estava acontecendo e ele, em vez de ouvi-la, reagiu com um ataque de fúria – algo que ninguém nunca tinha visto antes.

Na próxima noite, tudo veio à tona. George, Pattie e Chris jantavam com Ringo e Maureen, na cozinha de Tittenhurst Park, ao redor da comprida mesa onde John e Yoko planejaram as últimas façanhas na Europa antes de buscarem – e encontrarem – uma tolerância maior no outro lado do Atlântico.

Com seu famoso desprezo pelas sutilezas da conversação, George disse a Ringo: "Estou apaixonado por tua mulher", com a voz alta o suficiente para todos ouvirem. Quase as mesmas palavras que Eric Clapton havia usado com ele sobre Pattie, mas em particular.

"Reinou um silêncio sepulcral", recorda Chris O'Dell, "como se todos os corações das pessoas presentes tivessem parado de bater ao mesmo tempo. Por fim, [Ringo] encarou George. 'Melhor você do que alguém que a gente não conheça', disse ele".

Naturalmente, o espírito festivo sofreu um acentuado declínio, mas Ringo manteve o convite para a luxuosa festa de Ano-Novo em Tittenhurst. Prestes a partirem rumo à festa, George, Pattie e Terry Doran já tinham embarcado no carro, quando Pattie percebeu que havia esquecido algo. Disparou ao quarto para buscar. Pela janela, viu as luzes traseiras do carro desaparecerem na noite. George, na manifestação mais brutal de seu desdém, foi sem ela.

Ela teve que dirigir sozinha até Ascot em meio ao trânsito vagaroso e à neblina espessa. Ao soar da meia-noite, abandonada no engarrafamento, todos os motoristas desceram de seus veículos e desejaram uns aos outros um feliz 1974.

Algo duvidoso no caso dela. A única saudação de George quando ela enfim chegou à festa foi: "Este ano vamos nos divorciar".

Mesmo assim, o casamento ainda perdurou vários meses. A intensa paixão de George por Maureen se extinguiu, mas serviu para afastá-la de Ringo a tal ponto que os dois se divorciariam no ano seguinte. John descreveu o episódio como "praticamente um incesto". De agora em diante, se alguém ousasse abordar o assunto com George, ele usaria o mesmo termo, sem o "praticamente", para impedir que investigassem mais.

Não falou mais nada a Pattie sobre o divórcio, mas quando Eric Clapton ressurgiu na vida deles, essa perspectiva ganhou muita força. Clapton conseguiu se curar do vício em heroína pela terapia neuroelétrica, tipo de acupuntura que amenizava os tétricos sintomas de abstinência. Nesse processo também ocorreu a separação forçada de Alice Ormsby-Gore, incapaz de abandonar o vício de modo permanente (e que, sem a camada protetora de um astro do rock, acabaria morrendo de overdose com apenas 42 anos).

Clapton recolocou a carreira nos trilhos. Com a nova banda, gravou o segundo álbum solo como vocalista: *461 Ocean Boulevard*. No meio daquele ano, alcançaria seu primeiro single número um, com uma cover de Bob Marley and the Wailers, "I Shot the Sheriff".

Mas outro vício, de natureza diferente, mostrou-se imune à terapia neuroelétrica. Após cinco anos de perseguições espasmódicas, propostas e súplicas, sem qualquer efeito duradouro, ele seguia com a mesma – e culpada – obsessão pela esposa do melhor amigo.

Voltou a aparecer seguidamente em Friar Park, com a desculpa aparente de visitar George, mas aproveitando cada oportunidade para cortejar Pattie, agora sóbrio e com os sentidos intactos. Ela contaria mais tarde: "George deve ter notado que estávamos tendo um caso, mas nunca verbalizou. Eu sentia que ele queria se separar de mim, ele queria se livrar de mim. Éramos como chopsticks, pauzinhos antes unidos e agora divididos".

Antes de partir rumo à primeira excursão nos EUA com "Eric Clapton" encabeçando o nome da turnê – e também a primeira desde que superou a heroína –, ele passou em Friar Park com dois amigos músicos, Pete Townshend e Graham Bell. Os dois foram instruídos a distrair George e mantê-lo conversando no estúdio. Clapton aproveitou o ensejo para, mais uma vez, tentar persuadir Pattie a fugir com ele. Mostrou-se "apaixonado, desesperado e convincente", mas ela ainda vacilava.

Só em julho, tarde da noite, ela tomou coragem e foi até George, que trabalhava no estúdio. Falou que já não aguentava mais aquela "vida ridícula e odiosa... Uma parte de mim até quis acreditar nele quando ele falou que ia melhorar, mas eu estava no limite... Quando veio dormir e se deitou ao meu lado, senti a tristeza emanar dele. 'Não vá', ele disse".

No outro dia, ela foi embora da bizarra mansão que amava tanto quanto George, com apenas um plano em mente: voar a Los Angeles para ficar com sua irmã, Jenny, a qual, seguindo a tradição familiar, estava casada com Mick Fleetwood, baterista e cofundador do Fleetwood Mac. Para aumentar a angústia dela, os cartões de crédito que George havia lhe dado tinham sido cancelados.

Clapton, em turnê pelos EUA, logo soube do ocorrido e ligou para ela na casa de Jenny. Pediu que ela fosse encontrá-lo na semana seguinte, quando ele se apresentaria em Boston – mas claramente não só para assistir ao show.

Dessa vez, ela disse sim.

23

"SE O PESSOAL QUISER O DINHEIRO DE VOLTA, É SÓ PEGAR"

Mais tarde, George afirmaria que ele e Pattie estariam virtualmente separados há tanto tempo que a ruptura final foi quase imperceptível. Ao contrário, um ex-Beatle, ídolo de milhões, dificilmente passaria por um constrangimento maior do que aquele, de ser abandonado pela esposa.

Na realidade, isso provocou uma onda de bebedeira, espécie de versão mais silenciosa do "Lost Weekend" de John, embora com a mesmíssima bebida, o conhaque Courvoisier cinco estrelas, do qual ele entornava uma garrafa inteira de uma só vez, além de aumentar o consumo de cocaína e maconha.

O seu novo status de relacionamento fez palpitar os corações femininos mundo afora. Talvez, afinal, não fosse tarde demais para elas. Mas isso logo mudou. Em duas semanas ele já estava namorando Kathy Simmonds, modelo antes envolvida com Rod Stewart. Em vez de futebol, cerveja e a pista de dança, a moça teve que se ajustar rapidamente à meditação e ao vegetarianismo.

Após o desolador término com Pattie, ele buscou consolo numa jornada à Índia para consultar Ravi Shankar, seu mentor, pai substituto e protegido. Voou a Mumbai para comparecer à cerimônia da bênção da nova casa de Shankar, e ficou lá por dois meses.

Ao longo de 1973, havia produzido um álbum que se tornou uma nova experiência pioneira em world music. Reuniu no mesmo disco instrumentistas indianos virtuosos do círculo de Shankar, incluindo o filho Shubho, a cunhada Lakshmi e astros do rock ocidentais, como seus amigos Ringo e Billy Preston. Essa iniciativa acabou se tornando a gênese do Festival de Música da Índia (MFI, de *Music Festival from India*) de Ravi Shankar, um show itinerante com o patrocínio e frequente participação de George.

A realização do MFI no Royal Albert Hall foi o primeiro evento em prol da Material World Charitable Foundation, criada por George ao lançar o álbum, a fim de "promover vários empreendimentos artísticos e filosofias" e apoiar uma série de organizações de assistência social. Para garantir um fluxo de renda confiável e perpétuo e driblar as complicações fiscais que atrapalharam o Concerto para Bangladesh, ele destinou ao Festival os direitos autorais de nove das onze faixas do LP *Living in the Material World.*

Com o título de *Family and Friends*, o álbum de Shankar deveria ter saído pela Apple Records, onde George agora era praticamente o único responsável por peneirar e desenvolver novos talentos. Entretanto, em 1974, a Apple estava perdendo o gás. Teve de achar outra maneira de dar a essa carga tão preciosa o tipo de lançamento que ele desejava.

A essa altura, vários nomes importantes do pop britânico tinham imitado os Beatles e fundado gravadoras próprias, como os Rolling Stones, após enfim se livrarem de Allen Klein. Ao modelo da Apple, esses selos não eram organizações autossuficientes, mas satélites de grandes companhias discográficas. Nesse contexto, o prestígio de fabricar seus produtos e administrar a comercialização e distribuição tinha um custo cada vez mais alto.

Como músico, o contrato de George com a Apple ainda valia por dois anos, mas nada o impedia de ter um selo próprio e trabalhar como caçador de talentos e produtor até estar livre para gravar nele.

Recebeu da Capitol/EMI – as distribuidoras da Apple – uma polpuda oferta de adiantamento sobre royalties futuros. Mesmo assim, por um valor bem menor – US$ 1 milhão por quatro álbuns –, fechou negócio com uma gravadora muito menor, a A&M, em cujos estúdios a gravação do álbum *Shankar Family & Friends* havia sido realizada, em Hollywood. Continuava indignado com a forma pouco caridosa com que a Capitol havia lidado com o álbum *Concert for Bangladesh* e sentia que a A&M seria uma parceira mais empática. O "A" era do cofundador e trompetista Herb Alpert, cujo projeto paralelo, a banda Tijuana Brass, fazia um enorme sucesso.

George batizou seu selo de Dark Horse, expressão do turfe, o cavalo azarão que de repente surpreende e deixa para trás os favoritos, como ele havia feito com Lennon e McCartney. Pinçou o logotipo da mitologia hindu: Uchchaihshravas, o cavalo alado de sete cabeças montado por Indra, o deus dos céus.

Ravi Shankar com sua Family & Friends se tornou a primeira contratação da Dark Horse Records, junto com o duo Splinter ["Lasca"], formado por Bill Elliott e Bobby Purvis, dois jovens cantores/compositores de South Shields. Mas quem logo tiraria uma lasquinha como produtor de longas-metragens seria George.

Na falta de outra pessoa disponível, caiu em seu colo o derradeiro projeto da Apple Films, a adaptação cinematográfica da peça teatral de David Halliwell, comédia de cunho sexual. No teatro, havia assistido com Pattie a *Little Malcolm and His Struggle Against the Eunuchs*, duas semanas após se casarem, e se escandalizado com tantas piadinhas sobre ereções. Também se encarregou da trilha sonora, e quando o Splinter surgiu no caminho, por meio de Mal Evans, o ex-roadie dos Beatles, ele os inseriu numa cena importante, entoando "Lonely Man", canção inédita da dupla.

Produção de boa qualidade estrelada por John Hurt e David Warner, *Little Malcolm* por um triz não deixou de ser lançado. Descobriu-se que pertencia aos bens coletivos dos Beatles apreendidos pelo administrador judicial após a ação de Paul no Tribunal Cível, em 1971. Adam Cooper, o diretor, deu a George o crédito por resgatar o filme dessa situação, permitindo sucesso de crítica e prêmios em festivais de Berlim e Atlanta. George só preparava o terreno para uma carreira no ramo cinematográfico que praticamente aboliria a música de sua vida.

A participação especial em *Little Malcolm* serviu de aperitivo para o álbum gravado pelo Splinter em Friar Park, com George não só produzindo, mas tocando vários instrumentos para turbinar o par de guitarras acústicas da dupla. Por mais lisonjeados que estivessem, o duo não deixou de notar que George consumia conhaque como se fosse chá. E, parafraseando a letra da canção do filme, muitas vezes George lembrava o "homem solitário" sempre "se agarrando ao passado" ("*holding on to what's past and gone*").

O próximo álbum de George, ainda na Apple, também se chamaria *Dark Horse*. E para dar exposição máxima ao disco e ao selo novo, fazer uma turnê era a alternativa óbvia. Antes de 1971, essa ideia logo teria sido rejeitada. Mas o Concerto para Bangladesh despertou o seu apetite por shows ao vivo, mostrando como o público havia amadurecido desde a Beatlemania.

Os promotores de turnês também tinham mudado, e o candidato óbvio para essa turnê altamente sensível era Bill Graham, criador do famoso auditório Fillmore, em São Francisco, primeiro *promoter* a mostrar algo parecido com uma alma. Após extensas negociações em Friar Park, Graham fechou o acordo com George para uma turnê apenas na América do Norte. Nos meses de novembro e dezembro de 1974, a turnê abrangeria 43 shows em grandes locais, em 26 cidades.

Mas se descortinava um caminho bem diferente daquele percorrido com John, Paul e Ringo. Em vez de repetir as velhas canções de sempre sob uma avalanche de gritos, George pretendia aprimorar sua colaboração com o círculo musical que cresceu em torno de seus álbuns solo. Seria principalmente uma forma de chamar atenção para alguém que ele considerava mais digno de atenção do que ele próprio. Só aceitou o assustador cronograma com uma condição: Ravi Shankar e orquestra acompanhariam a turnê como atração de igual relevância.

A banda da turnê incluiu Tom Scott, jovem saxofonista de jazz da Califórnia que estudou ritmos indianos com Harihar Rao, um dos alunos mais ilustres de Shankar e colaborador nas gravações do álbum *Shankar Family & Friends*. O próprio Scott nos conta: "No primeiro dia no estúdio, George se aproximou e disse: 'Você estudou com Harihar, não é? Que tal um passeio após a sessão?' Caramba! Andar com George Harrison em pessoa? Pode apostar!"

Os dois voltaram a se encontrar quando Scott e sua banda de jazz-rock, a L. A. Express, tocaram para acompanhar Joni Mitchell no show dela no teatro New Victoria de Londres. George o chamou para ficar em Friar Park e então fez o convite para ele participar da turnê junto com o baterista do L. A. Express, John Guerin.

"Um sujeito encantador. Gentil, bem-humorado e modesto", recorda Scott. "Tinha um estilo melódico e inconfundível na slide guitar. Em duas ou três notas, a gente percebia que era ele. Mas, acredite se quiser, ele pensava que era apenas um guitarrista aceitável. Situação estranha tentar convencer alguém tão mundialmente famoso a se valorizar mais."

Nos dois lados do Atlântico, a imprensa musical fez um alarido. O grande responsável por terminar as turnês dos Beatles em 1966 seria o primeiro ex-Beatle a excursionar em carreira solo. Por coincidência, a mesma edição da *Melody Maker* estampava uma grande foto de Paul, com sua banda Wings enfim conquistando sucesso comercial na onda do glam rock.

Os mais recentes triunfos de George e a admiração de jovens músicos como Tom Scott não aplacaram seu rancor contra a pessoa que ele considerava o maior responsável por seus perrengues nos Beatles. Nessa época, ele declarou em uma entrevista: "Eu não tinha confiança em mim mesmo [quando os Beatles terminaram] porque passei muitos anos com Paul McCartney. Ele me arruinou como guitarrista". Sobre isso, tudo o que se pode dizer é: não parece.

Em pouco tempo, Bill Graham comunicou que a Dark Horse Tour de George Harrison tinha "superado as expectativas". Ou seja, os ingressos para os 43 shows tinham se esgotado. Em peso, a mídia internacional compareceu à coletiva de imprensa, no hotel Beverly Wilshire, em Los Angeles. George explicou que a turnê não seria uma repetição do Concerto para Bangladesh, muito menos uma reunião dos Beatles (embora a banda tivesse recebido recentemente a oferta de US$ 15 milhões por uma apresentação única):

"Um dos motivos pelos quais estou fazendo [a turnê] é que senão eu ia acabar virando um advogado ou contador. Quero tentar e voltar a ser músico".

De modo inevitável, as perguntas logo enveredaram ao caso Pattie/Eric Clapton. Primeiro indagaram se George pretendia compor "uma resposta a 'Layla'", a canção com que Clapton cortejou a esposa dele, em disco e apresentações ao vivo.

Ele respondeu à pergunta sem se esquivar. "Eric Clapton é meu amigo íntimo há anos e estou muito feliz com isso."

"Como assim, está feliz com isso?", insistiu o repórter.

"Porque ele é um cara sensacional. Prefiro que ela esteja com ele do que com algum babaca."

Então agora ele pretendia se divorciar?

"Não, isso é tão bobo quanto se casar."

Como em outras vezes, porém, ele falou cedo demais.

A gravadora Dark Horse decolou com um voo digno de Pégaso. O primeiro lançamento, o LP do Splinter, *The Place I Love*, com o apoio multi-instrumental de George, chegou às paradas da *Billboard*. E o single pinçado do álbum, "Costafine Town", alcançou o Top 20 na Grã-Bretanha, Austrália e África do Sul.

Desde o começo, George queria evitar o tipo de extravagância que havia condenado a Apple. A Dark Horse funcionava com sede no escritório de seu gerente de negócios, Denis O'Brien, em Mayfair, com o mínimo de pessoal. Em outro notável contraste com Allen Klein, O'Brien se dedicava exclusivamente à sua empresa EuroAtlantic, que resolvia todos os aspectos da vida profissional e pessoal de George. Por outro lado, não interferia nas escolhas artísticas de George.

Em agosto, a Dark Horse abriu uma filial, igualmente modesta, em Los Angeles, compartilhando as instalações de sua gravadora-mãe, a A&M. Ao longo dos meses seguintes, George teve a oportunidade de falar ao telefone com uma pessoa do marketing da A&M, a jovem Olivia Arias. Intrigado com aquela voz, pediu a Chris O'Dell, já de volta a Los Angeles, que tirasse uma foto Polaroid de Olivia, "para conferir se ela é tão bonita quanto soa".

Chris preferiu evitar a constrangedora missão. Mas em outubro, George descobriu por si mesmo. Voou aos EUA para conhecer a nova equipe da Costa Oeste. Não avisou que iria. Chegou sozinho ao escritório da A&M num modesto carro alugado. Assim que Olivia Arias o avistou, rapidamente ela se transformou num comitê de boas-vindas de uma só pessoa.

Aos 26 anos, nascida em Los Angeles, Olivia tinha raízes familiares em Guanajuato, região central do México. Com origens tão simples como as de

George, o pai dela trabalhava numa lavanderia a seco e a mãe era costureira. Mas o que chamou a atenção dele não foi só o sorriso largo e convidativo da Califórnia, mas sim a elegância e a dignidade, qualidades que nela pareciam inatas.

Praticante de meditação, ela seguia os ensinamentos do Guru Maharaj Ji, também conhecido como "Boy Guru". Quando conheceu George, estava prestes a largar o emprego na A&M e na indústria musical para entrar numa comunidade. O plano foi engavetado ao receber o convite para trabalhar exclusivamente para ele.

Tempos antes, enquanto George ainda estava com Pattie, uma astróloga tinha previsto que "uma morena" apareceria na vida dele e se tornaria importante. Ele sempre imaginou uma indiana, mas quando Chris bateu o olhar em Olivia Arias, "eu sabia que era ela. Saíram juntos uma vez e nunca mais se separaram".

Dark Horse, o álbum, era amplamente autobiográfico ao estilo Lennon e McCartney, uma brincadeira com "cavalo azarão", mas que na verdade não tinha nada de "dark": ao contrário, esclarecia tudo. Antes da turnê, na coletiva de imprensa, George inclusive revelou duas referências importantes ao lascivo estilo de vida de *Peyton Place*, livro adaptado ao cinema em 1957 [no Brasil, *A caldeira do diabo*] que virou novela na TV americana em 1964.

A primeira, "So Sad", expunha os verdadeiros sentimentos dele sobre o colapso de seu casamento com Pattie. Não, a música não era uma resposta a "Layla", de Eric Clapton, mas sim à canção mais otimista que já compôs na vida dele: "*Now the winter is here to eclipse out the sun*" ("E agora veio o inverno para eclipsar o sol"). A segunda, "Simply Shady", confissão em primeira pessoa de seu "bocadinho de abuso" quando "Descarrilei tão loucamente/ Que meus sentidos mergulharam" *("[I] Came off the rails so crazy/ My senses took a dip*").

Essa reconfortante volta à Índia motivou a composição de "It Is He (Jai Sri Krishna)", após visitar Vrindavan, a cidade sagrada. Com uma turma, George e Ravi Shankar entoaram uma *bhajan*, ou canção devocional, ao longo de cinco horas seguidas, enquanto exploravam templos e santuários. Mas o júbilo aparente de "Māya Love" mostrou que até mesmo a Índia não funcionava mais para ele: em sânscrito, "*Māya*" significa ilusão.

Também marcou presença o romance Pattie/Clapton, no mesmo espírito complacente que a coletiva de imprensa achou difícil de acreditar, mas sem tanta sutileza. "Bye Bye Love", dos Everly Brothers, era uma cover com direito a reescrever um dos versos: "*I hope she's happy/ Old Clapper too*" ("Espero que ela esteja feliz/ O velho Clapper também").

À primeira vista incongruente e fora de contexto, "Ding Dong, Ding Dong" representava uma tentativa de um eterno hit de férias, ao estilo de "Merry Xmas Everybody", do Slade, e "I Wish It Could Be Christmas Every Day", do Wizzard, com letra reciclando as inscrições de Sir Frank Crisp em Friar Park: "*Ring out the old/ ring in the new/ Ring out the false/ ring in the true*" ("Dê adeus ao velho/ E boas-vindas à novidade/ Dê adeus ao falso/ E boas-vindas à verdade").

Podia não ser exatamente uma confissão, mas era uma nota de rodapé para o momento vergonhoso em que Pattie o pegou em flagrante delito com Maureen Starkey. A explicação de que Maureen só estava "repousando" não a havia convencido. O vídeo incluía uma sequência em que um grupo de piratas vestidos a rigor subia até a torre mais alta de Friar Park, arriava a bandeira da caveira com ossos cruzados que Pattie usou como forma de sinalizar que estava farta e hasteava a bandeira da meditação ao seu lugar de direito.

A própria capa do álbum renunciava a qualquer referência equina. Em vez disso, se concentrava numa questão pessoal há muito irritante. Mostrava a turma de 1956 do Liverpool Institute, aninhada numa gigantesca flor de lótus, com o Himalaia ao fundo. Aos 13 anos, George aparecia na fileira de cima, olhar zangado, e o diretor, "o Baz" – implacável executor da uniformidade escolar – usava um escudo em forma de alvo de galeria de tiro.

Esse súbito mergulho no lado pessoal pegou a maioria dos críticos de surpresa, mas não de um modo agradável. *Dark Horse* recebeu resenhas negativas. As mesmas revistas que incensaram *All Things Must Pass* e *Living in the Material World* agora criticavam impiedosamente o novo álbum.

No texto "Mediocridade transcendental", Jim Miller, da *Rolling Stone*, asseverou: "Na verdade, George Harrison nunca foi um grande artista. Resta a questão: algum dia conseguirá se tornar um artista competente?". Bob Woffinden, da *New Musical Express*, outrora elogiador, rotulou o disco de "abobrinha".

Parece que o público concordou. Nos EUA, *Dark Horse* subiu nas paradas até a quarta posição na *Cash Box*, o bastante para ganhar um Disco de Ouro, mas logo perdeu força e sumiu; na Grã-Bretanha, nem apareceu nas paradas.

E a turnê não se parecia em nada com a época dos Beatles, os quatro viajando com dois roadies em seu mundo alucinado. O comandante George viajava em avião fretado, com símbolos da meditação pintados na fuselagem. O grupo de 70 pessoas incluía a nova companheira, Olivia Arias, o gerente empresarial Denis O'Brien, o promotor de turnês Bill Graham, a amiga e agora novamente assistente pessoal Chris O'Dell e o pai, Harold.

Completavam a trupe nove músicos ocidentais com as respectivas esposas ou namoradas; Ravi Shankar com quatorze músicos indianos, muitos deles nunca antes saídos da Índia, sem esposas ou namoradas, mas com cozinheiro próprio e três cozinhas portáteis para satisfazer as múltiplas necessidades dietéticas.

Na realidade, George não tinha dúvidas: a verdadeira atração principal da turnê era Ravi Shankar. Originalmente, queria fazer constar nos cartazes os dizeres "George Harrison e Ravi Shankar", com o aviso: "Nem venha se não gosta de música indiana". Graham o dissuadiu, mas o livreto com o programa do show, extremamente caro, trazia muitas citações e imagens de Krishna e biografias enciclopédicas de todos os últimos citaristas.

Todas as noites, ele apresentava Shankar e a orquestra ao palco com um *pranam*, ou reverência cerimonial. Em vez de pedir, recomendava ao público que ficasse atento, e se irritava ao menor sinal de inquietação.

O sucesso de turnês de rock, assim como o de campanhas políticas, depende em grande parte de uma boa dose de sorte. Desde o início, isso pareceu faltar à turnê *Dark Horse*. Na coletiva de imprensa, George começou a sentir uma dorzinha de garganta, problema crônico em sua vida, mas no show de abertura o problema se agravou e se transformou em laringite aguda. Apesar de constantes gargarejos e golinhos de chá de ervas, a voz dele praticamente se esvaiu. Nas partes de registro agudo (como, infelizmente, o verso "*What I feel, I can't say*", "O que eu sinto, não posso dizer", em "What is Life") ele apenas arquejava como um peixe encalhado, enquanto Billy Preston segurava as pontas nas notas faltantes. Como "rouco" em inglês é "hoarse", a imprensa aproveitou a deixa e apelidou a turnê de *Dark Hoarse*.

Na época, levar o pai na turnê era algo sem precedentes. Mas, após morar quatro anos em Friar Park com George, Harold Harrison estava irreconhecível. O outrora convencional motorista, que cautelosamente pilotou os ônibus de Liverpool por décadas sem um arranhão sequer, agora usava cabelo comprido, encaracolado, na altura dos ombros, e um vestuário ousado de rock'n'roll, como a berrante jaqueta de cetim com rosas bordadas, igual à de George.

Aos 65 anos, continuava surpreendentemente bonito e nos bastidores recebia muitas propostas femininas, não só como forma de chegar até o filho. Mas desde a morte de Louise, apesar do incentivo dos três filhos, ele não teve mais olhos para ninguém.

A verdade é que George, aos 31 anos, até parecia um tanto fora de moda com a jardineira jeans que costumava vestir no palco, cabelo um pouco cacheado demais, bigode um pouco grosso demais. O ex-segundo Beatle mais bonito agora estava magro e pálido demais por comer muito pouco, consumir muita droga e, apesar da rouquidão, ainda fumar os fortes cigarros French Disque Bleu.

Nunca os Beatles tinham tocado em palcos equipados com mais do que três amplificadores Vox, cada um para uma das guitarras, mas as plateias de rock dos anos 1970 exigiam um espetáculo de som e luzes. Até mesmo os Rolling Stones, a velha banda de blues puro, teve que se envernizar e se adaptar. Agora, Mick Jagger assumiu o papel de stripper além de cantor.

O visual do palco da turnê de George, porém, consistia apenas no logotipo da Dark Horse e um banner com o símbolo do OM. Em especial, Graham se irritou com o fato de George não abrir o show com uma canção normal, e sim com a sinuosa instrumental "Hari's on Tour (Express)", que ele criou para o álbum com Tom Scott.

Em seguida, o setlist trazia três faixas dele nos Beatles, "Something", "While My Guitar Gently Weeps" e "For You Blue". Depois, uma surpresinha:

"In My Life", de John, cujo humor nostálgico, a princípio, não fazia o estilo de George. Não cantava "Here Comes the Sun", "If I Needed Someone", "I Want to Tell You" nem "Taxman", apesar de seus recentes e múltiplos rancores contra o ganancioso fisco, tanto britânico quanto americano.

À luz fria dos anos 1970, outros artistas da geração, valorizando a sorte de ainda terem uma base de fãs, adotavam a postura de mostrar um pouco de gentileza. Mesmo Bob Dylan – sinônimo de rudeza –, em sua recente volta às turnês, tocava uma seleção de clássicos sem quase esboçar um sorriso de escárnio.

Para George, porém, canções amadas por milhões de fãs mais pareciam uma cansativa tarefa a ser executada entredentes (e nisso ele era muito bom), o mais rápido possível. Na realidade, nem eram as canções que o público amava, pois fez questão de modificar as letras, como para desinfetá-las de recordações desagradáveis: "*while my guitar gently smiles...*", "*if there's something in the way we move it, find yourself another lover...*", "*in my life, I love God more*" ("enquanto minha guitarra sorri gentilmente...", "se há algo no caminho, a gente remove, vê se encontra outro amante", "eu amo a Deus mais do que tudo").

Permaneceu imune aos apelos de Bill Graham, em geral transmitidos por Tom Scott, para aumentar o número de canções dos Beatles. É Scott quem lembra: "Ele mandou por mim um aviso ao Graham: 'As canções que vamos tocar são estas. Se o pessoal quiser o dinheiro de volta, é só pegar".

A determinação de enfatizar *Dark Horse* ao máximo também abafou seu trabalho solo prévio: tocavam apenas duas faixas do *All Things Must Pass*. Uma noite, alguém na plateia gritou "Bangla Desh". George respondeu: "Não fique só gritando 'Bangla Desh', faça uma doação para ajudar o país".

A imprensa continuou seus ataques implacáveis, especialmente a revista *Rolling Stone*, cujo correspondente, Ben Fong-Torres, acompanhou a turnê. Após uma nova e destruidora manchete na *RS*, "Lumbering in the Material World" [Andando Desajeitado no Mundo Material], George relaxou a habitual regra de não dar entrevistas e colocar os pingos nos ii com Fong-Torres: "Não dou a mínima se deixarem de vir a meus shows ou de comprar meus discos. Não estou nem aí. Vou fazer o que eu sinto em meu âmago".

Além das múltiplas pressões da turnê, ele não se esquecia de 1966 e da última excursão com os Beatles, quando receberam ameaças de morte em meio mundo. Em 1974, nenhuma plateia mostrou qualquer sinal de animosidade, apesar de ele cantar poucas canções dos Beatles. Mesmo assim, confessou a Chris O'Dell que nunca subia ao palco sem se perguntar: todos esses anos depois, seria ele o primeiro dos quatro a levar um tiro?

Olivia exerceu um efeito instantâneo e benéfico sobre ele, suavizando os aborrecimentos e as neuroses de viajar e fazer shows, que ele multiplicava por cem. Também fez o seu melhor para George reduzir o consumo de álcool e drogas. Agora ele dava mais demonstrações físicas de estar apaixonado do que antigamente. Chris constatou que ele não se importava se alguém os visse: "Andavam sempre de mãos dadas, roçando as cabeças ao conversarem; [George] se aninhando com ela em todas as oportunidades".

Em Tulsa, Oklahoma, Leon Russell, com sua barba prateada, subiu ao palco para tocar no grande final do show, "My Sweet Lord". A alegação de que a canção plagiava o riff de três notas de "He's So Fine", das Chiffons, ainda circulava à boca pequena. Ao longo de toda a turnê, George usou o arranjo soul de Billy Preston, que tornava isso menos perceptível. Esperava, assim, evitar ações judiciais extras.

Em 30 de novembro, o azar voltou com força em Chicago: Ravi Shankar sofreu um leve infarto e teve que abandonar a etapa canadense da turnê, passando a orquestra à cunhada Lakshmi. Em 13 de dezembro, porém, voltou para se juntar a George, Billy Preston e a um orgulhosíssimo Harold, na primeira visita de um astro do rock britânico a um presidente americano na Casa Branca.

Estamos falando de Gerald Ford, o substituto de Richard Nixon quando o escândalo Watergate forçou sua renúncia: um "par de mãos seguras" tão obtuso, diziam as más línguas, que não conseguia andar e coçar a bunda (ou, alguns preferiam, mascar chiclete) ao mesmo tempo. George o presenteou com um distintivo OM, e em troca, recebeu um bóton de lapela com a inscrição WIN, representando a iniciativa presidencial "Whip Inflation Now" ("Chicoteie a Inflação Agora").

A condição de ser um Beatle não poderia ser totalmente esquecida. Agora, John estava de volta a Nova York, buscando se reconciliar com Yoko, mas ainda morando com May Pang, a moça sino-americana que ela enviou com ele no "Lost Weekend", no papel duplo de namorada e guardiã.

Em Long Island, no dia 15 de dezembro, os dois compareceram ao show de George no Nassau Coliseum. Mais tarde, jantaram com ele e Olivia numa suíte do Plaza. Justamente o hotel que havia recebido o primeiro choque da Beatlemania nos EUA, e no qual, dali a quatro dias, os documentos finais sobre a dissolução da sociedade da banda deveriam ser assinados.

John e George, sob a influência benigna do Plaza, esqueceram a habitual repugnância pelo seu passado de Fab Four e recordaram aquele dia, em fevereiro de 1964, as ruas cobertas de neve, metade de Nova York gritando na rua abaixo... O único lugar em que tinham privacidade na suíte era o banheiro. Após o jantar, Maureen Starkey, recém-chegada de Londres, juntou-se a eles, de modo inesperado. George conversou com ela em tom casual, como se aquele vergonhoso interlúdio no chão dos quartos remotos de Friar Park nunca tivesse acontecido.

A turnê culminaria em três shows no Madison Square Garden, palco de seu triunfo no Concerto para Bangladesh. Também testemunhou o mais recente triunfo de John, que fez seu próprio e nervoso retorno aos palcos em uma participação surpresa no show de Ação de Graças de Elton John, no qual foi ovacionado. Na sequência, meio que persuadiu Yoko a aceitá-lo de volta.

Portanto, ele estava inclinado a abrir mão da regra de "sem reencontros", de um modo tão persuasivo que George também a deixou de lado. Ficou combinado que John tocaria com ele no show de 19 de dezembro, o último no Garden e, por ironia, no mesmo dia em que assinariam os documentos que encerravam a sociedade comercial entre eles.

Ansioso para assinar os papéis, George recebeu uma ligação no dia 19. May Pang avisou que a astróloga de John lhe dissera que as estrelas não estavam em alinhamento favorável, por isso ele não apareceria no Plaza. Nesse caso, George esbravejou, ele poderia esquecer de tocarem juntos naquela noite: "Comecei a turnê sem ele e vou terminar sem ele".

A assinatura do documento de 67 páginas teve lugar num dos salões decorados do Plaza, com a seriedade um tanto abalada porque John enviou um balão para representá-lo. Como Ringo estava em Londres e assinaria lá, apenas George e Paul marcaram presença. Na época, os dois evitavam conversar, mas à noite Paul foi ao show no Garden com Linda, irreconhecíveis em seus disfarces.

O momento solene da assinatura foi filmado. George aparece rubricando página após página e fingindo nem ver Paul a uns dois metros de distância. "Não tenho ideia do que estou assinando", tartamudeia ele, dentes entrecerrados como nunca. "Só quero que isso acabe." Foi o P.S. mais triste desses dois moços do Liverpool Institute que trocavam ideias sobre Elvis e guitarras com tanto entusiasmo no trajeto matinal de ônibus de Speke ao centro.

Quando a turnê acabou, George foi passar uns dias no Havaí com Olivia e o percussionista da banda, Emil Richards, e sua esposa. Nesse passeio, compôs a sequência de "While My Guitar Gently Weeps", só que dessa vez sem as lágrimas insinuadas no título. Em vez disso, "This Guitar (Can't Keep from Crying)" foi uma resposta às críticas, em especial de Ben Fong-Torres. A letra da nova canção afirmava que as críticas só o fortaleciam. Com elas, aprendeu a "me erguer quando cair... e até mesmo escalar os muros da *Rolling Stone*" ("*to get up when I fall... even climb Rolling Stone walls*"), mas, na realidade, não aconteceu nada parecido. Nunca mais confiaria em repórteres dessa revista.

De momento, ele e Olivia seguiram caminhos separados. Apesar do interlúdio havaiano, ele voltou à Grã-Bretanha antes do Natal em condições muito piores do que costumava retornar de qualquer turnê com os Beatles. Chegando a Friar Park, foi direto aos jardins, cujos canteiros abrigavam plateias que – ele tinha certeza – nunca o deixariam na mão. Mais tarde ele afirmaria: "Nunca estive tão perto de um colapso nervoso".

Os estresses da turnê tinham meio que apagado outra fonte de humilhação. Agora, com mais tempo, refletiu sobre o assunto. Recentemente, a esposa dele e seu melhor amigo tinham percorrido os EUA juntos, um prelúdio para começarem a morar juntos. As manchetes sobre isso se prolongaram.

Quando ele estava nos Beatles, Pattie nunca teve permissão para acompanhá-lo nas turnês. Após levar uma vida de Rapunzel em Friar Park, exultava por estar ao lado de um palco diferente a cada noite, enquanto lá em cima Eric Clapton conjurava magia numa tábua de madeira eletrificada. E quando ele tocava "Layla", a canção que ele compôs em adoração a ela, "uma paixão inebriante e avassaladora me possuía... algo bem diferente do amor profundo e gentil que eu sentia por George".

Mas com Clapton aconteceu o contrário. Por cinco anos, ele a perseguiu no maior desalento, a única mulher do mundo. Agora que enfim a conquistara, outras tentações acenaram de todos os lados. Na véspera de sua participação na turnê em Boston, ele dormiu com uma das backing vocals de seu show.

A paixão avassaladora de Pattie se transformou em consternação ao descobrir que ele trocou o vício da heroína, com o qual tentou chantageá-la, para se tornar um alcoólatra. Assim como George, sua bebida preferida era o Courvoisier, no caso dele, misturado com 7Up. Tomava a primeira dose já no café da manhã.

"Mesmo perdidamente apaixonada por Eric, percebi o quanto ele estava detonado", recorda ela. "Pensei comigo: 'Como é que eu fui entrar nesse grupo de loucos que ele lidera?'"

Antes de ela ir embora de Friar Park, no último minuto, George deixou a ternura aflorar e disse que se as coisas não dessem certo ela sempre poderia voltar. Para compensar a despreocupada cover de "Bye Bye Love", mais tarde enviou a Clapton e a ela um bilhete que lembrava a pessoa doce que um dia ela conheceu: "E+P Que Deus nos abençoe a todos. Com amor, G."

No meio do ano, Pattie foi à Jamaica com Clapton. Ele gravou um single revolucionário em sua carreira, no ritmo do reggae, a cover de "I Shot the Sheriff". Nesse período, ela recebeu uma visitinha bem-vinda: Chris O'Dell, sua única confidente mulher em Friar Park. Como uma personagem shakespeariana, a Ariel de *A tempestade*, ela adejava com seus cabelos cacheados entre um acampamento de megastar do rock a outro.

Com o incentivo de Chris, ela telefonou a Friar Park, mas justo naquele instante Clapton entrou no quarto e concluiu que ela queria voltar para George.

O resultado foi uma briga violenta. Pattie se trancou no banheiro e Clapton chutou a porta com tanta força que acabou fraturando um dedo do pé.

Em dezembro, ela se mudou para a mansão dele em Surrey, Hurtwood Edge. Com apenas seis dormitórios e um hectare de jardim, a casa parecia uma Friar Park em miniatura. Em contraste com o autossuficiente e engenhoso George, Clapton vivia uma rotina sem afazeres domésticos. O empresário, Roger Forrester, resolvia tudo, até mesmo enviava um roadie sósia para fazer a renovação da carteira de motorista. Ele não se preocupava com nada de natureza prática: Pattie encontrou uma gaveta repleta de cheques, recebidos como honorários de shows, totalizando centenas de milhares de libras, que ele ainda não tinha se dado ao trabalho de descontar.

A família dela adorava George, mas não quis se envolver muito com Clapton, principalmente após o caso dele com Paula, a irmã caçula, como forma de substituir Pattie. A recíproca era verdadeira: "Ele odiava quando a minha mãe ou a minha irmã Jenny me ligavam".

Se, por um lado, George nunca tinha se mostrado ciumento, exceto no final, por outro, Clapton era ferozmente possessivo e seguia o carro dela quando Pattie ia fazer compras em Guildford, o antigo local de encontro deles, para ter certeza de que ela não estava mantendo um encontro amoroso com outra pessoa.

Ela já não esperava receber novas de George após ele retornar da turnê *Dark Horse*. No dia de Natal, porém, ele apareceu sem prévio aviso em Hurtwood Edge, no momento em que ela e Clapton almoçavam com alguns convidados.

Sendo Clapton um irredutível carnívoro, ela precisou abandonar o vegetarianismo que praticava com George e se sentiu culpada ao ser flagrada comendo peru. Mas ele fez uma piadinha sobre o assunto, aceitou a oferta de vinho e pudim de Natal e conversaram sem qualquer vestígio de constrangimento. Mais tarde, porém, ela achou muito triste o fato de ele aparentemente não ter outro lugar para ir no dia de Natal.

Ao longo de um tempo, houve uma estranha transição na qual Clapton sentia a necessidade de ficar se desculpando pelo que havia acontecido. "Não me irritei com ele e acho que isso sempre o aborreceu", explicaria George, anos depois, quando enfim abordou o assunto em detalhes. "No fundo, acho que ele queria me ver irritado, mas não aconteceu... caso contrário [Pattie e eu] teríamos que passar por um monte de brigas e divórcios. E ela continuou vivendo no mesmo estilo ao qual estava acostumada. Isso acabou sendo muito cômodo para mim."

O fato de ele estar envolvido com um novo amor, mais profundo que todos os outros em sua vida, ajudou nesse processo. Sem dúvida, o estoicismo que aprendeu na Índia também serviu como auxílio. Se bem que até mesmo os iogues do Himalaia teriam coçado suas cabeças ao ver o antigo e convencional triângulo amoroso ser substituído por outro, mais novo e mais bizarro. É difícil para um iogue entender que, para eternos astros do rock, o mais flagrante sexismo não era um crime.

George e Clapton não só continuaram amigos como fortaleceram seus laços, enquanto a mulher por cujos favores eles duelaram com suas guitarras foi se tornando praticamente invisível.

"Aquela dupla era muito unida", relembra Pattie. "Eu era só a pessoa no meio."

24

"E APRESENTANDO... GEORGE HARRISON"

No finzinho de 1974, a bordo do Rolls-Royce branco que herdou de John e Yoko, George levou Olivia Arias a Friar Park, onde ela conheceu os jardins a perder de vista, o onipresente e benévolo fantasma de Sir Frank Crisp e seus múltiplos e labirínticos enigmas. Tudo muito distante da realidade da criação mexicano-americana de Olivia, mas ela tirou de letra a transição.

Mas George, dividido entre duas gravadoras, logo teve de voltar ao trabalho. Com apenas quatro meses após a turnê *Dark Horse*, ele retornou ao estúdio A&M em Hollywood para realizar o último álbum para a Apple, o álbum que o libertaria para gravar o primeiro com o selo próprio. Assim, perdeu as primeiras erupções de um novo som que revolucionaria o mercado musical britânico, como os Beatles fizeram em 1963, dessa vez sem melodia ou charme.

Sem dúvida, o punk rock se rebelou contra a experimentação e a complexidade que os Beatles introduziram no pop com seu álbum mais célebre. Os herdeiros do *Sgt. Pepper's*, no início dos anos 1970, eram músicos que se levavam muito a sério. Como se fossem orquestras sinfônicas, realizaram álbuns conceituais pretensiosos, como *Tales from Topographic Oceans*, do Yes, ou *The Myths and Legends of King Arthur and the Knights of the Round*

Table, de Rick Wakeman (cujo show na Wembley Arena incluiu patinação no gelo).

Nascidas dos conturbados tempos econômicos após os floridos anos 1960, as bandas de punk serviram como zombaria em massa desse "rock pomposo". Com cabeças raspadas e piercings masoquistas, em vez de fazer mesuras, cuspiam no público. A maioria passava longe de mostrar algum talento vocal ou instrumental; e esse era o ponto: a nova geração desprivilegiada e niilista nem dava bola às notas erradas e se deleitava com saliva voadora como se ela fosse poeira estelar.

Os nomes mais grandiosos dos anos 1960 – como The Who, Led Zeppelin, Pink Floyd ou Eric Clapton – escaparam à classificação de "dinossauros"; mantiveram ou até aumentaram sua base de fãs. Mas nada ameaçava a supremacia dos Beatles.

Em 1973, a EMI lançou um álbum duplo compilando sucessos dos Beatles de 1962 a 1970. Mais tarde, ficaram conhecidos como álbuns vermelho e azul, tinham vinil colorido translúcido e alcançaram o número três nas paradas da Grã-Bretanha e dos EUA. Ao longo dos anos 1970, as vendas dessas coletâneas continuaram consistentes nos EUA e na Inglaterra.

Uma boa notícia para todos os ex-Beatles, exceto àquele já acostumado a sair perdendo. George já estava na alça de mira de Allen Klein para ser alvo de um processo judicial. Assim, com evidente malícia, Klein escolheu apenas faixas de Lennon e McCartney, ignorando "Taxman", "Here Comes the Sun" e até mesmo "Something".* A exclusão de covers de sucesso como "Twist and Shout" deixou George praticamente mudo.

Em Nova York, o punk começou a aflorar anos antes, em formas menos virulentas. Cada ex-Beatle lidou com o punk à sua maneira, mas John tinha

* No álbum vermelho, de abril de 1973, não havia músicas cantadas por George ou de sua autoria, apenas canções de Lennon & McCartney, do período de 1962 a 1966. No entanto, o álbum azul, lançado na mesma época, que abrangia o período de 1967 a 1970, continha quatro canções de George: "While My Guitar Gently Weeps", "Here Comes the Sun", "Old Brown Shoe" e "Something". Cinquenta anos depois, os dois álbuns foram relançados com novas canções. "Taxman" e "If I Needed Someone", de autoria de George, foram adicionadas ao álbum vermelho, além de duas músicas nas quais ele faz o vocal principal, "Roll Over Beethoven" e "You Really Got a Hold on Me", com John. No álbum azul, foram acrescentadas duas músicas de sua autoria: "Within You Without You" e "I Me Mine". (N. de R.T.)

outras preocupações em 1975. Esse ano marcou sua vitória na longa batalha contra a campanha do governo dos EUA para deportá-lo como "subversivo". Obteve o Green Card e se afastou da música para cuidar do segundo filho, o recém-nascido Sean, enquanto Yoko cuidava dos negócios dele.

Ringo também não teve que se adaptar ao punk. Agora, sem George para abastecê-lo de canções de sucesso e produzir seus discos, a carreira musical do baterista começou a vacilar. Deitou e rolou em participações especiais, filmes de Hollywood, presenças em *talk shows* da TV, sempre evitando o assunto que começava com B maiúsculo, justamente o que o apresentador gostaria de abordar.

Por sua vez, Paul apenas usou o punk como trampolim: em meio à apoteose de berros, palavrões e cusparadas, compôs a tradicional "Mull of Kintyre", canção que homenageava o promontório nas imediações de sua longínqua fazenda no sudoeste da Escócia. O single contou com o acompanhamento de uma banda de gaita de foles e alcançou o número um.

Por isso, o ex-Beatle Calado foi quem mais teve a dizer sobre o punk rock e a indústria musical como um todo, muitas vezes num tom ranzinza considerado sintoma de sua idade avançada (32 anos), embora o mau humor sempre estivesse lá. Por exemplo, durante a turnê *Dark Horse*, ele conheceu David Bowie, o deus andrógino do glam rock (vertente que desaguou no pós-punk) e se limitou a comentar que Bowie "parecia apático".

Talvez tenha sentido certa afinidade com as bandas punk, ecos dos improvisos dos grupos de skiffle que deram a John, Paul e a ele mesmo sua iniciação musical. Mas ele os rejeitou como "mero lixo... sem *finesse* na bateria... uma barulheira e mais nada", lembrando tantos adultos no início dos Beatles.

Em setembro de 1975, o último álbum dele com a Apple, também último da Apple, foi lançado: *Extra Texture (Read All About It)*, título que sugeria simultaneamente o caráter conflitante de uma roupa sob medida sofisticada e a manchete de um jornal vulgar.

Ninguém poderia acusá-lo de estar se repetindo. Não havia nem sopro do ardor espiritual que inundava todos os álbuns de George Harrison desde *All Things Must Pass*, nem qualquer filosofia além de "The Answer's at the End", citação de seu pensamento favorito de Sir Frank Crisp: "*Life is one long enigma my friend/ So read on, read on, the answer's at the end*". ("A vida é um longo enigma, meu amigo/ Então leia, leia, que a resposta está no final.")

Em vez de um solo de slide guitar, que poderia soar como um sermão, atacou com teclados e um sax de levada "chicken", a voz mais profana do rock'n'roll primordial, recém-celebrada com nova roupagem pela E Street Band, da revelação Bruce Springsteen.

Apesar de toda essa exuberância instrumental, a maioria das canções abordava o cansaço, a desilusão e as feridas ainda não cicatrizadas da turnê *Dark Horse*: "This Guitar (Can't Keep from Crying)"; "World of Stone", que dizia ao ouvinte "*Wise man you won't be/ to follow the like of me*" ("Sábio você não será/ De seguir um tipo como eu"); "Grey Cloudy Lies", com o seu palpável desejo de "*Leave the battlefield behind/ Get out of the fight*" ("Deixe para trás o campo de batalha/ Saia da luta"); "Tired of Midnight Blue", com seu cansaço e autoaversão ao interlúdio estilo "Peyton Place" que ele havia ocultado do mundo com tanto sucesso.

Nem tudo era angústia e melancolia embaladas em uma alma rutilante. "You", composição de Harrison antes gravada por Ronnie Spector em 1971, agora veio remodelada em forma de canção de amor a Olivia, por resgatá-lo da "caldeira do diabo" (Peyton Place). Um verso em específico, com a singela doçura de que ele era capaz, soa horridamente triste em retrospectiva: "*Would you stay with me till I'm eighty?*" ("Ficaria comigo até meus 80 anos?").

GEORGE BOUNCES BACK [George se recupera rápido] foi a manchete da *Melody Maker*. E isso ficou confirmado quando *Extra Texture* alcançou o número 8 na *Billboard* e 16 na Grã-Bretanha, valendo para ele um novo Disco de Ouro, e "You" alcançou o número 20 na parada de singles da *Billboard*.

No entanto, a postura hostil da imprensa contra ele, adquirida com o álbum *Dark Horse*, permanecia implacável. Neil Spencer, crítico da *New Musical Express*, ridicularizou "o habitual Harrison imbuído de pessimismo que aprendemos a conhecer e recear", esquecendo-se do outro Harrison de inspiradora alegria que milhões de pessoas conheciam e admiravam.

Por sua vez, a *Rolling Stone* se acomodou em uma gélida antipatia que a tornou surda e cega para todos os músicos de primeiro escalão que George usou no álbum. "Ele não é mais um Beatle, como já fez questão de nos lembrar, mais vezes do que pedimos", alfinetou Dave Marsh, crítico da revista. "Mas durante o seu tempo naquele grupo pelo menos deveria ter aprendido que um bom guitarrista não vale muita coisa sem uma banda."

Nesses momentos, George encontrava consolo na meditação e, no extremo oposto, em *Monty Python's Flying Circus*.

O programa, que foi ao ar pela primeira vez na televisão BBC em 1969, seguia a sagrada tradição britânica que remontava a *Alice no País das Maravilhas*, ao humor de Gilbert e Sullivan e dos Goons, ou seja, de pessoas inteligentes se comportando de modo incrivelmente tolo. Seus roteiristas e intérpretes, John Cleese, Michael Palin, Eric Idle, Terry Jones e Graham Chapman, romperam todas as regras da comédia televisiva. Os esquetes da trupe se entremeavam e muitas vezes acabavam sem resolução – ao estilo de *Magical Mystery Tour*, o tão criticado filme dos Beatles, de dois anos antes – ou ilustrados por desenhos animados ao estilo vitoriano e levemente indecentes de Terry Gilliam, cartunista nascido nos EUA.

George havia se apaixonado por aquela primeira temporada e sabia na ponta da língua seus momentos mais loucos, como o Ministério das Caminhadas Bobas, o Esquete do Papagaio Morto e a "Canção do Lenhador". Muitas vezes declarou que eles salvaram sua sanidade mental na tenebrosa época do rompimento dos Beatles.

O humor tipicamente britânico, às vezes incompreensível a outras culturas, não impediu o enorme sucesso do Monty Python nos EUA, primeiro na TV, depois em shows ao vivo que transformaram seus membros quase em sofisticados Beatles da comédia.

George era fã dos Python assim como outras pessoas eram fãs de George. Levou junto fitas com seus episódios favoritos na turnê *Dark Horse*, muitas vezes recorrendo a elas em momentos em que as reportagens da *Rolling Stone* pegavam muito pesado. Na contagem regressiva antes de cada show, enquanto o público chegava, rolava "Lumberjack Song" nas caixas de som. Nos hotéis, fazia o check-in como "Jack Lumber".

Em 1975, a trupe dos Python lançou seu primeiro longa-metragem, *Monty Python em busca do cálice sagrado* (*Monty Python and the Holy Grail*), paródia das lendas arturianas com um toque sacrílego que parece não ter incomodado ninguém. Em uma pré-estreia em Los Angeles, Eric Idle ficou sabendo que George Harrison estava na plateia e gostaria de conhecê-lo. Em um de seus recentes esquetes no seriado televisivo, Idle encarnou um ator com drogas plantadas pela polícia. Teria a prisão de George em 1969, em uma ação policial extremamente suspeita, servido de inspiração ao Monty Python? Idle recordaria mais tarde:

"Quem resistiria à sua primeira frase? 'Não podemos conversar aqui. Vamos fumar um baseado na sala de projeção.'"

E depois emendou a Idle um convite raro para o acompanhar ao estúdio A&M, onde Tom Scott mixava os overdubs finais de *Extra Texture*. A cantora canadense Joni Mitchell, que estava de casinho com o baterista de Scott, apareceu para dar um oi.

Sem demora, George fez amizade com os colegas de Idle na trupe do Monty Python: o anárquico Terry Gilliam, o pernalta John Cleese, gênio da comédia verbal e física, e o adorável Michael Palin, que canta de camisa xadrez e suspensório a "Lumberjack Song".

Fã de carteirinha dos Beatles desde o tempo em que, em parceria com Terry Jones, começou a escrever roteiros humorísticos, Palin conta: "Saíamos de nossa quitinete em Waterloo e entrávamos na fila para comprar o mais recente álbum deles". E agora George com o mesmo ardor se revelou um fã da série de televisão pós-Python, *Ripping Yarns*, em que Idle e Jones satirizavam as aventuras de meninos das inocentes décadas de 1920 e 1930.

Palin achou muito divertido descobrir que o Beatle "Quiet One" não fechava a matraca. "Talvez isso fizesse sentido apenas em comparação com John e Paul. Quando estava conosco, era difícil alguém conseguir mantê-lo de boca fechada."

De todos, ele se tornou mais próximo justamente de Eric Idle, o mais hiperativo da trupe. Nascidos no mesmo ano, os dois tocavam guitarra (Idle era um guitarrista competente). Outra coisa em comum era que Idle brigava por tempo nas telas com Cleese e Palin, assim como George costumava disputar tempo do álbum com John e Paul.

Ele comenta: "George se tornou uma espécie de guru para mim. Um amigão. A gente tomava um porre juntos, fazíamos tudo que é coisa perversa e levada. A maior diversão. Mesmo sendo uma das pessoas mais famosas do mundo, naquela época a postura dele era: 'Qual a vantagem da fama? Você vai morrer como todo mundo. O lance é aproveitar ao máximo cada momento da vida'. Sempre me dizia: 'Não se esqueça de que um dia você vai morrer'. Já nessa época em que o conheci, ele se preparava para morrer."

Naquele mês de outubro, tornou-se um Python honorário, quando o selo Charisma propôs lançar "Lumberjack Song" como single de Natal. George se encarregou de produzir a sessão no estúdio Work House de Londres, depois fez a mixagem em Friar Park, na companhia de Michael Palin. Essa imersão de Palin no horário notívago dos astros do rock foi um tremendo choque para ele.

Eric Idle foi alterando a imagem pública de quem sempre pareceu se levar muito a sério. Em seu primeiro projeto televisivo após Monty Python, Idle se uniu a Neil Innes, da Bonzo Dog Band, um grupo de brilhantes parodiadores cujo baterista, "Legs" Larry Smith, tinha inspirado uma das faixas de *Extra Texture*.

O programa *Rutland Weekend Television* – trocadilho com a London Weekend Television da vida real – focava a menor estação de TV da Grã-Bretanha do menor condado, Rutland.

Em 1975, no especial de Natal da *Rutland Weekend Television*, George encarnou "Pirata Bob", com direito a perna de pau, muleta e papagaio artificial no ombro. No encerramento, ele aparece com a banda, guitarra a tiracolo, terno branco ao estilo do que havia usado no Concerto para Bangladesh. Porém, quando os músicos começam a tocar "My Sweet Lord", ele só balbucia uma torrente ininteligível de "Jolly Roger-yo-ho".

Na tela, o crédito dele vem após o elenco de rotina: "E apresentando... George Harrison."

Ele desempenhou um papel secundário em outra farsa, mas, dessa vez, não foi motivo de riso.

Em fevereiro de 1976 – cinco anos após o início –, o processo alegando que seu riff de três notas em "My Sweet Lord" era um plágio de "He's So Fine", das Chiffons, enfim chegou ao Tribunal Federal de Primeira Instância dos EUA, em Manhattan.

Os advogados de George propuseram um acordo com a Bright Tunes Music Corporation: George manteria os direitos autorais em troca de US$ 148 mil e 10% dos royalties do compositor e da editora sobre "My Sweet Lord" nos EUA. Mas a Bright Tunes insistiu em obter 75% das receitas mundiais até então registradas e, ainda por cima, transferir a canção para o seu catálogo.

Esse processo o obrigou a ter um novo e indesejável contato com Allen Klein, que espreitou nos bastidores primeiro na condição de empresário de George, tentando resolver o caso da maneira mais ágil e barata possível, depois como ex-empresário mordido, em busca de toda e qualquer oportunidade para ferrar com ele.

Maquiavélico, Klein agora negociava a compra da Bright Tunes. Aconselhou os executivos da gravadora a não aceitarem o acordo extrajudicial e ainda por cima os abasteceu com informações financeiras privilegiadas sobre "My Sweet Lord", pinçadas de seus antigos arquivos da Apple. Mas George jamais aceitaria a indenização punitiva da ação inicial.

As oitivas no tribunal duraram três dias, espécie de seminário de teoria musical, com a exposição de partituras descomunais comparando as notações de "My Sweet Lord" e "He's So Fine" e depoimentos de vários especialistas. George depôs que estava familiarizado com a canção das Chiffons, mas disse que em sua mente a inspiração tinha sido "Oh Happy Day", dos Edwin Hawkins Singers.

A certa altura, foi instado a ficar em pé e demonstrar, violão nos braços, "seu processo de composição". Funcionários e recepcionistas dos tribunais vizinhos se aglomeravam para ouvir o que ele mais tarde rotulou como "a pior experiência da minha vida", superando até mesmo a escola.

Em seu veredicto, o juiz Richard Owen – ele próprio um compositor, de acordo com o *New York Times* – deliberou que "My Sweet Lord" era "uma canção exatamente igual a 'He's So Fine'". Ou seja, George foi considerado culpado de plágio, embora involuntariamente. "No subconsciente, a mente dele sabia que a combinação de sons funcionaria, porque já havia funcionado em uma canção que sua mente consciente não recordava."

A indenização devida à Bright Tunes e ao espólio do compositor Johnny Mack acabou sendo fixada em 50% dos royalties não só de "My Sweet Lord", mas do álbum que a continha, *All Things Must Pass*, pouco mais de US$ 1,5 milhão, em uma estimativa. Entretanto, os advogados de George impugnaram com sucesso o pagamento da indenização. No recurso, alegaram que a intervenção de Allen Klein no processo tinha sido imprópria. O processo continuou se arrastando nas engrenagens burocráticas e demorou cinco anos para voltar aos tribunais.

Semanas depois, a trupe do Monty Python subiu ao palco no auditório City Center de Nova York. Durante a performance de "Lumberjack Song", George fez uma participação especial no coro de bizarros policiais florestais. Manteve-se incógnito porque enterrou o chapéu na cabeça e saiu de fininho antes de o pano cair. Michael Palin recorda que o achou com aparência "cansada e doente".

O fato é que em maio George estava de volta a seu estúdio em Friar Park para gravar o primeiro dos quatro álbuns que a Dark Horse Records por contrato deveria fornecer à A&M. Tom Scott, único colaborador que ele tolerava, veio da Califórnia para coproduzir, trazendo Hank Acelo, engenheiro de primeira categoria.

O progresso foi vagaroso, afinal de contas, gato escaldado após a experiência no tribunal, George se angustiava com cada nota e palavra das novas canções. Estaria plagiando inconscientemente alguém? A todo instante, questionava Scott e os outros músicos para saber se já tinham escutado algo parecido.

Emagrecia a olhos vistos e a pele se tornou emaciada. Mal completou as faixas principais, foi diagnosticado com hepatite B, doença que acomete o fígado, agravada pelo consumo excessivo de álcool. Nessa época pré-aids, era a mais perigosa doença sexualmente transmissível.

Primeiro, ele se convenceu de que poderia sarar com cânticos, como indicava a obra *Scientific Healing Affirmations* ("Afirmações científicas de cura"), de Paramahansa Yogananda. Mas isso não surtiu efeito. Após várias semanas de inatividade, Tom Scott e o engenheiro Hank Acelo foram obrigados a retornar aos EUA, onde tinham outros compromissos de gravação.

Olivia pode muito bem ter salvado a vida dele pela primeira vez ao convencê-lo a buscar ajuda na medicina convencional. Mas isso não foi suficiente. Em seguida, ela fez uma pesquisa sobre remédios homeopáticos e o levou a Zion Yu, acupunturista na Califórnia. Com a acupuntura, combinada com suplementos fitoterápicos prescritos por Olivia, logo restaurou a saúde.

"O susto com a hepatite me fez parar de beber", brincou mais tarde, mas a abstinência não duraria muito.

Em companhia de Olivia, foi passar um tempo de convalescença nas Ilhas Virgens dos Estados Unidos, período no qual recebeu a visita de Eric Idle. Madrugada adentro, os dois amigos dedilhavam seus violões na suíte dos Harrison, quando uma jovem bateu à porta, envergonhada. No quarto de baixo, Norman Lear, um produtor de TV americano, não conseguia dormir com o barulho. Idle recorda que não houve bravatas típicas de rock star: "Desculpe-nos, minha querida", disse George. "Vamos parar."

Pensava em batizar o novo álbum de *Second Resurrection*, insinuando um renascimento criativo após a turnê *Dark Horse*, como a que se sucedeu após deixar os Beatles. Mudou de ideia e escolheu um título mais alegre: *Thirty Three & ⅓*, referência à idade dele (e de Idle) e às rotações por minuto de um álbum de vinil no toca-discos.

Plágio e hepatite o fizeram perder o prazo de entrega (julho) contratado com a A&M. George havia escolhido a empresa por sua aparente cordialidade com os músicos. Foi surpreendido com uma ação judicial de US$ 10 milhões, exigindo a dissolução do contrato de gravação de cinco anos com o selo de George, Dark Horse, bem como a devolução de US$ 1 milhão que havia recebido a título de adiantamento de royalties. O prazo estourado foi só uma desculpa. Apesar das grandes somas investidas por George em produzir e promover os artistas contratados pela Dark Horse, só o duo Splinter obteve algum sucesso real.

Foi quando a má sorte que o perseguia havia meses enfim pareceu arrefecer. Imediatamente, Mo Ostin, CEO da WEA (Warner/Elektra/Asylum), entrou em cena e fez uma oferta alternativa. A empresa presidida por Ostin era uma ampliação do selo Warner Brothers, que tinha no catálogo as trilhas sonoras de *A Hard Day's Night* e *Help!*.

Na WEA, Ostin gerenciava muitos talentos, como Neil Young, Joni Mitchell, Fleetwood Mac, Grateful Dead, Randy Newman e Van Morrison, e se dedicava de forma absoluta ao sucesso deles. Em vez do ambiente aconchegante, mas pedregoso da A&M, Ostin criou em sua corporação, na árida Burbank, nas palavras de um colega, "a atmosfera de uma comunidade artística com fins lucrativos". George ficou mais tentado a fechar o acordo ao saber que a WEA recém havia contratado Derek Taylor, ex-assessor de imprensa da Apple e velho aliado de George, para atuar como chefe de projetos especiais na sede da gravadora em Londres.

Assim, George se contentou em fechar um acordo extrajudicial com a A&M por US$ 4 milhões, manter a Dark Horse viva e entregar *Thirty Three & ⅓* como produto acabado a Mo Ostin, de quem se tornaria íntimo pelo restante de sua carreira musical.

Levando em conta os estresses que o rodeavam, o álbum lançado em setembro de 1976 soou incrivelmente leve. A quarta faixa, "This Song", enxergou o lado engraçado do julgamento de plágio e o terror de George em copiar inconscientemente outra pessoa: "*This tune has nothing bright about it... My expert tells me it's okay...*" ("Essa melodia de brilhante não tem nada... Meu especialista me falou que está tudo certo com ela..."). No videoclipe, George, algemado a um policial, é conduzido ao tribunal e canta no banco dos réus, ao ritmo da marreta do juiz em sua toga vermelha.

O single alcançou a posição 25 nos EUA; com os royalties de "My Sweet Lord" depositados numa conta-caução enquanto o caso não era julgado, na prática essa era a única renda que George já havia obtido com isso.

Em "Dear One", um tênue murmúrio eletrônico resgatava as ragas indianas que ele pensava ter deixado para trás. Por sua vez, "Pure Smokey" agradecia a Deus por Smokey Robinson, o líder dos Miracles, da Motown, "que realmente exerce uma influência em mim" ("*who's really got a hold on me*"). Originalmente composta para ser cantada por Herb Alpert, cofundador da A&M e líder da banda Tijuana Brass, "Learning How to Love You" veio tarde demais para convencer a empresa de Alpert a amar a Dark Horse Records. "True Love" é uma bizarra revisita a uma canção de Cole Porter, do filme *Alta sociedade* (*High Society*), de 1956, com Bing Crosby e Grace Kelly encabeçando o elenco.

E George ainda continuava a reciclar materiais rejeitados por Lennon-McCartney. George compôs "See Yourself" em 1967, quando Paul confessou ter tomado LSD. Criticava o pessoal "que fica ao redor e só nos crucifica enquanto fazemos o nosso melhor" ("*who stand around and crucify while you do your best*") – ou seja, no estúdio de gravação. "Woman Don't You Cry for Me" é um suvenir de Gotemburgo, cidade sueca onde, em 1969, na turnê Delaney & Bonnie, Delaney Bramlett lhe entregou pela primeira vez uma slide guitar com dedeira (*bottleneck*). Outra canção de 1969, "Beautiful Girl", escapou de ser lançada em *All Things Must Pass* e agora veio dedicada a Olivia.

Como retribuição por "Pirate Bob", Eric Idle contribuiu com alguns versos de "This Song" e dirigiu os videoclipes de "Crackerbox Palace" e "True Love", no formato de esquetes em miniatura de Monty Python. Os dois vídeos foram filmados nos jardins de Friar Park. No primeiro, George irrompia de um carrinho de neném com blazer eduardiano, chapéu panamá e bigodinho. No segundo, navegava em seu lago e caía na água.

O álbum valia muito para ele, por isso concordou com uma puxada campanha promocional e a tolerou de boa vontade, até mesmo quando os entrevistadores indagaram sobre o julgamento por plágio. Culpou apenas a si mesmo por não ter notado a semelhança entre "My Sweet Lord" e "He's So Fine". Afinal de contas, "teria sido fácil alterar uma nota aqui e outra ali sem mudar a atmosfera da canção. Mas, a meu ver, o efeito [da canção] excedeu em muito qualquer conflito causado por ganância e inveja".

Em especial, ele apreciou fazer uma dessas participações. Em Nova York, marcou presença no *Saturday Night Live*, novidade humorística televisiva com uma pitada (generosa) do estilo Monty Python, que tratava os astros do rock convidados sem a habitual reverência bajuladora. Após os ex-Beatles receberem ofertas de zilhões de dólares para darem um único show de reencontro, o *SNL* os convidava rotineiramente para o programa, no qual tocavam três canções pelo cachê de US$ 3 mil.

George fez um dueto de violão com Paul Simon, primeiro cantando "Here Comes the Sun", depois "Homeward Bound", de Simon e Garfunkel. Sem barba e bigode, as madeixas de cabelo mostrando a testa, aparentava estar mais jovem do que anos atrás, o indefinível charme em sua plenitude.

Nos EUA, *Thirty Three & ⅓* foi elogiado como triunfante retorno à boa forma. Superou de longe *Dark Horse* ou *Extra Texture*, alcançando o 16º lugar na parada da *Billboard* e vendendo 800.000 cópias, apesar de a EMI ter lançado *The Best of George Harrison*, coletânea que acabou pulverizando as atenções.

A Billboard o classificou como "coletânea ensolarada e otimista de canções de amor e gracejos alegres em um pacote comercial de postura nada arrogante, abrangendo toda a sua carreira solo". A *Village Voice* chegou ao ponto de compará-lo ao incensado *Blood on the Tracks*, de Bob Dylan. Aqui e ali, os elogios vinham com uma pitada de condescendência. "Se a nova gravadora, a nova namorada... Olivia Arias... e o novo disco o recolocaram em um lugar mais seguro no mundo material", opinou a revista *Swank*, "ele bem pode ter recuperado seu lugar como Beatle a ser observado".

Mas, na Grã-Bretanha, "canções de amor e gracejos alegres" não competiram com o Punk New Wave. *Thirty Three & ⅓* sequer igualou seu próprio número e só alcançou a posição 38 nas paradas.

Essa parcial Segunda Ressurreição poderia ter estimulado George a buscar mais. Em vez disso, marcou sua transição para a idade adulta. Pela primeira vez, ele se questionou se queria mesmo "dar a volta ao mundo e tentar ser uma estrela do rock". Percebeu que agora, com Olivia em sua vida, não precisava mais disso.

Assim, a partir de 1977, livrou-se da sufocante rotina de compor e gravar e passou a seguir o conselho que ele mesmo havia dado a Eric Idle: curtir ao máximo cada momento, porque nunca sabemos quando vamos morrer.

Essa decisão foi extensiva até mesmo a seu instrumento essencial: deixou de lado aquele seu membro extra desde os 12 anos de idade. Passou o ano inteiro sem sequer pegar a guitarra e, segundo ele, "nem por um momento sentiu falta dela". Passou vários meses viajando com Olivia, na maioria das vezes incógnitos e com a abençoada consciência de que ele não precisava subir ao palco ao fim de cada dia. Na Índia, compareceram ao casamento de Kumar, sobrinho de Ravi Shankar, e passearam pela Europa, incluindo Hamburgo no itinerário para matar as saudades da Grosse Freiheit (visitinha rápida, pois George receava topar com Monica Pricken, ex-namorada do Indra Club). Depois voaram a Los Angeles para conhecer a família de Olivia.

Ela temia mostrar a George a casinha onde crescera, mas ele a tranquilizou ao dizer que era "uma mansão" comparada ao número 12 da Arnold Grove, Wavertree, com sua banheira de estanho pendurada na porta e o banheiro externo.

Fiel adepta da meditação, Olivia o incentivou a se reconectar com Bhaktivedanta, antigo swami de George, e com as instalações que ele havia comprado para a Sociedade Internacional para a Consciência de Krishna. Ele inclusive começou a tratar por uma palavra bonita o ex-guru dos Beatles, Maharishi Mahesh Yogi, a quem dera o apelido de "Sexy Sadie", na sátira de John no Álbum Branco. Agora chamava o Maharishi de "fantástico", por resistir a toda essa zombaria e permanecer na ativa, com milhares de novos convertidos.

Sem a culpa de entrar em seu estúdio de gravação, ele passava o tempo que lhe aprouvesse nos jardins de Friar Park, onde Olivia o protegia de ligações de advogados e contadores. Cuidar do jardim, aliás, tornou-se para ele basicamente um sinônimo de meditar: "Você tira tudo [de ruim] da cabeça da mesma maneira", explicou ele. "Acompanha o vaivém das estações; tudo o que a gente faz tem consequências, mas as flores aceitam sem reclamar."

Com o incentivo extra de Olivia, passou a fazer amizade com os vizinhos de Henley como nunca antes. Os dois frequentavam um pub no centro, o Row Barge, sob a gerência de Norman e Dot, casal que os tratava como clientes comuns, fato estimulante.

O amigo Hare Krishna de George, Shyamsundar Das, recém-chegado da Índia, trouxe ao amigo uma boa quantidade de rubis, não muito valiosos, mas de grande beleza. George enchia o bolso antes de ir ao Row Barge e distribuía um para cada pessoa com quem ele e Olivia conversavam. Relatos de um ex-Beatle casualmente doando rubis como se fossem pastilhas de cereja multiplicaram por mil o movimento do pub.

Numa noite em que o proprietário, Norman, comemorava aniversário, George chegou com um visitante dos EUA. "Fechou o bar mais cedo e deu uma festinha só para amigos especiais", recorda o visitante. "Umas rodadas depois, alguém trouxe uma guitarra, e George tocou todas as canções dos Beatles de que se lembrava."

Antes de se envolver com a trupe do Monty Python, ele sempre teve amizades famosas, fora e dentro do mundo da música. Um dos mais notáveis, Peter Sellers, ídolo de infância do *Goon Show* que se tornou astro de cinema internacional, dividia com George o mesmo empresário, Denis O'Brien.

Sellers foi um dos visitantes do set de filmagem, nos estúdios Twickenham, durante a conturbada gravação do álbum *Get Back* dos Beatles, e inclusive acompanhou George em um trecho da turnê *Dark Horse*. De comportamento imprevisível, Sellers mudava de voz a todo instante, ora imitando o Bluebottle dos *Goons*, ora o Inspetor Clouseau de *A pantera cor-de-rosa*, ou só ficava ali, sentado em silêncio, um sorriso altivo nos lábios. Seja como for, ele e George se davam bem o suficiente para fundar juntos uma imobiliária (precocemente fechada quando Sellers achou que os lucros não se materializavam com a rapidez suficiente).

Como todos os amigos de George, ele passava em Friar Park sem prévio aviso, a qualquer hora, os enormes portões ornamentais da frente sempre abertos. "Uma vez eu estava lá quando ele apareceu", lembra Klaus Voormann. "Assistimos a um filme, *Primavera para Hitler* (*The Producers*, 1967), de Mel Brooks. George sabia de cor quase todas as falas."

Diametralmente oposta aos jardins tranquilos e atemporais, sua outra grande paixão, além da música, era *speed*, no caso, não a pílula de metanfetamina, e sim a velocidade propriamente dita. George era fã de automobilismo desde os tempos de escola, em meados da década de 1950, quando os carros de corrida tinham nomes românticos como Cooper Bristol e Talbot Lago, e os pilotos britânicos eram cavalheiros como Stirling Moss e Mike Hawthorn.

Recentemente, tinha visto Juan Manuel Fangio, o hábil piloto argentino, no Grande Prêmio da Inglaterra, em pleno circuito de Aintree, em Merseyside.

Em 1977, a temporada de Fórmula 1 foi a mais longa e disputada da história. Em companhia de Olivia, grávida, George marcou presença em várias etapas mundo afora. Em todos os circuitos, portava um passe de "acesso irrestrito" e socializava com todos os principais pilotos da época – Mario Andretti, Jody Scheckter, Emerson Fittipaldi e, em particular, o tricampeão mundial Jackie Stewart, o famoso "Escocês Voador" –, inclusive organizando festas luxuosas em Friar Park, antes e depois das corridas.

O esporte, ele dizia, era "realmente um ruidoso rock'n'roll. Pilotos são como músicos de rock'n'roll. Vivem o agora e não se importam muito com o que está rolando no mundo, só querem se divertir. Com a diferença de que, acho eu, morrem mais astros do rock'n'roll do que pilotos de corrida."

Isso não era verdade: mortes nas pistas eram comuns, muitas vezes como reflexo de medidas de segurança inadequadas, até mesmo em eventos de maior prestígio. Na época, Jackie Stewart arriscava sua carreira ao fazer campanha para melhorá-las. George sempre ficava impressionado com o estoicismo dos pilotos que competiam com Stewart e enfrentavam esses perigos, acelerando loucamente em seus carros na pista, com a férrea determinação de receber a bandeirada, custasse o que custasse.

Por exemplo, no ano anterior, o austríaco Niki Lauda sofreu horrendas queimaduras num acidente durante o Grande Prêmio da Alemanha, mas seis semanas depois já correu novamente no Grande Prêmio da Itália, com lesões ainda não cicatrizadas, e perdeu o título do campeonato por apenas um ponto para o britânico James Hunt.

Lauda se revelou admirador da música de George – algo que nunca sonhava encontrar nos boxes de automobilismo – e ao saber de seu período sabático como compositor, não escondeu a tristeza. Isso deu nova ignição no motor em sua cabeça, e George começou a preparar uma letra inspirada na recente autobiografia de Jackie Stewart, *Faster: A Racer's Diary*.

Em 19 de junho, o divórcio dele com Pattie se tornou consumado, após dois anos em separação de corpos. De modo legítimo, ela poderia alegar ter sido um grande benefício para a carreira dele, ao inspirar "Something", a mais rentável canção dele, além de ser a primeira influência que o fez se embrenhar na meditação. Poderia, assim, pleitear uma fatia substancial de sua fortuna. Apesar disso, ela aceitou a oferta de £ 120.000 dos advogados de George.

O advogado dela, Paddy Grafton-Green, acostumado a lidar com muitos outros divórcios de gente famosa, ficou surpreso com a falta de ganância de Patty. Menos surpresa causou a falta de generosidade de George.

25

"O INGRESSO MAIS CARO DA HISTÓRIA DO CINEMA"

O neném de Olivia ia nascer no fim de julho ou começo de agosto de 1978. Para o bem dela, George seguiu o protocolo, e o casamento foi marcado para o mês de maio. Isso teve de ser repensado quando, no dia 3 de maio, Harold, o pai dele, faleceu de insuficiência respiratória devido a enfisema e bronquite crônica.

Nos últimos tempos, Harold tinha se transferido de Friar Park a Seven Oaks, a casa em Appleton, Lancashire, que George havia comprado para os pais, mas da qual Louise, a mãe dele, não pôde desfrutar. Harold morreu em seu quarto, com o filho mais velho, Harry, ao lado da cama. O funeral dele, como o da esposa Louise, foi privado, só para a família, na Igreja de St. Wilfrid, nas cercanias de Grappenhall. Como a esposa, foi cremado e teve as cinzas enterradas ao lado das dela, no jardim memorial do Crematório Walton Lea.

O alívio para a tristeza veio na forma de um neném saudável. Olivia deu à luz um menino, no Hospital HRH Princess Christian, em Windsor, no dia 1º de agosto. Assim como Harold fizera com George, o garoto recebeu prenome único, mas não simples como o dele. Dhani, fusão de "dah" e "ni", a sexta e a sétima notas da escala musical indiana. Um mês depois, os pais se casaram numa discreta cerimônia, no Cartório de Registros de Henley-on-Thames.

A chegada desse novo habitante a Friar Park foi seguida por uma partida significativa: Terry Doran deixou o emprego e a vida de George, após dez anos como assistente pessoal e, depois, gestor da propriedade. Doran sempre pareceu um componente indispensável do lugar, lembra Pattie, "perambulando com seu longo casaco de abas esvoaçantes, seguido por seus dois fiéis cachorros". Pattie, que havia partido antes de Friar Park, manteve contato com Doran. Em seu momento de partir, Doran ligou para desabafar, "aos prantos".

Olivia encarou o desafio de ser mãe com naturalidade e desenvoltura. Por sua vez, George cumpriu o seu papel em relação àquela diminuta presença em seu castelo gótico, mais poderosa do que todos os monumentos e lemas de Sir Frank Crisp juntos. No restante de 1978, o pouco tempo livre que Dhani lhe permitiu foi ocupado principalmente com Eric Idle e o Monty Python.

Considerando como George ainda se sentia em relação aos Beatles, o projeto seguinte de Idle, extra-Python, após o programa de TV *Rutland Weekend Television*, tinha tudo para colocar a amizade deles em risco. Tratava-se de um documentário em tom de paródia, *All You Need Is Cash*, sobre a ascensão e queda dos Rutles, banda fictícia, cognominada "The Prefab Four". Cada membro da banda se inspirava em um Beatle real, além de ser um idiota completo.

Inconcebível na BBC moderna, a produção incluía talentos importados do *Saturday Night Live*, como John Belushi e Dan Aykroyd, e músicos da vida real como Mick Jagger, Ronnie Wood e Paul Simon interpretando a si mesmos. Neil Innes, colaborador de Idle, forneceu pastiches brilhantes dos maiores hits dos Beatles, que remetiam prontamente aos modelos, mas eram diferentes o bastante para não infringir os direitos autorais mais sensíveis do mundo.

George curtiu tanto o humor imprevisível de *All You Need Is Cash* que se envolveu ativamente no projeto, vasculhando os arquivos fílmicos da Apple em busca de imagens autênticas para serem ensambladas na paródia. Inclusive encarnou um papel especial como repórter de TV, entrevistando, com a maior seriedade, Michael Palin na pele do assessor de imprensa dos Rutles,

Eric Manchester, sobre os boatos de roubos na "Rutles Corps". Ao fundo, vultos levavam máquinas de escrever, fotocopiadoras e, por fim, até o microfone da mão do repórter.

Um dia, ele assistia à filmagem de uma cena entre Idle como o personagem "Paul" e Neil Innes como o personagem "John", na famosa faixa de pedestres da capa do álbum *Abbey Road*. Uma fã passou por George, sem reconhecer o Beatle verdadeiro na ânsia de chegar aos dois substitutos. Naquele instante, ele teve a sensação concreta de que os Rutles o haviam libertado dos Beatles.

Por sua vez, ele seria o responsável pela libertação, economicamente falando, de Idle, Palin e companhia. Mais tarde naquele ano, o Monty Python se preparava para gravar o segundo longa-metragem, *A vida de Brian* (*Monty Python's Life of Brian*), roteiro com uma blasfêmia atrás da outra. Contava a história do jovem Brian Cohen, nascido "na manjedoura vizinha" à de Jesus Cristo. Confundido com o Messias, também é crucificado. No embalo de *Monty Python em busca do cálice sagrado* – seu antecessor menos sacrílego e extremamente lucrativo –, a EMI Films mobilizou um orçamento de US$ 4 milhões, nos parâmetros de Hollywood.

Mas, pouco antes de começar a filmagem na Tunísia, o chefe da EMI, Lorde Bernard Delfont, enfim leu o roteiro – que acaba com uma crucificação coletiva e Eric Idle na cruz entoando "Always Look on the Bright Side of Life" – e ato contínuo cancelou tudo.

O uso de palavrões como *cunt* pareceu anular a capacidade dos Python de serem financiados. Nenhum estúdio de Hollywood quis assumir a produção, e Idle ficou a ver navios também com os potenciais investidores de Nova York. "Contei a George que precisávamos de grana, e ele só me disse: 'Não se preocupe, vou dar um jeito'. Não acreditei nele porque não achava possível alguém levantar quatro milhões para fazer um filme."

Mas, para George Harrison, ainda com a veneta caprichosa de um Beatle, tudo era possível. Em alguns dias, seu gerente comercial, Denis O'Brien, conseguiu a maior parte dos quatro milhões, com empréstimos privados de £ 400.000 e o restante financiado pelo banco, usando como garantia o prédio de escritórios de O'Brien, na Cadogan Square, e Friar Park.

Hipotecar a casa que ele amava mais do que tudo na vida para bancar a mais arriscada de todas as apostas foi um ato generoso, porém temerário, em prol de seus amigos do Monty Python (e um contraste gritante vindo de alguém capaz de engambelar a primeira esposa e incontestável musa criativa com um acordo de apenas £ 120.000). "Eu só queria assistir ao filme", foi sua explicação simplória, que originou a piada cuja autoria é reivindicada por vários membros do Monty Python, de que George teria comprado "o ingresso mais caro da história do cinema".

Nem só de amizade e filantropia vive *A vida de Brian*. O investimento de George permitiu rebater uma polpuda quantia em impostos, num período em que parte de sua renda era taxada, sob o governo do trabalhista James Callaghan, em até 95%. E O'Brien esperava que a trupe dos Python mostrasse gratidão e o contratasse como consultor financeiro – como grupo e individualmente.

Assim que as câmeras começaram a filmar *A vida de Brian* na Tunísia, George visitou as locações e fez uma pontinha como o sr. Papadopoulos, o proprietário do Monte, que troca um aperto de mãos com o messiânico Brian (Graham Chapman). A única fala, "Hello", mais tarde foi considerada de sotaque muito forte e acabou redublada por Michael Palin.

"Acho que foi demais o choque de estar no meio de uma turba cercando outra pessoa", comentou Palin.

26

"TALVEZ TENHA PENSADO QUE DEUS SIMPLESMENTE O DEIXARIA SE SAFAR"

A *vida de Brian* chegou aos cinemas em agosto de 1979, em meio a uma onda de protestos dos carolas radicais.

Na Grã-Bretanha, 29 autoridades locais proibiram a exibição (muitas nem tinham salas de cinema em sua jurisdição, nem sequer se deram ao trabalho de primeiro assistir ao filme). A ativista Mary Whitehouse, conhecida por suas campanhas para "limpar" a programação televisiva, foi uma das detratoras do filme. A estreia do filme em Nova York aconteceu em meio a piquetes de rabinos e freiras. Livres-pensadores, os suecos anunciaram o filme com uma alfinetada aos vizinhos carrancudos, dizendo que "foi proibido na Noruega por ser muito engraçado".

O resultado disso tudo foi uma campanha promocional que parecia quase ter sido enviada dos céus. *A vida de Brian* alcançou a quarta posição entre os filmes de maior bilheteria do ano na Grã-Bretanha; nos EUA, se tornou o filme britânico com maior bilheteria do ano. No total, o filme arrecadou quase US$ 20 milhões, cinco vezes o dinheiro investido por George.

Ele não era bem um novato no ramo de financiar filmes, tendo produzido a comédia *Little Malcolm and His Struggle Against the Eunuchs* (reconhecidamente, com dinheiro dos Beatles) e o documentário *Raga*, sobre Ravi Shankar, investindo em torno de £ 1 milhão do próprio bolso para permitir a sua conclusão. Mas a princípio ele considerou o épico do Monty Python apenas uma aposta bem-aventurada que havia milagrosamente dado certo.

Pouco tempo depois, Eric Idle foi abordado por Bob Hoskins, ator conhecido por seus papéis de *cockney* durão em filmes televisivos. "Quer comprar um filme?", disparou Hoskins – pergunta claramente não dirigida a Idle, mas a seu amigo íntimo, George.

O enredo de *Caçada na noite* (*The Long Good Friday*), coestrelado por Hoskins e a jovem Helen Mirren, mesclava as gangues de Londres com a Máfia e o IRA. A produção tinha sido refutada pelo canal de televisão ATV, quando o presidente da empresa, o Lorde Lew Grade, se horrorizou tanto quanto o irmão dele, o Lorde Delfont, da EMI, tinha se horrorizado ao ler o roteiro de *A vida de Brian*. Pela violência extrema das cenas, Lorde Grade só aceitaria passar o filme após mutilá-lo na mesa de edição, mas os cineastas e Hoskins não aceitaram esse tipo de censura.

Assim, George e O'Brien adquiriram o filme prontinho, pela bagatela de £ 200.000, valor inferior aos custos de produção. O filme elevava o gênero gângster a um novo patamar de sofisticação e inteligência, sem falar no derramamento de sangue, já prenunciando, em vários momentos, *Os bons companheiros* (*Goodfellas*), de Martin Scorsese. "George não assistiu ao filme antes de comprá-lo", recordou Hoskins. "Ele me contou que não teria fechado negócio se soubesse o quanto o filme era violento."

Até então, O'Brien administrava as finanças de George por meio de sua empresa EuroAtlantic. Mas agora estavam se tornando inadvertidamente cineastas e achou por bem formar uma parceria comercial à parte, registrada no começo de 1980 como HandMade Films. George escolheu o nome com base em um anúncio sobre "papel britânico feito à mão"; apreciava a ideia de trabalho artesanal, individualizado, em vez da convencional esteira rolante dos estúdios; só lamentou não ter incluído também o "britânico".

George delegava toda a parte comercial a O'Brien. A HandMade (como a EuroAtlantic e a Dark Horse Records) era operada a partir dos gabinetes em Cadogan Square, agora com uma equipe mais numerosa de advogados e contadores internos. O'Brien morava em uma cobertura e vivia fazendo viagens internacionais, levando a cabo inúmeras tarefas portentosas, todas supostamente para o bem de George.

Por sua vez, George nunca teve paciência suficiente para ler nem sequer um documento tão importante quanto o acordo para a dissolução dos Beatles. Como aconteceu naquela ocasião histórica, costumava assinar contratos sem entender uma palavra deles. Mais tarde, a equipe da HandMade recordaria como ele se deitava no sofá do suntuoso escritório de O'Brien, sem nunca fazer perguntas, enquanto a macia voz americana brotava daqueles rígidos lábios de boneco de ventríloquo, assegurando que este ou aquele documento fora elaborado apenas para salvá-lo das garras do abominável fisco.

Ele não pode dizer que não foi avisado sobre a lábia manipulativa do sócio. Pattie, a ex-mulher de George, nunca confiou em O'Brien e não gostava dele, embora creditasse essa opinião basicamente ao instinto: "Simplesmente havia algo nele". Durante a separação do casal, ela ficou menos preocupada com o insignificante valor de seu acordo de divórcio do que com a forma como O'Brien parecia estar usando e abusando dos proventos de George. "Eu disse a ele: 'Vou abrir uma conta em meu nome e você pode fazer um depósito nela, sabendo que o valor estará sempre seguro'. Mas se alguém insinuava algo contra Denis, ele não dava ouvidos."

Na HandMade ele tinha uma salinha e um assistente pessoal, mas raramente aparecia lá, contando com dois amigos de confiança para mantê-lo informado sobre os acontecimentos. O primeiro era Derek Taylor, ex-assessor de imprensa dos Beatles, agora escritor fantasma e porta-voz de George quando necessário. Apesar de cumprir relevantes funções na indústria da música, Taylor acabou com poucos recursos financeiros. George, generoso como sempre, ajudou o amigo a adquirir uma casa com moinho em Suffolk.

Aliado mais recente, mas de igual força, era o percussionista Ray Cooper, que emprestava sua colossal presença de palco a vários megaintérpretes como Elton John, mas seguia uma carreira paralela como compositor e ator, algo muito útil para a HandMade.

Na semana de lançamento de *A vida de Brian*, o jovem contador Steve Abbott, egresso da renomada empresa Price Waterhouse, passou a trabalhar para O'Brien. Como primeira tarefa, examinou os acordos de redução de impostos em vigor para George, no intuito de oferecer esses mesmos préstimos à trupe do Python, quando, previa O'Brien, eles também se tornassem clientes dele.

Abbott se deparou com um emaranhado de empresas em paraísos fiscais, como Panamá e Antilhas Holandesas, além de contas bancárias na Suíça – naquela época, imunes à inspeção de autoridades fiscais britânicas ou norte-americanas – sobre as quais George não tinha controle e, às vezes, nem conhecimento. "Com os recursos de que ele dispunha mundo afora, teria facilmente financiado *A vida de Brian* sem hipotecar a casa. Mas para isso teria que repatriar o dinheiro de volta à Grã-Bretanha, algo que Denis era terminantemente contra."

Abbott também descobriu que O'Brien era proprietário de um castelo na Fishers Island e de um iate particular no Caribe. O cliente dele, porém, não gozava dessas mordomias. "Tive a impressão de que os acordos estabelecidos supostamente para beneficiar George estavam beneficiando Denis."

Em 1979, George lançou um álbum que pretendia chamar de *Faster*, em homenagem à autobiografia de Jackie Stewart e por gratidão aos momentos fascinantes vividos por ele no circuito da F-1. Pilotos como Stewart e Nicki Lauda, entre outros, sempre perguntavam quando ele iria compor uma canção sobre eles.

No fim das contas, o título do álbum ficou sendo *George Harrison*, mas o LP trazia uma canção para os amigos pilotos: "Faster", também lançada em separado em formato de *picture disc*. O vinil girava com imagens de carros de Fórmula 1 em movimento; no rótulo, as bandeiras quadriculadas da linha de chegada com fotos de Stewart, Lauda e companhia.

O vídeo da canção trazia imagens filmadas por George no Grande Prêmio do Brasil, intercaladas com ele mesmo e uma guitarra no banco traseiro de uma limusine que percorria o circuito do GP de Mônaco, no fim de semana após a corrida. Seu chofer uniformizado, só visível a tempo de dar uma piscadela conspiratória, era Jackie Stewart, o "*master at going faster*" (mestre em ir mais rápido) da letra.

George trouxe à Fórmula 1, com suas frequentes tragédias, um pouco do espírito de caridade dos Concertos para Bangladesh. O dinheiro obtido com as vendas de "Faster" foi destinado a duas causas envolvendo dois pilotos suecos e amigos em vida: o fundo de pesquisa contra o câncer, criado pelo fulgurante piloto Gunnar Nilsson, antes de sua precoce morte de câncer nos testículos, e a família de Ronnie Peterson, morto em 1978 em um acidente no Grande Prêmio da Itália.

Em um gesto de apreço, George participou de um evento beneficente em prol desse fundo de pesquisa contra o câncer de Gunnar Nilsson, pilotando 11 voltas em uma corrida real, na pista de Donington Park. Anônimo no capacete com viseira, foi observado pela nata da profissão, inclusive o grande Juan Manuel Fangio.

Em seguida, foi entrevistado na tevê, ao lado de Jackie Stewart. Primeiro, o repórter ouviu Stewart, como era apropriado, e depois George admitiu: ao testar o Lotus na chuva, ele "rodou algumas vezes... O carro está meio velhinho, mas eu também estou".

"Acho que o sonho dele era ser um piloto de corrida", arrisca dizer Michael Palin. "Uma vez, ele me levou junto com Ray Cooper em um de seus Maseratis para almoçar em Marlow, a 13 km de Friar Park. Fez o percurso num piscar de olhos, fazendo ultrapassagens nas curvas e tocando o terror nos incautos motoristas."

Em março de 1979, Eric Clapton se casou com a ex-Pattie Harrison sem que a amizade dele com George sofresse qualquer abalo. Muito pelo contrário: foi praticamente um casamento arranjado, pouco romântico, combinado a sangue-frio desde os primeiros dias do relacionamento de Pattie com Clapton.

Conforme as recordações de Patti, ela e Clapton estavam sentados com George no grande salão de Friar Park, a antiga residência deles, ela como sempre se sentindo excluída pelo vínculo de camaradagem masculina entre os dois semideuses da guitarra.

"Acho que é melhor eu me divorciar dela", disse George a Clapton, como se ela não estivesse ali.

"Bem, se você se divorciar", respondeu Clapton, na mesma toada, "imagino que isso significa que vou ter que me casar com ela".

A festa de casamento, na mansão de Clapton em Surrey, Hurtwood Edge, teve a presença maciça de amigos superastros, como George, Paul e Ringo. Três semanas antes, Ringo havia passado por uma grande cirurgia intestinal, herança da peritonite infantil, e escapou por um triz de se tornar o primeiro ex-Beatle falecido.

Após a prisão de Paul no aeroporto de Tóquio por porte de drogas, em janeiro daquele ano, George enviou a ele uma mensagem de apoio. Os dois voltaram a se falar e prontamente se juntaram ao show de improviso que foi o ponto alto da tarde. Um pouco antes, John havia telefonado de Nova York para desejar sorte aos recém-casados e disse que teria comparecido, caso soubesse da festa. A chance de uma reunião completa dos Beatles nunca esteve tão perto, mas jamais se repetiria.

Em agosto de 1980, em mais uma de suas intermináveis autocontradições, George, tão obcecado com a privacidade, tornou-se o primeiro ex--Beatle a publicar uma autobiografia. No entanto, *I Me Mine*, título de uma de suas canções menos memoráveis, trazia poucas informações reveladoras.

Publicado pela Genesis, editora especializada em livros bem-acabados, era um livro de grande formato, capa dura, encadernado em box luxuoso, mais apropriado a enfeitar mesas de centro do que proporcionar uma leitura séria. As seções autobiográficas, com base em entrevistas concedidas a Derek Taylor, eram sucintas e aleatórias, complementadas por algumas fotos. Basicamente, um veículo para reproduções coloridas de letras de suas canções, manuscritas no papel timbrado de hotéis e companhias aéreas, páginas arrancadas de agendas ou folhas de rascunhos – uma delas com a queimadura de cigarro reproduzida meticulosamente, outra com o anel de um copo molhado – acompanhadas de breves descrições do porquê e onde ele as compôs.

I Me Mine foi comercializado como obra de arte em tiragem limitada de 2 mil cópias numeradas, ao preço surpreendente de £ 150: um livro para poucos, suntuosa publicação de autoria do mais modesto dos compositores pop.

Isso destoava do George que Michael Palin costumava com frequência visitar com a esposa, Helen, e os três filhos pequenos. Palin recorda: "Visitinhas sempre tranquilas e descontraídas. Ele adorava nos mostrar tudo o que estava fazendo no jardim... 'Estão chegando oito árvores novas de caminhão', contava ele. Uma coisa curiosa é que não me lembro de ele nos convidar para mostrar a casa. Ficávamos sempre na cozinha, uma cozinha como qualquer outra, exceto pela ótima jukebox."

Prestes a completar 40 anos, John interrompeu a aposentadoria musical tão impulsivamente quanto a havia decretado: entrou no estúdio Hit Factory, em Nova York, para gravar seu primeiro álbum em cinco anos, metade de canções próprias e a outra de parcerias com Yoko. *Double Fantasy*, título que homenageia uma variedade de frésia, sua flor predileta, retratava um John completamente renovado, expurgado dos velhos demônios e obsessões, alguém curado de sua egomania de estrela do rock ao criar seu filho, Sean, alguém satisfeito pela primeira vez em sua vida.

Com o lançamento do álbum em novembro, veio uma intensa rodada de entrevistas na mídia, dissipando os boatos de longa data sobre ele ter se tornado um eremita ao estilo Howard Hughes e estar totalmente careca (a derradeira tragédia para um Beatle) e com o septo nasal destruído de tanto cheirar cocaína.

Ele estava bronzeado e em boa forma física, mas sempre engraçado e sem papas na língua. Em todos os momentos, Yoko continuava lá, sentada ao seu lado, proclamando a durabilidade de um relacionamento que um dia o mundo inteiro havia desprezado.

Esse John tranquilo e otimista, entoando cartas de amor de um estilo quase "McCartney" para sua esposa e filho, foi uma grande surpresa para seu antigo público. Nem o álbum *Double Fantasy* nem o primeiro single, "(Just Like) Starting Over", arrebentaram nas paradas internacionais.

No dia 9 de dezembro, cedinho da manhã, tocou o telefone. Olivia Harrison foi atender. Era Louise, a irmã de George, de Illinois, fuso de cinco horas a menos. Um noticiário de Nova York acabava de anunciar que John, voltando com Yoko do estúdio de gravação a seu apartamento no Edifício Dakota, no fim de noite da véspera, havia sido atingido com cinco tiros nas costas. Levado à emergência do Hospital St. Luke's-Roosevelt, não resistiu aos ferimentos.

A primeira reação pública de George mostrou a pior faceta de sua falta de tato. Declarou que Olivia o acordou para dar a notícia, mas ele se virou e voltou a dormir. "Quando acordei, ainda era verdade". Claro, devemos levar em conta o choque; até mesmo Paul, em geral polido, disse a um repórter de tevê que aquilo era "um saco".

A pedido de Derek Taylor, George divulgou uma nota mais ponderada, mas que ainda soava estranhamente impessoal. "Após tudo o que passamos juntos, eu tinha e ainda tenho um grande amor e respeito por ele [John]. Estou perplexo e atordoado. Roubar a vida é roubar o nosso bem mais precioso. A perpétua invasão do espaço alheio é levada ao limite com o uso de uma arma. É um ultraje que as pessoas possam tirar a vida de outras pessoas quando obviamente não conseguem colocar em ordem suas próprias vidas."

Naquele Natal e por muito tempo depois, "(Just Like) Starting Over" e outras faixas de "John" do *Double Fantasy* lideraram as paradas mundo afora. E a certeza de que agora os Beatles nunca mais poderiam voltar desencadeou uma segunda onda de Beatlemania que jamais arrefeceria.

Para George, o luto foi como um aguilhão de escorpião. Em sua edição de janeiro de 1981, a *Playboy* publicou uma extensa entrevista de John, feita em setembro do ano anterior, com várias menções a ele que oscilavam do desprezo à condescendência. *All Things Must Pass*, reconhecida pela crítica como obra-prima, era "legal", opinou John, "mas longo demais". E acrescentou algo que George já havia percebido: o processo de "My Sweet Lord" por plágio teria sido facilmente evitado mudando um par de notas [mas] "talvez tenha pensado que Deus simplesmente o deixaria se safar".

O motivo do ataque verbal logo foi revelado: *I Me Mine*. "Ele publicou um livro autobiográfico em edição limitada, o qual, por omissão flagrante, diz que a minha influência sobre ele foi titica de nada... George tinha comigo um relacionamento de jovem que segue o cara mais velho... e acho que ele guarda rancor de mim por eu ter sido o papai que saiu de casa... Ele me ignora solenemente, como se eu não existisse."

Na verdade, John aparece dez vezes no texto (e em sete fotografias), mas a simples citação de seu nome não amainou seu sentimento de ingratidão dolorosa. Em vez disso, citou a ocasião em que George lhe pediu ajuda com a letra de "Taxman" – "uma de suas melhores canções" – e John atendeu "porque tinha sido John e Paul por tanto tempo" (isto é, monopolizando a composição nos Beatles). Também se sentia culpado por ter reprimido George como vocalista principal, em geral "cantando nos salões de baile as músicas que eu escolhia para ele de meu repertório... as mais fáceis de cantar".

A resposta de George veio, embora muito tempo depois: "John se irritou [comigo] porque não falei que ele escreveu um verso de 'Taxman', mas também não contei que escrevi dois versos de 'Come Together' ou três versos de 'Eleanor Rigby'. Acho que... eu teria mais coisas para reclamar dele do que ele de mim."

Por mais injustiçado que George tenha se sentido, em seu álbum de 1981, *Somewhere in England*, tentou fazer as pazes com um tributo a John: "All Those Years Ago". Tocando diretamente no assunto, disse todas as coisas certas, como "*I always looked up to you*" ("Sempre admirei você", quase as mesmas palavras de John na entrevista da *Playboy*); "*They treated you like a dog*" ("Trataram você como um cachorro", referindo-se à imprensa em suas campanhas pela paz nos anos 1960); e "*You* imagined *it all but not many had ears*" ("Você *imaginou* tudo, mas poucos tinham ouvidos").

O flagrante defeito da canção – talvez um indicativo de suas emoções confusas ao compô-la – era o ritmo alegre e otimista, sugerindo mais uma aula de aeróbica do que um réquiem. Ainda assim, o single foi seu primeiro sucesso em anos, alcançando o 2º lugar nas paradas dos EUA e o 13º na Grã-Bretanha, detalhe que John pode ter acrescido à sua lista de queixas no Além.

A partir desse momento, assassinatos deixaram de ser um perigo confinado à realeza e aos políticos ou a uma expressão de ódio compreensível. No dia do crime, Mark David Chapman, fã doentio dos Beatles, tinha solicitado e obtido um autógrafo de John na capa de um disco. O assassino declarou que se sentia sombriamente "traído" pela vida após o fim dos Beatles. Esses sentimentos de posse eram comuns entre os beatlemaníacos radicais, mas nunca levados a extremos tão hediondos.

E poderia muito bem não ter parado por aí. Logo depois, George recebeu uma ameaça de morte de outro indivíduo nos EUA que alegou ter comprado uma arma para essa finalidade. Mais tarde, a polícia de Baltimore, Maryland, deteve um suspeito, mas ele não foi indiciado.

Por isso, os portões de Friar Park tiveram de ser fechados. Os frequentadores do Row Barge deixaram de receber as visitas de um ex-Beatle espargindo rubis, e um manto de temor passou a cobrir os caprichosos domínios de Sir Frank Crisp. Os jornais noticiaram que George investira £ 1 milhão em portões eletrônicos, sensores infravermelhos, câmeras de tevê em circuito fechado e monitores ligados à delegacia de polícia da cidade. Também conseguiu uma autorização especial das autoridades locais e mandou instalar uma cerca de arame farpado ao redor de todo o perímetro da propriedade.

Após a apelação que durou cinco anos, 1981 enfim trouxe uma resolução para o processo movido pela Bright Tunes Corporation, agora pertencente ao corpulento inimigo de George, Allen Klein. Na visão do juiz, "My Sweet Lord" seria um "plágio inconsciente" de "He's So Fine".

Enquanto Klein perseguia George, a Receita Federal dos EUA o perseguia por suspeita de fraude financeira que remetia ao início dos anos 1960. Em 1979, a Receita Federal o indiciou por não declarar a renda proveniente de cópias promocionais dos álbuns de seus clientes, que ele vendia para pagar despesas pequenas. Foi condenado a dois meses de prisão e multa de US$ 5.000.

A vitória de Klein sobre George no Tribunal de Apelações não serviu para restaurar o moral do empresário. O juiz bateu o martelo: Klein tinha direito à indenização, mas a sua tentativa de manipular o caso foi tanta que "não deveria ser permitido lucrar com isso". Portanto, recebeu apenas US$ 587.000, o valor que pagou para adquirir a Bright Tunes. Em uma bizarra reviravolta final, os direitos autorais de "He's So Fine" foram transferidos a George, deixando-o livre para plagiar a canção o quanto quisesse, se assim o desejasse.

Em 1981, a HandMade Films lançou *Os bandidos do tempo* (*Time Bandits*), que transformou Terry Gilliam de animador e participante ocasional do Monty Python no cineasta mais original – e perdulário – da década. Espécie de *O mágico de Oz* mais animado e violento, focava o sequestro de um garotinho de 11 anos por um grupo de anões que viaja no tempo, roubando tesouros de diferentes eras. O único astro era Sean Connery, o primeiro James Bond e ex-companheiro de golfe de Denis O'Brien, quebrando paradigmas e encarnando o Rei Agamenon, direto da Grécia Antiga.

Supostamente, George deveria compor um álbum de trilha sonora, mas refutou a exigência de O'Brien de forrar o disco de canções alegres ao estilo de "Heigh-Ho", cantada pelos sete anões no filme *Branca de Neve* da Disney. Assim, limitou a sua contribuição a uma só faixa, "Dream Away", que toca durante os créditos finais.

Terry Gilliam manteve *Os bandidos do tempo* dentro do orçamento de US$ 5 milhões – façanha que raramente repetiria como diretor –, mas revelou um espírito de independência quase truculento, resistindo a todas as tentativas de interferência de seus produtores executivos. A certa altura, inclusive, ameaçou destruir o único negativo do filme se não conseguisse o que queria. George comparou esse "autoritarismo bolchevique" ao de John Lennon, comparação que Gilliam considerou um grande elogio.

Ficar dentro do orçamento não bastava. Parecia que Gilliam não se lembrava de quem lhe dera a grande chance com *A vida de Brian*. Em vez de bancar o chefão, porém, George inseriu na letra de "Dream Away" uma indireta: "*Lucky you got so far/ All you owe is apologies*" ("Você tem sorte de chegar tão longe/ Tudo que você deve é se desculpar").

Nas bilheterias, *Os bandidos do tempo* arrecadou US$ 36 milhões, superando *A vida de Brian*. Por outro lado, o álbum de George lançado em 1980, *Somewhere in England*, mesmo trazendo a canção-tributo "All Those Years Ago", em homenagem a John, não chegou ao Top 20 na Grã-Bretanha nem nos EUA, um fato inédito. Parecia que, de agora em diante, a HandMade Films se tornaria uma fonte mais confiável de sucessos.

O álbum de 1982, *Gone Troppo*, foi subestimado antecipadamente em razão do título obscuro, expressão australiana que significa "enlouquecido" sob o calor tropical. O disco tinha várias faixas boas, em especial "Wake Up My Love" e "Dream Away", do filme *Os bandidos do tempo*. Mas, devido à poderosa e conflitante atração da HandMade, ele se recusou a promovê-lo e até mesmo a fazer um videoclipe. A revista *Rolling Stone*, que costumava persegui-lo, aproveitou a deixa para alfinetar: isso mostrava que ele era "melhor como financiador de cinema do que como músico". Nos EUA, *Gone Troppo* alcançou apenas o 108º lugar nas paradas; na Inglaterra nem apareceu na lista. Exceto por participações em trilhas sonoras, ele ficaria cinco anos sem gravar um novo álbum.

George sempre defendeu que seu objetivo principal na HandMade era "ajudar" pessoas como a trupe do Monty Python a realizar seus projetos, ao espírito da malfadada Apple Corps dos Beatles. Por sua vez, o principal objetivo de Denis O'Brien, como enfim acabaria vindo à tona, era se locupletar com o dinheiro de George de todas as maneiras possíveis.

Steve Abbott, o jovem contador interno, já suspeitava disso pelo labirinto de empresas offshore e pelas contas bancárias supostamente criadas para proteger George do fisco, as quais ele queria que os Python também usassem, assim que se tornassem seus clientes.

Mas a ideia não cativou Palin, Idle e companhia, para a tristeza de O'Brien. "Denis nos levou à Fishers Island, em Nova York, e usou um quadro negro para nos mostrar todos os lugares onde queria depositar nosso dinheiro", lembra-se Michael Palin. "Depois, nós nos entreolhamos e perguntamos uns aos outros: 'Alguém entendeu uma palavra do que ele disse?'. Ninguém entendeu bulhufas. Na real, não tínhamos as mesmas objeções a pagar impostos que George tinha."

Para Steve Abbott, o derradeiro abrir de olhos foi o passeio de fim de semana que O'Brien organizou em Guernsey, nas Ilhas do Canal, o mais próximo de seus paraísos fiscais, para agradecer aos diretores e membros do conselho das empresas offshore que ele configurou para o "trabalho" desses laranjas. "Um deles, o ex-motorista de Peter Sellers, não tinha outra qualificação além de ter passaporte irlandês. Outra, Lucy Rigo, uma ex-Apple

Scruff, tinha passaporte italiano e acabou cuidando da folha de pagamento em Friar Park, assinando cheques de centenas de milhares de libras.

A essa altura, Abbott considerava a trupe do Monty Python mais como amigos do que como clientes, então se empenhou para tirá-los das garras de O'Brien; mas nesse processo acabou demitido e alvo do ódio eterno de seu ex-empregador.

"Em certo ponto, Eric Idle me puxou para o lado e disse: 'Não pode limpar a barra do George também?'", recorda Abbott. "Mas tive que dizer a ele: 'Agora já estou muito ocupado com vocês.'"

Analisada na superfície, a parceria Harrison/O'Brien parecia a mistura ideal de megastar com financista. Afinal de contas, a HandMade se tornava parte integrante do renascimento do cinema independente britânico na década de 1980, rivalizando em importância com a poderosa Goldcrest e seus influentes agentes David Puttnam e Sir Richard Attenborough.

Porém, as duas organizações não costumavam concorrer diretamente. A Goldcrest realizava grandes produções com temáticas internacionais, como *Gandhi*, *Os gritos do silêncio* (*The Killing Fields*) e *A missão* (*The Mission*); por sua vez, a HandMade se especializou em tramas menores e muito britânicas, muitas vezes desafiando os limites da censura: *Meu reino por um leitão* (*A Private Function*), *Privates on Parade*, *Freiras em fuga* (*Nuns on the Run*) e *Os desajustados* (*Withnail and I*). Possibilitou atuações de primeira classe de uma impressionante gama de atrizes e atores, como Maggie Smith, Michael Caine, Denholm Elliott e Sir Ralph Richardson; roteiristas como Alan Bennett, Dennis Potter, Dick Clement e Ian La Frenais; e cineastas como Bruce Robinson, Neil Jordan, Nicolas Roeg e Jack Clayton.

George insistia sempre que a produtora de filmes não passava de uma atividade secundária, pois ele "já tinha um emprego", mas foi produtor executivo de 23 dos filmes da companhia, incluindo *Mona Lisa*, indicado ao Oscar de Melhor Ator (Bob Hoskins).

Em George, o cinema trouxe à tona um autocontrole e uma diplomacia que teriam surpreendido qualquer pessoa que o conhecesse nos Beatles.

Ele nunca tentou fazer da HandMade um mero reflexo de seu gosto particular, e realizou filmes que não o agradavam pessoalmente, mas tinham óbvios méritos artísticos. Na função de produtor executivo, fazia visitas minuciosas a cenários e locações, sempre buscando elevar o moral dos atores e das equipes.

Com 40 anos recém-completos, abandonou o estilo hippie e adotou a nova silhueta masculina dos anos 1980: cabelo estilo "mullet", jaqueta de ombreiras com mangas arregaçadas até os cotovelos, calças esvoaçantes como as que abominava na escola. Sem que a mídia notasse, ele passou por uma ortodontia radical que substituiu seu antigo sorriso dentuço por um sorriso mais discreto e peculiar, às vezes sob um bigodinho, às vezes não.

A exemplo de muitas pessoas cuja emotividade típica dos anos 1960 sobreviveu ao longo dos 1970, ele não escondia seu pesar com Margaret Thatcher e as chocantes proezas de seu governo conservador: a guerra das Malvinas (que todos preferiam chamar de "conflito") e a violenta repressão policial à greve dos mineiros.

No entanto, como muitos outros ex-usuários de barbas e sandálias, também não teve nada a reclamar do mercado de ações em expansão, o incentivo à iniciativa privada (que trouxe benefícios financeiros significativos à HandMade) e a redução do imposto de renda na sua faixa em rápidos ajustes, de 95% para 60%.

A turnê *Dark Horse* ainda lançava sua sombra na recusa de George em voltar à estrada de novo ou até mesmo se apresentar ao vivo. Quando Bob Dylan voltou à Grã-Bretanha em meados de 1981, convidou George a reviver a parceria do Concerto para Bangladesh, no palco da Wembley Arena. A recusa veio em tom de desculpa, mas com firmeza.

Porém, o impulso para tocar música permanecia tão forte como sempre. Na região de Henley moravam diversos músicos do alto escalão, como Alvin Lee, guitarrista do Ten Years After; Jon Lord, tecladista do Deep Purple; Gary Moore, ex-guitarrista do Thin Lizzy; e Herbie Flowers, um virtuoso baixista. Todos eram amiúde convidados para tocar com George e praticamente se tornaram a banda residente de Friar Park.

Outras vezes ele apenas se divertia no espaçoso estúdio de gravação caseiro, que mais parecia um salão de baile, com a colossal mesa de mixagem e a requintada mobília em madeira antiga. Em 1983, assistiu ao show de reencontro dos Everly Brothers, no Royal Albert Hall. Foi direto para casa e passou o resto da noite gravando e mixando um tributo particular a Don e Phil.

Os outros músicos eram só camaradas, mas em Joe Brown descobriu um amigo do peito. Na era das trevas pré-Beatles, Brown tinha sido o principal guitarrista elétrico da Grã-Bretanha; no começo da carreira, os Beatles fizeram shows na mesma noite que ele, em posição bem inferior no line-up, em locais como o Floral Hall, de Southport. Na visão de John e Paul, a canção de Joe Brown "A Picture of You" era uma das poucas no alcance vocal de George.

Ao saber que Brown agora morava no entorno de Henley, George o convidou para fazer uma visita a Friar Park. Primeiro os dois tocaram guitarras, mas logo mudaram para um instrumento de cordas menor e menos solene.

Os dois tinham paixão por uqueleles e também por George Formby, astro que nas décadas de 1930 e 40 fez um sucesso imenso com faixas aparentemente inocentes, mas de duplo sentido, como "Me Little Stick of Blackpool Rock" e "Fanlight Fanny the Frowsy Nightclub Queen", acompanhadas por uma tempestade de relâmpagos no banjo-uquelele, ou banjolele.

Mesmo com a enorme coleção de uqueleles, George "não era assim tão proficiente", opinou Brown. Assim, o londrino ensinou ao liverpudliano o dedilhado estilo "tesoura" de George Formby – e o atraiu de volta à estrada de um modo completamente inesperado. "Ele sempre me ligava e dizia: 'O que está fazendo, Joe? Amanhã venha aqui em casa e traga sua mala'. E viajávamos mundo afora. Ele dizia: 'Trouxe os uqueleles', e tocávamos direto."

Na vida de Beatle, um dia era diferente do outro, sempre imprevisível. Mas com filho pequeno, cada dia tinha horários fixos para comer, tomar banho e dormir. Agora os fotógrafos tendiam a capturá-lo em aeroportos, com Dhani nos braços ou levando *baby gear* que, sob qualquer prisma, não aparentava sofisticação.

Com o assassinato de John, ele temia pela segurança de Dhani e Olivia, ainda mais do que por sua própria. Começou a procurar um refúgio fora da Grã-Bretanha que oferecesse segurança, privacidade e paz.

Em Maui, no arquipélago do Havaí, comprou um terreno de 25 hectares na remota comunidade de Nahiku, no leste da ilha, no alto de um penhasco com vista para o Pacífico. Construiu uma casa e plantou um novo jardim em que todas as flores e plantas cresciam num ritmo sete vezes maior que em Friar Park.

O fato de o uquelele ser o instrumento nacional do Havaí era uma atração extra. Há séculos o "pequeno bastão do rock" animava a hula-hula, muito antes de George Formby pensar em tocar o "*little stick of Blackpool rock*". Rapidinho George descobriu o Rolls-Royce dos uques havaianos, o artesanal Kamaka; com sua nova expertise, começou a tocar modelos "profissionais", de seis e oito cordas, e limpou o estoque de uma loja para presentear amigos na Inglaterra.

Em 1985, a HandMade lançou Water, comédia à moda antiga sobre uma ilha do Caribe, Cascara, possessão colonial britânica. No filme, a água local, efervescente como água mineral Perrier, continha um forte laxante (fonte garantida para gargalhadas britânicas).

George fez uma participação especial, mais como músico do que como ator, à frente da "Singing Rebels Band". Formada por estrelas como Ringo, Eric Clapton e Ray Cooper, além do comediante Billy Connolly, serviu de aperitivo para outra banda com pseudônimo que surgiria em breve. A cena em que eles tocam o reggae "Freedom" na Assembleia Geral das Nações Unidas é uma óbvia ressonância do Concerto para Bangladesh.

Por ironia, enquanto ele parodiava esse momento culminante da sua carreira, o espírito solidário seria reavivado com plena seriedade e numa escala muito expandida.

No ano anterior, uma catastrófica fome na Etiópia comoveu o rock britânico, agora reconhecido como uma comunidade à parte. Treze anos antes, George também havia se abalado com a fome e o genocídio em Bangladesh. Seguindo o exemplo dele, Bob Geldof, dos Boomtown Rats, e Midge Ure, do Ultravox, mobilizaram amigos como Phil Collins, Spandau

Ballet, Boy George, Duran Duran, Sting e Bono Vox, do U2. Sob o cognome de Band Aid, gravaram um single de caridade natalino, "Do They Know It's Christmas?", que foi direto ao primeiro lugar e arrecadou US$ 24 milhões. Semanas depois, a fórmula foi repetida nos EUA, com o single "We Are the World" e um time liderado por Michael Jackson, Bruce Springsteen, Stevie Wonder, Tina Turner, Dionne Warwick, Ray Charles e Bob Dylan.

Em 13 de julho de 1985, as duas iniciativas se fundiram para criar o Live Aid, maratona de concertos transmitida simultaneamente do Estádio de Wembley, em Londres, e do Estádio John F. Kennedy, na Filadélfia, com uma camada extra de talentos como Queen, David Bowie, U2, The Who, Madonna, Elton John e George Michael. Cerca de 1,8 bilhão de pessoas em 150 países, ou 40% da população mundial, assistiram ao evento.

Mesmo com sua vasta experiência em conciliar egos de superastros no Concerto para Bangladesh, George não participou da organização do Live Aid. Bob Geldof só indagou qual conselho ele tinha a oferecer. "Consiga um bom contador", advertiu, ainda ressentido com a questão fiscal que azedou o seu grande empreendimento em 1971.

Tampouco recebeu uma vaga solo no poderoso setlist de rock'n'roll; apenas a oferta de tocar junto em "Let It Be", acompanhando Paul, Geldof, Alison Moyet e Pete Townshend. A resposta dele, com pouco espírito de caridade, foi: "Paul não quis que eu cantasse essa música há dez [sic] anos, então por que quer que eu cante agora?".

Seja como for, "Let It Be" dificilmente teria sido apropriada, já que ele e Ringo na época estavam processando Paul em US$ 6,5 milhões. Em 1979, Paul havia reassinado com a EMI, com uma taxa de royalties mais elevada do que a deles, fato que recém tinha vindo à tona. Além disso, George suspeitava que, perante aquele público global, Ringo poderia subir ao palco, e lá estaria ele, subitamente preso numa reunião com 3/4 dos Beatles.

Mas um convite para um palco menor, com público bem menor, era difícil de recusar. Em janeiro de 1986, o novo Canal 4 da televisão britânica exibiu *Blue Suede Shoes: A Rockabilly Special*, em homenagem a seu grande ídolo Carl Perkins, que devia muito a George pela revitalização em sua carreira.

Perkins estava irreconhecível. Já não era o artista com passinho estranho e saltitante e a linha do cabelo instável que ele tinha visto pela primeira vez no filme *Disc Jockey Jamboree*, em 1957. Agora resplandecia com a peruca encaracolada, óculos de grife descomunais, mas tão agradável e divertido como sempre.

George sentou-se com Ringo, Eric Clapton e Roseanne, a filha de Johnny Cash, e, como colegas de escola enfileirados com o professor, tocaram com Perkins os clássicos "Honey Don't", "Matchbox" e a primeira canção a se tornar marca registrada de George nos shows dos Beatles: "Everybody's Tryin' To Be My Baby".

Não levando em conta o show-paródia nas filmagens de *Water*, foi sua primeira apresentação em palcos em mais de dez anos e, longe de só ir no embalo como no filme, ele curtiu cada momento.

27

"ELE IA ENCARAR UMA DÍVIDA POTENCIAL DE UNS £ 32 MILHÕES"

Em março de 1986, os televisores nos dois lados do Atlântico mostraram um momento surreal. George Harrison, ainda um dos astros pop mais famosos do mundo, apareceu ao lado da estrela pop mais famosa do mundo com ar de mentor levemente constrangido.

Dançarina, coreógrafa e cantora – e santa só no nome –, Madonna Louise Ciccone trouxera aos palcos do rock uma nova e atrevida sexualidade, a comando de uma mente independente e calculista para atrair homens e mulheres. Não só para excitar os homens, mas também como livre expressão feminista, Madonna tingiu os cabelos de loiro dourado, repaginou os lábios em arco de cupido escarlate e adotou a imagem de uma Marilyn Monroe pirralha.

Recém-casada com um emergente astro de Hollywood, fazia com o arruaceiro Sean Penn um casal tão glamoroso quanto Elizabeth Taylor e Richard Burton nos anos 1960, ou David e Victoria Beckham no século XXI.

Desde os Beatles e *A Hard Day's Night*, o próximo passo para qualquer músico pop de grande vendagem era fazer um filme. Madonna já havia coestrelado o aclamado pela crítica *Procura-se Susan Desesperadamente* (*Desperately Seeking Susan*), interpretando uma versão cinematográfica de si mesma. Agora, ela ansiava por explorar novos caminhos e contracenar com seu novo marido. Despertando grande espanto e inveja no meio cinematográfico, o casal optou pela HandMade.

A produtora nunca havia lidado com celebridades desse nível, mas Denis O'Brien viu nisso a oportunidade de fazer a transição de filmes britânicos excêntricos para Hollywood. O novo filme, *Shanghai Surprise*, seria uma comédia maluca ambientada nos anos 1930, nesse porto chinês tradicionalmente devasso. Com seu habitual passe de mágica, O'Brien quase miraculosamente levantou US$ 17 milhões para financiá-lo, o maior orçamento da HandMade de todos os tempos.

O fator decisivo para garantir o casal estelar foi a relutante magia de George como Beatle. Portanto, além de ganhar o crédito de produtor executivo, compôs e gravou cinco faixas para a trilha sonora de *Surpresa de Shanghai*. De quebra, fez uma pontinha como cantor na casa noturna.

Pela sensualidade dos shows de Madonna, o governo chinês não autorizou filmagens em locações na verdadeira Xangai (se bem que no filme ela interpretaria uma missionária cristã, vestida com decoro). Por isso, as locações foram transferidas para Hong Kong, nos seus últimos dias como possessão colonial britânica.

Nesse território, logo as filmagens se transformaram em caos. Cada locação externa se infestava com paparazzi, e, como sempre, os britânicos são os piores dessa laia. Jim Goddard, o diretor, perdeu o controle dos protagonistas já no primeiro dia e depois não conseguiu mais recuperá-lo. Sean Penn se envolveu em contínuas brigas com fotógrafos, numa delas mandando o guarda-costas usar a mangueira de incêndio para arrefecer a empolgação deles. A equipe de filmagem britânica pegou tanto asco dos Penn que os apelidou de "casal Peçonha Penn".

Por fim, Denis O'Brien pressionou para que George voasse a Hong Kong e usasse sua aura Beatle para reinstaurar a paz no set. Ele se sentiu explorado por O'Brien, sem, no entanto, sonhar com a plena escala dessa exploração.

De volta a Londres, o elenco passou a filmar as cenas de interiores nos Shepperton Studios, e uma entrevista coletiva foi marcada, na tentativa de conter a publicidade negativa que permeava os jornais britânicos. Infelizmente, a coletiva só confirmou que a coisa não ia bem: fiel à sua personalidade de Marilyn, Madonna chegou uma hora atrasada e Penn não deu as caras.

Ao longo da entrevista, George não escondia o mal-estar, mascando chiclete ostensivamente como sinal de seu desdém pelos jornalistas picaretas reunidos. Declarou que já esperava que a imprensa fosse criar "certa comoção" em Hong Kong, mas que havia "superestimado a inteligência deles".

Mostrou-se claramente contrariado com sua estrela, a qual mais tarde reclamou ter sido impedida por ele de responder às perguntas dos jornalistas, embora ele próprio não tenha conseguido dialogar com eles. "Continuou falando as coisas erradas para tentar acalmar as pessoas", opinou Madonna. "Não me deixou falar e enfiou os pés pelas mãos." Nunca um mentor precisou tanto de um mentor.

Não causou surpresa o fracasso comercial de *Surpresa de Shanghai*. A química sexual entre Madonna e Penn, tão audível do trailer deles nos intervalos entre as tomadas, não se transferiu às telonas. E ela nem sequer tentou atrair seu enorme público ao cinema extraindo uma ou duas canções daqueles lábios em arco de cupido que ela manteve, mesmo como missionária. Até mesmo o lançamento do disco com a trilha sonora de George foi abortado. "O bom de *Shanghai Surprise*", comentou o *New York Times*, "é poder assistir ao filme [nos cinemas] quase em total privacidade".

Para a HandMade, o desastre financeiro foi evitado, porque Denis O'Brien tinha garantido distribuição suficiente em territórios ultramarinos para recuperar o seu orçamento. A má gestão da produtora ia demorar mais um pouco a ser desmascarada.

Para George, entretanto, equivaleu a uma sentença de morte. O projeto surgiu justo quando ele havia conseguido parar de fumar, vício adquirido quando estudava no Inny. Desacostumado a lidar com o ego de superstar (além do seu próprio), George voltou a fumar, agora definitivamente.

A propriedade no remoto recanto sudeste de Maui era menos isolada do que parecia à primeira vista. Atravessando o jardim, a uns dez metros da casa construída por George e Olivia, uma trilha – na verdade uma via pública – era o único acesso ao local de pesca mais procurado da ilha.

O povo que cruzava ali pertinho, quase sempre em ritmo de férias, quebrava o silêncio perfeito, pisoteava as flores de George e, às vezes, até dava uma espiadinha pela janela do quarto. O pânico de se tornar vítima de outro Mark David Chapman (que partiu do Havaí para assassinar John) só aumentou com a fobia por "vizinhos intrometidos" que o acompanhava desde a infância.

George bloqueou o acesso histórico com uma barricada metálica adornada com duas placas contundentes, uma dizendo MANTENHA DISTÂNCIA e a outra ENTRADA PROIBIDA. Indignados, os vizinhos deram início a uma batalha jurídica que acabaria nos tribunais; nesse meio-tempo, sua busca pelo refúgio perfeito recomeçou.

Um amigo dele, Jackie Stewart, deu uma sugestão quando os dois assistiam ao GP da Austrália, em meio à ruidosa multidão e ao aroma de gasolina, sem o qual George também não conseguia viver. Cidadão do mundo, Stewart contou ao amigo sobre a Ilha Hamilton, no arquipélago de Whitsunday, ao largo do litoral de Queensland, na Grande Barreira de Corais.

Ele e Olivia só visitaram a ilha tempos depois, mas a paixão foi instantânea. Em três quilômetros quadrados, só existia um único bangalô; o restante seria um jardim tropical intacto, não fosse pela presença de lagartos-monitores, cucaburras-risonhas e, principalmente, cangurus-anões (*wallabies*). George comprou um lote de 2,5 hectares num penhasco com vista para o oceano, onde começaram a construir outro sonhado refúgio.

Em 1987, tirou um tempinho longe da HandMade para fazer seu primeiro álbum em cinco anos. Escolheu como coprodutor alguém que não podia contrastar mais com o casal Peçonha Penn.

Tão polivalente quanto o próprio George, Jeff Lynne também estava na estrada havia um bom tempo: guitarrista, cantor, compositor e produtor – primeiro com The Move no finzinho dos anos 1960, depois com a Electric Light Orchestra (ELO), banda que incluía violinos e violoncelos na formação, muitas vezes chamada de "os Beatles dos anos 1970". Natural de Birmingham, tinha um sotaque tão forte quanto o de Liverpool. Seria a primeira fusão artística de um "Scouser" e um "Brummie" nesse alto patamar.

Lynne relembra sua primeira visita a Friar Park, intimidado não só por seus esplendores góticos, mas também pela perspectiva de conhecer um de seus maiores heróis. "Olivia veio me receber na porta e falou: 'George está te esperando à beira do lago. O barco está pronto para vocês darem um passeio'. Ele foi muito amável. Embarquei, e ele disse: 'Ao zarparmos, não ponha as mãos fora do barco. Mantenha o equilíbrio com a bunda'. E foi isso... eu soube que ele era meu tipo de cara."

A recíproca foi verdadeira. Além da musicalidade polímata, Lynne revelou-se tão grande fã de Fórmula 1 quanto George, e muito interessado em aprender o uquelele.

O título do álbum, *Cloud Nine*, citava o disco homônimo dos Temptations de 1969, mas dessa vez não houve pesadelos jurídicos sobre direitos autorais. George contou com o habitual apoio de astros como Ringo e Eric Clapton, além de um pianista que não gravava havia muito tempo. Estamos falando de Elton John, recém-recuperado do que aparentava ser um câncer de garganta terminal e sofrendo violentos ataques homofóbicos do jornal *Sun*. George não foi o único para quem o estúdio de Friar Park mais parecia uma cura relaxante.

Com sua influência, Jeff Lynne impregnou o ambiente com descontração, algo palpável em "When We Was Fab", parceria dele com George, na verdade brincando com a época dos Beatles e de sua principal maldição, "*Back when income tax was all we had*" ("Quando o imposto de renda era tudo o que tínhamos"). A canção termina com uma breve explosão de cítara há muito abandonada.

Elton personificava ao mesmo tempo a música conscientizadora e o xodó da família real, especialmente da princesa Diana, conhecedora do pop, e do então Príncipe de Gales. Para promover *Cloud Nine*, ele convenceu George a tocar, ao lado de Ringo, na festa de gala da Prince's Trut, a instituição de caridade em prol de jovens desfavorecidos, liderando um line-up que incluía Eric Clapton, Bryan Adams e Dave Edmunds. "Sem eles", Elton lembrou ao público ao anunciar a dupla de ex-Beatles, "nós não existiríamos".

Cloud Nine foi aclamado como o melhor trabalho de George desde *All Things Must Pass*. De quebra, o sucesso de um single o pegou de surpresa: a sua cover para "Got My Mind Set on You", de James Ray, de 1962, alcançou o primeiro lugar nos EUA e o segundo na Grã-Bretanha. A letra traz uma ironia que só alguns contabilistas captaram, o verso sobre a necessidade de "muita grana para gastar".

Foi a última vez que George gravou, do começo ao fim, um álbum solo de estúdio.

Em 1974, os ex-Beatles tinham assinado um monumental documento sobre a dissolução. Apesar disso, inúmeras questões entre eles ainda restavam. Em 1983, a reunião de cúpula no Dorchester Hotel de Londres, agora com Yoko representando John, tentou equalizar essas questões sem sucesso.

Porém, a inimizade de George em relação a Paul parecia ter arrefecido, sem dúvida ajudada pelo sucesso comparativo da HandMade com a desastrosa incursão de Paul no cinema, *Mande lembranças para Broad Street* (*Give My Regards to Broad Street*), de 1984. Logo após o lançamento de *Cloud Nine*, os dois jantaram juntos, e a conversa fluiu como há muito tempo não fluía.

Antes tarde do que nunca: em janeiro de 1988, os Beatles foram incluídos no Rock & Roll Hall of Fame. Paul se recusou a comparecer à cerimônia, alegando "diferenças comerciais". Observado com atenção por Yoko e os dois filhos de John – Julian e Sean –, George pela primeira vez acertou em cheio no tom de seu comentário sobre o não comparecimento de Paul, imperturbável pelas interrupções de um Ringo desesperadoramente bêbado:

"Sendo o Beatle quieto, não tenho muito a dizer. É uma pena que Paul não esteja aqui, porque era ele quem tinha o dom da fala.* Todos sabemos por que John não está aqui, mas tenho certeza de que ele estaria, e é realmente difícil estar aqui representando os Beatles... receio sermos o que restou deles. Todos nós amávamos muito John e todos nós amamos muito Paul."

* *He's the one who had the speech in his pocket*: aqui, George brinca com a expressão "ter o discurso no bolso", que é usada literalmente para se referir a alguém mais comunicativo com o público. (N. de R.T.)

Ao longo das sessões de *Cloud Nine*, ele e Jeff Lynne brincaram de escolher a pessoa com quem cada um mais gostaria de formar uma banda. George escolheu Bob Dylan; Lynne escolheu Roy Orbison, com quem os Beatles fizeram uma turnê pela Grã-Bretanha em 1963 e que, com o advento da Beatlemania, acabou perdendo a condição de atração principal no line-up.

No primeiro semestre de 1988, George estava em Los Angeles para tratar de negócios relativos ao novo filme da HandMade, *Checking Out* (*Marcando em cima*). Aproveitou para entrar em contato com o amigo Tom Petty, o mais loiro guitarrista/cantor/compositor do country rock, que volta e meia tocava nas turnês de Bob Dylan com sua banda, The Heartbreakers.

Petty foi outro convertido por Harrison ao uquelele. "Lembro-me de que George apareceu em minha casa com dois deles e disse: 'Acho que vamos precisar de outros'. Abriu o porta-malas do carro e estava *abarrotado* de uqueleles."

George precisava de um lado B para o terceiro single de *Cloud Nine*, "This Is Love", outra parceria com Jeff Lynne. Na verdade, Lynne também estava na cidade, preparando-se em seu habitual modo multitarefa para produzir álbuns para Tom Petty e Roy Orbison, justo o nome que tinha vindo à tona em sua brincadeira no estúdio com George, sobre colegas em uma banda fictícia.

Naturalmente, Lynne abriu espaço na agenda para ajudar George a gravar essa inédita no lado B. Levou Orbison para jantar com George, e o decano mostrou não ser a estátua frígida daquela turnê britânica de 1963 – inclusive perguntou se poderia assistir às gravações. Mais tarde, George foi à casa de Tom Petty resgatar uma guitarra que havia deixado lá. Petty decidiu ir junto também.

Encontrar um estúdio assim de improviso parecia impossível, mas então George se lembrou de que Bob Dylan tinha um pequeno estúdio na garagem de sua residência em Malibu. Em geral, Dylan ficava inacessível por telefone por meses a fio, mas dessa vez atendeu ao primeiro toque. Não só colocou o estúdio à disposição, como disse que faria um churrasco para eles.

No dia seguinte, George e Lynne começaram a trabalhar numa canção agradável, mas sem um tema nítido, até que, correndo o olhar ao redor,

George avistou uma caixa com os dizeres "Handle with care" ("Manuseie com cuidado"), encapsulamento acidentalmente perfeito a seu próprio e delicado ego.

Só então a ficha caiu: Roy Orbison e Tom Petty também estavam no estúdio e, ali fora, Bob Dylan acendia a churrasqueira. Por impulso, tomou a decisão de que também deveriam participar.

Quando George mostrou "Handle with Care", com a colaboração de cinco artistas, a Mo Ostin, da Warner Brothers Records, a primeira reação de Ostin foi achá-la sensacional, a segunda que era um crime desperdiçá-la como lado B de um single e a terceira que os cinco deveriam gravar um álbum juntos.

Os outros quatro se alegraram por se envolverem no que parecia ser uma aprazível atividade paralela a suas carreiras reais. O problema era que, nove dias depois, Bob Dylan começaria uma turnê sem data prevista para estar disponível novamente. Portanto, George os instruiu a compor e gravar mais nove faixas ao ritmo vertiginoso de uma por dia, no estúdio caseiro de Dave Stewart, britânico radicado em Los Angeles, membro da banda Eurythmics.

O quinteto tirou de letra a pressão, afinal, dificilmente aquilo parecia um trabalho. Todos eram fãs de Monty Python – em especial, o aparentemente inescrutável Roy Orbison. Competiam mais na hora de fazer citações do bem-humorado programa do que na hora de compor ou gravar em parceria coletiva. E os irmãozinhos caçulas de suas guitarras estavam sempre disponíveis para elevar o ânimo; Tom Petty recordaria que, mesmo após um longo dia no estúdio, "tocavam uqueleles até o amanhecer".

Formavam o supergrupo definitivo, sem nenhuma das pressões que George viu quase destruírem Eric Clapton no Cream. Para ele, o mais importante era que o projeto funcionasse como verdadeira democracia, com todos os créditos de composições e vocais compartilhados irmãmente, coisa que os Beatles nunca fizeram.

E o nome da banda? Queriam algo folk, gospel, que remetesse aos anos 1930. Por fim, escolheram Traveling Wilburys, jogo de palavras com uma frase muito usada por George. Se alguém cometesse um erro na gravação, ele dizia: "Vamos enterrar na mixagem" ("*We'll bury it in the mix*").

Gravar sob pseudônimos não era só um conceito de superstar. Tinham contratos com várias gravadoras diferentes e George não queria as mesmas disputas comerciais que vieram após o Concerto para Bangladesh. Assim, ampliaram o baile de máscaras fingindo pertencer à mesma família. George virou "Nelson Wilbury"; Orbison, "Lefty Wilbury"; Dylan, "Lucky Wilbury"; Petty, "Charlie T. Wilbury Junior"; e Lynne, "Otis Wilbury". Mo Ostin embarcou na brincadeira e tomou a precaução de lançar o álbum, *The Traveling Wilburys Vol. 1*, no selo Wilbury, criado especialmente para a ocasião.

O disco não poderia ter vindo em melhor hora. O público pop dos anos 1960, agora quase quarentão, sentia-se há anos deixado para trás, maltratado pela onda punk e perdido em meio à discoteca. Homens e mulheres abraçaram a sonoridade incontestável e dedilhada dos Wilburys, com George mostrando uma descontração sem precedentes, aprimorada com o ocasional e brando rosnado de Dylan ou a aveludada onda de angústia de Orbison. Gente com boa memória os apelidou de "skiffle para os anos 80".

Em seis meses, o álbum vendeu dois milhões de cópias, ganhando triplo disco de platina, um Grammy e, de quebra, dando um impulso extra às carreiras de Dylan, Orbison e Petty. Infelizmente, Orbison teve pouco tempo para curtir essa vibração: dois meses após o lançamento do álbum, morreu de ataque cardíaco, aos 52 anos. O segundo single dos Wilburys, "End of the Line", trazia o vocal dele, mas o clipe, filmado um tempinho depois, só mostrava a fotografia dele e uma solitária guitarra na cadeira de balanço.

Triste fato um Wilbury chegar tão cedo ao fim da linha, e ainda na faixa dos 50 anos. Mas não seria o último.

Em setembro de 1988, o décimo aniversário da HandMade Films foi comemorado em alto estilo. Uma tenda montada nos estúdios de cinema Shepperton recebeu convidados da nata da indústria cinematográfica britânica para um luxuoso jantar.

Nessa noite triunfal, Denis O'Brien deu as boas-vindas aos 120 convidados, incluindo magnanimamente os membros do Monty Python, que recusaram sua gestão nove anos antes, e também Steve Abbott, então contador da HandMade, que os ajudou a escapar das garras de O'Brien.

Após o jantar, Michael Palin tomou a palavra e prestou um bem-humorado tributo ao inadvertido fundador da empresa, Lord Delfont, da EMI, que cancelou o patrocínio ao filme *A vida de Brian*, em razão de seu roteiro "blasfemo". E quem o acabou financiando foi o "salvador inesperado em forma de George Harrison".

Palin até fez um gracejo sobre o abandono de O'Brien pelo grupo do Python, após Steve Abbott suscitar dúvidas sobre a proposta de espalhar o dinheiro deles em "um grande número de ilhas [supostos paraísos fiscais] cujos nomes eu não ouvia desde a época em que eu colecionava selos".

Nessa noite, surgiram as primeiras fissuras no relacionamento entre George e O'Brien, não correlacionadas com as suaves alfinetadas de Palin. Um motivo de discórdia era o envolvimento de George com os Traveling Wilburys, cujo sucesso ainda não havia acontecido. O'Brien, surdo à qualidade da banda, considerava aquilo uma distração desnecessária dos negócios da HandMade.

E agora essas 85 mil libras gastas por O'Brien na festa pareciam absurdamente extravagantes, um sopro da Apple Corps em sua forma mais perdulária. George fez um breve discurso que começou assim: "Obrigado por terem vindo, mas agora podem dar o fora", fala que a cintilante plateia creditou ao humor irreverente de Liverpool, reagindo com risinhos respeitosos.

Mesmo o fato de Carl Perkins ter vindo especialmente dos EUA para oferecer entretenimento após o jantar não conseguiu acalmá-lo, pois, sem o seu consentimento, O'Brien permitiu que a Granada Television filmasse o evento supostamente privado.

"Lembro-me de que ele surtou com Denis", conta Steve Abbott, "gritando: 'Transmita isso na televisão, seu trouxa.'" Michael Palin concorda: "George não estava feliz naquela noite". Mas ainda não tinha ideia do quanto aqueles grandes óculos e aqueles lábios de boneco de ventríloquo escondiam dele.

Em meados dos anos 1980, no auge do boom econômico de Thatcher, os bancos emprestaram alegremente o capital necessário para bancar os filmes da HandMade, aproveitando a glória de negociar com um ex-Beatle e certos de que, na hora do reembolso, George teria nas mãos todo o dinheiro do mundo. Mas, com a recente onda de fracassos de bilheteria, exigiram provas tangíveis.

Para essa tarefa, O'Brien contratou o consultor John Reiss, ex-diretor financeiro da Thorn/EMI, com quem costumava negociar os lançamentos da HandMade no mercado de vídeo. A primeira missão de Reiss foi preparar um balanço patrimonial de George Harrison, algo que exigia um exame documental mais detalhado em comparação ao que Steve Abbot teve acesso, nove anos antes.

Para elaborar o balanço, Reiss esperava se envolver em longas conferências com George. Porém, os dois conversaram *tête-à-tête* apenas duas vezes e, nas duas vezes, O'Brien logo chegou e permaneceu até o final da reunião. "Logo percebi que George não tinha ideia sobre suas finanças e confiava totalmente em Denis."

Também intrigava o fato de George mostrar poucos sinais externos da riqueza que um ex-Beatle poderia ter. As despesas cotidianas de George eram todas pagas pela empresa EuroAtlantic, de O'Brien, assim como a Apple Corps e a empresa NEMS, de Brian Epstein, costumavam fazer antes. "Às vezes", lembra Reiss, "ele pegava o carro dele em Oxfordshire e ia até o escritório só para pegar £ 50 em dinheiro e pagar um de seus jardineiros".

Sob vários prismas um vigarista consumado, O'Brien entretanto não seguia à risca a regra número um do manual dos vigaristas: tome cuidado e destrua todos os documentos incriminatórios ao longo do percurso. "Tal como os nazistas, Denis guardava cada pedaço de papel", explica Reiss. "As provas contra ele estavam todas ali, em seu próprio escritório."

Os arquivos revelaram que não havia "uma entidade legal única para as atividades de George; tudo estava diluído numa rede de empresas e parcerias sediadas em diferentes jurisdições. Ele [Denis] disse a George que isso era para fins fiscais, mas na realidade era para obscurecer as coisas".

Após todas essas décadas de reinado e pós-reinado dos Beatles, os valores dos ativos de George eram "insignificantes" se comparados aos de seu empresário. Além de Friar Park, em nome dele, só a casa em Maui e a outra, em vias de construção na Grande Barreira de Corais da Austrália, ambas recém-danificadas por furacões. O'Brien, por sua vez, além de um iate e de um castelo insular, agora era dono de uma casa na Suíça e de outra sendo construída em Nova York, aparentemente às custas de George.

O sucesso de seu mais recente álbum solo e do outro com os Traveling Wilburys pouco fez para inclinar a balança a seu favor. O fluxo de royalties, inconstante e variável, parecia impossível de ser quantificado no papel. Quando eles acabavam realmente entrando, O'Brien ou uma de suas muitas empresas-satélites rebatiam até 50% do valor em comissão empresarial, mesmo em relação aos royalties anteriores a seu período como empresário de George.

Embora grande parte do que foi dito acima possa ser classificado apenas como prática cruel, Reiss comprovou um caso de desfalque perpetrado pelo empresário careca, sempiternamente de óculos, boca rígida e coração gélido. Sempre que a HandMade tomava dinheiro emprestado de um banco, George era coavalista do empréstimo, pensando que O'Brien também dividia as responsabilidades. "Descobri que todas essas garantias tinham apenas a assinatura de George. Denis afirmava ter assinado, mas não o fez. Se todos os empréstimos fossem cobrados, George ia encarar uma dívida potencial de uns £ 32 milhões."

Reiss levou suas descobertas a Ray Cooper, principal aliado de George no escritório, que há muito nutria suas próprias suspeitas sobre O'Brien. Os dois decidiram ir juntos a Friar Park e dar a notícia.

"Olivia tinha saído, e o pequeno Dhani estava correndo para lá e para cá, de pijama. Quando o garoto foi dormir, comemos macarrão e salada feitos por um Beatle. Em seguida, George nos levou para a sala de música, com todas as guitarras que lhe foram dadas por gente como Elvis e Clapton, e disparou: 'A que devo a honra da visita?'. Contei a ele o que havia descoberto e o aconselhei a buscar consultoria financeira independente se não quisesse ver uma manchete de jornal dizendo 'Beatle falido'. Nisso ele nos mandou embora. Acredito que tinha síndrome de avestruz. Não curtia ouvir más notícias e esperava que elas pudessem se evaporar."

Como imaginaram os dois delatores, George na mesma hora ligou para Denis O'Brien, que agilmente contornou novas ondas incriminatórias. Na manhã seguinte, no escritório da EuroAtlantic, Reiss soube que uma carta de O'Brien encerrando a consultoria dele já estava a caminho. Logo depois, O'Brien demitiu Ray Cooper por telefone, sem agradecer por seus nove anos de serviço.

A cabeça de George permaneceria profundamente enfiada na areia ainda por algum tempo. Nenhum credor estava realmente cobrando a HandMade naquele momento, por isso O'Brien conseguiu driblar as suspeitas. Com a habilidade de um ventríloquo, alegou que a rede de empresas *offshore* tinha o único objetivo de livrar George de pagar impostos. Mesmo quando um número cada vez maior de credores começou a bater à porta com força, George permaneceu ignorando a situação.

Em 1990, a HandMade lançaria mais um filme sob a égide conjunta dele e de O'Brien. A comédia *Freiras em fuga*, estrelada por Eric Idle, obteve um sucesso considerável e arrecadou quase US$ 11 milhões nos EUA e £ 3,5 milhões no Reino Unido, mas Idle declarou que "não viu a cor do dinheiro". "Dois dos distribuidores tinham sido enganados por Denis em outro negócio, então dessa vez se recusaram a repassar a grana."

Nem mesmo esse tratamento errôneo de seu Python favorito conseguiu abrir os olhos de George.

A última década de vida de George começou com uma poderosa lembrança de sua apoteose em 1971, como músico e como ser humano – mas, como antes, ele teve de ser conduzido a isso.

Com o colapso do comunismo em toda a Europa Oriental, as entranhas de regimes totalitários repulsivos ficaram à mostra, nenhum deles mais assustador que o da Romênia, com seu ditador Nicolae Ceausescu e sua esposa, Elena, casal igualmente corrupto e brutal. Com a economia em farrapos e o tesouro nacional saqueado, o legado do casal Ceausescu foi uma rede de orfanatos estatais com 100 mil crianças literalmente fadadas a morrer.

Na época, George estava em Los Angeles gravando o segundo álbum dos Traveling Wilburys. Sozinha em Friar Park, Olivia Harrison acompanhou as primeiras reportagens na televisão sobre a miséria e o sofrimento que até mesmo as agências humanitárias internacionais enfrentavam dificuldades para aceitar. Olivia sentiu o mesmo horror, a mesma pena que George sentiu ao saber da fome e do genocídio em Bangladesh.

Mulher de ação – coisa que mais tarde ela demonstraria de forma espetacular em sua própria casa –, em vez de só fazer uma doação para os fundos de ajuda existentes, Olivia pegou um avião com destino à capital da Romênia para ver de perto a situação e como poderia ajudar, sem nem ao menos avisar George. Quando se falaram de novo pelo telefone, ele ouviu: "Estou em Bucareste".

Ao longo da semana seguinte, ela presenciou com os próprios olhos o infernal submundo de crianças subnutridas e malvestidas, sem instalações para tomar banho ou fazer as necessidades, muitas vezes maltratadas fisicamente e abusadas sexualmente, em muitos casos, infectadas pelo HIV por meio de agulhas não esterilizadas ou amarradas permanentemente a camas imundas.

A reação dela foi criar uma fundação privada para os ajudar, cujo nome, Romanian Angels Appeal, dava um fim ao cruel anonimato daquelas crianças. Com a habilidade diplomática que sempre demonstrou, ela deu um jeito inclusive de contornar a sempre complicada política interna dos ex-Beatles: persuadiu Yoko Ono Lennon, Linda McCartney e a segunda esposa de Ringo, a atriz americana Barbara Bach, a assumirem um papel ativo na fundação.

Com George ainda no estúdio com os Traveling Wilburys, Olivia indagou se poderiam contribuir com uma faixa para arrecadar fundos, ao espírito do Band Aid e do Live Aid. Na mesma hora, os membros do supergrupo interromperam o que estavam fazendo e, por sugestão de Bob Dylan, gravaram a velha canção country "Nobody's Child", outrora lançada por muitos artistas, entre eles, os próprios Beatles, como banda de apoio de Tony Sheridan, em Hamburgo. George escreveu um verso adicional para se referir especificamente às crianças abandonadas da Romênia.

O single gerou um álbum de caridade ao estilo *Concerto para Bangladesh*, com faixas já gravadas e doadas por gente como Ringo, Stevie Wonder, Elton John, Eric Clapton, Bee Gees, Guns N' Roses e Paul Simon. Discreto, George recebeu crédito de compilador, não de produtor, para não desviar o foco da importância da causa.

A renda proveniente das vendas do álbum e do single dos Traveling Wilburys permitiu que dez contêineres de alimentos e material médico fossem enviados à Romênia, com as "despesas administrativas" pagas para que os itens fossem diretamente às crianças. Esse foi só o começo de um programa de ajuda humanitária que Olivia continuaria mais tarde, em memória de George, apoiando novos orfanatos, clínicas e escolas.

O agora quarteto Wilbury lançou o segundo LP, intitulado jocosamente de *Traveling Wilburys Vol. 3* e com novos "irmãos": George agora é Spike; Dylan, Boo; Jeff Lynne, Clayton; e Tom Petty, Muddy. Não repetiu o colossal sucesso do Vol. 1, mas ganhou disco de platina e chegou ao Top 20 nos EUA e no Reino Unido.

Em março de 1991, George assistiu ao primeiro de uma série de shows de Eric Clapton no Royal Albert Hall. Nos bastidores, Clapton sugeriu que George fizesse uma turnê para manter contato com o público comprador de discos. Ele pareceu tentado, mas a lembrança da turnê "sombria e rouca" de 1974 ainda estava muito nítida.

Em 1988, Clapton e Pattie, a ex-mulher de George, tinham se divorciado. Durante nove anos, Pattie conviveu com o alcoolismo do segundo marido e suas infidelidades cada vez mais flagrantes. Isso a fez perceber que a vida com George, apesar de toda a sua misantropia meditativa, tinha sido fácil em comparação.

A partir do divórcio, Clapton iniciou, tardiamente, o processo de amadurecimento, primeiro se mantendo sempre sóbrio e depois tendo um filho com a atriz de cinema italiana Lory Del Santo. O relacionamento dele com Del Santo foi passageiro, mas Clapton levou a paternidade a sério e se tornou uma pessoa com personalidade própria, em vez de um feixe de imitações de músicos que admirava, George sendo o principal deles.

Duas semanas após o fim da temporada no Albert Hall, Clapton foi a Nova York para rever seu adorado filho, Conor, então com quatro anos. Prestes a buscar Conor no apartamento em que Del Santo estava hospedada, no 53º andar, foi avisado de que o menino, sem supervisão, tinha se afastado e caído da janela para a morte.

Foi um período sombrio para alguém que, nas palavras da ex-mulher, "nunca enfrentou a vida antes". Clapton, em um abismo de tristeza e culpa, compôs "Tears in Heaven", um réquiem para Conor que, paradoxalmente, se tornou o single mais vendido de sua carreira, arrebatando vários prêmios que não aplacaram sua tristeza. E entre os amigos a quem recorria com mais frequência, e que sempre estavam lá para apoiá-lo, estavam George e Olivia.

Naquele mês de dezembro, Clapton ia fazer doze shows no Japão. Embora encarasse essa turnê principalmente como uma terapia para si mesmo, ele vislumbrou a oportunidade de agradecer ao apoio de George e trazê-lo de volta à estrada, assim como tinha feito na turnê com o duo Delaney & Bonnie, em 1969.

E veio a calhar, porque George precisava fugir de um novo furor midiático, uma perseguição que fazia seus antigos antagonistas na imprensa musical parecerem modelos de precisão e sobriedade. Um tabloide de supermercado americano, *The Globe*, acostumado a divulgar ficções imaginosas como se fossem realidade, havia recentemente acusado George de ser "fã de Hitler... que gostava de se exibir com uniformes nazistas".

A coisa mais sensata a fazer seria ignorar o artigo do *The Globe*, deixando que o seu flagrante absurdo falasse por si e limitando assim o público leitor aos lúbricos frequentadores de supermercados. Porém, George contratou Bert Fields, célebre advogado de Los Angeles, para processar o tabloide por danos morais em uma ação judicial de US$ 200 milhões, garantindo assim a divulgação global do lixo que eles tinham publicado.

"Clapton disse a George: 'Você pode usar a minha banda e toda a minha estrutura da turnê'", recorda Vivien Griffin, então assistente de Clapton. "Mesmo assim, antes de tomar uma resolução, George hesitou muito. Primeiro topou, então desistiu, depois aceitou com a condição de não ter Roger Forrester [empresário de Clapton] ao redor, mas no fim Roger acabou indo."

Acabou sendo um destaque na turnê e tocou em quase todo o setlist de 24 canções. No meio do show, Clapton se tornava mero coadjuvante no bloco de quatro músicas cantadas por George.

Esse extraordinário gesto de amizade acabou criando uma cisão entre os melhores amigos de longa data. A pequenez e a frivolidade do motivo não diminuíram os danos causados. George fez questão de levar dois uqueleles para fazer o dedilhado que tanto gostava com os Wilburys, mas acabou constatando a indiferença de Clapton em relação ao instrumento e o desinteresse em aprender a tocá-lo.

Como sempre, George personificou a alma da inconsistência. Primeiro, tratando Clapton com grande sensibilidade após a morte de Conor. Agora, mostrando ignorar a situação do amigo como alcoólatra em recuperação em plena turnê em que outros membros ainda festejavam sem controle. Ao contrário, ressurgiu em George aquilo que Pattie chamou de "atrevimento" na turnê com Delaney & Bonnie, antes de ela perceber a obsessão de Clapton por ela, quando George fez de tudo para juntar os dois e ficar com o caminho livre para tentar seduzir Paula, a irmã de Pattie.

"Eric não saía com a banda", lembra-se Vivien Griffin, "mas George sempre os convidava para ir ao seu quarto para beber e ouvi-lo tocar uquelele. Ele meio que os seduziu e dividiu o acampamento."

Talvez o atrevimento tenha ido ainda mais longe. Quando a turnê chegou a Hiroshima, Clapton ficou sabendo que a mãe de Conor, Lory Del Santo – que a essa altura já tinha outro namorado e mais um filho – voara de Milão para revê-lo, encontro que ameaçava se tornar uma espécie de post-mortem emocional. "Lory chegou e Eric foi sincero com ela. A visita dela era totalmente inapropriada e indesejada", conta Vivien Griffin. "Mas George a tratou com muito carinho, e ela acabou ficando por uns dias."

Em 2007, anos após o falecimento de George, Del Santo confessaria que os dois tiveram um caso-relâmpago, o qual, para ela, teve um "gostinho de vingança" de Clapton por tê-la abandonado após o nascimento de Conor. E, para George, teria servido para "dar o troco" ao amigo por ter cortejado Pattie e casado com ela.

Essa motivação de vingança por parte de George dificilmente se sustenta e, após tantos anos, o caso não pode ser confirmado. Porém, Vivien Griffin recorda que o assunto foi comentado entre as backing vocals do show, sempre as primeiras a saber desses acontecimentos.

28

"QUE TAL EMBARCAR NUM IATE RUMO AO PACÍFICO SUL E FUGIR PARA SEMPRE?"

George nunca conseguiu virar a página em relação ao Liverpool Institute High School. Em 1967, no auge de sua fase hippie/meditação, declarou a um jornalista que, se um dia tivesse filhos, nunca os enviaria a qualquer depósito de regras e tradições inúteis, mas que os ensinaria "em privado, por meio de gurus".

Agora que enfim ele tinha um filho para educar, a opção do guru talvez parecesse ainda mais irresistível, levando em conta tantos homens sagrados e ilustres que eram seus amigos e o peso dos conhecimentos já transmitidos a ele. Porém, era difícil ignorar as excelentes escolas particulares na região de Henley, nem o pendor acadêmico que Dhani havia demonstrado desde o jardim de infância, mostrando já na mais tenra idade suas diferenças em relação ao pai.

George, portanto, permitiu que o menino se vestisse com o mesmo tipo de boné e blazer escolares que ele detestava no Inny, mas permaneceu atento a todo e qualquer sinal de o filho estar sofrendo o confinamento e a opressão que ele outrora havia sentido. Dhani recorda que, no período letivo, quase todas as manhãs, ouvia do pai coisas do tipo: "Hoje você não precisa ir à escola". E depois o pai dele acrescentava uma alternativa encantadora como: "Que tal embarcar num iate rumo ao Pacífico Sul e fugir para sempre?".

Após um breve período numa escola Montessori de livre expressão, Dhani foi matriculado no ortodoxo Shiplake College, em Henley, onde se destacou logo de cara, especialmente nas matérias científicas e técnicas, que sempre foram um mistério para George.

Nos anos 1950, o adolescente George foi criticado no Liverpool Institute por nunca participar das atividades escolares. Dhani, por sua vez, adorava esportes, especialmente remo. Inclusive entrou na Força de Cadetes da escola, possível iniciação a uma carreira militar, chocando seu pai outrora *flower power* ao usar, um dia por semana, o uniforme cinza-azulado da Força Aérea Real.

No entanto, com a ajuda de Olivia, George desafiou as convenções sem ter que obrigar Dhani a passar anos estudando textos antigos com monges em trajes cor de açafrão. Afinal de contas, ele cresceu como um garoto normal, embora privilegiado, em vez de um "filhinho de papai" mimado, negligenciado e perdido.

Na medida em que quase se transformava em um fac-símile do jovem George, a indústria fonográfica lançou olhares cobiçosos em direção a Dhani, como já havia feito com o filho mais velho de John, Julian, ansiosa por repetir a dose com Sean, o caçula de Lennon.

Dhani parecia ter todas as credenciais necessárias. Aos 6 anos, ganhou sua primeira bateria, presente do "tio" Ringo; aos 9, recebeu as primeiras aulas de guitarra de George, que o ensinou os acordes de "Words of Love", de Buddy Holly, com os riffs reverberantes que haviam sido um triunfo inicial de uma Höfner President muito acalentada.

Dhani curtia passar o tempo no estúdio de Friar Park, observando George "mexer nos botões", na expressão dele, e, às vezes, até mexendo em alguns ele mesmo. Mas as múltiplas silhuetas da coleção de guitarras do pai dele o atraíam menos que as dos carros que ele via de perto em seus acessos privilegiados aos bastidores de corridas de Fórmula 1.

Parecia uma repetição invertida de quando o pai de George lhe deu um conjunto de ferramentas na esperança de que as chaves fossem o primeiro passo para ele abrir uma oficina com seus dois irmãos, ofício bem mais sábio do que tocar guitarra. Mas, como Harold, George nunca quis submeter o filho aos seus desejos.

A obstinação de George em guardar rancor – como em relação à antiga escola, sem falar no velho colega Paul – se convertia em algo mais positivo em se tratando de hobbies. Os seus interesses não eram passageiros como costumam ser os de um astro do rock: se algo despertasse seu interesse, era para o resto da vida.

O exemplo mais óbvio, os jardins de Friar Park, ele abraçou como vocação que superava em muito a música. Certa vez, ele comentou com Olivia que esperava ser lembrado como um jardineiro que paralelamente fez alguns discos de sucesso. Dhani – a única pessoa no mundo autorizada a provocá-lo – o apelidou de "Capacidade George" em homenagem ao designer de jardins do século XVIII, "Capacidade Brown", que chamava o potencial de qualquer paisagem a seu encargo de "capacidades".

George se sentou aos pés de muitos gurus exclusivos, mas permaneceu fiel à Meditação Transcendental do Maharishi Mahesh Yogi, o trampolim para sua jornada espiritual em 1967 – sem enxergar qualquer inconsistência ao ajudar John a satirizar o Maharishi na canção "Sexy Sadie".

Após ser abandonado pelos Beatles, longe de cair na obscuridade como esperado, o movimento da Meditação Transcendental comprou a Mentmore House, em Buckinghamshire, antiga casa de campo da família Rothschild, mansão vitoriana tão extravagante em seus falsos floreios elisabetanos e jacobinos quanto Friar Park em seus góticos. Ali, os seguidores do Maharishi agora aprendiam a técnica do "voo ióguico". Para amortecer o choque contra lustres e cornijas, afixavam colchões às paredes – embora o "voo" consistisse em meros saltos enérgicos na posição de lótus.

A Meditação Transcendental (MT) também se entranhou na política, com a formação do Partido da Lei Natural, destinado a aplicar a sua filosofia à governança internacional, ativo em 73 países. Nas eleições gerais britânicas de abril de 1992, 310 candidatos disputaram vagas no parlamento; George foi convidado a concorrer.

Como previsível, ele recusou, mas, para compensar, foi a atração principal de um show para arrecadar fundos em prol do partido no Royal Albert Hall, com a presença de amigos como Ringo, Zak (filho de Ringo e também baterista), Joe Brown, dois membros dos Beach Boys e o guitarrista irlandês

Gary Moore, que se tornou um Traveling Wilbury adicional. Desde o show dos Beatles no terraço em 1969, foi o primeiro show completo de George em Londres, e o primeiro show solo na capital – e seu último show em qualquer lugar.

Para apoiar o Partido da Lei Nacional e, implicitamente, a MT, ele declarou: "Por centenas de anos, tivemos esses partidos que não fizeram nada porque nem sabem quem são. Precisamos de um grupo de gente envolvida com a consciência, porque é nela que tudo começa... gente capaz de simplesmente ir além dessas picuinhas."

Esse inédito pronunciamento político do "Beatle quieto" teria efeitos insignificantes. Três dias depois, as urnas não elegeram sequer um deputado do Partido da Lei Nacional; todos os seus candidatos ganharam uma quantidade tão irrisória de votos que perderam os seus depósitos.* Pela quarta vez consecutiva, os conservadores se mantiveram no poder.

A sua última participação em shows aconteceu no mês de outubro, no Madison Square Garden, cenário de seu clímax na música e na ação humanitária, os Concertos para Bangladesh. Para marcar os trinta anos de carreira de Bob Dylan, George e uma constelação de artistas, como Stevie Wonder, Lou Reed e Tracy Chapman, fizeram covers de canções de Dylan, muitas delas inusitadas. Uma das canções escolhidas por George compartilhava o sentimento de dívida com esse imprevisível – muitas vezes, até rabugento – mas leal amigo: "If Not for You".

Seu amor pelo uquelele continuava mais obsessivo do que nunca, acompanhado pela devoção a seu xará que desfrutou do estrelato na cinzenta década de 1940, com cantigas picantes sobre casais em lua de mel e limpadores de janelas espiões que eram a antítese de todas as coisas roqueiras.

Existia na Grã-Bretanha, e ainda existe, a George Formby Appreciation Society, que organiza convenções rotineiras em que os membros competem para imitar a voz de Formby, os tons estridentes de Lancashire, o sorriso em fatia de melão e o dedilhar tipo "tesoura". No início dos anos 1990, George ingressou no clube e se tornou presença assídua (embora sempre evitasse

* Nas eleições parlamentares do Reino Unido, cada candidato faz um depósito prévio, hoje no valor de £ 500, que é reembolsado se o candidato obtiver ao menos 5% dos votos. (N. de T.)

convenções semelhantes organizadas por fãs dos Beatles), muitas vezes sendo completamente superado no concurso de imitações.

"Certa vez, eu vi ele enfrentar um menino de nove anos em Blackpool Winter Gardens", lembra Mal Jefferson, colega músico de Liverpool e entusiasta do uquelele. "O garoto detonou com ele, na frente de Olivia e Dhani."

John Croft, o presidente da sociedade, conseguiu adquirir o famoso banjolele de Formby, um Ludwig banhado a ouro com entalhes originais. O instrumento foi restaurado em um processo que durou anos. Para os tocadores de uquelele, assim como para os guitarristas, não há melhor elogio do que dar a um colega entusiasta seu instrumento favorito; foi assim que o banjolele de Formby acabou se tornando a *pièce-de-résistance* da vasta coleção de George. "Ele mais parecia uma criancinha no Natal", relembra Croft.

Para alguém que se achava praticamente um Krishna renascido, podendo escolher entre as mulheres que constantemente se atiravam em cima dele, a monogamia não era algo fácil. Em seu vasto torrão natal, sua devoção a Olivia era irrestrita. Por muitos anos, porém, quando viajava sozinho, a velha regra dos Beatles voltou a valer: "sexo na estrada não conta".

Em Nova York, ele fazia visitinhas incógnitas a clubes como o Max's Kansas City, levando no bolso três rubis de seu tesouro indiano. Quando se interessava por uma das mulheres, jogava um rubi na frente dela, na mesa ou no bar, como se estivesse apostando na roleta (mas com a certeza de que ganharia).

Nos últimos tempos, aquelas escapadelas mostravam um surpreendente elemento musical. Uma prostituta de Los Angeles, identificada apenas como "Tiffany", afirmou que durante o encontro com George ele tocou uquelele e entoou uma canção de George Formby. Em seguida, ela prestou para ele um serviço sexual, durante o qual, segundo ela, "ele não jogou conversa fora... o tempo inteiro ficou dedilhando aquele maldito uquelele".

Tiffany descreve o fim do encontro usando a linguagem do uquelele: uma "grande vibração". E arrematou com um inocente duplo sentido à altura dos trocadilhos intencionais de Formby: "E sem perder qualquer *lick*, emendou outra canção".

"Ele gostava muito de mulher", admitiria Olivia, muitos anos depois. "As mulheres o perseguiam, e... ele transbordava sensualidade. Ao longo de nosso casamento ocorreram muitos flertes e alguns solavancos na estrada."

Uma amiga do casal se lembra de que Olivia sabia o nome de cada "solavanco" e resolutamente fazia vistas grossas, partindo do pressuposto de que *all things must pass*. Assim, quando um tabloide britânico alegou que George tivera um caso com Madonna, ela sabia que não era verdade.

E com "paciência e tempo" – para citar a letra de "Got My Mind Set On You", seu último single de sucesso – aquele alçapão em seu casamento enfim se fechou para sempre. "Ele queria uma vida normal", declarou Olivia, "e foi isso que dei a ele".

Levou um tempão para George aceitar que Denis O'Brien o usava havia anos como um cartão de crédito sem limite – e ainda mais tempo para tomar providências.

Seu empresário anterior, Allen Klein, era um bandido tão descarado que ele sempre esteve até certo ponto em estado de alerta. Mas O'Brien, por sua vez, era tão fala mansa, tão reconfortante, tão aparentemente incansável em proteger seu único cliente-troféu do maldito fisco que George, em geral o mais desconfiado dos mortais, tinha fé absoluta naquela careca estudiosa, naqueles óculos brilhantes, naquele sorriso fixo de ventríloquo.

Mesmo quando sua parceria comercial terminou em 1993, procurou evitar confrontos com O'Brien. Assombrado por lembranças passadas, George recordou os numerosos papéis ininteligíveis na dissolução dos Beatles e insistiu para assinar só um documento.

Antes tarde do que nunca, resolveu dar atenção aos avisos da dupla de contadores internos de O'Brien, os honestos Steve Abbott e John Reiss. Buscou aconselhamento financeiro independente para descobrir o tamanho do enorme desfalque cometido por O'Brien.

O estado de negação terminou com a composição de uma canção intitulada "Lying O'Brien" ["Mentiroso O'Brien"], que mostrou ao amigo Eric Idle, vítima recente de outro golpe de O'Brien envolvendo o filme *Freiras em fuga*. "*Every time I let someone in, they let me down*" ("Cada vez que deixo alguém entrar, eles me decepcionam"), dizia a letra, que soava injusta com Olivia ou Dhani.

Em 1994, a Paragon, empresa de entretenimento canadense, comprou a HandMade por US$ 8,5 milhões, final desonroso para a companhia que galvanizou a indústria cinematográfica britânica. A parcela de George não chegou nem perto de suavizar as dívidas bancárias de inúmeras produções anteriores, pelas quais O'Brien, secretamente, havia responsabilizado apenas George.

Uma das poucas pessoas externas a quem ele revelou sua situação foi Mal Jefferson, na convenção sobre George Formby. "Depois de ele tocar, eu me ofereci para comprar o uquelele, e, para minha surpresa, ele concordou dizendo: 'Mas paguei dois mil por ele. E agora preciso de cada centavo; acabo de perder tudo com a HandMade'. Só de brincadeira, assinei para ele um cheque de £ 2.001, mas ele disse: 'Muito obrigado' e enfiou o cheque no bolso."

Na Grã-Bretanha, em meados dos anos 1990, os anos 1960 voltaram a estar na moda, talvez não em espírito, mas sim nas roupas. Novamente os jovens elegantes vestiam ternos de botões altos, camisas de estampa Paisley, botas com elástico nas laterais, bobs Mary Quant, minissaias e PVC brilhante. A bandeira nacional voltou a ser um ícone da Pop Art em sacolas plásticas. A Swinging London se pasteurizou na "Cool Britannia" – era só correr o olhar ao redor para enxergar um detalhe que de algum modo insinuasse os Beatles.

George seguia tecendo cáusticos comentários sobre as músicas que ouvia no rádio e as apresentações que via no *Top of the Pops*, com a diferença de que agora, com muita frequência, elas pareciam imitações ou pastiches do que ele havia feito. Estamos falando da meteórica ascensão do Britpop, quando bandas sem artigo definido, como Blur, Suede ou Pulp, rejeitaram as parafernálias eletrônicas dos anos 1980 em favor das boas e antigas baterias e guitarras e – como os Beatles – cantaram com sotaque nativo, não com a pronúncia americana mascadora de chiclete.

De longe, a maior era o Oasis, de Manchester, liderado por dois irmãos, o compositor Noel e o vocalista Liam Gallagher, praticamente uma banda tributo aos Beatles, que inclusive batizou um de seus singles mais famosos de "Wonderwall", homenagem ao primeiro álbum solo de George, *Wonderwall Music*.

Porém, a reverência foi respondida com grosseria, quando George desdenhou a distorção das guitarras do Oasis como "não muito interessante" e aconselhou a dispensa do vocalista Liam Gallagher, "o bobinho", segundo ele. Liam retaliou com um exagero semelhante ao de Lennon, chamando George de "babaca maldito... Seja como for, os Beatles foram John e Ringo... Não é uma pena? [citando a Harrisong "Isn't it a pity"] Vai ser uma pena me encontrar com George Harrison, ficar em cima da cabeça dele e jogar golfe."

A essa altura, Paul já havia superado essa postura de negação coletiva dos ex-Beatles. Começou a tocar canções dos Beatles nos shows, provocando novas farpas de George. "Ele decidiu que *ele é* os Beatles. Isso não me interessa. Para mim está no passado... O meu lema é 'Estar aqui, agora.'"

Desde o rompimento da banda, o ex-roadie dos Beatles e ainda fiel amigo Neil Aspinall passou a administrar o pouco que sobrou da Apple, organização dos Beatles. Sua principal – e aparentemente interminável – tarefa era compilar um documentário cinematográfico a partir do vasto estoque de filmagens dos arquivos, com o título provisório de *The Long and Winding Road*.

No auge do renascer da Beatlemania dos anos 1990, o projeto ampliou o seu âmbito para um documentário, três álbuns duplos de raridades e out-takes coligidos pelo seu incomparável produtor, George Martin, além de um livro "em suas próprias palavras".

Anos antes, George provavelmente não gostaria de participar de nada disso. Mas, graças a Denis O'Brien, agora enfrentava a ameaça real de falência. A antologia seria sua tábua de salvação. Como única objeção, não concordou em batizar o projeto com o nome de uma canção que todos identificavam com Paul. Assim, um título novo, neutro e imparcial veio à tona: *The Beatles Anthology*.

George inclusive topou a ideia de que, como bônus para as compilações, Paul, Ringo e ele próprio deveriam gravar canções novas, por mais que isso fosse encarado como o reencontro tão evitado por ele ao longo dos anos – e um reencontro fraudulento, diga-se de passagem, pois entregava apenas "os Threetles".

Claro, a concordância de outra pessoa com o *Anthology* era igualmente essencial e ainda mais incerta. Nos anos seguintes à morte de John, Yoko manteve relações diplomáticas com os colegas dela no comando da Apple – "os parentes emprestados", como ela os chamava. Mas, de ambos os lados, referviam muitas mágoas antigas por trás dos seus sorrisos prontos para as câmeras.

Nessa época, o ex-Beatle mais chegado a Yoko era Paul. Ele foi encarregado de obter a aprovação dela para o projeto, mas recebeu muito mais. Ela entregou na mão dele uma fita cassete na qual John tinha gravado quatro demos em sua suposta "aposentadoria". Na realidade, ele nunca parou de acompanhar o trabalho de seu antigo parceiro de composição e competir com ele.

Os outros receberam licença para fazer o acompanhamento em overdub a essas gravações caseiras, sem a presença de Yoko ou qualquer contribuição criativa dela. Assim, a mulher universalmente acusada de separar os Beatles seria a responsável por reuni-los, se não corporalmente, ao menos musicalmente.

A canção escolhida para se transformar no single de lançamento do *Anthology*, "Free as a Bird", era uma balada melancólica composta por John em 1977 com uma voz distante, quase irreconhecível. Tão curtinha que Paul e George tiveram que dar estofo a ela, cada qual entoando, um por vez, uma ponte extra, formato que os Beatles dos velhos tempos nunca tinham usado e que não deixava espaço para sua incomparável harmonia de três vozes.

Foi gravada em março de 1994 – para o desagrado de George, não em Friar Park, e sim no estúdio que Paul construiu em sua antiga casa de moinho, em Sussex. O plano original era que o próprio George Martin coproduzisse a sessão, como em tantos clássicos de outrora. Porém, Martin já sofria de problemas auditivos, em razão de décadas de exposição ao rock em altos decibéis. Por isso, com dó no coração, foi obrigado a recusar o trabalho, embora continuasse a supervisionar os álbuns do material de arquivo. Foi então que George convidou Jeff Lynne, seu colega nos Traveling Wilburys, e deixou claro que, se Lynne não fosse contratado, ele pularia fora.

Resolvido o impasse, a atmosfera se tornou bastante cordial. Paul não fez nenhuma tentativa de influenciar os riffs e motivos da slide guitar de George (muito parecidos com o controverso fraseado em "My Sweet Lord"). Por sua vez, George não reclamou pelo fato de a estrofe solo de Paul ter três versos a mais que a dele.

Até se deixou levar por uma leve nostalgia dissimulada. A canção termina com uma breve explosão de seu banjolele, seguida pela voz de John imitando o bordão alegre de George Formby sobre o tempo: "*Turned out nice again*" ("Ficou bom de novo").

E ficou mesmo.

Em janeiro de 1995, o processo há muito adiado de George contra Denis O'Brien chegou ao Tribunal de Primeira Instância do Condado de Los Angeles. Uma ação de 18 páginas acusava O'Brien de "má conduta tortuosa", na medida em que "fingindo atender aos interesses do seu cliente músico, se aproveitou indevidamente de seu cargo e do crédito do seu cliente para obter lucros secretos e um luxuoso estilo de vida internacional, enquanto submetia o seu crédulo cliente a riscos e perdas enormes".

Foi acusado de "reorganizar drasticamente" as finanças e participações comerciais de George em "uma complicada estrutura bizantina com múltiplas empresas offshore e entidades, todas sob seu controle direto ou indireto", além de "gestão inadequada e inepta" em sua joint venture HandMade Films. Para manter a HandMade funcionando, ele disse que foi necessário tomar "grandes somas" de dinheiro emprestado. Nesse processo, porém, teria ludibriado George ao torná-lo signatário único das garantias de reembolso. Ou seja, Denis embolsava metade dos lucros sem correr nenhum risco.

Desde então, O'Brien tinha voltado incólume, sem nódoas em seu caráter, aos EUA, onde retomou a carreira no setor bancário e negou qualquer irregularidade. A audiência se aproximava, mas George tinha dificuldade até para arcar com as custas.

A ansiedade com o processo inevitavelmente influenciou a falta de centelha criativa durante o trabalho com Paul e Ringo em "Free as a Bird". O *Anthology 2* também incluiria uma demo aprimorada de John, "Real Love", datada de 1979-80, mas nada mais na fita de Yoko parecia adequado ao *Anthology 3*. George e Paul começaram a trabalhar em uma canção que poderia ter revivido uma parceria e um crédito suspensos desde "In Spite of All the Danger", em 1958, mas "All for Love" acabou não sendo gravada.

Mesmo assim, houve um reaparecimento não programado da mentalidade grupal – ao menos, de três quartos dela – na noite em que Paul e Ringo visitaram o estúdio de Friar Park e George se viu improvisando e, inegavelmente, curtindo uma sequência de suas canções dos primórdios, inclusive "Raunchy", que ele, com só 14 anos, tocou para John no Porão-Necrotério, a título de teste.

Em lançamento escalonado, *The Beatles Anthology* começou sua trajetória em novembro de 1995, um quarto de século após o rompimento que o mundo jamais aceitou de verdade. A notícia deixou a mídia alvoroçada, como só aconteceu antes no biênio 1969-70, na 3 Savile Row. Derek Taylor, antigo aliado de George, se encarregou da coletiva de imprensa, garantindo que as atenções não seriam todas dadas a Paul e à memória de John.

Porém, em 20 de novembro, as manchetes foram roubadas pela entrevista televisiva da BBC com a princesa Diana, na qual revelou que o marido, o herdeiro do trono, tinha uma amante desde os primeiros tempos de seu casamento de "conto de fadas". Sem dúvida, tempos estranhos esses, em que a realeza expulsava os Beatles das primeiras páginas.

Primeiro, George expressou desdém pelo projeto em palavras que voltariam a assombrar todos os envolvidos nele. "Quando eu morrer, espero que alguém pegue todas as minhas demos de má qualidade e as transforme em canções de sucesso." Na verdade, "Free as a Bird" não correspondeu por muito tempo às expectativas; o frágil vocal de John em vinil soava quase fantasmagórico, mas quando Paul e George entoavam "*Whatever happened to/ The love that we once knew?*" (O que aconteceu/ Com o amor que conhecíamos?), as câmaras sonoras segregadas traziam à tona uma pungência profunda. Ainda assim, chegou ao segundo lugar na Grã-Bretanha, fez sucesso mundial e ganhou o Grammy de Melhor Performance de Grupo ou Duo com Vocal.

O primeiro álbum duplo, lançado com o documentário de TV e o livro de grande – ou melhor, enorme – formato, vendeu 450 mil cópias no primeiro dia, superando todos os LPs anteriores dos Beatles ou de qualquer artista. *Anthology 2*, no início de 1996, com "Real Love", de John, alcançou o 4º lugar no Reino Unido e o 11º nos EUA, ganhando disco de ouro. *Anthology 3*, mesmo sem canção de John com overdubs, ganhou triplo disco de platina.

Os royalties restauraram o equilíbrio financeiro de George, porque foram direto a ele e não aos paraísos fiscais de Denis O'Brien. Valores exatos não foram revelados, mas até Pete Best, o baterista demitido no limiar da revelação mundial dos Beatles, que tocava em algumas faixas do *Anthology*, recebeu milhões em royalties.

Amplamente citado no livro *Anthology*, George foi afável e muitas vezes mostrou ternura ao falar em sua família e nas primeiras desventuras dos Beatles em Hamburgo e no Cavern. Por outro lado, no documentário de televisão, desafinou ao comentar sobre as comendas de MBE, em 1965: "Após tudo que fizemos pela Grã-Bretanha, fazendo-a balançar e vendendo todo aquele veludo cotelê, recebemos aquela maldita medalha de flanela velha com um cordão de madeira [sic] atravessado."

Até os anos 1990, ele havia feito muito mais. Estima-se que o Fundo George Harrison para a UNICEF tenha angariado 45 milhões de dólares para trabalhos de ajuda em Bangladesh e outros fins humanitários. Filantropia essa que excedeu em muito a de seus dois colegas Beatles (ambos receberiam o título de Sir) e parecia clamar por maior reconhecimento nas honras reais que o condecoraram como Membro da Mais Excelente Ordem do Império Britânico por sacudir o cabelo e entoar "Uuu!".

Mas ele não se tornou Sir, nem mesmo postumamente.

Em janeiro de 1996, o tribunal de Los Angeles deu ganho de causa a George. Denis O'Brien foi condenado a indenizá-lo em US$ 11 milhões para compensar danos. Mesmo representado pelo mortífero Bert Fields, o valor da indenização foi apenas metade do que George havia pedido, não cobriu nem mesmo o empréstimo bancário para o filme *Sopa de cão à moda da casa* (*Cold Dog Soup*), um dos fracassos comerciais da HandMade, pelo qual ele foi pessoalmente responsável. Ato contínuo, O'Brien interpôs um recurso contra o veredicto, alegando que o fórum adequado seria a Grã-Bretanha e não os EUA. Portanto, quaisquer pagamentos ficaram sustados até o julgamento do recurso no Tribunal de Apelações da Califórnia, coisa de meses ou até mesmo anos depois.

Terry Gilliam, do Monty Python – então em busca de outro salvador para bancar a continuação do filme *Bandidos do tempo* (*Time Bandits*) – se encontrou com George nessa época e ficou impressionado. O processo o havia "envelhecido cerca de dez anos".

Felizmente, o projeto *Beatles Anthology* fez muito mais do que saldar suas dívidas bancárias. Naquele ano, George anunciou uma doação de sete dígitos à fundação Romanian Angels, da esposa Olivia, pelo seu trabalho em prol dos órfãos esquecidos da Romênia.

Como sempre mesclando o sacro e o profano, também desembolsou £ 540.000 por um carro de uma série exclusiva com apenas 20 unidades fabricadas pela escuderia McLaren, personalizado em um roxo especial, com rodas de preto acetinado e velocidade máxima de 370 km/h. O designer-chefe da McLaren, Gordon Murray, permitiu que ele supervisionasse todas as fases da evolução do carro, incluindo a pintura de catorze símbolos e dizeres religiosos em vários pontos da carroceria.

A essa altura, Dhani cursava – na Universidade Brown, em Rhode Island, EUA – bacharelado em física e design industrial, sempre apaixonado por carros de corrida. Por meio da amizade do pai com Murray e outros executivos da McLaren, ele entraria na equipe de aerodinâmica da empresa logo após a formatura.

George chegou ao fim do contrato de cinco anos com a Warner, mas aos 53 anos tinha uma carreira musical bem mais do que viável. Mas não tinha pressa em gravar outro álbum; disse a Olivia que a única ambição que lhe restava era não ter mais ambição.

Nesses meses antes de começar a sofrer uma série de golpes, uma coisa predominava em seus pensamentos: a Índia. No início de 1997, ele, Olivia e o amigo Shyamsundar Das viajaram a Vrindavan, em Uttar Pradesh, onde Krishna teria passado a infância, e visitaram os numerosos templos e santuários de Krishna e Radha.

Também produziu um novo álbum para seu pai substituto, Ravi Shankar, no qual não se ouviu uma só cítara: *Chants of India*, coletânea de preces védicas e outras orações sagradas musicadas, sobre o tema da paz e harmonia entre todas as criaturas. Shankar o considerou a realização suprema de sua carreira de 60 anos.

George se dedicou a promover *Chants of India* e, em maio, gravou *George e Ravi, Yin e Yang*, especial de televisão com Shankar, para o VH1, canal a cabo americano. Com a barba listrada de prata, desgrenhada como se estivesse há horas no jardim, ele refletiu sobre os temas do álbum, mortalidade e eternidade, com o que pareceria quase uma clarividência. "Bob Dylan disse: 'Aquele que não está ocupado nascendo está ocupado morrendo'.* Alguém tenta descobrir qual é a causa da morte? O que acontece quando a gente morre? Para mim, essa é a única coisa que realmente importa."

O entrevistador, John Fugelsang, cometeu a ousadia de lhe oferecer um violão e, embora esse não fosse o motivo de sua ida ao estúdio, ele começou a dedilhar e cantar "All Things Must Pass". Embalsamada eternamente no YouTube, deixou de ser um comentário genérico sobre a transitoriedade da vida terrena e se tornou uma arrepiante profecia sobre si mesmo.

* No original, "*He not busy being born is busy dying*". Trecho da canção "It's Alright, Mama (I'm Only Bleeding)", do álbum de Bob Dylan de 1965 *Bringing It All Back Home*. (N. de T.)

29

"ESTOU SENDO ASSASSINADO EM MINHA PRÓPRIA CASA"

Em julho de 1997, cuidando do jardim em Friar Park, George notou um caroço no pescoço que se revelou um tumor maligno. Internou-se no Hospital Princess Margaret, em Windsor (sob o pseudônimo de "Sid Smith"), para a remoção cirúrgica do caroço. A cirurgia foi seguida por duas rodadas de radioterapia no principal hospital de oncologia da Grã-Bretanha, o Royal Marsden, no sudoeste de Londres. Em janeiro do ano seguinte, viajou aos EUA, onde passou por um checape na Clínica Mayo em Rochester, Minnesota, e foi considerado em remissão.

Por enquanto, nada havia sido veiculado na mídia sobre seu diagnóstico ou tratamento. Isso até ele ser flagrado saindo da Clínica Mayo. Chegando em casa, tomou a atitude incomum de ir até os repórteres aglomerados no portão e admitir que estava com câncer. "Culpa do cigarro", disse ele. "Parei de fumar há muitos anos, mas recomecei por um tempo [sob o estresse de produzir *Shanghai Surprise*] e parei de novo. Tive a sorte de encontrarem esse nódulo, [que] acabou sendo mais um aviso do que qualquer coisa."

Outros membros da família estendida dos Beatles não compartilharam de sua aparente boa sorte. Um de seus velhos amigos e incentivadores, Derek Taylor, também fumante inveterado, morreu de câncer no esôfago naquele mesmo ano, sem falar na esposa de Paul, Linda, que, um ano depois, acabou derrotada em sua longa batalha contra o câncer de mama.

Nesse mesmo ano de 1998, o maior ídolo musical de George, Carl Perkins, externamente o mais tranquilo dos homens, sofreu vários derrames cerebrais, numa sequência que se revelou fatal. George foi ao enterro em Jackson, Tennessee, e homenageou seu ídolo tocando uma parte da canção "Your True Love", de Perkins. Essa seria a última vez que faria uma apresentação em público.

Nesse meio-tempo, na Costa Oeste, o Tribunal de Apelações da Califórnia manteve o ganho de causa a Harrison, garantindo-lhe uma indenização de US$ 11 milhões pelos prejuízos causados pela má gestão e fraude de Denis O'Brien nos filmes da HandMade, sentença proferida dois anos antes.

A base do recurso de O'Brien era que a Califórnia não seria o fórum adequado para julgar um caso envolvendo uma empresa britânica que produzia filmes essencialmente britânicos. O juiz de segunda instância refutou o recurso ao descobrir que O'Brien passava um dia por mês nos EUA, tinha carteira de motorista da Califórnia e residência em Encino, aparentemente construída com o dinheiro de George. Mas Denis continuaria a buscar subterfúgios para não pagar as indenizações até George não precisar mais delas.

Ao mesmo tempo, George se viu de volta ao Tribunal Cível da Inglaterra onde a parceria dos Beatles tinha sido dissolvida. Dessa vez, porém, em uma ação que unia forças com Paul, Ringo e Yoko. A disputa envolvia a gravação ao vivo da banda no palco do Star-Club de Hamburgo, em dezembro de 1962, a última temporada deles em meio a strippers e praticantes de luta na lama, um pouco antes de o ciclone da fama os levar de roldão. Registrado por Adrian Barber, um colega músico de Liverpool, em um gravador barato de microfone único, o show soava quase inaudível sob o burburinho da plateia alemã. Uma das faixas, "Hallelujah, I Love Her So", de Ray Charles, é cantada pelo chefe da segurança do clube, Horst Fascher, como recompensa por ser um bom guarda-costas.

Lançado como álbum por uma empresa chamada Lingasong, circulava desde o início dos anos 1970, com vendas sólidas entre os mais obscurantistas e hardcore fãs dos Beatles. A Apple já havia feito uma tentativa frustrada de suprimi-lo; agora, com seu reaparecimento em CD duplo pela Sony, voltaram à carga com artilharia mais pesada.

George estava muito interessado em adquirir para depois divulgar a gravação "mais precária de todos os tempos" da banda. Na audiência, prestou um depoimento certeiro. Os réus alegavam que a gravação tinha sido autorizada e não era ilícita, porque John havia dado permissão verbal a Barber de antemão.

"Uma pessoa bêbada gravando um bando de bêbados não se configura como um negócio fechado", afirmou George. "A única pessoa que supostamente sabia alguma coisa a respeito disso é a pessoa que já morreu... e que diria que isso é um monte de lixo." O desembargador Neuberger aceitou todos os argumentos dos autores da ação, "com particular referência ao sr. George Harrison".

Com o sucesso do projeto *The Beatles Anthology*, George passou a focar apenas o tempo presente. O novo milênio se aproximava, marcando o 30º aniversário do seu primeiro e triunfal álbum solo, *All Things Must Pass*. Embora o álbum triplo mantivesse ótimas vendagens, ele começou a planejar uma versão remasterizada.

Aparentemente dissipadas as preocupações com saúde e dinheiro, apenas uma nuvem ainda pairava sobre ele. É que os dois refúgios dele no que lhe pareciam ser os confins da terra já não ofereciam mais a paz e a privacidade de antigamente.

Em Maui, a decisão de bloquear o passeio público que atravessava o seu jardim azedou irremediavelmente as relações com os ilhéus, por mais que ele comprasse uqueleles artesanais no mercado local. Numa de suas demoradas ausências, uma mulher local invadiu a casa, pegou uma pizza do freezer, assou, comeu ali mesmo e depois, sem cerimônias, usou a máquina de lavar roupa.

Até mesmo a propriedade dele na ilha de Hamilton, perto da Grande Barreira de Corais da Austrália, quase deserta na época da compra, agora atraía cada vez mais turistas, na esperança de vê-lo.

A própria Friar Park deixou de ser sacrossanta quando ladrões invadiram o jardim para roubar dois bustos de bronze de frades, avaliados em £ 50.000, e fugiram sem serem detectados. Mas algo infinitamente pior estava por vir.

Na madrugada de 30 de dezembro de 1999, um intruso rompeu a cerca do perímetro num ponto cego para as câmeras de segurança e foi em direção à casa, não sem antes arrancar do pedestal uma estatueta de pedra de São Jorge e o dragão.

Um pouco antes, George e Olivia tinham ido dormir. Ele já havia caído no sono quando ela escutou um barulho de vidro se quebrando, que a princípio ela imaginou ser um lustre caindo. Percebeu que alguém havia entrado na casa e acordou George. Olivia foi ligar para a polícia. O marido, por sua vez, colocou um casaco por cima do pijama, calçou as botas e foi investigar.

Farejou um cheiro de fumaça de cigarro vindo da cozinha e viu no piso da sala um pedaço da asa de pedra da estátua de São Jorge e o dragão. Alguém havia entrado no pátio e a arremessado para estilhaçar uma das portas de vidro.

George gritou para alertar Olivia e, quando voltava ao quarto pela galeria, avistou lá embaixo, no salão, um homem segurando a lança da estátua numa das mãos e uma faca de cozinha na outra.

"Desce aqui!", gritou o homem ao dono da casa. George, ao lembrar de como um antigo pretenso ladrão fugiu ao ser desafiado por sua primeira mulher, Pattie, respondeu a primeira coisa que lhe veio à cabeça: "Hare Krishna!".

Nisso o homem subiu correndo as escadas até a galeria do menestrel com intenções claramente sanguinárias. Pensando só em Olivia e na mãe dela, que tinha ido fazer uma visita para o Réveillon, George – como se repentinamente encarnasse São Jorge – decidiu enfrentar esse imponderável dragão e tentar desarmá-lo.

Após uma breve escaramuça, os dois caíram sobre a pilha de almofadas de meditação, com o agressor em cima de George, desferindo estocadas repetidamente na parte superior do corpo. Com o bizarro distanciamento que surge apenas em momentos de perigo mortal, George pensou: "Estou sendo assassinado em minha própria casa".

Olivia apareceu e sentiu que poderia se tornar a segunda esposa de um Beatle a ver o marido ser assassinado em sua frente. Assim como Yoko ao presenciar John levando cinco tiros, Olivia notou um "olhar horrível e confuso" no rosto da vítima. "Muito pálido, ele me deu um olhar muito bizarro", declarou no depoimento à polícia.

Mulher de ação, ela pegou a única arma disponível, um atiçador de lareira, investiu contra o agressor de George e desferiu um golpe, sem efeito. Então ela pegou a luminária de piso, virou-a de ponta cabeça e golpeou o agressor com o sólido pedestal.

Graças à linha direta com a delegacia de polícia de Henley, instalada após o assassinato de John, os policiais chegaram ao local em doze minutos. Chegaram um pouco antes de Dhani. Aos 22 anos, ele morava num dos chalés mais afastados. Rachel, a governanta, o acordou para avisar que "algo" havia ocorrido na casa. "Perguntei: 'Meus pais estão bem?'", recordaria ele. "Mas ela ficou em silêncio."

Chegou à sala e se deparou com a galeria repleta de policiais uniformizados, a mãe dele, ao pé da escadaria, caída perto do atiçador que ela havia usado para tentar defender George. Mesmo com a cabeça muito machucada, ela fez um aceno a Dhani, quase impaciente: "Teu pai está lá em cima. Ferido gravemente. *Vai logo*."

Na galeria do menestrel, o intruso jazia de bruços no chão, com dois policiais em pé, ao lado dele. O agressor fez contato visual com Dhani por um bom tempo, mas nada além disso.

No chão, junto à porta entreaberta do quarto, George sangrava profusamente devido às múltiplas facadas. Um misto de sangue e ar borbulhava dos cortes em seu peito, e os lábios e as gengivas também sangravam. Respingos de sangue manchavam o piso e as paredes, misturados com os fragmentos escarlates da luminária usada por Olivia como porrete; eram algumas das pedras de rubi que o amigo Shyamsundar Das havia trazido da Índia e que ele tanto gostava de distribuir no pub Row Barge.

Os paramédicos ainda não haviam chegado, e Dhani tentou estancar as feridas com papel-toalha e uma toalha de tecido, mas sem sucesso. Na realidade, parecia que ajuda alguma salvaria George. "Estava se esvaindo, cada vez mais pálido. Não parava de balbuciar: 'Hare Krishna' e 'Estou apagando.'"

Dhani ficou ali, segurando a cabeça do pai com uma das mãos e apertando a mão dele com a outra, enquanto um policial segurava a outra mão, os dois tentando mantê-lo vivo. "Fiquei estalando os dedos e dizendo: 'Pai, fique comigo'", relembra Dhani. "'O pior já passou. De agora em diante, só vai melhorar.'"

Naqueles minutos, George quase morreu quatro vezes, salvo do abismo somente pelo murmúrio da voz de seu filho. Nisso os paramédicos chegaram e assumiram o controle da situação.

O agressor de George, Michael Abram, natural de Liverpool, um esquizofrênico paranoico, seis semanas antes tivera seu tratamento negado pela unidade psiquiátrica do Hospital Whiston. Os médicos alegaram que ele não sofria de nenhuma doença mental. Como o assassino de John, Mark Chapman, Abram era um fã dos Beatles, cuja adoração se transformou em ódio e inveja obsessivos. Alegou estar "fazendo a vontade divina" em sua missão homicida.

As 40 facadas recebidas por George perfuraram um dos pulmões e quase acertaram o coração. Olivia, a heroína da noite, levou pontos na testa e sofreu vários cortes e hematomas feios.

Assim que teve condições, ele publicou uma declaração em tom de brincadeira, adequada a um Beatle, dizendo que Abram "não era ladrão e com certeza não veio fazer um teste para o Traveling Wilburys". E citou o acadêmico védico Adi Shankara: "A vida é frágil como uma gota de chuva numa folha de lótus".

Recebeu mensagens carinhosas de Paul, Ringo, Tom Petty (colega dos Wilburys, que brincou: "Não está feliz por ter se casado com uma moça mexicana?") e milhares de fãs de três gerações diferentes.

Houve também uma hórrida manifestação desse país diferente em que a Grã-Bretanha se tinha tornado desde os ensolarados e pacíficos anos 1960. O autor e dramaturgo John Mortimer, morador vizinho de Friar Park, lembra-se de ter visto um carro lotado passando pelo portão frontal gritando seu apoio a Michael Abram. Outros enviaram flores a Abram enquanto ele estava no hospital se recuperando dos golpes de Olivia.

Eric Idle, grande amigo de George no Monty Python, ficou sabendo da notícia na Califórnia e foi direto a Friar Park com a esposa, Tania, chegando a tempo de participar da *puja* (ação de graças) em homenagem a Shiva, por ter frustrado a tentativa de assassinato. Para Idle, George não resistiu e acrescentou à cena sangrenta um humor típico do Monty Python: ao ser esticado na maca da ambulância defronte às duas camareiras recém-contratadas, disparou: "Estão curtindo o trabalho até aqui?".

Mesmo consciente de como as coisas teriam sido piores sem a chegada imediata da polícia e sem a coragem dele em enfrentar, desarmado, o agressor Abram, que empunhava uma faca, a obsessão com sua privacidade pessoal continuava insuperável. Matt Morgans, o policial que segurou a mão dele e ajudou Dhani, mais tarde concedeu uma entrevista ao *Henley Standard*, coisa que dificilmente valia como difusão mundial. Apesar disso, George se enfureceu e estava prestes a protocolar uma reclamação oficial, quando foi dissuadido por Olivia.

Onze meses depois, Abram foi julgado no Oxford Crown Court, acusado de dupla tentativa de homicídio. Nesse período, o Hospital Whiston foi alvo de severas críticas por não ter avaliado adequadamente seu estado mental no período em que foi atendido lá, tendo, assim, responsabilidade direta por ele estar solto para tentar assassinar George. O chefe executivo do corpo gestor do hospital, a Fundação NHS Knowsley e St. Helens, reconheceu as falhas e divulgou um pedido público de desculpas.

O próprio agressor escreveu a George e Olivia um pedido de desculpas. Abrams alegou que não tinha ideia de que era esquizofrênico e, por isso, não poderia ser responsabilizado por seu crime. "Eu achava que meus delírios fossem reais", a carta dizia em um trecho, "e tudo que eu vivenciava era um tipo de bruxaria".

Olivia e Dhani compareceram ao julgamento sob forte aparato de proteção policial e segurança privada, mas George, ainda muito fragilizado pelos ferimentos e traumatizado pela experiência, aconselhado pelos médicos, não compareceu e foi autorizado a prestar depoimento por escrito.

Em dois dias, o júri deu o veredicto. Abram foi considerado inocente por motivo de insanidade e condenado à detenção por tempo indefinido na Clínica Scott, estabelecimento de custódia e tratamento psiquiátrico em Rainhill, perto de Liverpool. O advogado dos Harrison, Geoffrey Robertson, solicitou que, no caso de ele ser solto, a família recebesse um aviso com antecedência, mas o juiz alegou que não tinha poder para emitir essa ordem.

Dhani se encarregou de transmitir a resposta da família à imprensa, em sua primeira vez sob os holofotes do público. "É trágico alguém sofrer esse tipo de colapso mental, mas não podemos esquecer que ele invadiu nossa casa cheio de violência e ódio. Naturalmente, a perspectiva de ele ganhar a liberdade e voltar ao convívio social nos causa repugnância."

"Por tempo indefinido", nesse caso, acabou sendo um período bem curto. Em julho de 2002 – quando George já estava bem longe do seu alcance – Abram foi considerado apto a voltar a conviver "na comunidade". Três anos depois, foi noticiado que ele treinava para se tornar um conselheiro voluntário do Citizens Advice Bureau.

Naquele verão de 2000, George e Olivia decidiram enfrentar caçadores de autógrafos e turistas boquiabertos: passaram a temporada na casa – ou melhor, no complexo – deles na ilha de Hamilton. Ele havia se envolvido muito na construção, insistindo no uso de pedras e madeiras locais, bem como no paisagismo, com suas plantas tropicais prediletas conferindo uma beleza extra aos deslumbrantes cenários da Grande Barreira de Corais.

Por ironia, ele batizou o local de "Letsbeavenue", cuja pronúncia soa como "Let's be 'avin' [having] you", expressão nortista que significa "Venham todos, quanto mais gente, mais alegria". Difícil imaginar um sentimento menos georgiano.

Assim como na casa de Burt Lancaster, em Hollywood, que ele visitou com os Beatles em 1964, a piscina praticamente entrava na sala de estar. E, como no lago da mansão Friar Park, a piscina tinha um caminho de pedras para que ele desfrutasse da agradável sensação de caminhar sobre as águas.

"Essa foi a última de nossas grandes jornadas juntos", resumiu Olivia, "e o início de uma maior para George".

Em janeiro de 2001, remasterizado, *All Things Must Pass* foi relançado, agora como álbum duplo em vez de triplo, com várias faixas bônus da versão de 1970 deixadas de fora. O bônus especial foi a regravação de "My Sweet Lord" por George, o grupo original de Eric Clapton substituído por Sam, a filha de Joe Brown, nos vocais; Ray Cooper na megapercussão; e Dhani na guitarra e vocal, primeira indicação de que em seu futuro poderia estar a música, em vez da aerodinâmica de carros de corrida.

Vinte anos depois, a acusação de plágio de "He's So Fine", das Chiffons, ainda incomodava George. Assim, ele fez questão de alterar as três notas que haviam sido a base do processo da Bright Tunes, embora agora detivesse os direitos autorais de "He's So Fine" e estivesse livre para plagiá-la caso assim o desejasse.

O renovado *All Things Must Pass* trazia o selo da Gnome Records, homenagem ao círculo de gnomos de jardim que cercava sua imagem de galochas na velha capa em preto e branco e também na nova capa colorizada. Mas a então bucólica vista da capa nos gramados de Friar Park já não era a mesma. Agora um deserto urbano cercava a mansão: prédios comerciais, fábrica de gás e viaduto rodoviário, símbolos da espoliação planetária nas décadas anteriores. O relançamento se tornaria um sucesso de vendas ainda maior do que seu antecessor, alcançando sete discos de platina.

Para divulgar o lançamento, George deu uma entrevista a Chris Carter, na rádio 103.1 de Los Angeles, mencionando que pretendia remasterizar todo o seu catálogo, "tudo bonitinho, nítido, limpo e vigoroso". Aos 58 anos recém-completos, claramente ainda estava bem longe de sua ambição de "não ter ambição alguma".

Em março, estava agendada sua volta ao estúdio com Jeff Lynne para começar a trabalhar no álbum novo. Antes de isso acontecer, porém, um checape na Clínica Mayo mostrou que o câncer havia retornado, agora nos pulmões. Embora não houvesse comprovação médica que vinculasse os fatos, tanto a esposa quanto o filho de George tinham notado nele uma nova vulnerabilidade desde que havia escapado da morte pelos golpes de Michael Abram.

Contrastando com o sigilo em torno do primeiro diagnóstico de câncer, a mídia foi informada de que ele precisou ter parte do pulmão removida, mas com "excelente recuperação". Estava em "seu melhor ânimo e sua melhor forma, seu momento mais descontraído desde o atentado em 1999". Com inesperada benevolência, ele desejou: "Tudo de bom a todos, que Deus os abençoe e não se preocupem".

Muitas pessoas, entretanto, suspeitaram da veracidade dessa declaração, entre elas Pattie, a primeira esposa de George. Após anos sem se falarem, George ligou à casa dela, um chalé em West Sussex. "Ele disse: 'Estou na região para visitar Ringo e Barbara. Se você estiver em casa, vou dar uma passada aí para nos revermos."

Naquele dia pareceu ter aflorado toda aquela doçura que ela recordava nele. "Ele me trouxe flores e uns mimos, como a estatueta de Hanuman, o deus macaco indiano. Caminhamos na relva atrás do chalé, ele parecia muito frágil e, não sei como, percebi que seria a última vez que nos veríamos."

De todas as angústias que a doença de George lhe traria, uma das piores foi se privar de sua amada casa e de seu ainda mais amado jardim para se transformar em um nômade em busca da cura.

Primeiro foi consultar, no cantão italiano da Suíça, um dos maiores oncologistas da Europa, o professor Franco Cavalli, na clínica San Giovanni, em Bellinzona. Mas o diagnóstico de Cavalli foi ainda mais sombrio: havia uma metástase do câncer no cérebro.

As preocupações financeiras não davam trégua, em especial os seus esforços para cobrar os 11 milhões de dólares em indenizações de Denis O'Brien que o Tribunal de Apelações da Califórnia tinha ratificado três anos antes. Em agosto, o sempre liso O'Brien tentou escapulir da situação declarando falência em St. Louis, onde se estabelecera.

Por meio de advogados locais, George procurou bloquear a ação, mas o juiz indeferiu a tentativa pela falta de um depoimento pessoal, exigido pelas leis do Missouri. Os advogados de George alegaram que ele estava doente demais para comparecer pessoalmente, mas o juiz não aceitou esse argumento porque, dias antes, George tinha feito uma viagem a Rhode Island para a formatura de Dhani na Brown. O juiz descreveu como "intencional" o não comparecimento do querelante, mesmo sofrendo de câncer.

O tratamento com o professor Cavalli ia durar vários meses, então ele investiu £ 7 milhões na compra da Collina d'Oro, *villa* de arquitetura palladiana nos arredores de Bellinzona, com vista para o lago Lugano, ex-propriedade do escritor e ganhador do Prêmio Nobel de Literatura Hermann Hesse. Também conseguiu status de residente na Suíça, evitando assim pagar milhões ao fisco britânico.

Na Collina d'Oro, recomeçou a compor canções e a gravar demos com Dhani, sob o selo Swiss Army Studios, homenagem ao canivete suíço (*Swiss Army knife*) de lâminas múltiplas. Com humor ácido, batizou o álbum em andamento de *Brainwashed*, referência à metástase cerebral de seu câncer, e creditou as músicas à "RIP Music Ltd" (Descanse em Paz Música Ltda.).

Da Grã-Bretanha vinha um fluxo constante de visitantes para vê-lo, entre eles Michael Palin, que ficou desolado ao ver a exuberante cabeleira de George danificada pela quimioterapia que ele estava fazendo. "Eu me lembro de que uma noite George ficou o tempo inteiro tocando canções de Hoagy Carmichael. Na outra noite, assistimos a um documentário sobre Hitler na TV suíça. Estranho pensar que meus últimos momentos com ele foram passados assim."

A imprensa britânica havia descoberto onde ele estava e já adivinhava o porquê. "Passei na frente da janela, e Dhani me avisou para não aparecer", lembra Palin. "Naquele dia, um repórter do *Daily Mail* ou do *Mail on Sunday* tinha sido avistado na cidadezinha."

Ringo também foi lá, mas, nessa época, "George estava muito doente... ele só ficava lá deitado. Tive que ir embora para Boston, onde a minha filha, Lee, também fazia tratamento para um tumor cerebral. As últimas palavras que ele me disse foram: 'Quer que eu vá junto com você?'. Esse era o lado mais incrível de George".

Quando a cura não veio no ar límpido das montanhas da Suíça, o nômade se mudou – ou foi transferido – ao ar mais duvidoso de Staten Island, na cidade de Nova York.

Apostou as últimas fichas na nova técnica para tratar tumores cerebrais, a radiocirurgia estereotáxica fracionada, criada no Staten Island University Hospital. Uma estrutura fixada no crânio do paciente concentrava os feixes de radiação no tumor com mais exatidão, em doses menores, causando menos danos aos tecidos contíguos.

Ele, Olivia e Dhani ficaram numa pequena – para os padrões de George – casa alugada perto do hospital, onde visitantes entravam e saíam sem restrições. Um dos primeiros foi Paul: num piscar de olhos, o duradouro antagonismo entre eles se evaporou, os dois se abraçaram e colocaram uma pedra em cima de todas aquelas brigas tolas envolvendo solos de guitarra.

Louise, a irmã de George, veio de Benton, Illinois, onde ainda levava uma vida modesta. Nos últimos tempos, George enviava uma pensão mensal de US$ 2 mil, mas cortou relações com a irmã depois de ela se envolver na transformação da casa onde ele havia ficado com ela em 1962 em uma "pousada para beatlemaníacos", a Hard Day's Nite.

Ela reencontrou o irmão caçula que tanto amava numa cadeira, com ar desesperadamente frágil. Olivia os deixou a sós, e os irmãos ficaram ali, uma hora e meia, de mãos dadas, relembrando a infância na casinha da família Harrison, em Wavertree; como ela adorava dar banho e colocar a roupinha nele, ensinar as primeiras letras e apaziguar o seu medo de sair para ir ao soturno banheiro externo.

Como todo mundo que ia visitar George, ela descobriu que os bombardeios de radiação não tinham destruído o senso de humor do irmão. Quando criança, ele era provocado por suas orelhas de abano: agora indicava o tubo de oxigênio enrolado sobre elas e dizia que enfim mostravam a sua serventia.

No caso dele, a radiocirurgia estereotáxica fracionada mostrou-se ineficaz e resultaria numa sequela amarga quando ele não estivesse mais por perto.

Em 2004, o espólio de George entrou com uma ação judicial de US$ 10 milhões contra o hospital e o diretor de radioterapia, dr. Gilbert Lederman, alegando que, duas semanas antes de George morrer, o dr. Lederman se aproveitou de sua condição debilitada e o obrigou a escutar Ariel, seu filho mais novo, tocando violão. Ele precisou assinar no violão e dar autógrafos às duas filhas do médico, enquanto uma fotografia era tirada.

Segundo o processo, "fraco e exausto", George protestou: "Nem sei mais se consigo assinar meu nome", mas o médico pegou a mão dele e insistiu: "Vamos lá, você consegue". A fotografia dele com Ariel e o violão mais tarde apareceu no *National Enquirer*, na esperança de aumentar seu valor.

Lederman negou ter explorado seu paciente, alegando que tinham "um relacionamento pessoal íntimo", e o caso se resolveu com um acordo em que Ariel abriu mão do violão autografado em troca de um novo.

A verdade nua e crua: o último problema de George era onde morrer. Deveria ser em Friar Park, à sombra de Sir Frank Crisp, a janela se abrindo ao jardim sem horizontes. Mas ele não suportava imaginar os repórteres esperando no portão frontal como abutres.

O mesmo se aplicava às casas na Suíça e nas ilhas de Maui e Hamilton, já bem conhecidas pela mídia. No fim da vida, ansiava ainda mais por uma privacidade absoluta que raramente havia encontrado.

A solução veio do colega Beatle que nunca foi obcecado por isso. Tempos antes, Paul havia comprado uma casa em Beverly Hills, Los Angeles. A mídia ainda não sabia da compra. Ele a ofereceu para George se hospedar lá, como símbolo da amizade reatada.

Foi ali que George passou seus últimos dias, sob os cuidados paliativos do Centro Médico de Los Angeles, da Universidade da Califórnia, e a proteção de Gavin de Becker, consultor de segurança que prestava serviços a outros clientes famosos, como Dolly Parton, Jane Fonda, Tina Turner e John Travolta.

Uma das últimas pessoas a visitá-lo foi Eric Idle. "Ele continuou fazendo graça até a morte", escreveria Idle. "No hospital, pediu às enfermeiras que inserissem peixe e batatas fritas no tubo de alimentação intravenosa. O médico, pensando que George estava delirando, comentou com Dhani: 'Não se preocupe, existe um nome médico para essa condição'. 'Sim', falou Dhani. 'Bom humor'."

George faleceu em 29 de novembro de 2001, pouco depois das 13h30, horário do Pacífico, com Olivia e Dhani ao seu lado, seus Hare Krishnas favoritos, Shyamsundara e Mukunda, cantando suavemente, com fotos de Krishna e Rama nas paredes em meio ao incenso fumegante – completava-se o círculo iniciado em Liverpool, numa noite de guerra, quando ele nasceu na mesma cama que seus três irmãos mais velhos, e a mãe dele, Louise, profetizou que esse menino seria "especial".

Olivia recordaria da morte de George como um momento de "profunda beleza". Parecia que a sala se iluminava momentaneamente enquanto a alma deixava o corpo.

Ele pediu para ser cremado seguindo os costumes hindus, ou seja, logo após a morte. Em menos de vinte minutos, uma equipe da funerária Hollywood Forever veio buscar o corpo, acomodou-o num caixão de papelão, transportou-o numa van sem identificação para o Centro Médico da UCLA para fazer o atestado de óbito e em seguida ao templo hindu mais próximo para a mais singela das cerimônias, custando a bagatela de £ 350. Depois, as cinzas foram entregues a Olivia para serem levadas à Índia e espargidas no rio Ganges.

Para manter a casa de Paul em segredo, primeiro a mídia recebeu a informação de que George havia morrido na casa de seu consultor de segurança, Gavin de Becker; mais tarde, Olivia registrou na certidão de óbito que ele havia morrido em Coldwater Canyon, número 1971, lugar fictício com o ano do Concerto para Bangladesh.

O hinduísmo permitia no máximo 13 dias entre a morte de alguém e o espargir das cinzas no Ganges. Como seria de se esperar, grandes multidões se aglomeraram no local de costume, em Varanasi, para testemunhar a cerimônia, mas ao fim do 13º dia nada havia acontecido. A polícia deu ordem para a turba se dispersar.

A essa altura, a cerimônia já havia sido realizada em dois locais distintos: Brindavan, onde Krishna supostamente passou sua infância, e Allahabad, a confluência do Ganges com dois outros rios sagrados, o Yamuna e o Saraswati.

Típico de George permanecer esquivo até o fim – e além.

EPÍLOGO
APLAUSOS DE UM PRÍNCIPE

Em 2004, dez anos após John e cinco depois de Paul, em sua eterna hierarquia, George é empossado como artista solo no Hall da Fama do Rock & Roll. O tributo apresenta os dois músicos que o empossaram, Tom Petty e Jeff Lynne (*ainda* usando aquele mesmo chapéu irritante), em um palco repleto de convidados, incluindo Dhani e Steve Winwood, numa versão de "While My Guitar Gently Weeps".

A coisa toda ganha uma cara nova, porém, quando, sem ser anunciada, sobe ao palco uma figura esbelta, chapéu de feltro escarlate, explosão cor-de-rosa na frente da camisa, sobrecasaca cinza-carvão com uma aba descendo até a coxa esquerda e a outra até o joelho direito. O artista mudou o nome para um hieróglifo impronunciável, mas é eternamente conhecido como Prince.

Com a guitarra caramelo meio grande para ele, mergulha num solo que logo eclipsa todos os guitarristas lendários de todos os tempos – Scotty Moore, Keith Richards, James Burton, até mesmo Eric Clapton e Jimi Hendrix –, na maior parte aparentemente tocado por um só dedo oscilante na borda do braço da guitarra. Uma exibição capaz de convencer até os mais céticos de que o rock pode ser uma arte erudita. Ele continua se superando, fazendo até mesmo este autor esquecer de transformar a música em prosa e parar só para assistir, maravilhar-se e desejar que o solo não acabe nunca.

Enfim ele cai de joelhos perante Dhani, que, com espanto e deleite no olhar, dá a entender que nada daquilo foi ensaiado. Saca fora a guitarra, joga-a para cima e vai embora, um sorrisinho discreto como única resposta ao rastro de aplausos selvagens atrás dele.

Eis o último e mais significativo réquiem para George: receber uma saudação da genialidade.

AGRADECIMENTOS

Em primeiro lugar, preciso reconhecer um erro grave. Quando George morreu, o *Sunday Times* me pediu para escrever um obituário para abrir a coluna de Resenhas. Naquela época, quase tudo que eu sabia sobre ele estava escrito em *Shout!*, a biografia dos Beatles, escrita por mim e publicada vinte anos antes, a qual terminava com a dissolução da banda e dava só uma breve pincelada em suas respectivas carreiras solo. Sem tempo para reflexões e pesquisas adicionais, julguei George com base apenas nos anos em que participou com Ringo de uma óbvia segunda divisão, na qual tantas vezes irradiou impaciência e descontentamento.

Meu artigo de mais de 3.000 palavras tinha um viés incessantemente negativo, em alguns trechos até insultuoso. O objetivo era contrabalançar o entusiasmo de seus outros obituaristas, mas foi longe demais e ofendeu muitas pessoas, entre elas vários colegas de profissão cujas opiniões eu respeitava. Desde então, o texto está disponível na internet, uma mancha preocupante e aparentemente eterna em meu currículo.

Ao escrever as biografias individuais de John e Paul, e depois a de um dos melhores amigos de George, Eric Clapton, comecei a perceber o quanto eu estava errado. Mesmo assim, eu não estava preparado para as muitas descobertas e surpresas dessa jornada através dos 58 anos da vida de George. Elas têm algo em comum com o labirinto sob o jardim de Friar Park, onde uma caverna lateral pode exibir uma joia e a seguinte um esqueleto.

Meu maior remorso é não ter falado com sua segunda esposa, Olivia, e seu filho, Dhani, que tanto fizeram para manter viva sua memória. Após meu obituário no *Sunday Times*, seria difícil imaginar que Olivia fosse aceitar falar comigo, como comentei com ela numa carta particular em que me desculpei. Só posso esperar que ela – e os fãs dele – sintam que agora eu me redimi.

Meus sinceros agradecimentos à primeira esposa de George, Pattie Boyd, cujas lembranças da vida em conjunto, muitas vezes bizarras ou hilariantes, não contêm o menor resquício de amargura; ao meu colaborador de pesquisas, Peter Trollope, pelo mesmo trabalho brilhante que dedicou a cinco de minhas nove biografias musicais anteriores; a Bill Harry, essa fonte incomparável de conhecimentos sobre os Beatles, pelos seus conselhos e orientações; ao erudito Alan Clayson, também autor de sua própria biografia de George, que com espírito magnânimo conferiu meu manuscrito (assim como Bill Harry); a Steve Abbott e John Reiss, que me ajudaram a montar as peças da colossal fraude financeira perpetrada contra George, que aumentou muito o fardo na fase terminal de sua doença.

Mais uma vez, sou grato aos principais atores da saga dos Beatles que entrevistei para o *Shout!* e as biografias de Lennon e McCartney, cujos depoimentos se mostraram relevantes aqui. Alguns deles passaram de "fontes" a amigos e muitos já não estão entre nós: Neil Aspinall, Mona Best, Mal Evans, Clive Epstein, Queenie Epstein, Joe Flannery, Bill Graham, Bert Kaempfert, Bruno Koschmider, Astrid Kirchherr, Cynthia Lennon, Ray McFall, Gerry Marsden, Sir George Martin, Larry Parnes, Tony Sheridan, Mimi Smith, Millie Sutcliffe, Pauline Sutcliffe, Derek Taylor, Allan Williams e Bob Wooler.

Agradeço também o auxílio que recebi, no passado e no presente, de Arthur Ballard, Carol Bedford, Pete Best, Tony Bramwell, Peter Brown, Bernardette Byrne, Iris Caldwell, Royston Ellis, Quentin Falk, Horst Fascher, Ray Foulk, Johnny Gentle, Debbie Greenberg, Jim Gretty, John Gustafson, Colin Hanton, Johnny Hutchinson, Peter Kavanagh, Arthur Kelly, Frieda Kelly, Yoko Ono Lennon, Richard Lester, Michael Lindsay-Hogg, Sir Paul

McCartney, Ray McFall, Sir George Martin, Chas Newby, Chris O'Dell, Sir Michael Palin, Paul Saltzman, Tom Scott, Walter Shenson, Iain Taylor, Jürgen Vollmer e Klaus Voormann.

Por fim, meus sinceros agradecimentos ao meu agente nos EUA, o meu querido amigo Peter Matson; a Christopher Combemale, da Sterling Lord Literistic; à minha sempre incentivadora agente no Reino Unido, Fiona Petheram; a Lucy Barry e Laurie Robertson, da Peters, Fraser & Dunlop; a Rick Horgan, Brian Belfiglio e Sophie Guimarães, da Scribner; e a Suzanne Baboneau e Sophia Akhtar, da Simon & Schuster UK.

Dedico este livro à minha esposa, Sue, e à minha filha, Jessica, sempre as minhas primeiras e mais influentes leitoras.

Philip Norman
Londres, 2023

NOTAS SOBRE AS FONTES

1. "Cuida bem dele porque ele vai ser especial"

Shout!: The Beatles in their Generation, de Philip Norman, Fireside, 1981.

The Beatles Anthology, Chronicle Books, 2000.

I Me Mine, de George Harrison, Harrisongs Ltd, 2017.

Entrevistas com Iain Taylor, Arthur Kelly, Bert Weedon, Iris Caldwell, Tony Bramwell e Jim Gretty.

2. "Ele ficava tão em segundo plano que mais parecia o Homem Invisível"

Shout!, de Philip Norman.

John Lennon: The Life, de Philip Norman, Ecco, 2008.

Paul McCartney: The Biography, de Philip Norman, Weidenfeld & Nicolson, 2016.

The Beatles Anthology.

Rave On: The Biography of Buddy Holly, de Philip Norman, Simon & Schuster, 1996.

Pre: Fab, de Colin Hanton, The Book Guild, 2018.

Entrevistas com Arthur Kelly, Colin Hanton, Mimi Smith, Arthur Ballard, Cynthia Lennon, Tony Bramwell e Bill Harry.

3. "Tocar só uns acordes era melhor do que não tocar nada"

The Beatles Anthology.
I Me Mine, de George Harrison.
Shout!, de Philip Norman.
Paul McCartney: The Biography, de Philip Norman.
Rave On: The Biography of Buddy Holly, de Philip Norman.
George Harrison: Living in the Material World, documentário, dir. de Martin Scorsese, 2011.
Entrevistas com Mimi Smith, Carl Perkins, Arthur Kelly, Pete Best, Mona Best, Millie Sutcliffe e Bill Harry.

4. "A partir daí, nunca mais pensei em trabalhar das nove às cinco"

Shout!, de Philip Norman.
The Beatles Anthology.
Paul McCartney: The Biography, de Philip Norman.
Entrevistas com Mona Best, Rod Murray, Bill Harry, Arthur Kelly, Cynthia Lennon, Millie Sutcliffe, Allan Williams, Larry Parnes, Johnny Gentle, Tommy Moore e Johnny Hutchinson.

5. "Parecíamos órfãos"

Shout!, de Philip Norman.
Paul McCartney: The Biography, de Philip Norman.
John Lennon: The Life, de Philip Norman.
The Beatles Anthology.
Entrevistas com Ray Ennis, Bill Harry, Mona Best, Rod Murray, Millie Sutcliffe, Allan Williams, Larry Parnes, Johnny Gentle, Tommy Moore e Royston Ellis.

6. "Minha primeira vez foi em Hamburgo... com John, Paul e Pete Best assistindo"

Shout!, de Philip Norman.

John Lennon: The Life, de Philip Norman.
Paul McCartney: The Biography, de Philip Norman.
The Beatles Anthology.
Entrevistas com Allan Williams, Pete Best, Mona Best, Bruno Koschmider, Klaus Voormann, Astrid Kirchherr, Jürgen Vollmer e Millie Sutcliffe.

7. "A primeira banda de rock'n'dole"

Shout!, de Philip Norman.
John Lennon: The Life, de Philip Norman.
Paul McCartney: The Biography, de Philip Norman.
The Beatles Anthology.
Cavern Club, The Inside Story, de Debbie Greenberg, Jorvik Press, 2016.
Entrevistas com Tony Bramwell, Chas Newby, Bob Wooler, Brian Kelly, Mimi Smith, Tony Sheridan, Brian Kelly, Neil Aspinall, Ray McFall, Debbie Greenberg, Cynthia Lennon, Frieda Kelly e Bert Kaempfert.

8. "O maior barato de todos os tempos"

Shout!, de Philip Norman.
John Lennon: The Life, de Philip Norman.
Paul McCartney: The Biography, de Philip Norman.
The Beatles Anthology.
Magical Mystery Tours: My Life With The Beatles, de Tony Bramwell, Robson Books, 2005.
Entrevistas com Queenie Epstein, Clive Epstein, Joe Flannery, Bill Harry, Bob Wooler, Alistair Taylor, Dick Rowe, Bernardette Farrell, Iris Caldwell, Mimi Smith, Sir George Martin, Millie Sutcliffe, Astrid Kirchherr, Jürgen Vollmer, Klaus Voormann e Horst Fascher.

9. "Sempre fui muito cruel com o George"

Shout!, de Philip Norman.
The Beatles Anthology.

John Lennon: The Life, de Philip Norman.
Paul McCartney: The Biography, de Philip Norman.
Forever Young, A Memoir, de Hayley Mills, Orion, 2021.
George Harrison: Living in the Material World (documentário).
Entrevistas com Sir George Martin, Neil Aspinall, Derek Taylor, Dick Rowe e Bernardette Farrell.

10. "Aprendi a pensar como uma espiã, sem deixar vestígios"
Shout!, de Philip Norman.
The Beatles Anthology.
John Lennon: The Life, de Philip Norman.
Paul McCartney: The Biography, de Philip Norman.
Wonderful Tonight: George Harrison, Eric Clapton and Me, de Pattie Boyd, Crown, 2003.
Livreto de suvenir de *A Hard Day's Night*.
Entrevistas com Pattie Boyd, Sir George Martin, Neil Aspinall, Derek Taylor, Richard Lester e Walter Shenson.

11. "A única vez que uma câmera flagrou o olhar furioso de um Beatle"
Shout!, de Philip Norman.
The Beatles Anthology.
Paul McCartney: The Biography, de Philip Norman.
John Lennon: The Life, de Philip Norman.
George Harrison: Living in the Material World (documentário).
Wonderful Tonight, de Pattie Boyd.
Entrevistas com Pattie Boyd, Sir George Martin, Neil Aspinall, Cynthia Lennon, Derek Taylor, Larry Kane, Richard Lester e Arthur Kelly.

12. "Bem, agora deu. Já não sou mais um Beatle"
Shout!, de Philip Norman.
The Beatles Anthology.
John Lennon: The Life, de Philip Norman.

Paul McCartney: The Biography, de Philip Norman.
Wonderful Tonight, de Pattie Boyd.
Eight Days a Week, filme dirigido por Ron Howard, 2016.
Entrevistas com Neil Aspinall, Pattie Boyd e Cynthia Lennon.

13. "O enlevo da meditação"

Shout!, de Philip Norman.
John Lennon: The Life, de Philip Norman.
Paul McCartney: The Biography, de Philip Norman.
Slowhand: The Life and Music of Eric Clapton, de Philip Norman, Norman, Weidenfeld & Nicolson, 2018.
Karma and Rebirth, de Christmas Humphreys, Chapman Press, 1948.
Entrevistas com Sir George Martin, Klaus Voormann, Keith Richards, Marianne Faithfull, Pattie Boyd, Derek Taylor, Joan Taylor, Jenny Boyd e Paul Saltzman.

14. "Não vão pensar que estou fora da casinha"

Shout!, de Philip Norman.
John Lennon: The Life, de Philip Norman.
Paul McCartney: The Biography, de Philip Norman.
Slowhand: The Life and Music of Eric Clapton, de Philip Norman,
Karma and Rebirth, de Christmas Humphreys.
Entrevistas com Sir George Martin, Klaus Voormann, Keith Richards, Marianne Faithfull, Pattie Boyd, Derek Taylor, Joan Taylor, Jenny Boyd e Paul Saltzman.

15. "Não irritem os caras do Hell's Angels"

Shout!, de Philip Norman.
The Beatles Anthology.
John Lennon: The Life, de Philip Norman.
Paul McCartney: The Biography, de Philip Norman.
Slowhand, de Philip Norman.
Wonderful Tonight, de Pattie Boyd.

The Longest Cocktail Party, de Richard DiLello, Playboy Press, 1973. Entrevistas com Sir George Martin, Pattie Boyd, Neil Aspinall, Yoko Ono Lennon, Derek Taylor e Philippe Mora. Observações do autor como testemunha ocular.

16. "Ele queria tanto ser um ente espiritual"
Shout!, de Philip Norman.
Paul McCartney: The Biography, de Philip Norman.
Slowhand, de Philip Norman.
Wonderful Tonight, de Pattie Boyd.
Get Back, documentários dirigidos por Peter Jackson, 2022.
Entrevistas com Pattie Boyd, Sir George Martin, Yoko Ono Lennon, Neil Aspinall, Allen Klein, Derek Taylor, John Eastman, Charlotte Martin e Michael Lindsay-Hogg. Observações do autor como testemunha ocular.

17. "Isso foi atrevimento de George. Ele sabia ser muito atrevido."
Shout!, de Philip Norman.
Paul McCartney: The Biography, de Philip Norman.
John Lennon: The Life, de Philip Norman.
Slowhand, de Philip Norman.
Wonderful Tonight, de Pattie Boyd.
Get Back, documentários dirigidos por Peter Jackson.
Entrevistas com Yoko Ono Lennon, Sir George Martin, Pattie Boyd, Neil Aspinall, Derek Taylor, Allen Klein, John Eastman, Bonnie Bramlett e Ray Foulk. Observações do autor como testemunha ocular.

18. "A nova onda do Beatle George – com torreões e tudo"
Shout!, de Philip Norman.
I Me Mine, de George Harrison.
John Lennon: The Life, de Philip Norman.
Paul McCartney: The Biography, de Philip Norman.

Wonderful Tonight, de Pattie Boyd.
Waiting for The Beatles: An Apple Scruff's Story, de Carol Bedford, Blandford Press, 1984.
Prospecto dos leiloeiros de Friar Park, década de 1920.
Entrevistas com Sir George Martin, Yoko Ono Lennon, Pattie Boyd, Neil Aspinall, Allen Klein, Tony Bramwell e Carol Bedford.

19. "Garbo fala! E Harrison se libertou"

Shout!, de Philip Norman.
John Lennon: The Life, de Philip Norman.
Paul McCartney: The Biography, de Philip Norman.
Miss O'Dell: Hard Days and Long Nights with the Beatles, the Stones, Bob Dylan and Eric Clapton, de Chris O'Dell, Touchstone, 2009.
Waiting for The Beatles, de Carol Bedford.
Relatório jurídico do *The Times*.
Entrevistas com Chris O'Dell, Pattie Boyd, Carol Bedford e John Eastman.

20. "Imagino que ele ainda seja uma pessoa de recursos consideráveis"

Shout!, de Philip Norman.
John Lennon: The Life, de Philip Norman.
Paul McCartney: The Biography, de Philip Norman.
Miss O'Dell, de Chris O'Dell.
Waiting for The Beatles, de Carol Bedford.
Relatório jurídico do *The Times*.
Entrevistas com Chris O'Dell, Pattie Boyd, Carol Bedford e John Eastman.

21. "Preciso te contar, amigão, estou apaixonado por tua mulher"

Slowhand, de Philip Norman.
Miss O'Dell, de Chris O'Dell.
Wonderful Tonight, de Pattie Boyd.
Waiting for The Beatles, de Carol Bedford.

Once Were Brothers: Robbie Robertson and The Band, documentário dirigido por Daniel Roher, 2019.
Entrevistas com Pattie Boyd, Chris O'Dell e Carol Bedford.

22. "Pela graça de Krishna, você é um grande homem!"

John Lennon: The Life, de Philip Norman.
Ronnie, The Autobiography of Ronnie Wood, St Martin's Press 2007.
Slowhand, de Philip Norman.
Waiting for The Beatles, de Carol Bedford.
Miss O'Dell, de Chris O'Dell.
Wonderful Tonight, de Pattie Boyd.
Entrevistas com Pattie Boyd, Chris O'Dell e Carol Bedford.

23. "Se o pessoal quiser o dinheiro de volta, é só pegar"

The Stones, de Philip Norman, Penguin, 1984.
Wonderful Tonight, de Pattie Boyd.

John Lennon: The Life, de Philip Norman.
Miss O'Dell, de Chris O'Dell.
Slowhand, de Philip Norman.
Entrevistas com Yoko Ono Lennon, Pattie Boyd, Chris O'Dell, Tom Scott e Bill Graham.

24. "E apresentando... George Harrison"

John Lennon: The Life, de Philip Norman.
Paul McCartney: The Biography, de Philip Norman.
Wonderful Tonight, de Pattie Boyd.
Always Look on the Bright Side of Life, de Eric Idle, Weidenfeld & Nicolson, 2018.
Entrevistas com Sir Michael Palin, Pattie Boyd e Chris O'Dell.

25. "O ingresso mais caro da história do cinema"

John Lennon: The Life, de Philip Norman.

Paul McCartney: The Biography, de Philip Norman.
Wonderful Tonight, de Pattie Boyd.
Always Look on the Bright Side of Life: A Sortabiography, de Eric Idle.
Entrevistas com Sir Michael Palin, Pattie Boyd e Chris O'Dell.

26. "Talvez tenha pensado que Deus simplesmente o deixaria se safar"

John Lennon: The Life, de Philip Norman.
Paul McCartney: The Biography, de Philip Norman.
Slowhand, de Philip Norman.
George Harrison: Living in the Material World (documentário).
Wonderful Tonight, de Pattie Boyd.
Faster: A Racer's Diary, de Jackie Stewart, Farrar, Straus and Giroux, 1972.
Very Naughty Boys: The Amazing True Story of HandMade Films, de Robert Sellers, Titan, 2003.
Entrevistas com Sir Michael Palin, Steve Abbott e Pattie Boyd.

27. "Ele ia encarar uma dívida potencial de uns £ 32 milhões"

Elton: The Biography of Elton John, de Philip Norman, Hutchinson, 1990.
Slowhand, de Philip Norman.
Paul McCartney: The Biography, de Philip Norman.
Very Naughty Boys, de Robert Sellers.
Always Look on the Bright Side of Life, de Eric Idle.
Entrevistas com Sir Michael Palin, Steve Abbott, John Reiss e Vivien Griffin.

28. "Que tal embarcar num iate rumo ao Pacífico Sul e fugir para sempre?"

John Lennon: The Life, de Philip Norman.

Paul McCartney: The Biography, de Philip Norman.
Very Naughty Boys, de Robert Sellers.
Always Look on the Bright Side of Life, de Eric Idle.
Entrevista com Olivia Harrison, *Sunday Times*, 2022. Entrevistas com Yoko Ono Lennon, Sir George Martin, Sir Michael Palin, Neil Aspinall, Derek Taylor e Mal Jeffries.

29. "Estou sendo assassinado em minha própria casa"
Notícias sobre o julgamento e reabilitação de Michael Abram.
Entrevistas com Pattie Boyd, Kingsize Taylor e Sir Michael Palin.

ÍNDICE REMISSIVO

Leia o QR Code e conheça outros títulos do nosso catálogo

@editorabelasletras
www.belasletras.com.br
loja@belasletras.com.br
54 99927.0276

Este livro foi composto em Minion Pro e impresso em papel pólen natural 70 g pela gráfica HRosa em maio de 2024.

GEORGE
HARRISON